공교육 바로보기

교육사회학총론

국가의 공교육 업무에 대해 시민적 역할을 하는 또는 해야 하는 모든 사람을 총칭하는 말로 '교육시민'을 사용하려 한다. 공교육은 공공서비스이며 국민의 교육만족도를 증진시키는 것이 최우선 과제이다. 국민의 대다수가 교육시민 역할을 한다면 공교육의 교육민심에 대한 탄력성은 증가하고 자율적 혁신능력도 향상될 것이다. 정치영역에 집중되어 온 민주시민성 발현이 교육영역에서도 활발해지기를 기대한다. 교육문제에 대해 국민 입장에서의 인식을 우선하며, 교육시민으로서 협력할 것은 협력하고 비판할 것은 비판하며 참여할 것은 참여할 때 공교육의 자생적 혁신능력은 강화될 것이다.

공교육 바로보기

교육사회학총론

이종각

동문사

우리는 일상생활 속에서 신문, 방송, SNS를 통해 '공교육 정상화'라는 용어에 너무 익숙하게 되어 오히려 질문을 상실한 무심한 상태가 되어 버린 것 같다. 이 책을 통해 '공교육 정상화'에 대해 마음껏 궁금해하고 질문하는 습관을 키우자고 권하고 싶다. 두려워하지 말고 창조적 파괴를 일으킬 수 있는 질문을 해보자고 권하고 싶다.

"교육학은 이미 존재하는 것과 새로이 만들어질 수 있는 것에 기반한 변혁적 만남을 창조하는 활동이다." (유네스코한국위원회(2022a). 교육을 위한 새로운 사회계약. p. 163)

- 나는 이 책을 왜 썼는가? -

불만족은 새로운 꿈의 시작이다. 나는 이 책을 공교육에 대한 불만족과 새로운 공교육 꿈꾸기 사이에서 만들었다. 교육사회학을 교육시민의 사회과학으로 만들고 싶은 먼 꿈의 첫걸음이다. 첫걸음이 아무리 어설프더라도 첫걸음이 없으면 도착도 없기 때문에 반드시 디뎌야만 하는 걸음이다.

나는 교육학자로서 두 가지 이미지를 갖고 있다. 하나는 탐험가 이미지이고, 다른 하나는 진단가 이미지이다. 탐험가는 교육이라는 사회적 세계에 대해 탐험히는 학지 역할이디. 진단가는 의사가 환자의 병을 진단하고 처방을 내리듯, 교육문제를 진단하고 처방전을 제시하는 학자 역할이다. 나는 이 책을 매개로 독자들과 함께 한국의 공교육 세계를 좀 더 깊고 넓게 탐험하고 진단하고 처방전을 고민하는 기회를 갖고 싶다.

나는 교육사회학이 위기진단의 과학으로 가치를 발휘하기 기대한다. 제대로 된 진단은 제대로 된 처방(solution)을 제안할 수 있다. 제때에 제대로 위기를 진단한다면 위기는 더 이상 위기가 아니다. 위기는 특정한 시기에 부각되기도 하지만, 위기의 징조는 언제나 바닥(저변)에서 오랫동안 꿈틀거리는 경우가 대부분이다. 하인리히 법칙에 의하면 대형사건 하나가 발생하기 전에 중형사건 29개가 발생하고, 중형사건이 발생하기 전 소형사건 300개가 발생한다. 위기의 진단은 치료와 처방을 위한 시작이기도 하고 대형사건을 사전에 예방하는 일이기도 하다. 2023년 여름 서이초 교사 사망사건과 같은 사건도 갑자기 하루아침에 생긴 것이 결코 아닐 것이다. 그간 수많은 징조들이 학교와 교직원과 학생들에게 나타났을 것이다. 그 징조들을 너무 가벼이 넘긴 과오에 대해 교육계 전체가 벌받는 형국이다.

2000년이 열리던 20여 년 전에 한국의 공교육은 교실붕괴 담론에 휩싸였다. 이 책을 집필하던 2023년 후반기는 교권침해와 교권옹호론이 모든 교육담론을 블랙홀처럼 빨아들였다. 나는 최근의 교권붕괴현상은 20여 년 전의 교실붕괴현상을 개선하지 못한 결과가 20여 년이 지난 지금 교권붕괴로 나타나고 있는 것으로 진단한다. 교실붕괴와 교권붕괴는 서로 연결되어 있는 문제이다. 이 둘은 공교육 위기의 대표적인 표상이다. 이처럼 우리 교육계에는 수십 년간 문제로 지적하고 개선노력을 해왔음에도 거의 변함없는 교육현상들이 많다. 사교육문제도 그런 것이다. 입시위주교육도 그런 것이다. 공교육의 위기상황은 지속되고 국민의 교육불신은 커져가고 있으며 교육민심은 공교육으로부터 멀어져 가고 있다. 참으로 안타까운 일이다.

이런 과정에서 도대체 교육학은 무엇을 하고 있는가?라는 질문과 함께 자괴감도 든다. 교육상황에 대한 탐험이 잘못된 것일까? 문제에 대한 진단과 처방을 잘 못한 것일까? 진단과 처방은 제대로 되었는데 개선 노력이 잘못된 것일까? 그런 노력에도 불구하고 별 효과 없는 교육(개혁)정책은 또 어떻게 이해해야 할까? 답은 잘 모르겠다. 답을 안다면 이런 일이 발생하지도 않았을 것이다. 답이 그리 간단하지 않다는 것을 시사하고도 있다. 어쨌든 이는 새로운 사유가 필요한 경우임에 틀림없다.

탐험가 역할을 하든 진단가 역할을 하든 우리가 만나고 부딪치며 경험하는 일상적 교육현상에 대한 사유과정을 거쳐야 한다. 학교는 우리가 일상적으로 듣고 보고 만나는 교육공간이다. 즉 학교는 우리들 대부분에게 일상(적)공간(daily space)이다. 일상공간과 일상현상은 어떤 사람에게는 문제로 다가오고 다른 사람에게는 꼭 문제로 느껴지지 않을 수도 있다. 학교라는 일상적 교육공간을 좀 더 깊이 좀 더 폭넓게 사유할 수 있다면 우리의 공교육에 대한 이해의 폭도 더 넓어질 것이며, 개혁의지도 강화될 것이다. 나는 이 책을 통해 학교라는 일상적 공간을 사유의 공간(thinking space)으로 삼으려 한다. 그리고 기존과 다른 새로운 사유도 가능함을 보여주고 싶다.

교육사회학 입문서의 역할(영향력)은 중요하다. 사람과의 만남에서 첫인상이 중요하듯이, 사유하기(학문)와의 만남에서도 첫인상은 매우 중요하다. 일반

독자가 읽기에 마음 편하면서 사유의 깊이를 더해 갈 수 있는 전공서적의 입문서를 만드는 일은 생각보다 어려운 일이라는 것을 한 번 더 실감했다. 교육사회학 입문서를 쓰는 일은 교육사회학이란 이름으로 어떤 내용을 어떤 순서로 어떻게 조직하여 제공할 것인가를 결정하는 일까지 포함하는 지속적인 선택을 요구하는 작업이다. 이 작업은 설계이고 디자인이기도 하다. '공교육'을 중심 개념으로 삼는 교육사회학 교재를 설계하고 디자인하여 예비교사와 현직교원뿐만 아니라 일반 교양인들의 공교육에 관한 문제의식을 공유하고 싶다.

이 책의 특징은 다양한 교육주체의 관점을 적극적으로 다루는 점이다. 같은 공교육 문제점이라도 어느 교육주체의 입장에서 인식하느냐에 따라 강조점도 해석도 달라질 수 있다. 모두가 경험하는 교육이 모두를 위한 교육이 되려면 모두가 참여하는 교육이 될 필요가 있다. 참여 중에서 가장 원천적인 참여는 '인식참여'(cognitive participation)라고 생각한다. 문제 상황에 대해 어떻게 상황정의(definition of situation)를 하고 어떻게 인식하는 것이 타당한지는 각 교육주체의 입장에 따라 다를 수 있다. 다를 수 있기 때문에 '인식참여'는 더욱 중요하다. 각 교육주체가 경험하는 결과치를 교육적 사유와 인식참여에 골고루 반영하는 것이 민주적이고 바람직하다. 이 책은 교육에 대한 국가적 관점, 교육자 관점과 전통적 관점을 존중하면서도, 국민의 교육민심이나, 학생 · 학부모 입장에서 겪고 보는 관점과 경험치도 중요하게 취급했다. 인식참여와 지식탐구에서도 민주적인 의견 수렴이 필요하기 때문이다.

대부분의 교육학 책은 기본적으로(명시적이든 잠재적이든) 교사중심적 교육론을 견지하고 있다. 이 책은 이를 벗어나기 위해 노력했다. 이 책은 '국민 입장에서 본 공교육이라는 관점'을 반영하는 책으로 설계하려 했다. 교육시민을 위한 사회과학이 되기 위한 교육사회학은 국민의 입장을 가장 중요하게 다루어야 한다.

이 책이 '국민입장'을 가지려는 데에는 중요한 이유가 있다. 교사도 교사 아닌 사람의 입장에서의 교육보기가 어떤 모습(상태)인지를 알아야 교사의 직무를 더 정확히 파악하고 수행할 수 있다고 생각하기 때문이다. 교육에서 교사가 매우 중요한 역할을 하지만, 교사입장에서만 교육을 보는 관점은 넘어서야 할 대상이다. 교사는 다른 교육주체의 입장에서의 교육보기와 균형을 이루는 교육론을 학습할 필요가 있다. 교사 역시 다른 교육주체의 입장에서 자기 역할을 볼 줄 알면, 공감능력도 증진될 것이고 교직 역할도 더 잘 수행할 수 있을 것이다. 또한 전문가로서의 교사라면 교사 입장에서의 관점뿐만이 아니라 학생이나 학부모 관점에서는 어떻게 다르게 보일 수 있는지도 알고 상황 대처를 하는 것이 바람직하다.

각 주체의 관점이 융합되고 재해석되어서 '교직중심교육학'이 '국민중심교육학'으로 진화되기를 기대한다.

나는 "교육을 구체화하고 변화시키기 위해서는 모든 목소리에 귀 기울여야 한다는 인식"(유네스코한국위원회(2020). [학습의 인본주의적 미래 – 유네스코 석좌와 유니트윈 시각에서]의 머리말에서)을 중시한다. 이 보고서는 '지식민주주의'라는 용어를 도입하고 있다. 이 책이 교육사회학이라는 지식체계의 민주성을 한 단계 더 높이는 계기가 되기를 기대한다. 나의 관점에서는 교육사회학이 평등문제에 큰 관심을 보이면서 학문의 민주성이 높아졌다. 이제 상대적으로 소외되었던 학부모와 학생의 관점과 경험치를 교육적 사유에서 적극적으로 반영함으로써 교육주체 간의 인식참여의 민주성 증진과 교육학의 지식민주주의를 증진시킬 단계라고 생각한다.

아직은 많이 부족하지만, 이 책은 다음과 같은 의지를 담아 만들어 갔다.

첫째로 이론을 존중하지만 그에 얽매이지 않으려고 노력했다. 추상적인 이론보다는 한국교육에 관한 구체적인 사실과 실제적인 지식, 제시된 의견을 우선적으로 취급하고 있다. 학자 아닌 사람, 교육계가 아닌 사람의 의견도 귀담아듣고 사유하는 것 역시 중요하다. 교육현안과 시사문제도 담으려고 노력했다.

둘째로 교육사회학에서 오랫동안 평등-불평등 관련한 관심과 연구 비중이 크다 보니 다른 문제 영역에는 상대적으로 무관심해지는 경향을 보였다. 특정 지식에 과잉 몰두하면, 학문을 오히려 폭 좁게 하는 본의 아닌 부작용을 초래할 수도 있음을 경계한다. 이 책에서는 평등-불평등 외의 영역과 문제 상황을 적극적으로 취급하려 했다. 또한 이것이 교육사회학이 학문적으로 공헌할 수 있는 학문적 영토를 다변화하는 길이라고 생각한다.

셋째로 학문적으로 정제된 언어를 존중하지만, 그에 얽매이지 않으려고 노력했다. 이 책에서는 언론 언어? 대중 언어도 함께 사용하고 있다. 정제된 언어는 중립적이고 논리에 집중하고 흥분은 가라앉히기는 하지만, 문제에 대한 감정이입은 잘 안 된다. 또 객관적으로 보기는 좋지만 나와 우리의 문제로 공감을 일으키는 데에는 효과가 작다. 이것은 곧 '우리 문제이고 내 문제일 수도 있어'라고 느끼면서 학습하는 것은 매우 중요하다. 프랑스의 미래학자 다니엘 핑크는 논리만으로는 부족하다. 감성이 필요하다고 했다. 나는 지식의 학습에도 이 말이 적용된다고 생각한다. 나는 느낌이 있는 책, 느낌을 받을 수 있는 책을 만들고 싶다. 느낌의 다른 표현은 '가슴에 와 닿는다'이다. 가슴에 와 닿기에 도움이 되는 언어와 사례를 사용하려고 노력했다. 머리로 학습한 지식이 가슴까지 오기는 정말 쉽지 않다. 그러나 가슴이 움직이지 않으면 감동이 없고, 열정도 생기기 어렵고 행동으로 옮기기는 더 어렵다. 행동에 힘(추진력)과 지속성을 불어넣은 것은 논리만의 지식으로는 부족하고 감성이 느껴지는 지식이 필요하다.

넷째로 한국교육의 주요 쟁점과 사건을 적극적으로 다루는 책으로 만들려 노력했다. 한국교육에 관한 진단과 분석에 교육사회학적 관심을 반영시키고, 혼자 읽기 자료, 시사자료, 토론자료, 쟁점소개 등을 상당수 포함시키고 싶었다. 읽어도 쌍방향적 사고를 자극할 수 있고, 수업에서는 발표 · 토론수업을 장려할 수 있도록 구성하려 하였다. 이 책은 어떤 문제 사태에 대한 답을 가르쳐주는 책이 아니라, 그 문제에 대해 무엇을 어떻게 질문하면서 해결책을 모색해 가야 하는가를 강조하는 책으로 만들려 하였다. (많은 책들이 성급히 답을 가르쳐 주려 하고 있다고 생각한다.)

다섯째로 이 책을 스스로 읽는 독자라면 교육사회학 공부뿐만 아니라, 자신의 삶과 인생에 대해서도 생각해 볼 수 있도록, 즉 '학습하는 인성'에 대한 교육도 의도하면서 편집하였다. 교육이 나와 개인에게 그리고 국가와 사회에게 어떤 의미가 있는지, 있어야 하는지를 생각하게 하도록 도와주는 책으로 꾸미고자 했다. 나는 여기 있고, 교육은 저기에 따로 있는 것 같이 느껴지는 그런 느낌의 책이 아니라, 내가 그 책 속에 들어가 있는 것처럼 느껴지는 책을 만들어 보고 싶었다.

나는 '공교육'의 사회학을 총론 수준에서 디자인하면서, 평소의 소신처럼 '한국화 된' 혹은 '한국교육의 일상을 반영하고 그에 대한 사유를 자극하는' 교육사회학 책을 만들고 싶었다. 한국 사회에서의 일상생활에서 오가는 공교육 담론과 대학교재에서의 공교육 담론이 별개의 것이 아니라 일상담론과 사유담론이 상호 연결됨을 보여주는 것이 중요하다. 이 두 가지 목표는 이제 막 첫 모습을 드러냈을 뿐이다.

남겨진 숙제들도 많다.

특히 소수 의견란을 만들어 또 다른 문제의식과 해답찾기(solution)를 자극하도록 구성하려 했으나 역부족으로 초판에서는 하지 못했다. 개정판에서는 반영할 수 있도록 노력하겠다. 우리 주변에 어수선하게 여기저기 널려 있는 일상적 정보와 전문적 정보들을 의미 있게 배열하고 연결시키고 정리하면서 우리들의 교육 시선이 더 밝아지고 넓어지기를 기대했다.

개별적 단편적으로 볼 때 강력해 보이는 논의들이 많지만, 그 조각들을 여러 개 모아 정리하다 보면 모순되고 일관성이 없고 단편적이고 일방적인 것으로 보이는 논쟁들도 많다. 이 책을 만들면서 이런 어려움을 한 번 더 절감하면서도, 그것을 정리하고 앞으로 나아갈 방도를 제시하지 못하는 것이 안타깝다. 한국교육에 관한 실제 담론들을 정리하고 분류하고 비교하여 제시하고 세계보편적 논리와 연계하여 논의할 수 있게 도와준다면 그것은 최고의 교과서가 될 것이다. 우리 필자들은 이것이 우리에게 남겨진 숙제라고 생각하고 좀 더 성숙되고 멋진 모습의 책이 만들어질 때까지 앞으로 계속 수정 · 보완할 것을 약속한다.

아주 오랜만에 교육사회학 교재를 다시 집필하게 되었다. 그동안 생각이 없었던 것은 아니지만, 감히 엄두를 내지 못했다. 마침 내가 아끼는 젊은 친구들의 자발적 동참이 있어서 다시 집필을 감행할 결심을 할 수 있었다. 나이 차이를 넘어 자유로운 대화와 정을 이어가고 있는 나의 친구들인 김기수, 김현자, 김현정, 오재길, 이수광, 황성희 박사에게 각별한 고마움을 표한다. 이 책의 곳곳에 이분들의 교육적 체험과 통찰이 생각과 글로 반영되어 있다.

마지막으로 이 책을 다시 만들 기회를 주신 동문사 이중수 사장님, 유재영 상무님, 수차례의 수정작업을 마다하지 않고 잘 마무리 지어주신 편집부 직원 여러분에게도 감사 말씀드린다.

이종각 씀

2023. 12월 춘천 소양강변이 보이는 서재에서

이 책과 관련하여 긍정, 부정, 보완 의견 등을 보내 주시면 모든 의견을 언제든 적극적으로 검토하여 긍정적으로 수용 · 수정하겠습니다.

연락처 이종각 whdrkr4919@naver.com
동문사 dong736@naver.com

차례

제2부 | 공교육에 대한 이론사회학적 접근

제3부 | 공교육의 실제와 쟁점

제4부 | 더 좋은 공교육 질서를 향한 시도들

사회학적 관점으로 공교육에 다가가기

제1부

‘좋은 음악은 아직 가보지 못한 곳을 상상력으로 인도하는 음악이다’라는 영화의 대사를 감명 깊게 들었다. 그리고 좋은 지식은 아직 가보지 못한 세계를 상상해 보고 꿈꾸게 하고 인도할 수 있는 지식일 거라는 깨우침도 얻었다. 누군가는 가본 세계이지만, 우리 대부분이 아직 가보지 않은 세계로 안내하는 지식이라면 꽤 괜찮은 지식일 것이다. 그런 지식은 탐험가적인 지식이라고 말할 수 있겠다. 좋은 진단과 처방전까지 주는 치유의 지식이 될 수도 있을 것이다.

제1장

교육사회학에의 초대

학문은 세상사에 관해 체계적으로 이해하기 위한 노력이요 그 결과물이다. 이 장에서는 인간과 사회와 교육이 어떻게 관계 지어져 있는지의 기본 모습을 살펴본다. 사회에서 교육은 어떤 형식으로 존재하는지, 교육의 개인적 혹은 사회적 기능과 목적은 무엇인지, 그리고 교육의 사회적 기능은 어떻게 변해 왔는지에 대하여 기초적이고 개괄적으로 안내한다. 이는 여러분을 교육사회학이라는 이해방식으로 초대하는 과정이다. 교육사회학은 사회적 상황 속에서 이루어지는 개개인의 교육적 경험에 관하여 연구하는 학문이다.

주요 개념

주체적 인간, 교육질서, 상황정의(definition of situation), 사회구조(social structure)

주요 질문

- 교육현상에 대한 사회학적 질문에는 어떤 것들이 있는가?
- 사회학적 분석에는 어떤 것들이 있는가?

1. 개인과 사회와 교육(인간형성)

인간은 태어나는 순간에는 핏덩이이며 거의 '동물적 존재'이다. 그 '동물적 존재'가 '사회적 존재'로 변화해 가면서 인간형성이 이루어진다. 이 '인간되어 감'의 과정에는 다양한 '사회적 힘(social forces)'이나 현상이 작용한다. 이 사회적 힘들은 권력이나 경제력뿐만 아니라 가정교육 · 사회화 · 학교교육 · 평생교육 · 문화화 등과 같은 용어로 표현되는 것들을 모두 포함한다.

교육의 지향점은 이러한 '인간되어 감의 현실(現實)'로부터 '인간되어 감의 이상(理想)'을 향해 있다. 교육이 인간되어 감의 현실에 어떻게 작용하고 있으며, 인간되어 감의 이상을 위해 더 바람직한 교육질서를 탐구하는 것이 교육사회학의 주된 관심이자 목적이다. 이 목적의 하위 목적으로 인간되어 감의 현실에 대한 분석과 비판적 이해가 요구된다.

사회학의 아버지로 불리는 프랑스의 실증주의 철학자 오귀스트 꽁뜨(Auguste Comte)는 인간의 집단(socius)을 뜻하는 라틴어와 연구(logos)라는 말을 합쳐 1843년 사회학(sociology)이라는 용어를 최초로 사용하였다. 그 어원이 암시하듯 사회학은 기본적으로 인간(개인)과 집단(사회)과의 관계에 대하여 문제의식을 갖고 연구하는 학문이다. 개인은 사회의 산물인 동시에 그 사회를 구성하기도 하는 쌍방적 관계에 있다. 인간주의 사회학자로 유명한 피터 버거(Peter Berger)의 사회학적 관점을 중심으로 인간과 사회와의 관계에 대하여 살펴본다.

1) 인간과 사회의 관계: 포로, 꼭두각시, 주체적 인간

피터 버거는 인간과 사회의 관계를 피구속성과 자유의지의 대립적 관계로 파악하면서도 인간의 자유의지적 측면을 강조한다. 그에 의하면 인간은 일차적으로 사회의 포로이자 꼭두각시이다. 인간은 사회의 통제를 벗어날 수 없다. 사회규범은 개인이 출생하기 전부터 그의 외부에 존재하고 있으며, 개인의 의

지와는 관계없이 그의 행동을 강제한다. 이런 점에서 인간은 사회의 포로와 같은 존재이다.

또 인간은 '사회라는 무대 위의 꼭두각시와 같은 존재'이기도 하다. 인간이 자유롭게 활동하는 것처럼 보이지만 그 활동은 사회적으로 미리 구성된 역할에 따른 행동들로 이루어진다는 점에서 무대 위의 꼭두각시에 비유될 수 있다.

그런데 대부분의 사람들은 포로나 꼭두각시 같다는 느낌을 별로 갖지 않고 생활한다. 그 이유는 무엇일까? 피터 버거에 의하면, 대부분의 경우 개인은 이미 자기의 역할을 '내면화(內面化, internalization)'하고 있기 때문에 행동을 강제당한다고 생각하지 않는다. 개인은 어떤 가치를 내면화하고 있기 때문에 스스로 판단하고 선택하여 행동한다고 믿으며 그러한 역할이 형성된 사회적 기제(社會的 機制, social mechanism), 즉 사회의 각본을 의식하지 못한다.

이러함에도 불구하고 피터 버거는 주체적 인간의 모습을 강조한다. '주체적 인간'은 인간이 사회적 포로와 무대 위 꼭두각시의 단계를 넘어서는 존재이다. 이 부분이 바로 '현실로부터 이상을 향한' 인간의 선택이자 노력이며 자유의지이다. 피터 버거는, 일상생활에서 당연하게 받아들여지는 것들을 흔들어 인간으로 하여금 특정 방식으로 행동하게 하는 사회적 기제를 이해하는 의식을 가질 것을 강조한다. 이는 개인이 '내면화된 내용에 대한 각성'을 해야 한다는 것을 의미한다. 피터 버거는 이러한 의식의 각성을 '의식화'의 길이자 '인간화'의 길, 즉 '주체적 삶의 길'로 보았다.

주체적 인간은 사회적 통제의 단계를 벗어나 자유스럽게 인간의 의미와 역할을 스스로 형성해 나가는 인간존재의 모습을 지닌다. 그는 또 자신의 행동을 이끄는 메커니즘 자체를 의식하거나 그에 참여하고 저항하며 변혁하려는 단계의 인간존재이다. 그는 의사결정 과정에 참여할 뿐만 아니라 의사결정의 기초가 되는 상황정의(狀況定義, definition of situation)에도 참여(인지적 참여)한다. 이 단계에서 인간은 사회로부터 제약받는 모순을 인식하고 그것을 변혁시켜 극복함으로써 스스로 새로운 사회 환경과 역사를 창조해 나가는 주체적 인간으로 상승한다.

우리는 교육사회학을 배워가면서 제도화된 공교육으로부터 받는 이익뿐만 아니라 제약과 부작용도 인식하면서, 공교육을 어떻게 변혁시켜야 더 나은 공교육이 될 것인지를 고민해야 할 것이다. 교사도, 학생도, 학부모도 각자의 위치에서 주체적 행위자로 성장하길 바란다.

2) 교육과 사회의 관계: 피구속성과 자율성

인간형성 과정으로서의 교육과 사회의 관계도 위에서 살펴본 인간과 사회의 관계와 유사하게 설명할 수 있다. 교육이 사회에 대하여 갖는 관계를 다음과 같이 요약할 수 있다.

> 교육은 그 기원에 있어서나
> 그 기능에 있어서
> 절대로 사회적인 것이다.
> -에밀 뒤르케임-

① **기본적 관계**(교육의 사회적 본질): 교육은 본질적으로 사회적 속성을 지닌다.

② **수동적 관계**: 교육은 사회(정치 · 경제 · 문화)로부터 영향을 받는다.

③ **능동적 관계**: 교육은 사회에 적극적으로 영향을 미친다.

교육은 사회 속에서, 사회에 의해서, 사회를 위해서 수행되는 하나의 사회적 현상이다. 교육의 목적과 내용도 사회적인 성격을 가지며 교육의 방법도 사회와의 관계로부터 영향을 받는다.

교육도 우선은 사회의 포로나 꼭두각시와 같은 피구속적인 활동이다. 이는 교육의 수동적 기능을 의미한다. 즉 교육은 사회가 만들어 놓은 각본대로 이루어지는 측면이 강하다. 교사든 학생이든 학부모든 이미 사회에 의해 만들어진 제도와 내용과 방식에 따라 교육에 관여한다.

반면 교육은 사회를 변화시키는 능동적 기능 또한 갖고 있다. 교육은 사회의 다른 부문에 대하여 완전히 구속적인 것이 아니라 상대적 자율성을 가진 하위 부문이다. 교육제도와 관행 그리고 교육행위자들(교사, 학생, 교육행정가, 학부모 등)이 익숙하게 하는 교육행동(교육과 관련된 행동)의 의미와 메커니즘을 이해하고 의사결정 과정에 참여할 때 주체적 행위자가 될 수 있다. 또 그러한 주체적 행위자들에 의해 교육이 운영될 때 주체적 교육이 될 것이다.

교육의 모든 과정은 사회적인 것이다. 교육사회학이라는 학문이 존재하는 근본적 이유는 바로 교육의 본질뿐만 아니라 교육의 과정(過程, process)과 결과도 사회적인 것이라는 데 있다. 사회환경과 교육체제와의 상호작용 모습을 알아보기 쉽게 도식화하면 아래와 같다.

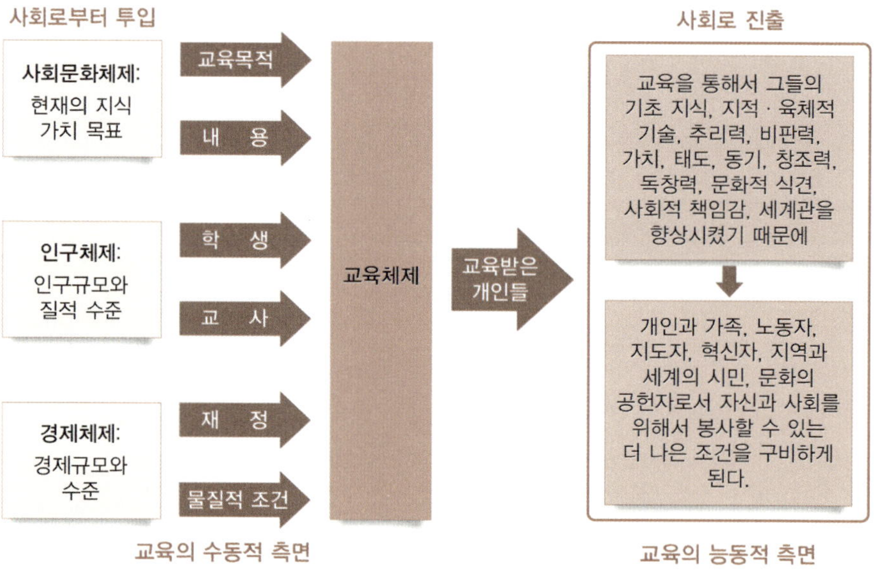

[그림 1-1] 교육체제와 환경과의 상호작용

출처: Coombs(1968). p. 12의 모델을 일부 수정한 것임.

2. 교육질서에 대한 탐구

교육사회학은 교육사회의 과거를 성찰하고, 현재를 분석하며, 미래를 전망하면서 바람직한 교육질서를 모색하는 학문적 역할을 해야 한다.

교육에 대한 관심은 곧 인간형성에 대한 관심이며, 이는 곧 인간의 삶과 앎 사이의 연결성에 대한 관심이다. 따라서 교육에 대한 관심은 곧 앎이 공동체적인 삶의 모습에 어떻게 연결되어 있는가에 대한 관심이며, 삶도 앎도 사회학적인 속성을 지닌 것이다.

한 사회에서 통용되는 인간과 사회와의 관계를 사회질서(社會秩序, social order)라고 한다. 사회질서란 인간집합체에서 그 성원들의 행동이 유형화된 모습을 뜻한다. 이러한 사회질서에 대하여 관심을 갖고 탐구하는 일이 곧 사회학이다(김경동, 1978: 3-4).

교육질서는 넓은 의미에서 사회질서의 한 측면이다. 교육질서는 인간의 공동체적 삶에 있어서 성원들의 교육과 관련된 행동이 유형화된 모습을 뜻한다. 즉 교육에 깊은 관련을 갖는 다양한 요소들이 관계를 맺는 방식에서 발견되는 유형이다.

이와 같은 교육질서에 대한 관심은 인간적 관심으로부터 출발한다. 기존 교육질서의 모순을 인식하고 보다 더 새롭고 정의로운 교육질서를 추구하려는 학문이 교육사회학이다. 따라서 교육사회학은 교육현실에 직면하는 동시에 미래와 이상을 지향한다. 달리 말하면 기존의 교육질서에 대한 탐구를 바탕으로 정의로운 교육질서에 대하여 탐구하는 일이다.

몇 가지 질문의 예를 들어 보자. 능력주의 교육질서란 어떤 것이고 그것을 원하는가? 평등주의 교육질서란 어떤 것이고 어떻게 추구할 수 있는가? 공정한 교육질서는 어떻게 가능한가? 공공성 높은 공교육질서를 확립하기 위해 무엇을 해야 하나? 공교육과 사교육 사이의 관계는 어떻게 설정해야 하는가?

교육사회학은 기본적으로 이러한 교육질서가 어떻게 형성되고, 유지 또는 변화되는가에 관심을 갖는다. 나아가 더 좋은 교육질서를 추구한다. 이러한 관심은, 현상을 이해하고 설명하려는 과학적 가치의 추구와 그를 통해 보다 나은 교육질서와 사회질서, 즉 사회정의를 추구하려는 규범적 가치의 추구에까지 이어진다.

교육사회학은 교육과 개인과 사회와의 관계, 그리고 교육체제 내부의 사회학적 성격분석을 통하여 원하는 사회적 규범에 관한 관심을 충족시키고자 한다. 그 관심은 인간에 대한 '해방', '평등', '능률(효율)', '정의', '공정(공평)', '공공성' 등이다. 이는 곧 인간이 집단적 삶을 영위하면서 바람직한 사회질서에 대한 끊임없는 추구이다.

3. 교육사회학의 주요 관심분야

사회분화 및 사회문제의 증가와 함께 교육사회학의 필요성에 대한 인식이 높아졌다. 자본주의 경제의 발전에 따라 미국에서는 19세기 말부터 20세기 초에 걸쳐 이농현상, 도시화, 이민 증가, 지역사회 해체 및 개인의 사회부적응 증가 등과 관련된 사회문제들을 해결해야 할 필요에 직면하였다. 교육계에서도 이러한 사회적 요청에 부응하여 교육의 재편성과 확대에 힘쓰게 되었는데, 그 결과 교사교육이 확충되었고, 종래의 교육철학과 교육심리학 대신 교육사회학이 교사교육의 주요 교과로 급격히 보급되었다.

교육사회학의 주요 관심 영역을 정리한 대표적 사례 2가지만 살펴보자.

뒤르케임은 교육사회학의 연구영역을 아래와 같이 제시한다.

① 교육에 관한 사회적 사실들과 그것들의 사회적 기능을 밝히는 일
② 교육과 사회 및 문화변화 간의 관계를 밝히는 일
③ 교육체제의 여러 유형을 비교문화적으로 연구하는 일
④ 살아 있는 사회체제로서 학교와 학급을 탐구하는 일

교육사회학의 주요 연구과제와 성격은 미국의 교육사회학자 브루코버(W. B. Brookover)가 5가지로 잘 요약하였다(김병성, 1988: 15-16).

① **사회진보 수단으로서의 교육사회학**

초기의 실천지향적 교육사회학자들은, 교육사회학을 사회진보와 사회악 제거의 기본영역으로 간주하고, 사회개선의 중요한 기능 수행을 강조하였다.

② **교육목표 설정의 기초를 연구하는 교육사회학**

교육사회학이 교육목적이나 목표설정에 있어서 사회적 결정요소를 분석하는 데 관심을 가지고 사회와 인간의 필요에 기초하여 교육의 사회철학적 측면에 접근하고자 하였다.

③ **사회화 과정을 분석하는 교육사회학**

교육사회학자들은 아동의 사회화 과정에 관심을 갖고 특히 사회적 환경으로서의 집단과 상호작용 과정이 개인에게 주는 영향에 관한 분석을 시도하였다.

④ **사회에서의 교육의 위치를 분석하는 교육사회학**

이전보다 더 새로운 접근으로서 교육사회학은 사회 또는 지역사회 안에서 교육기관의 기능과 학교와 지역사회 환경의 사회학적 관계를 규명하고자 하였다.

⑤ **학교 안에서의 사회적 관계와 학교와 지역사회 관계를 분석하는 교육사회학**

이와 같이 교육사회학은 학교 사회 내에서의 사회적 상호작용 관계와 역할 등을 분석하는 한편 학교 내 구성원들과 지역사회와의 관계를 분석하고자 하였다.

4. 교육사회학적 질문과 분석

올바른 질문을 하지 않고는 올바른 해답을 찾을 수 없다. 학문을 하는 일은 옳은 답을 찾기보다는 옳은 질문을 끊임없이 추구해 나가는 과정이기도 하다. 그리고 각종 정보과학기술이 현대인의 생활 속에 널리 보급·활용되면서 지식은 유통경로가 다양해지고 개인별 맞춤형 지식이 실시간으로 제공되는 환경이 되었다. 답보다는 질문이 더 중요한 환경으로 변하고 있다. 무엇을 어떻게 물을 것인가가 더 중요해졌다. 최근 ChatGPT의 등장은 질문의 중요성을 더욱 실감나게 만들고 있다.

교수로부터 '무엇을 배웠느냐'보다 학생이 '어떤 질문을 하느냐'가 더 중요하다. 문제해결능력은 문제해결에 접근하는 질문능력으로, 창의력은 창의적인 질문능력으로 풀어 말할 수 있다. 약간 장황하더라도 사회학적 질문의 기본에 관해 길게 취급해 보겠다.

1) 사회학적 분석의 차원과 질문

'사회학은 사회적 행동의 체계와 그들의 상호관계에 관한 탐구'(Inkeles, 1977: 16)로 규정될 수 있다. 베버(Weber, 1947: 88)도 '사회학은 사회행동을 그에 대한 인과적 설명에 도달하기 위해 해석적으로 이해하려는 과학'이라고 하였다. 베버는 특히 사회적 행동을 행위자가 거기에 주관적 의미를 부여한 경우로 규정하였다.

심리학이 개인을 연구하는 데 비해 사회학은 개인행위를 집단과정과 관료조직 내의 행위와 결부시켜 연구한다. 문화인류학이 문화적 상징에 관심을 집중하는 데 비해 사회학자들은 그러한 상징체계를 사회제도 및 그 사회 속의 제도화된 유형들과 관련시키고 있다. 〈표 1-1〉에 제시된 바와 같이, 사회학자들은 인간행위를 모두 5개 차원에서 연구하는데, 특히 집단과정(차원 3)과 사회체제

(차원 4)에 더 큰 관심을 집중한다.

<표 1-1> 사회분석의 차원

차원	각 차원에서의 사회학적 관심	각 차원에 참여하는 다른 사회과학들
1. 행위의 생물학적 및 물리적 기반	인종과 출산의 생물학, 인구의 지리적 분포	심리학, 생태학
2. 개인적 행위	개인적 인격에 미치는 사회의 영향, 집단과 사회체제에 미치는 개인의 영향	심리학, 사회심리학
3. 집단과정	소집단과 그 성원들에게 미치는 집단의 영향, 그리고 더 큰 사회체제들	사회심리학
4. 사회체제	사회와 사회제도(가족, 교육, 종교, 경제, 정부)	인류학, 경제학, 정치과학
5. 문화	지식, 신앙체계, 가치, 행위의 규범	인류학

출처: 이효재, 장하진 역(1979). p. 18.

사회학적 질문은 인간의 집단생활과 그러한 집단생활의 산물과 연관된다. 그러므로 사회학도들은 집단생활을 이끌어가는 관습 · 제도 · 전통 · 가치체제들이 어떻게 형성되어 왔고 또 그것들이 집단생활에 어떤 영향을 미치는가에 관심을 갖는다.

사회학적 질문은 사람들이 만들어 낸(형성해 낸, constructed) '사회적 세계(social world)'에 관한 질문이다. 피터 버거(Berger, 1963)에 의하면 사회학자들의 질문은 항상 다음과 같은 기본적이고 전형적인 사회학적 질문들로 회귀하거나 또는 그들로부터 파생된 것이다.

- 이 사람들은 여기서 서로 무엇을 하고 있는가?
- 그들은 서로 어떤 관계를 유지하고 있는가?
- 사회제도 속에 그러한 관계들이 어떻게 조직되어 있는가?
- 사람들과 제도들을 움직이게 하는 집단이념은 무엇인가?

[그림 1-2] 사회학적 설명의 단계

피터 버거가 제시한 질문의 단계를 다른 측면에서 보면 [그림 1-2]에서 보는 바와 같이 사회학적 설명의 단계가 된다. 그림에서 보는 것처럼 사회학적 탐구는 양파의 껍질을 차례로 벗겨가는 과정에 비유할 수 있는데, A→B형의 설명논리 또는 C→A형의 설명논리를 취할 수 있다.

교육사회학자들은 사회와 교육과 인간형성의 세 측면을 꿰뚫는 질문을 해야 한다. 그 질문은 교육을 중심으로 이루어진다. 교육행위자들(교사 · 학생 · 학부모 · 교육행정가들)은 어떤 교육적 행동을 하고 있는가? 그 사람들은 서로 어떤 관계에 있는가? 교육제도는 그들의 행동과 관계에 어떤 영향을 미치는가? 그 사람들과 제도들은 집단이념과 어떻게 관련되어 있는가? 교육사회학은 교육에 관한 관습 · 의식 · 전통 · 제도 · 가치에 특히 많은 관심을 둔다. 그것들은 집단생활 속에서 발생된 것인데 집단생활은 또 그것들로부터 크게 영향을 받는다. 따라서 집단관계와 집단과정이 중시된다. [그림 1-3]은 교육사회학적 질문과 탐구의 과정을 나타낸 것이다.

사회적 맥락 속 개인의 교육행위에 관한 탐구
(예: 과외하기, 숙제하기, 토론하기, 자율학습하기 등)

↓

교육과 관련된 사회 · 문화 · 제도 · 조직 · 집단에 관한 탐구
(예: 과열과외 현상, 입시산업, 입시제도, 학교제도 등)

↓

교육과 개인 · 집단 · 조직 · 문화 · 사회 간의 상호관련성에 관한 탐구
(예: 학력과 취업 · 계층배분과 교육의 관계, 가정환경과 학업성취와의 관계 등)

[그림 1-3] 교육사회학적 질문과 탐구의 과정

2) 사회학적 질문의 유형

사회학적 탐구를 위해서 어떤 유형의 질문들을 할 수 있는가에 대하여 대표적인 것 3가지를 살펴본다.

> 유태인의 공부는
> "공부의 신이 아니라
> 질문의 신이라고 말하고 싶다."
> -정현모-

(1) 분석유형에 따른 질문

사회학적 분석의 기본 유형인 구조, 과정, 인과, 기능 분석의 기본적 질문은 아래 표와 같다.

<표 1-2> 사회학적 분석의 4가지 유형과 질문

분석유형	기본질문	기본적 측면
구조분석	특정 교육사회 현상은 어떤 모습으로 존재하고 있는가?	특정 교육사회 현상의 구조적 특징에 관한 기술
과정분석	특정 교육사회 현상은 어떻게 발생 · 전개되는가?	특정 교육사회 현상이 발생하고 진행되어지는 사회적 과정에 대한 탐구
인과분석	무엇이 특정 교육사회 현상을 발생시키는가?	특정 교육사회 현상을 산출하는 사회적 요인들을 밝힘
기능분석	특정 교육사회 현상이 초래하는 사회적 결과는 무엇인가?	특정 교육사회 현상이 해당 조직에 미치는 결과와 영향에 대한 탐구

(2) 기든스의 질문

기든스(Giddens, 1982)는 사실적 질문, 비교적 질문, 역사적·발달론적 질문, 이론적 질문의 4가지 유형을 제시하였다.

① 사실적 질문

사회학자들이 던지는 질문들 또는 답을 구하고자 하는 문제들 중에는 사실적인(factual) 것들이 있다. 우리는 한 사회의 성원이므로 이미 사회에 대한 사실적 지식을 어느 정도 가지고 있다. 예를 들면, 우리나라 사람들은 자신들이 지켜야 하는 법이 있으며, 그를 어길 경우 처벌의 위험이 따른다는 사실을 알고 있다. 예를 들어, 우리는 다음과 같은 사실적 질문들을 제기할 수 있다. '어떤 형태의 교권침해가 가장 흔한가?', '교육범죄를 저지른 사람들 중에서 경찰에 실제로 체포되는 비율은 얼마인가?', '교실에서 잠자는 학생은 얼마나 많은가?', '학부모의 교육권 침해 사례는 얼마나 많은가?'

그런데 사실적 질문들은 우리가 흔히 생각하는 것보다 훨씬 더 복잡하고 대답하기 어렵다. 따라서 사실적 질문에도 엄격한 개념적 검토와 방법적 검토가 요구된다.

② 비교적 질문

한 사회에 대한 사실적 정보만 가지고는 그것이 보편적 사례인지 아니면 특수한 사례인지를 알 수 없다. 사회학자들은 한 사회의 사회적 맥락을 다른 사회의 맥락과 견주어 보거나 서로 다른 사회에서 뽑은 사례들을 대비시키는 방식으로 비교적 질문(comparative questions)할 수 있다. 한 예로 한국의 교육경쟁구조와 미국의 교육경쟁구조를 대비시켜 공통점과 차이점을 찾아볼 수 있다. 또 동양인의 교육열 표출방식과 서양인의 교육열 표출방식을 비교연구하는 것도 흥미로운 과제이다.

③ 역사적 · 발달론적 질문

사회학에서 우리는 현재 존재하는 사회들을 서로 비교할 뿐만 아니라, 현재의 사회와 과거의 사회를 비교해 볼 필요 또한 있다. 이러한 질문들은 역사적 · 발달론적(developmental)인 것들이다. 현대사회의 성격을 이해하기 위해서는 과거 사회들을 살펴보아야 하고 또 어떤 형태의 변동 과정을 겪어 왔는지를 연구해야 한다. 우리는 최초의 공교육이 어떻게 발생하였으며 이후 어떤 변천 과정을 겪어 왔는지와 같은 질문을 제기할 수 있다.

④ 이론적 질문

사회학자들이 경험적(empirical) 연구로 부르는 사실적 연구들은 사건들이 어떻게 발생하였는가에 관심을 둔다. 하지만 사실들이 아무리 그 자체로서 중요하고 흥미 있는 것이라 할지라도 사회학은 단순히 그것들을 수집하는 데 그치지 않는다. 우리는 어떤 사건들에 대해 그 본질이 무엇이고 왜 발생하였는지를 알기 위하여 이론적 질문들을 제기한다.

이론적 질문들은 우리로 하여금 특정한 연구의 초점을 정확하게 찾아내어 원인을 발견하도록 함으로써 사실을 적절하게 해석할 수 있도록 해 준다. 우리는 공교육제도가 현대사회에 커다란 영향을 끼쳤음을 알고 있다. 그러나 '공교육의 기원과 전제조건은 무엇인가?', '여러 사회에서 공교육의 전개과정은 서로 어떤 차이를 보이는가' 등의 질문에 대답하기 위해서는 이론적(theoretical) 사고가 필요하다. 이론은 다양한 경험적 상황들을 설명하기 위한 사용되는 추상적인 해석 작업을 포함한다. 물론 사실적 질문과 이론적 질문이 완전하게 분리될 수는 없다. 이론적 접근은 경험적 연구를 통해 검증될 수 있는 범위 내에서만 타당성을 갖는다.

생각을 키우는 자료 1

사회구조(social structure)

사회구조란 용어는 사회학에서 가장 많이 사용하는 용어이면서도 이해하기 쉽지 않은 용어이다. 사회구조란 용어를 접할 때 아래와 같이 이해하면 도움이 될 것이다.

You should think of the following when you see the term social structure:

1. 사회구조는 인간 간의 상호작용의 규칙적 패턴(유형)으로 나타난다.
   Social structures are regular pattern of human interaction.
2. 사회구조는 인간 간의 상호작용을 통해서 형성되어진 것이다.
   Social structures are created through human interaction.
3. 사회구조는 다이아그램(도형)으로 그려 낼 수 있는 형태를 가지고 있다.
   Social structures have a form or shape that usually can be diagrammed.
4. 사회구조는 권력, 권위, 친소관계, 경제적 지위 등과 같은 상호작용에 영향을 미치는 어떤 측면을 반영하고 있다.
   Social structures reflect some dimension of interaction, such as power, prestige, friendship, economic resources, etc.

출처: Ritzer, G. et al.(1979). p. 44.

(3) 밀스의 질문 유형

다음으로 밀스(Mills, 1959)는 구조적 접근과 질문, 역사적 접근과 질문, 행동과학적 접근과 질문의 3가지로 분류하였다.

① 구조적 접근과 질문

사회를 하나의 전체로 볼 때, 이 사회는 어떤 구조를 가지고 있는가? 그 구조의 기본적인 구성요소는 무엇이며, 그 요소들은 서로 어떻게 관련되어 있으며, 어느 특정 요소나 측면이 그 구조의 지속 또는 변동에 어떤 의미를 갖고 있는가?

② 역사적 접근과 질문

인류 역사상 이 사회는 어디에 위치해 있는가? 이 사회가 변해가고 있는 메커니즘은 무엇인가? 인류 전체에 있어서 이 사회의 위치는 무엇이며, 인류의 발전에 이 사회는 어떤 의미를 갖는가? 우리가 관심을 갖고 연구하려는 특정한 측면이 이 사회의 역사적 시기에 어떤 영향을 미치고 또 어떻게 영향을 받고 있는가? 그리고 현재 시기의 기본적인 특징은 무엇인가? 그것들은 다른 시기의 특징들과 어떻게 다른가? 그러한 특징들은 역사의 전개를 어떻게 특성화시켰는가?

③ 행동과학적 접근과 질문

이 사회에서 그리고 이 시기에 어떤 교사와 어떤 학부모가 지배적인 형태인가? 그리고 어떤 형태들이 앞으로 지배적인 형태로 될 것인가? 어떤 방법으로 그들이 선발되거나 형성되며, 해방되거나 억압되고 있는가? 이 시대의 이 사회에 있어서 우리가 관찰하는 학생의 행동과 성격에(인물에) 어떤 인간본성(human nature)이 반영되어 나타나는가? 우리가 연구하려는 사회의 여러 측면들의 각각은 인간본성에 어떤 의미(목적)를 갖는가?(Mills, 1959).

질문하기 연습

2022년 수학계의 노벨상으로 알려진 필즈상을 수상한 허준이 교수는 자녀교육법으로 "아이에게 문제를 내게 하라"고 한다. 주어진 문제를 푸는 것보다 문제를 생성해 내는 것이 더 수학적 사고의 학습에 도움이 되는가 보다. 교육사회학 학습에도 허준이 교수의 교수법이 유용할 것 같다. 여러분이 문제를 스스로 만들어 보세요. 그리고 그 문제를 동료가 만든 질문과 바꾸어 풀어 보세요.

** 위의 여러 질문과 분석 유형을 기본으로 이용하여 구체적 사례(예: 최근의 교권침해 사례, 학생의 교실행동 사례)를 어떻게 분석하고 그 분석을 위해 어떤 질문을 하면 좋을지를 연습해 보자.

5. 탐구방법의 기초

사회의 그 어느 것도 공짜로 좋아지거나 개선되는 일은 없다. 많은 사람이 머리를 맞대고 적극적으로 논의하고 발언하지 않는 이상 아무 일도 일어나지 않는다. 우리가 사회라는 틀 안에서 살고 있음을 깨닫고, 그 틀 안에서 생겨난 문제점을 함께 논의하고 해결하는 과정에서 사회과학의 인식과 도구가 필요하다. 복잡한 세상을 자신의 눈으로 읽고 해석할 수 있는 능력을 높이는 힘이 사회과학 공부에 있다. 사회과학은 글을 쓰거나 정리할 때 또는 사회의 대안을 찾아갈 때 길잡이가 되어주는 실용적인 목적을 갖는다. "사회를 살리는 사회과학의 힘, 온 국민 똑똑해지기"(우석훈, 2011: 9-10) 그 탐구방법론을 알아보자.

1) 연구보고서의 요건[1)]

연구보고서는 연구의 목적, 내용, 방법, 결과가 독자들에게 효과적으로 전달될 수 있도록 작성해야 한다.

(1) 논리성

연구보고서는 논리성이 있어야 한다. 연구과정을 상세하게 전달하되 그것을 논리적이고 체계적으로 조직해야 한다. 연구보고서의 체제에 관한 문제는 곧 논리적 순서에 관한 문제를 뜻하는 것이라고 말할 수 있다. 연구보고서에서는 어떤 한 용어를 정의해서 사용했으면 끝까지 그 용어의 사용을 고수해야 한다. 또한 전달하려는 내용을 논리정연하게 조직하여 이해의 정확성을 목적으로 해야 한다. 연구보고서는 그 성격상 사실적인 내용 전달 문서이기 때문에 간결하고 일상적으로 통용되는 단어가 있을 때는 그러한 단어를 이용해서 표현하도

1) 이종승(2009) (pp. 473-479) 요약 · 정리함.

록 하고, 문장도 될 수 있는 한 단문을 사용하는 것이 내용 전달을 정확하게 할 수 있다.

(2) 객관성

연구보고서는 타당한 객관적 근거에 입각하여 사실적 내용을 보고하는 글이다. 믿을 만한 자료를 근거로 하여 쓸 것은 물론, 필요에 따라 인용한 글이나 이론도 그 출처와 근거를 분명히 밝혀야 한다. 보고서의 객관성을 유지하기 위하여 주어나 대명사 인칭은 연구자, 필자 등 일반적으로 3인칭을 사용한다.

(3) 정확성

보고서에 사용되는 인명, 수식, 증거, 출처, 통계치 등 각종 자료와 정보의 정확성을 기하는 것은 연구보고서 작성에 필수 요건이다. 분명한 의미를 가진 단어를 사용하고, 새로운 용어나 개념을 쓸 경우에는 그 의미를 명확히 규정해야 한다. 직접적으로 분명하게 써야 한다는 것은 애매한 용어나 불분명한 대명사 같은 것은 사용하지 말라는 뜻이다. 저자가 말하려는 것을 독자가 전혀 모를 것이라고 가정하면서 보고서를 작성하는 것이다.

(4) 일관성

연구보고서에 사용하는 용어나 체제는 일관성을 유지해야 한다. 어떤 현상을 나타내는 특정한 용어를 쓰기로 하였으면 보고서 전체에서 일관되게 그 용어를 사용해야 한다. 보고서를 읽는 독자들의 주요 관심은 보고서에 수록된 내용을 정확히 파악하는 데 있으므로 보고서에 사용하는 용어를 명확하게 정의하고 일관성 있게 사용해야 한다. 서술방식의 일관성을 유지하는 것 역시 중요하다. 예컨대 연구결과를 제시할 때 일반적인 내용을 서술하고 그다음에 구체적인 사항을 쓰려고 하면, 보고서 전반에 걸쳐서 그런 식으로 일관성 있게 서술하는 것이 좋다.

(5) 가독성

연구보고서는 가독성이 있어야 한다. 가독성이란 독해의 평이성이라고도 말할 수 있는데, 이것은 보고서의 내용 그 자체가 쉽다는 뜻이 아니라 내용을 이해하기 쉽도록 서술하는 것을 말한다. 보고서를 쓰는 목적인 연구 결과를 타인에게 전달하려는 데 있는 만큼 가능하면 많은 사람들이 이해하기 쉽도록 평이하게 글을 쓰는 것이 좋다. 독자의 주의와 관심을 집중시킬 수 있도록 보고서에는 강조점을 명확하게 제시해야 하고 간단명료해야 한다. 사실 어떤 내용을 완전히 소화하고 있는 사람은 그것을 이해하기 쉽게 표현할 수 있다.

2) 연구방법

연구의 접근방법 및 주로 이용하는 자료의 성격과 특징에 따라 양적연구와 질적연구로 구분한다. 양적연구는 주로 조사와 실험을 통해 얻은 양적자료를 가지고 통계 분석을 하고, 질적연구는 주로 참여관찰과 심층면담을 통해 얻은 질적자료를 가지고 문화기술적 내용분석을 한다. 양적연구와 질적연구는 그 철학적 배경과 연구방법론에서 서로 차이를 보인다.

(1) 양적연구방법[2)]

양적연구방법은 객관적인 관찰이 가능한 것을 연구대상으로 하여 자료를 수집하고 통계적 방법을 통해 그 신뢰성을 확인하는 방법이다. 이 방법 속에는 크게 조사연구, 실험연구, 관찰연구가 있다. ① 조사연구는 원인과 결과를 분석하기보다는 현재의 실체를 알아보기 위한 연구다. 통제되지 않은 자연적 상황에서 질문을 통하여 현상을 파악하는 연구로서 현재 사실에 대해 연구하는 방법이다. ② 실험연구는 인과관계를 규명하기 위해서 어떤 처치를 연구대상에게 가하고 그 처치에 따른 변화를 분석하는 연구다. 실험연구는 처치, 자극,

2) 성태제(2020) (pp. 201-255) 요약 · 정리함.

환경조건을 인위적으로 조작하거나 통제한 후 연구대상이나 물체에 어떤 변화가 있는지를 분석함으로써 인과관계를 밝히는 연구다. ③ 관찰연구는 실제 현상을 직접 관찰하여 수행하는 연구로서 조사연구나 실험연구에 비하여 절차가 간단하다. 관찰연구는 연구대상이 아닌 관찰자에 의하여 관찰 결과가 기록되므로 자기기록방법의 한계를 극복할 수 있다. 관찰자의 관찰에 의하여 연구대상의 특성을 파악하고 분석하는 연구다. 관찰대상이 다수이고 관찰내용이 수량화되어 분석되면 양적연구가 되고 관찰대상이 소수이고 관찰내용이 서술에 의하면 질적연구가 된다.

(2) 질적연구방법[3)]

근래에 와서 양석연구가 가지고 있는 한계를 인식하고 그 대안으로 질적연구에 대한 관심이 증가하고 있다. 질적연구는 인간이 생활하고, 경험하고, 상호작용하는 등 인간의 삶을 이해하고 그 의미를 발견하는 데 일차적 목적을 둔다. 질적접근을 하는 연구자들은 개인이나 단일한 환경, 한 집단의 문화적 모형과 관점, 한 집단 구성원들의 일상적 활동과 사회적 구조 사이의 관계, 상호작용을 통하여 습득하는 관점과 의미, 사람들이 경험하는 현상 등에 관심을 가지고 연구를 한다. ① 질적연구에서는 인위적으로 상황을 통제하거나 조작하지 않고 실제 세계에서 자연적으로 일어나는 다양한 현상을 연구한다. ② 자료수집의 방법에 제한을 두지 않고, 관찰이나 면담을 통한 자료수집뿐만 아니라 현상을 이해하는 데 도움이 될 만한 자료는 모두 수집한다. ③ 상황이나 현상을 전체적으로 이해하고자 하여 현상을 요소나 부분으로 분석하지 않고 총체성(Totality)을 강조하는 관점을 취한다. ④ 결과보다는 과정에 더 많은 관심을 가지며 결과가 나오기까지의 과정을 면밀하게 살펴보는 것이 질적연구의 주된 관심사다. ⑤ 연구대상자의 관점으로부터 의미를 추출하여 현상을 설명함으로써 연구자는 현장 속에 들어가 연구대상자들과 직접적이고 개인적인 접촉을 하면서 그들의 외현적 행동뿐만 아니라 가치관, 관점, 태도 등 내면적인

3) 이종승(2009) (pp. 395-412) 요약 · 정리함.

특성도 이해하려고 노력한다. ⑥ 연구수행에 융통성과 유연성이 있다. 질적연구에서는 사전에 완벽한 연구설계를 작성하지 않고, 연구를 진행하는 과정에서 점차 구체화시켜 나간다. 연구설계의 융통성은 질적연구가 갖는 개방성, 모호성, 불확실성에 대한 관대함에 기인한다.

생각을 키우는 자료 2

우리 한국만 우리말로 학문할 수 없게 만든 것을 발전이라고 얘기한다. 하지만 자기 말로 학문을 하는 풍토에서 비로소 세계적인 이론이 나왔다는 것을 역사가 증명해 준다. ~중략~ 정부가 돈을 들여서 자국의 국민들이 읽기 어려운 논문을 쓰도록 하는 셈이다. 정부의 연구과제는 기본적으로 국민의 세금에서 지원하는 것인데, 그 세금 납세자들이 읽을 수 있게 해주는 것이 외국의 학술지에 실리는 것을 목표로 하는 것보다 가치 있는 일이 아닐까?(우석훈, 2011: 9-10)

토론해 봅시다

1) 나는 질문이 많은 사람인가, 아니면 별로 없는 사람인가를 생각해 본 다음, 어떻게 하면 질문이 있는 사람으로 될 수 있을까에 대해 토론해 보자.

2) 왜 자기 나라 언어로 학문하는 것이 중요할까에 대해 토론해 보자.

제2장

교육의 사회적 전개와 공교육의 출현

사회가 분화되어 감에 따라 교육제도, 교육목적, 교육내용도 분화되어 왔다. 역사적으로 중요한 사건들은 새로운 교육적 요구를 발생시켰다. 19세기에 형성되기 시작한 공교육제도는 교육을 보편화시키며 전 세계로 확산되었다. 공교육제도는 각국의 고유한 특징을 반영하면서 미래사회의 변화에 대응하기 위해 새로운 변화를 시도하고 있다.

교육사회학의 학습은 교육사회의 역사에서 시대별로 겪은 위기를 성찰하고, 현재의 교육현상 속에 숨은 위기에 대한 통찰력과 분석력을 기르고, 미래교육에 대한 희망과 전망을 가질 수 있기를 기대한다. 이런 능력이 향상된 느낌을 받았으면 교육사회학 학습이 아주 잘 된 것으로 볼 수 있다.

주요 개념

성년식, 공교육제도, 학제, 학력주의

주요 질문

한국의 공교육제도는 어떤 과정을 거쳐 형성되었나?

1. 교육의 사회적 전개 과정

사회가 발달하면서 기능적 분화가 일어났다. 이런 분화는 사회화 담당기관의 분화로 이어졌다. 학교는 사회화 담당기관이 분화된 결과로 탄생했다. 학교는 사회의 어린 구성원인 아동을 체계적으로 사회화하기 위한 기관으로 발달한 것이다. 인류 초기에 시작된 비형식적이고 우연적인 교육이 어떻게 현재와 같이 조직적이고 계획적인 교육으로 발전하게 되었는지 살펴보자.

인류 초기의 원시사회에서 가르치고 배우는 행위는 생활의 필요에 따라 이루어졌다. 일부는 의식적으로 일부는 무의식적으로 진행되었다. 원시사회에서 교육이라 부를 만한 소식된 행위는 성년식(initiation) 형식으로 이루어졌다. 성년식은 사춘기에 달한 청소년들을 그가 속한 사회의 일원으로 공식적으로 인정하는 의식이다. 성년식은 그 사회의 고유한 규범과 능력과 생활양식을 전달받는 의식으로서, 강제적이고 계획적으로 이루어졌다. 원시사회의 주술적 성격도 가미되었다. 아이가 저절로 어른이 되는 것이 아니라, 공식적인 절차와 훈련의 과정을 거쳐서 어른이 되도록 한 것이다.

고대사회에서 점차 농업과 생산기술이 발달했다. 그 결과 생산량이 증가하고 식량도 확보되었다. 부가 축적되면서 농업 이외의 영역, 예컨대 종교, 정치, 학문, 예술 같은 분야에도 관심을 갖게 되었다. 분야별로 전문가도 생겨났다. 고대문명이 성립되면서 의도적으로 문화를 발전시키고 문화를 전달하려는 노력이 필요해졌다. 그것을 특정 계급이 담당했다.

국가가 형성되고 규모가 커짐에 따라, 우수한 관료가 필요해졌다. 관료를 양성하기 위해서는 지식의 전달을 전문으로 하는 기관이 필요했다. 왕을 중심으로 하는 국가에서는 거기에 봉사할 수준 높은 지식을 갖춘 관료들이 필요했다. 관료를 양성하기 위해서는 계획적인 교육을 할 수 있는 학교가 있어야 했다. 고대사회에서 학교는 소수 지배계급을 위하여 조직 · 운영되었다.

서양의 중세사회는 종교가 지배한 정교일치(政教一致)의 사회였다. 종교가 융성하고 종교가 사회적 생활을 지배했던 중세 유럽에서 학교는 대부분 종교적인 사원학교였다. 소수의 신학 중심 대학도 있었다. 중세 유럽은 기독교를 사회의 근간으로 삼고 있었으므로, 학문도 주로 기독교의 교리에 관한 연구였다. 주된 교육 담당자들은 성직자들이었다. 이러한 사회적 배경 속에서 학교교육은 성직자들의 특권이었다. 그 외에는 매우 제한된 사람에게만 기본적인 3R's(독서산: Reading, wRiting, aRithmetics) 교육의 기회가 있었다.

12세기 말에 설립된 대학들의 중심 활동은 기독교(신학)와 고전(철학, 문학)에 관한 연구와 교육이었다. 대학들은 점차 교황의 칙허장에 의하여 공인을 받으며 대학의 권위를 높였다. 이런 교육기관들은 교회지도자 양성을 위한 고전교육에 치중했다. 세속적인 교육으로는 왕과 귀족 자녀의 교육을 위한 궁정학교가 있었고, 봉건 영주에게 봉사할 기사를 훈련시키는 기사도 교육이 있었다. 상공업 분야에서는 길드가 조직되고, 길드를 중심으로 상공업을 가르치고 배우는 도제 교육이 행해졌다.

십자군 전쟁 이후 교회의 권위가 많이 실추되었다. 그러면서 중세는 서서히 막을 내리게 되었다. 문예부흥기를 거치면서 근대적인 사회가 형성되어 갔다. 상업과 교역이 활발해지고, 그 범위가 세계로 확산되면서 교육에 대한 욕구가 변화되었다. 12~13세기 이후 유럽에서는 상업도시가 발달하고 시민계급이 등장했다. 이런 사회 변화는 새로운 교육적 요구를 발생시켰다. 읽기에는 성서 읽기 대신 상업용 문서 읽기가 필요했다. 쓰기에는 성서 필사 대신 상업용 문서 작성이 필요했다. 셈하기에는 교회 축일 계산이 아니라 화폐 계산이 필요했다.

새로운 필요는 세속적 생활교육을 주로 하는 학교의 발달을 촉진시켰다. 시민들의 도시생활은 문자를 읽고 쓸 수 있는 능력이 점점 더 필요해졌고, 일반 서민들도 학교에 다닐 수 있게 되었다. 대학을 중심으로 하는 학원도시인 이탈리아의 볼로냐, 프랑스의 파리, 영국의 옥스포드 등에서도 신학을 넘어 의학, 법학 등으로 그 전문성을 확대했다. 교양교육도 확충하여 점점 더 많은 시민들이 교육의 기회를 누리게 되었다.

국가와 사회가 다양한 인재들을 필요로 하듯이, 사람들도 근대사회에서 살아가는 데 필요한 지식과 기술을 습득할 필요가 있었다. 국가는 국민을 교육함으로써 산업과 사회의 필요에 부응하고자 했다. 국가가 교육을 관리하고 운영하는 제도를 공교육제도라 한다. 이런 배경에서 근대식 공교육제도가 형성되었다.

2. 공교육제도의 형성

오늘날처럼 대부분의 사람들이 교육을 받는 근대식 학교제도는 서양에서 19세기에 와서 등장했다. 근대식 학교제도는 산업화의 과정을 통해서 사회구조가 복잡하게 분화하고, 국가의 정치·경제적 동기가 강화된 결과, 대체로 19세기 후반에 와서 정비된 것이다.

1) 공교육제도의 형성 배경

근대사회로 이행해 가는 과정에서 근대식 학교제도, 즉 공교육제도의 형성에 큰 영향을 미친 사건 4가지를 지적할 수 있다. 이 사건은 어느 때 일회적으로 일어난 것이 아니라, 수십 년에 걸쳐 지속되었다.

첫째, 근대적 산업이 발달했다. 산업이 발달하면서 여러 영역에서 유능한 산업인력이 대량으로 필요했다. 이 때문에 학교에 의한 조직적이고도 집약적인 교육이 요청되었다. 근대 이전에 있었던 교회나 경제적 직능집단이나 군사 부문에서 제공해 온 교육으로는 불충분했다. 근대사회에는 교육 기능을 전문적으로 담당할 기관으로 학교가 요청되었다. 이러한 사회적 요구가 근대학교 출현의 계기가 되었다.

둘째, 문예부흥이 일어났다. 문예부흥이 일어난 후 교육은 종교적 경향에서 인문주의로 기울어졌다. 사상도 많이 변화되어서, 자연주의·이성주의·개인주의적 경향이 강하게 나타났다. 교육에서 사용하는 언어도 라틴어에서 국어로 넘어가기 시작했다. 그러면서 교육이 국민주의적 성격을 띠게 되었다. 학교의 교육 내용과 방법도 새롭게 분화되었다. 한편으로는 인간의 정신능력을 도야하기 위해 훈련을 강조하는 경향이 있었고, 다른 한편으로는 자연의 법칙에 따르면서 인간의 자연스런 본성을 계발하려는 경향이 생겼다. 이와 함께 훌륭한 시민을 양성하기 위한 노력도 병행되었다.

셋째, 종교개혁이 일어나고 정교분리(政教分離)가 이루어졌다. 루터(M. Luther)를 중심으로 한 종교개혁의 영향으로 의무교육 사상이 생겨났다. 이것은 초등교육을 보편화시키는 계기가 되었다. 산업혁명이 진행되면서 시민계급이 성장했고, 점차 정부와 교회가 서로 독립하는 정교분리가 이루어졌다. 그러면서 교회의 주도하에 운영·관리되던 교육이 국가의 주도로 운영·관리되는 교육으로 바뀌게 되었다.

넷째, 민족국가가 형성되고 공교육제도가 탄생했다. 정교분리는 민족국가의 형성에 촉진제가 되었다. 민족국가는 국민을 일체화해 나갔다. 각 민족국가들은 부국강병의 수단으로 교육을 활용하려 했다. 교육은 '교회의 주도'에서 '국가의 주도'로 운영되는 교육으로 변하게 되었다. 이런 추세로 19세기에 국가가 학교를 관리하는 체제가 확립되어 갔다. 19세기의 근대학교는 근대국가의 통제를 받으며 운영되는 기관으로서, 근대국가의 목표에 적응하도록 구성되어 갔다. 이러한 역사적 과정을 거치면서 교육을 국가가 관리하고 책임지는 공교육제도가 확립되어 갔다.

민족국가를 성립시키는 데에는 국가의 통일과 발전을 바라는 국민의식의 확립이 필요했고, 국가를 위해 봉사할 관료가 필요했다. 민족국가는 개인을 존중하면서도 국가의 통일과 독립을 지향하는 국가주의 성격을 띠었다. 국가에 충성하는 국민과 우수한 관료를 생산하는 것이 필수였다. 반면에 국민은 법 앞의 평등을 주장하며 교육기회의 평등을 권리로 요구했다. 평등의식의 확산은 근대학교와 공교육제도를 실현시키는 힘이 되었다. 경제가 성장하고 시민계급이 세력을 얻으면서, 학교는 서민화되어 갔다. 민주주의 사상의 영향을 받으면서 교육은 국민의 권리로 자리 잡게 되었다. 공교육은 국민 전체를 대상으로 국가나 지방정부가 운영하는 교육제도라 할 수 있다.

2) 공교육제도의 형성

공교육제도를 법제화한 최초의 규정은 고타교육령(Gotha, 1642)이었다. 고타교육령은 5~12세 아동의 취학의무를 규정한 획기적인 것이었으나, 당시에는 제대로 실현되지 못했다. 그로부터 약 1세기 후에 독일의 계몽군주인 프리드리히 대왕이 1763년에 '지방학사통칙(General-Land-Schul-Reglement)'을 발표했는데, 여기에는 취학의무, 교원에 대한 훈련과 보상, 교과서 정비, 교수법 개선, 학교감독 등이 규정되었다. 이어서 1794년에 학교법이 제정되어 모든 공립학교 및 교육기관은 국가기관임이 선언되었다. 이 법은 성직자와 대부분의 국민들로부터 오랫동안 반대를 받았으나, 정부의 지속적인 노력으로 수십 년에 걸쳐 서서히 자리를 잡아갔다(조종인 역, 1994: 406-407).

현대적인 공교육제도는 프랑스 혁명의회가 입안한 교육제도에서 비롯되었다(이돈희, 1998). 혁명의회는 종래의 귀족교육을 대체하는 평등교육을 추구했고, 교육의 주도권을 종교에서 국가로 이동시키려 했다. 혁명의회는 모든 국민을 대상으로 하는 공립무상 보통교육제도를 수립하려 했다. 프랑스에서 공적인 초등교육은 1833년부터 시작되었는데, 1881년에 무상으로, 1882년에 의무적으로 되었다. 중앙집권적이고 국가 통제적인 학교제도를 확립하는 현행의 조직적인 법률은 1886년부터 시작되었다(조종인 역, 1994: 408). 이후 독일에서는 나폴레옹 전쟁에서 패한 후 독일민족의 부흥을 위해 국가 주도의 교육을 추진했다. 독일에서는 평등사상보다는 민족주의적 동기에 의해 국가가 주도하는 범국민적 교육제도를 정착시켰다. 1800년대 중후반에 미국과 영국에서도 공교육이 법제화되고 점진적으로 자리를 잡아갔다. 그리고 20세기 초에는 많은 나라에서 초등 의무교육을 실시했다. 학교는 점차 초·중등 단계의 학교 교육제도로 계통화되어 갔다.

생각을 키우는 자료 1

공교육의 큰 흐름

정부가 항상 교육을 주도해 온 것은 아니다. 역사적으로 교육은 종교, 가족, 길드 등에 의해 자발적 · 비공식적으로 조직됐다. 18세기 말부터 각국은 교육받은 노동력이 경제를 발전시키고 공립학교가 국가 정체성을 개발하고 강화할 수 있는 가능성을 확인했다. 정부는 이러한 공동재[1] 공급이 사회와 경제에 광범위한 혜택을 줄 것을 기대하며 여기에 드는 높은 비용을 부담할 준비가 되어 있었다. 20세기 신생 독립국들에게 공교육 제도의 확립은 식민주의로부터의 해방을 상징했다. 공교육은 언제나 숭고한 이상이나 지배 이념의 증진을 목표로 삼았다.

이 새로운 구조는 전통적인 교육 구조를 대체하고 흡수했다.

출처: 유네스코한국위원회(2022b). p. 3.

3) 사회변화와 교육의 핵심 기능의 변화

교육의 사회적 기능은 시대에 따라 변하지만, 핵심 기능은 거의 변하지 않는다. 현대 교육시스템은 농경시대와 산업시대의 유산을 가지고 있다. 농사철에 학생들이 들에서 일할 수 있도록 허용하고, 산업체와 같이 시간에 맞춰 수업과 휴식을 반복한다. 교육과정은 중세시대에 고안된 언어, 수학, 과학, 예능의 틀을 따르고 있다.

사회의 발전 단계에 맞추어 교육이 담당한 기능이 무엇인지 정리해 보자. 교육은 교육받은 사람에게 ① 직장과 사회에 공헌하게 하고, ② 개인의 재능을 계발하여 발휘하게 하고, ③ 시민으로서의 의무를 다하게 하고, ④ 사회의 전통과 가치를 후대에 전달하게 한다. 이 네 가지는 성인세대가 성장하는 세대를 교육함으로써 달성하고자 하는 공통 목표다. 이 네 가지 기능이 시대별로 어떻게 변해 왔는지 간단히 정리하면 〈표 2-1〉과 같다(Trilling & Fadel, 한국교육개발원 역, 2012: 53-54).

1) 원문에는 공공재로 번역되어 있으나 이 책에서는 공동재로 용어를 통일한다.

<표 2-1> 시대 변화에 따른 교육의 목표

교육의 목표	농업시대	산업시대	지식시대
직장과 사회에 기여	• 가족과 다른 사람을 위해 식량 생산 – 기초생활을 위해 도구와 물품을 생산 – 지역 움막 경제 참여	– 전문화된 직업을 통해 사회 공헌 – 산업 발전에 기여하기 위해 공학과 과학을 적용 – 생산과 분배의 긴 사슬의 한 부분을 차지	– 세계적 정보와 지식 업무에 기여 – 사람들의 요구에 부응하고 문제를 해결하기 위한 서비스 혁신 – 세계경제에 참여
개인의 재능 계발 및 발휘	• 교육을 통해 기초 3과목 학습(읽기, 쓰기, 산수) – 농업 및 수공업 스킬 학습 – 유용한 물건을 만들기 위해 도구 이용	– 가능한 한 많은 사람을 대상으로 기초적인 문해력과 산술능력 교육 – 대부분의 사람이 상공업과 산업 관련 스킬 학습 – 최상위 몇 명의 경우 관리 및 행정능력, 공학, 과학 학습	– 기술 기반 지식 및 생산성 향상 도구를 이용한 개인의 자기 계발 증가 – 중산층의 성장으로 인한 지식 기반 직업 및 기업의 세계적 진출 확대 – 평생 재능 계발 및 학습을 위해 지식 및 기술 도구 활용
시민의 의무 완수	• 상부상조 – 마을 공동체의 필요에 기여 – 마을에 꼭 필요한 서비스 및 공동체 행사 지원	– 공동체에 이익이 되도록 사회 및 시민 단체 참여 – 조직화된 노동 및 정치활동 참여 – 자원봉사 및 자선활동을 통해 지역의 시민활동 발전에 기여	– 지역사회의 의사결정과정에 참여하며 온라인 및 개인적으로 정치적 활동 참여 – 온라인 커뮤니티와 소셜 네트워크를 통해 세계적 이슈에 관여 – 소셜 네트워크 및 통신 도구를 이용하여 지역 및 세계적 문제에 시간과 자원 사용
전통과 가치 전수	• 농업 지식과 전통을 다음 세대에 전달 – 부모와 조상의 윤리, 종교, 문화적 전통 속에서 자녀 양육	– 과거의 상업, 수공업, 전문기술 등에 관한 지식을 배워 다음 세대로 전달 – 다양한 문화와 전통이 도시에 공존하는 가운데 자신의 고유 문화와 가치 보존 – 교통 및 통신의 발달에 따라 다양한 문화권과 상호교류 가능	– 한 분야에서 전통적인 지식을 빠르게 습득하여 그 원리를 다른 영역에 적용함으로써 새로운 지식과 혁신을 창조함 – 광범위한 문화와 전통에 대해 공감하고 그로부터 정체성을 찾음 – 다양한 문화와 전통에 참여 및 관용 – 전통과 세계 시민의식이 혼합되어 새로운 전통과 가치가 창조 · 전승됨

4) 기술변화와 교육변화

1차에서 4차에 이르기까지 산업혁명을 이끈 것은 '기술'이었다. 증기기관, 전기와 내연기관, 컴퓨터와 인터넷 기술의 발명이 3차까지의 산업혁명을 일으켰고, 이제 빅데이터, 인공지능, 사물인터넷, 가상현실, 블록체인 등의 기술이 4차 산업혁명을 일으키고 있다. 과거 농업혁명도 마찬가지였다. 식물의 재배, 경작, 보관 기술이 농업혁명을 일으켰고, 청동기 기술의 등장이 혁명을 가속화했다. 역사가들이 시대를 신석기, 청동기, 철기로 구분하는 기준도 소재 기술에 의한 것이니 기술이 인류 역사에 얼마나 많은 영향을 미쳤는지는 더 이상의 설명이 필요 없을 듯하다.

'새로운 기술 = 변화'는 공식과 같다. 새로운 기술이 인류의 삶을 바꾸고, 국가와 민족의 흥망성쇠를 결정했다. 새로운 기술을 개발하고 차지한 국가와 민족은 큰 기회를 맞이했지만, 기술을 받아들이지 못하고 이용하지 못한 곳은 대부분 위기를 맞으며 역사에서 사라졌다.

시민의식, 리더십, 정책, 외교, 전쟁 등 많은 요인이 변화의 원인이 되거나 영향을 주지만, '기술'과 '환경'만큼 큰 영향을 주는 것은 없다. 현재 우리는 인류 역사상 '기술'과 '환경'에 의한 가장 큰 변화를 마주하며 교육하고 있다.

앨런 콜린스(Allen Collins)와 리처드 핼버슨(Richard Halverson)에 따르면 우리 시대는 2차 교육혁명을 맞이하고 있다. 지식 및 정보화기술의 발달에 따라 지식기반경제가 형성되고 정보화사회가 도래했다. 이러한 사회변화는 학교교육시대를 저물게 하고 평생학습시대를 열었다고 분석하고 이를 2차교육혁명이라고 표현하고 있다. 그들은 교육변화의 큰 흐름을 3단계로 아래와 같이 요약하고 있다.

<표 2-2> 콜린스와 핼버슨의 3대 교육 변천

구분	도제교육 시대	학교교육 시대	평생학습 시대
책임	부모	국가	개인과 부모
기대	사회재생산	만인의 성공	개인의 선택
내용	실제적 기술	학문적 지식	학습방법의 학습
교수방법	도제방법	강의방법	상호작용
평가	관찰	시험	내장형 평가
장소	가정	학교	모든 곳
문화	성인문화	또래문화	세대 혼합문화
관계	개인적 유대	권위적 인물	컴퓨터 중재 상호작용

출처: 앨런 콜린스(Allen Collins)와 리처드 핼버슨(Richard Halverson) 지음, 황기우 옮김. 제6장에 근거하여 작성.

3. 한국 공교육제도의 형성과 변화

1) 한국 공교육제도의 형성

한국 공교육제도의 특성을 파악하기 위해서는 근대교육의 형성과 발달 과정을 살펴볼 필요가 있다. 특히 '공교육'의 특성이 갖추어지는 과정에 주목할 필요가 있다. 사실 '근대'의 의미를 어떻게 해석하는가에 따라 '근대교육'의 의미가 달라지기 때문에, 근대교육이 무엇인지, 언제 시작되었는지에 대해서는 여러 가지 논의가 있다. 대개 갑오개혁(1895)을 계기로 근대적인 학교제도가 갖추어진 것으로 보고 있지만, 그 전 시기에도 근대적인 교육의 요소가 없었던 것은 아니다.

강명숙에 의하면, 교육과 관련하여 공(公)이란 용어가 처음 사용된 것은 1886년에 설립된 육영공원(育英公院)에 관한 자료다(강명숙, 2007: 166-167). 여기서 '공'은 국가(또는 官)가 설립 또는 운영했다는 것을 뜻하지는 않는다. 전통교육기관인

성균관, 학당, 향교는 관에서 설립한 것이지만 '공'자가 들어 있지 않다.

이후 고종의 「교육입국조서」(1895년)에서 교육의 목적이 공중의 이익 추구임을 천명하였고, 같은 해에 반포된 「소학교령」에 관립소학교(정부 설립), 공립소학교(부나 군의 설립), 사립소학교(개인 설립)의 세 종류의 소학교가 규정되어 있다. 그렇지만 당시에는 학교운영에 필요한 경비는 관 · 공 · 사립을 막론하고 국고와 지방재원에서 부담 혹은 지원하도록 했다. 「소학교령」 반포 당시에는 관 · 공 · 사립을 막론하고 학교는 모두 공적인 성격을 가진 것으로 인식하고 있었음을 확인할 수 있다.

을사늑약(1905년) 이후 일제의 주도로 교육 관련 법령이 제 · 개정되면서부터 '공'의 개념에 변화가 생겼다. 우선 학교명에 관립, 공립, 사립을 명시하여 학교 간의 구분을 분명히 했다. 이로써 관립을 우선으로 하는 학교의 위계적 지위가 형성되었다(강명숙, 2007: 179). 공립학교는 지방의 공공적 자원으로 경영하도록 함과 동시에, 관 · 공립학교의 수업료를 징수하도록 명문화했다. 이로써 교육에 대한 국가 책임 및 무상교육의 원칙이 무너졌다. 대신 교육 수혜자 부담 원칙으로 전환되었다. 당시 일본에서는 교육을 기본적으로 사적인 이익의 문제로 이해하고 있었다(강명숙, 2007: 180). 교육을 입신의 도구로 보는 일본인의 시각이 조선의 교육정책에 그대로 반영된 것이다.

근대교육 초기에 형성되던 공교육의 특성들은 일제강점기를 거치면서 크게 변질되었다. 일제강점기에는 서구에서 형성된 공교육의 이념, 즉 보통교육, 평등교육, 의무교육, 무상교육의 특성을 거의 살리지 못했다. 국가는 지원보다 감독을 주로 했고, 수업료를 납부할 수 있는 국민이 교육을 받았다. 교육내용을 국가가 엄격히 통제했고, 공익이나 공동선이 아니라 식민 지배를 공고히 하는 교육이 이루어졌다.

2) 한국 공교육제도의 변화

해방 후에 다시 시작된 교육에서는, 교육의 공적인 성격이 국가의 행정관리 권한에 주로 초점을 맞추었다. 1949년에 제정된 「교육법」의 이념적 성격은 서구의 민주주의와 한국의 민족주의가 뒤섞여 있었고, 반공주의와 국가주의 성격을 강하게 띠었다. 반면에 교육에 대한 국민의 권리나 교육의 자주성은 명문화되지 않았다(이윤미, 2012: 29). 점차 공교육의 이념인 보통교육, 평등교육, 의무교육, 무상교육을 지향하긴 했으나, 현실은 너무나 열악하여 이런 이념을 구현하기 어려웠다. 실제로 정부수립과 한국전쟁을 거치면서 국가적 혼란을 극복하기 위한 국가주의적 담론이 전국을 지배했다. 그러나 이처럼 외양으로 국가주의적 이념과 제도가 강화되는 동안, 사람들의 교육에 대한 관심은 사적인 '교육열'의 형태로 나타났다. 국민의 교육받을 권리가 의무교육과 무상교육으로 보장되지 않은 상태였기 때문에, 국가주의적인 공민의 의무가 강조되더라도 그것은 추상적인 수준에 머물렀고, 실제로는 제한된 교육 기회를 붙잡기 위한 경쟁이 치열하게 전개되었다.

이윤미는 한국의 공교육에 대해, 국가주의로 인한 '공적'인 성격이 강한 것처럼 보이는 한편, 교육열로 표현되는 '사적'인 열망이 강하게 드러난다고 보고, 이런 현상을 '가면'[2]의 비유로 설명하였다(이윤미, 2007: 225-240; 2012: 24-38). 이것은 공적으로 보이는 외양이 실제로는 충분히 공적이지 않음을 보여주는 것이다. 한국 사회에서는 사회구성원의 이해와 요구에 기반을 둔 공공성이 아니라 '국가적으로 해석한' 의미의 공적 목적이 우선시되었고, 이로 인해 구성원의 실질적인 이해와 요구는 개인적이고 비공식적인 형태로 해소되었다(이윤미, 2012: 30).

한편, 오성철(2015)은 한국 교육의 팽창 과정에 초점을 두고 교육의 변화 시기를 구분한 적이 있다.[3] 그는 교육이 팽창되는 과정에서 일어난 질적인 변화,

---

2) 이윤미가 사용한 '가면의 비유'는 프란츠 파농(F. Fanon)의 『검은 피부 하얀 가면』에서 빌려온 것이다. 이 책에서 파농은 프랑스령 아프리카 식민지의 엘리트들이 지니고 있던 모순적인 정체성을 '가면'으로 표현하였다.

3) 이 부분은 오성철(2015)의 논문에 크게 의존해 작성했다. 여기서 '교육 팽창'은 교육받는 인구(학생)가 급격히 증가하는 현상을 의미한다.

교육을 중심으로 전개된 국가의 교육정책과 국민의 교육행위 간의 관계와 그 변화에 주목했다. 교육 팽창의 추이를 보면, 어느 시기에 누가 얼마만큼의 교육을 받게 되었는지 알 수 있다. 교육 팽창은 교육에 대한 국민의 인식과 행위의 변화를 반영한다. 그것은 국가의 교육정책과 국민의 교육행위의 상호작용의 산물이기도 하다. 교육 팽창의 규모와 추이는 각급 단계의 학교교육의 성격과 그 사회적 기능에도 영향을 미친다.

한국의 교육은 급격히 팽창되었다. 교육 팽창은 낮은 학교급부터 높은 학교급으로 순차적으로 진행되었다. 1960년대는 초등학교가, 1970년대는 중등학교가, 1980년대는 고등교육(대학)이 급격히 팽창하였다. 이와 함께 성별 교육격차가 현저하게 감소했다. 60년대 초에 중등교육에서 여성의 취학률은 남성의 절반 수준이었지만, 지금은 고등학교 수준까지는 남녀 취학률에 거의 차이가 없다. 2020년에 고등교육 이수율은 전체 50.7%였는데, 남성이 52.8%, 여성이 48.5%로 남녀의 차이가 상당히 좁혀졌다. 교육 팽창과 함께 국민들의 교육관도 대체로 선발주의에서 대중주의로 변화되었다.

오성철은 한국 교육의 변화를 총 3시기로 구분했다. 제1기(1945~1967년)는 국가교육체제의 성립과 학력주의 사회의 태동이고, 제2기(1968~1994년)는 교육의 국가주의적 재편과 대중교육사회의 형성이다. 제3기(1995년~현재)는 교육의 분권화·민주화와 교육불평등의 심화다.

(1) 국가교육체제의 성립과 학력주의 사회의 태동(1945~1967년)

1945년부터 1960년대 후반까지는 국가에서 각급 단계의 학교교육을 정상적으로 복원하고 새로운 국가교육체제를 확립하기 위해 노력한 시기였다. 해방 후 1948년까지의 미군정기에는 일본인이 떠난 빈자리에 한국인 교사들을 충원하는 과제, 새로운 교과서를 제작·보급하는 과제, 새로운 교육법 체제와 교육행정 조직을 정비하는 과제, 교육과정을 제정하고 교사양성체제를 확충하는 과제 등에 정책적 노력이 집중되었다. 1949년에는 교육법을 제정하여 학교 중심의 공교육제도를 운영할 것임을 분명히 했다. 교육법 제정으로 학제, 의무교육, 교육자치제, 지방교육재정 등 교육제도의 기본 틀이 마련되었다.

그렇지만 빈약한 교육재정으로 인해, 해방 후 폭발적으로 증가한 국민의 교육 욕구에 부응하여 각급학교를 증설하기는 어려웠다. 국가는 국민의 교육 욕구를 수용할 여력이 없었기 때문에, 사립학교의 신설을 급히 허용하는 식으로 민간에 의존해야 했다. 더욱이 한국전쟁으로 전국적으로 학교 시설이 파괴되면서 사태는 더욱 악화되었다. 1950년대에 국가는 파괴된 학교 시설을 복구하고, 교육법으로 법제화한 초등교육의 의무교육제를 실현하는 데 집중했다.

이 시기는 식민지 교육체제의 유산 위에 한국의 교육체제가 법적, 제도적인 기반을 마련한 시기다. 국가는 기간학제를 확립하고, 학교의 교육과정과 교사 양성체제를 정비하는 등의 노력을 기울였다. 그렇지만 초등교육을 확대하는 수준을 넘어서 중등 이상의 교육기회를 확대하는 체제를 구축하지는 못했다. 중등교육과 고등교육은 여전히 선별적인 엘리트교육의 성격이 짙었다. 학제는 많은 논란 끝에 6-3-3-4의 단선형 학제로 정비되었지만, 단선형 학제의 내실은 제대로 살리지 못했다.

국민은 해방과 분단과 전쟁을 거치면서 전통적인 계층질서가 붕괴되고 비교적 평준화된 출발선에서 지위 획득을 위한 경쟁을 시작했다. 그 경쟁은 학력 취득으로 쪽으로 집중되었다. 그러면서 '학력주의'가 정착되어 갔다. 학력주의는 학교가 발행한 학력증명서가 사회에서 일종의 직업자격증명서 격으로 활용되는 것을 말한다. 학력주의 사회에서, 학교는 단순히 교육 기능만 하는 것이 아니라 자격 인정 기능까지 하게 된다. 이제 학력은 직업세계로 들어가기 위한 필수 요건이 되었다.

교육을 중심으로 전개된 국가와 국민의 관계를 보면, 이 시기는 교육 참여자들 사이에 기본적인 규칙이 만들어진 시기다. 그러나 아직 교육에 참여하지 못하는 국민이 많았고, 국가는 교육에 관한 게임의 규칙을 주도할 만한 힘을 갖추지 못했다. 국가는 새로운 교육체제를 구축하고, 전쟁으로 파괴된 교육 시설을 복구하고, 초등 의무교육을 실행하는 일에 집중해야 했다.

(2) 교육의 국가주의적 재편과 대중교육사회의 형성(1968~1994년)

한국의 교육은 1968년을 기점으로 크게 변했다. 1968년부터 교육 팽창이 급격하게 일어났다. 학교의 교육 내용과 성격이 바뀌고, 교육을 둘러싼 국가와 국민의 관계에도 큰 변화가 일어났다. 국가는 1968년부터 교육 팽창을 가속시키는 과감한 교육 정책들을 연이어 시행했다. 그 시작은 1968년 '중학교 무시험 입학제도'의 시행이다. 그 정책은 중학교 입시 경쟁으로 홍역을 앓던 당시에 '교육혁명'으로 불릴 정도로 충격과 환호 속에서 실시되었다. 그 정책에 이어서 1974년부터 '고교평준화 정책'이 단계적으로 실시되었다. 1980년에는 과외를 금지하고 대학의 문을 넓히는 '7 · 30 교육개혁조치'가 시행되었다. 이런 정책과 조치들은 고등학교와 대학의 문턱을 크게 낮추었다. 이 정책들은 각기 중학교, 고등학교, 대학교의 입학제도와 관련된 정책이었지만, 사실상 1960년대 말에서 1990년대 중반까지 중등교육과 고등교육의 비약적인 팽창을 초래했다.

1968년 이후 한국은 이른바 '대중교육사회'로 진입했다. 대중교육사회는 교육이 양적으로 확대되어 국민 대다수가 장기간에 걸쳐 교육을 받게 된 사회를 말한다. 후기 중등교육(고등학교)이 완전취학에 이르고 고등교육(대학)이 보편화된 사회다. 대중교육사회에서는 교육이 모든 계층에 개방되어 있고, 어느 계층이든지 교육에 높은 가치를 부여한다. 또한 교육의 결과에 해당되는 학력(學歷)을 능력의 결과로 인식하고, 그것을 사회적 선발의 원리로 수용한다. 대중교육사회에서 엘리트는 '학력엘리트'로 인식된다. 일반대중들 속에서 '학교에서의 성공'이라는 기준으로 선발된 사람들이 엘리트가 되는 사회다. 대중교육사회에서는 출신 배경이 아니라 개인의 능력과 노력으로 획득한 학력이 사회적 지위 상승으로 이어진다는 믿음이 대부분의 국민에게 퍼져 있다. 한국은 1960년대 후반부터 1990년대 중반까지의 시기에 대중교육사회가 형성되었다.

한편 1968년은 강력한 국가주의 교육이 시작된 해이기도 하다. 1968년 12월에 박정희 정권은 '국민교육헌장'을 반포했다. 이를 계기로 학교교육의 목적과 내용, 방법, 운영 전반에 걸쳐, 국가가 전면적 · 체계적으로 개입하며 통제하기 시작했다. 국민교육헌장을 계기로 한국의 교육은 국가주의적, 민족주의적인 이념에 따라 전면적으로 재편되었다. 중앙정부의 교육 정책은 물론 일선 학교의 교육계획에 이르기까지, 학교교육에 관한 모든 정책이 국민교육헌장으로부터 연역되는 방식으로 결정되었다. 예를 들면, 고교와 대학의 군사훈련 실시 및 학도호국단 설치, 새마을교육 강화, 도덕 · 국민윤리 · 국사 교과 법제화, 국정교과서제 실시 등이 그것이다. 이런 국가주의적 정책 기조는 전두환 · 노태우 정권에도 그대로 이어졌다.

중학교 무시험제와 같은 대중영합적 교육정책은 평등주의적 성격을 띤 반면에, 국민교육헌장은 국가주의적 성격을 띠었다. 이 두 가지 정책은 권위주의 정권 하에서 시행될 수 있었다. 중학교 무시험제와 고교평준화 정책은, 당시 사학의 비중이 높았던 점을 고려하면, 민주적으로 추진하기는 어려웠다. 사학의 학생선발권을 국가가 박탈하는 셈이기 때문이다. 그러나 다른 면에서 보면, 학생모집과 학교경영에 어려움을 겪던 사학이 중학교 무시험제와 고교평준화 정책을 통해 국가의 지원을 안정적으로 받게 되면서, 경영난을 해소한 면도 있었다.

국민이 치러야 하는 대가도 있었다. 아직 무상의무교육이 시행되지 못했기 때문에, 국민은 학교 교육비를 부담해야 했다. 그러면서도 학교 교육의 목적, 내용, 방법 등에 대한 의견을 말할 수 없었다. 권위주의적 정권에 의해 교육체제와 교육내용이 결정되는 데 대해 국민은 저항하기 어려웠다.

대중교육사회가 형성된 이 시기는 산업화 시기와 맞물려 있었다. 권위주의 정권은 경제개발을 위해 학교를 통해 산업 인력을 양성 · 공급하는 데에도 많은 관심을 기울였다. 경제개발계획에 맞추어 교육발전계획을 수립했다. 교육재정을 확충하여 직업 · 전문계 고등학교를 지원하고, 전문학교(대학) 제도를 도입했다. 교육재정을 효율적으로 사용하고 대학별로 역할을 분담하도록 대학 특성화 정책도 추진했다. 교육학에서는 경제발전에 기여하기 위한 '발전교육론'이 등장하기도 했다.

이 시기에 국가와 국민의 관계를 보면, 국가는 권위주의 정치체제를 형성하고 권력의 우위를 바탕으로 교육 게임을 주도했다. 국가는 학교교육을 국가주의적으로 재편하고, 국민의 교육 욕구를 수용하기 위해 입학 제도를 개편하여, 급속한 교육 팽창을 이루었다. 교육에 관한 의사결정 권력은 국가에 심하게 편중되어 있었다. 국민은 교육을 위한 경제적 부담을 지면서도 교육과 관련된 의사결정에서 배제되었다. 사회 전반에 경제제일주의, 국가주의, 체제옹호 이데올로기가 고조되었다.

(3) 교육의 분권화 · 민주화와 교육불평등의 심화(1995년 이후)

권위주의 정권들이 지속해 오던 국가주의적인 교육은 1980년대 후반의 '6월 항쟁'을 계기로 교육 민주화의 길에 들어섰다. 1989년에는 '전국교직원노동조합'이 결성되어 교육 민주화의 흐름을 강화했다. 이런 변화의 흐름은 1990년대 중반에 이르러 전면적인 교육 개혁으로 이어졌다. 1990년대 중반에는 한국 사회의 질적인 변화를 가져온 사건들이 연속적으로 발생했다. 정치 영역에서는 1992년에 김영삼의 문민정부가 출범하며 오랜 군부 독재체제가 청산되고 정치 민주화가 시작되었다. 경제 영역에서는 산업화의 성과를 바탕으로 1996년 12월에 국제협력개발기구(OECD)에 회원국으로 가입했다. 당시 세계 경제는 세계무역기구(WTO) 체제로 바뀌어 국제적으로 무한 경쟁이 시작되었다. 이에 따라 신자유주의 물결이 한국의 사회, 경제, 교육을 뒤덮게 되었다. 교육 영역에서는 한국의 교육체제를 총체적으로 개혁하려는 작업이 추진되었다.

문민정부의 대통령자문기구인 교육개혁위원회는 1995년 5월 31일, "세계화 · 정보화 · 다원화 시대를 주도하는 신교육체제 수립을 위한 교육개혁방안"(일반적으로 '5 · 31교육개혁방안'이라 함)을 발표했다. 이것은 한국의 교육체제를 총체적으로 개혁하려는 구상을 담은 것이었다. 5 · 31교육개혁방안은 많은 개혁 과제들을 담고 있었다. 열린교육체제 확립, 인간화 교육 강화, 정보화 교육 추진, 세계화 교육 지향 등이 그것이다. 이후 중요한 변화들이 이어졌다. 1949년에 제정한 「교육법」을 폐지하고 1997년에 「교육기본법」, 「초 · 중등교육법」, 「고등교육법」, 「평생교육법」 체계를 만들었다. 1941년부터 사용해 온 '국민학교'라는 명칭을 폐지하고 1996년 3월 1일부터 '초등학교'라는 명칭을 사용했다.

1968년에 제정한 '국민교육헌장'을 1994년에 실질적으로 폐지했다. 이런 변화를 통해 한국의 교육은 민주적, 분권적 체제로 바뀌어 갔다. 이 외에도 1990년대에 대안교육이 등장하여 일반적인 학교교육의 한계를 대체해 나갔다. 고등교육에서는 '대학설립준칙주의'를 도입하여 일정한 기준을 충족하면 자유롭게 대학을 설립할 수 있게 했다. 이에 따라 전국에 소규모 대학들이 많이 설립되었다.

이 시기의 중요한 특징은 정치 민주화를 배경으로 교육 민주화가 진행된 것이다. 동시에 신자유주의가 교육개혁의 동력으로 작용한 것이다. 교육에 대한 국가의 통제가 완화되고 민주적 분권적으로 재편되어 갔다. 다른 한편으로는 대중교육사회의 평등주의적인 구조에 균열이 가기 시작했다. 국민의 교육 행위에 계층적인 분화가 일어나고, 교육 정책에 대한 발언권이 신장되었다. 이에 따라 교육에서 불평등과 계층 재생산 요소들이 작용했다. 사교육의 영향도 커져서 교육 불평등이 심화되었다.

이 시기는 교육을 둘러싼 국가와 국민 간의 게임이 역동적으로 변해 갔다. 그 게임에서 국가는 일방적 우위를 유지하기 어렵게 되었고, 국민의 행위도 계층적인 분화와 변이를 동반했다. 국민의 교육 행위가 다양한 방향으로 역동적으로 변하여 게임의 판세를 예단할 수 없게 되었다.

생각을 키우는 자료 2

학교제도에 대한 기본 지식

1) 학제

해방 후 우리나라는 민주적인 교육제도를 수립하여 교육 발전의 계기를 마련하였다. 미군정 시에는 6-6-4제와 6-3-3제를 병행시킨 제도가 운영되어 오다가, 대한민국 정부수립 후 1949년에 교육법이 제정되면서 6-3-3-4제의 학제가 확립되었다. 우리나라의 학제는 6-3-3-4제의 기본적인 골격을 유지하면서 부분적으로 수정 · 보완되어 왔다.

2) 정규학교와 비정규학교

정규학교는 법적으로 학력(學歷)을 인정받는 각급 학교(유 · 초 · 중 · 고 · 대학)를 말하며, 비정규학교는 법적으로 학력을 인정받지 못하는 학교를 말한다. 정규학교가 발달하면서 비정규학교가 대부분 사라졌지만, 비정규학교로 공민학교, 고등공민학교, 기술학교, 비인가 대안학교와 같은 교육법상의 각종 학교 등이 남아 있다.

3) 기간학제와 방계학제

정규학교와 비정규학교의 구분에 따라, 학제는 기간학제(基幹學制)와 방계학제(傍系學制)로 구분된다. 학제가 정규학교의 체계를 중심으로 이루어져 있기 때문에 이를 기간학제라고 부르고, 비정규학교의 체계를 방계학제라고 부른다. 방계학제는 기간학제에서 수용하지 못하는 교육 요구를 수용하기 위한 제도다. 방계학제의 학교는 학력인정을 받지 못할 뿐만 아니라 기간학제로 이동할 수도 없다. 방계학제에 속한 학교의 졸업생이 학력인정을 받으려면 학력인정 검정고시에 응시해 합격해야 한다.

4) 단선형 학제와 복선형 학제

학생들이 거쳐 가는 학교의 계통이 단선인가 복선인가 따라, 단선형 학제와 복선형 학제로 나누어진다. 우리나라의 기간학제는 단선형이다. 6-3-3-4년의 한 줄 계통으로 되어 있다. 고등학교가 실업계 학교와 인문계 학교가 분리되어 있기는 하지만, 어느 학교를 졸업하든 대학 진학의 길은 동등하게 열려 있다. 모든 학생이 하나의 학교계통을 밟을 수 있기 때문에 단선형이다.

복선형 학제는 유럽 여러 나라의 과거 학제에서 볼 수 있다. 유럽의 복선형 학제에서는 초등학교를 졸업할 때, 진로를 선택 · 결정하는 11세 시험(11+exam)을 치고, 인문계 중등학교로 진학할 것인가 실업계 중등학교로 진학할 것인가를 결정했다. 일단 실업계로 진학하면 실업계 학교 계통으로만 진학해야 하고, 인문계 학교 계통으로 넘어갈 수 없다. 학생들이 선택할 수 있는 학교계통이 두 개의 노선으로 구분되어 있기 때문에 복선형 학제라 부른다. 복선형 학제는 11세에 이런 결정적인 시험을 치르기 때문에 조기선발 방식이다. 복선형 학제는 교육평등의 장애요인으로 비판받아 왔다. 그래서 세계 각국에서 학제에서 복선형적 요소를 폐지하거나, 종합학교(comprehensive school)와 같은 새로운 유형의 학교를 만들어 평등적 요소를 강화하고 있다. 우리나라에도 인문계와 실업계를 통합한 종합고등학교가 전국 각지에서 운영되고 있다.

5) 학교설립준칙주의

우리나라는 학교설립준칙주의가 실시되고 있다. 1996학년도부터 시행된 대학설립준칙주의가 그 시초다. 그 전까지는 대학 설립이 '인가제'였다. '준칙주의'란 학교의 설립목적과 학교의 특성에 따라 학교설립기준(건물 · 시설, 교지, 교원, 재정 등)을 충족하면 학교를 자유롭게 설립할 수 있게 하는 제도다. 학교설립기준은 모든 학교가 충족시켜야 할 최소한의 기준이다. 이 제도를 실시하면서 정부는 각 학교가 '학교헌장'을 자율적으로 제정하여 제출하게 하고, 학교헌장의 이행 여부를 평가를 통해 확인하려 했다. 학교헌장은 대학이 교육서비스의 공급자로서 수요자에게 제시하는 일종의 '표준약관'의 성격을 가진다. 학교헌장에 포함되는 내용은 설립이념, 교육목표, 교육프로그램의 내용과 특징, 학교운영의 원칙과 기준(교수채용, 정원관리, 재정운영과 공개 등), 학생 선발의 방식과 기준, 교수진의 내용과 학문적 업적, 학사관리의 기본방침 등을 포함한다. 학교설립준칙주의 제도가 시행되면서 자율학교, 특성화 고등학교, 자율형 사립 고등학교(자사고), 대안학교 등 새로운 유형의 학교들이 생겨났다.

생각을 키우는 자료 3

한국의 학제

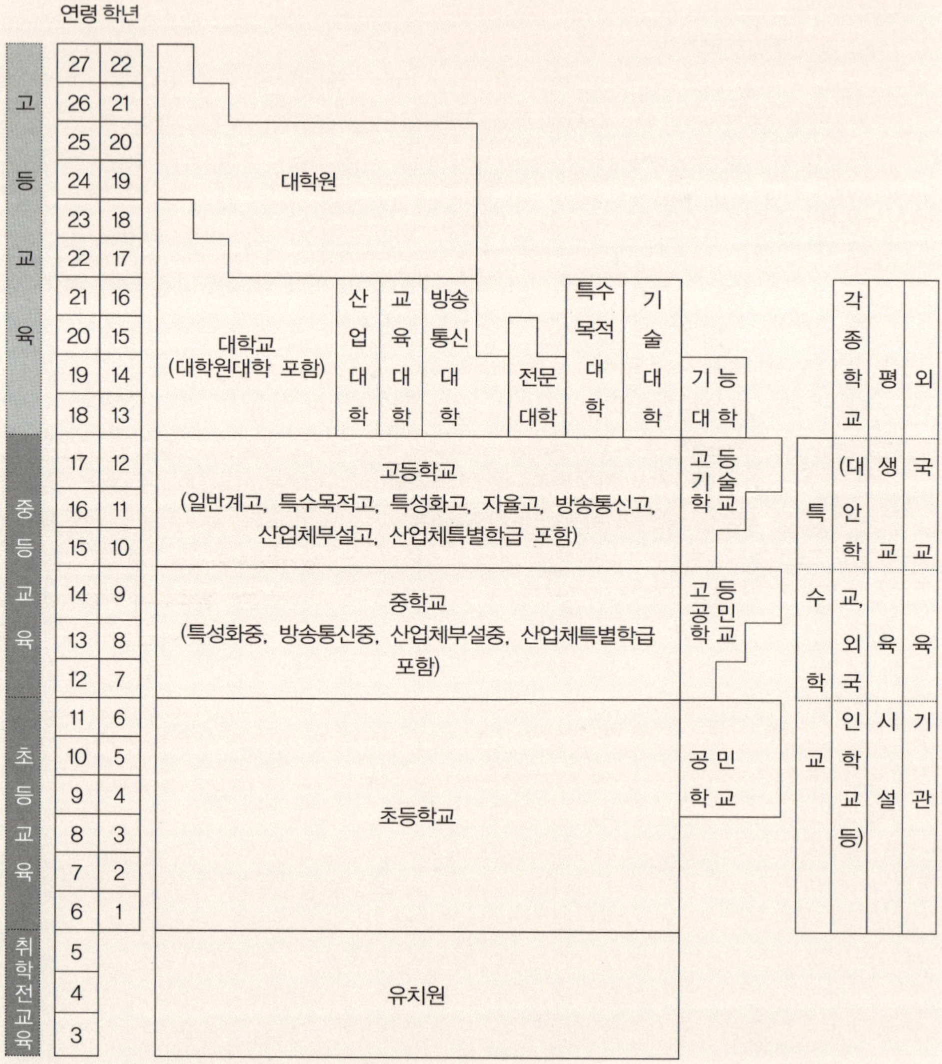

4. 공교육의 이념과 목적

1) 공교육의 이념

알파고 충격[4] 이후 지속되고 있는 미래교육 담론에서는 한국 교육의 파라다임을 바꾸려는 제안이 꾸준히 나오고 있다. 교육 파라다임을 바꾼다는 말은 교육을 보는 관점을 바꾼다, 교육 체제와 기능을 바꾼다, 교육의 의미를 새로 규정한다는 등의 뜻을 담고 있다. 그 일차적인 표적은 공교육이다. 기존 교육 파라다임의 중심에 있는 공교육에 대해, 미래의 관점에서 새롭게 바라보고, 그 내용과 기능과 운영을 새롭게 설계한다는 뜻이다.

교육 파라다임이 바뀌면 교육의 의미도 바뀌게 된다. 공교육의 의미는 논의의 맥락에 따라 다소 다르게 규정된다.[5] 특히 공교육 개념의 핵심 요소인 '공(公)'의 의미를 어떻게 해석하는가가 매우 중요하다. 심성보에 의하면, 공교육의 공(公, public)은 다른 역사적 문화적 맥락을 거치면서 그 크기나 특성이 달라졌지만, 크게 정리하면 4가지 의미를 갖는다(심성보, 2018: 219-224).

① 국가에 관계된 '공식적 · 정부의 · 공무적(official)'이라는 의미
② 모든 사람들과 관계된 '공통적인 · 공동의(common)' 것이라는 의미
③ 누구에게나 '열려 있는 · 개방적인(open)'의 의미
④ 공중(publics)이나 민중(pauper · poor)의 의미

이와 비슷하게 나병현은 '공공성(publicness)'이 세 가지 의미를 갖는다고 설명한 바 있다(나병현, 2004: 9-10). 첫째, 국가에 관계된 공적인(official) 것이라는 의미

4) 알파고(AlphaGo)는 구글 딥마인드(DeepMind)가 개발한 인공지능 바둑 프로그램이다. 알파고는 딥러닝(Deep Learning) 방식을 사용해 바둑을 익히는데, 2016년 3월 9일부터 15일까지 서울에서 이세돌 9단과 알파고의 대국이 진행되었다. 총 5국으로 치러진 경기에서 알파고는 4승 1패로 승리했다. 알파고의 승리로 인공지능의 위력을 확인하게 되면서, 한국 사회는 큰 충격을 받았다.
5) 공교육의 이념 부분은 김기수(2019)의 발표문에 크게 의존해 작성했다.

가 있다. 이때의 공공성이란 국가가 법이나 정책 등을 통하여 국민에 대하여 행하는 활동의 특성을 지칭한다. 둘째, 모든 사람에 관계된 공통의(common) 것이라는 의미가 있다. 이때의 공공성이란 공통의 이익, 재산, 모두에게 타당한 규범, 공통의 관심사 등을 지칭한다. 셋째, 누구에 대해서도 개방되어(open) 있다는 의미가 있다. 이때의 공공성은 누구든지 접근하는 것이 거부되지 않는 공간이나 정보 등을 의미한다. 이 세 가지 의미 사이에 상호 갈등이 일어날 수도 있다. 그것은 공공성이 규범적 의미로 쓰일 때와 사실적 의미로 쓰일 때 발생하는 불일치 현상이다.[6]

한편, 공교육의 의미를 교육의 제공자, 비용의 부담, 교육의 대상, 교육의 내용, 교육의 목표 등 다섯 가지 측면에서 논의할 수도 있다(나병현, 2004: 16-22). 첫째, 교육의 제공자 측면에서 볼 때, 공교육은 국가가 제공하는 교육을 의미한다. 여기서 국가에는 준국가적 자치단체인 공공기관이 포함되는 것으로 볼 수 있다. 더 넓게는 국가의 교육관계법과 정책을 통해 통제, 관리, 지원되는 곳도 포함할 수 있다. 그러나 학원과 과외교습은 법령과 교육당국의 정책의 통제를 받지만 공교육이라 할 수 없다.[7] 둘째, 교육비를 국가가 세금으로 조성한 공비(公費)로 제공하는 교육을 공교육이라 하고, 개인이 교육비를 부담하는 교육을 사교육이라 한다. 그러나 한국에서는 국 · 공립학교에도 납입금을 내고, 초 · 중등 사립학교도 공교육으로 보기 때문에, 비용을 기준으로 공교육을 구분하기 어려운 면이 있다.[8] 셋째, 공교육은 공중(公衆, public)[9]을 대상으로 하는 교육이

6) 예를 들면, 국가적인 공공사업에 실질적인 공익성이 없음을 문제 삼을 수도 있고, 공적인 국가 활동이 공개성을 거부하는 경우도 있다. 이런 의미상의 충돌이 발생하는 까닭은 공공성의 의미가 '사실'을 지칭하는 경우와 규범적인 '가치'를 지칭하는 경우가 있기 때문이다(나병현, 2004a: 10). 규범적 의미의 공공성이 현실에서는 그 의미를 잘 드러내지 못하는 경우가 있다.

7) 학교와 비교할 때 학원과 과외교습에 대한 국가의 통제는 매우 약하다. 국가 통제의 강약 혹은 통제의 구체성의 정도로 공교육 여부를 구분할 수 있을 것이다.

8) 이제는 고등학교까지 무상화되고 있고, 사립학교에도 거의 공립학교 수준으로 공비가 지원되고 있기 때문에, 공비를 기준으로 공교육 여부를 구분하는 것이 어느 정도 유효할 수는 있다. 하지만 아직도 학부모의 사부담 공교육비가 완전히 없어진 것은 아니다.

9) '공중'은 보통 일반대중을 의미하지만, 규범적인 의미를 가질 때가 있다. 규범적인 의미에서 공중은 '공공담화를 통해 공동선에 관해 이성적 합의를 할 수 있는 집합체'를 의미한다(나병현, 2004: 19). 이런 의미의 공중은 공교육의 대상이 아니라 공교육의 목표가 된다. 공교육의 목표 중 하나는 학생들을 공공선에 기여할 수 있는 공중으로 길러내는 것이다.

다. 즉 특정 계급에 속한 집단이 아니라 일반 대중을 대상으로 한다. 이런 점 때문에 공교육은 '보편성'을 띤다. 그러나 사교육도 일반 대중을 대상으로 하는 점은 동일하다. 넷째, 공교육은 보편적인 내용으로 공통교육과정을 운영하는 교육이다. 공교육은 보편적인 내용을 전달함으로써 사회구성원들이 공통의 지식과 규범을 갖게 하고, 이를 통해 사회통합을 이루게 된다. 그러나 사교육도 상당 부분은 보편적인 내용을 다루고 있다. 다섯째, 공교육의 목표는 공동선을 실현하는 것이다. 공동체가 공동선을 실현하는 것은 중요하다. 그러나 현실적으로 '공동선'이 무엇인지, 그것을 누가 결정하는지가 문제가 될 수 있다. 공동선을 명분으로 교육이 권력자들의 정권유지의 수단으로 이용될 수 있기 때문이다.

위의 다섯 가지 기준에 비추어 볼 때, 공교육과 사교육은 중첩되는 부분이 많다. 따라서 칼로 자르듯이 양자를 엄격하게 구분하는 것은 불가능하다. 다만 다섯 가지 기준에 따른 정도의 차이를 가지고 경계를 느슨하게 적용할 수 있을 것이다. 즉 국가가 관여하는 정도, 공비가 담당하는 정도, 교육 대상과 내용의 보편성의 정도, 공공선 실현의 정도 등에서 얼마나 집중되는가를 기준으로 판단할 수 있을 것이다.

공교육의 이념은 보편성, 평등성, 의무성, 무상성을 특징으로 한다. 오늘날 이 공교육의 이념들은 재해석될 것이 요구되고 있다. 그 이유는 이념 자체가 부적절해서가 아니라 교육현실이 이 이념들과 괴리되는 문제가 심각하기 때문이다(김기수, 2019: 74-75).

첫째, 보편성은 모든 국민이 교육을 받을 수 있다는 것(교육대상의 보편성)과, 보편적인 내용을 가르치고 배운다는 것(교육내용의 보편성)을 의미한다. 오늘과 같이 민주화된 사회에서 교육받는 대상의 보편성에 대해서는 별로 이견이 없지만, 다문화 가정, 빈곤 가정, 조손 가정 등 사회적 약자들이 교육에 주체적으로 참여하기 어려운 상황은 개선해야 한다. 교육내용의 보편성에 대해서는 이견이 많다. 신마르크스주의와 비판이론에서는 학교 지식의 이데올로기적 성격을 문제로 지적하고, 포스트모더니즘에서는 학교 지식의 확실성 · 객관성 · 보편성에 의문을 제기한다. 페미니즘에서는 학교 지식의 남성중심적 성격을 지적한다. 이외에도 학교 지식의 권력적 성격, 문화적·계급적 편향성, 구시대적 성격 등이 지적되기도 한다.

둘째, 평등성은 교육의 기회가 모든 국민에게 균등하게 배분되어야 한다는 것을 의미한다. 국민은 평등을 주장할 권리가 있고, 국가는 국민의 권리를 평등하게 보장할 책임이 있다. 각 가정은 사회적·경제적 여건에 차이가 있기 때문에, 평등한 교육을 위해 국가와 지자체가 공적으로 교육을 운영하는 것이다. 한국은 초·중등학교의 취학률이 거의 100%에 가깝고 대학 진학률도 약 70% 수준에 이르기 때문에, 교육의 기회가 균등한 것처럼 보일 수도 있다. 그러나 현실적으로 학교들 간에 교육의 질의 차이가 크고, 유명대학에 많은 학생을 입학시키는 학교 유형들이 있기 때문에, 교육의 평등성이 보장된다고 보기 어렵다. 학생의 개인적 특성을 고려하여 획일적이지 않은 교육을 제공하면서, 동시에 모든 학생들에게 질적 수준이 평등한 교육을 제공하는 것은 여전히 해결하기 어려운 숙제이다.

셋째, 의무성은 일정기간의 교육을 국민에게 의무로 부과하는 것을 뜻한다. 의무교육은 국가가 이익과 번영을 누리기 위해, 산업이 유능한 인력을 확보하기 위해, 국민이 합리적 의사결정의 주체로 권리를 행사하기 위해, 두루 필요한 것으로 인식된다. 의무교육은 대개 학교에서 교육받아야 한다는 식의 '취학' 의무로 이해되고 있지만,[10] 꼭 학교가 아니라도 어디서든지 일정 수준의 교육을 받아야 한다는 '교육' 의무로 이해하는 것이 취지에 맞다. 의무교육은 특정 교육을 강제하기 위한 것이 아니라 아동의 교육받을 권리를 보장하기 위한 것이다. 현재 의무성과 관련하여 문제가 되는 것은 학생의 학습 선택권을 어떻게 보장할 것인지, 학교 바깥의 아동·청소년들에게 적합한 학습기회를 어떻게 제공할 것인지, 의무교육의 기간을 언제부터 언제까지로 할 것인지 등이다.

---

10) 취학의무는 어린이를 장시간의 노동에서 보호하려는 목적에서 유래했다. 그러나 의무교육의 취지를 살리려면 의무교육이 목표로 하는 수준의 지식과 능력을 갖추게 하는 것이 중요하지, 장소가 중요한 것은 아니다.

넷째, 무상성은 교육에 드는 비용을 국가가 부담하고, 학생과 학부모에게 부담시키지 않는 것이다. 무상성의 이념에 따라, 국가는 국민의 세금을 가지고 일정기간의 교육에 드는 비용을 부담해야 한다. 각 가정의 사회적 · 경제적 차이와 상관없이 국민의 교육받을 권리를 보장하기 위해서는 일정기간의 교육비를 공비로 처리해야 한다. 공교육의 무상성과 관련하여 해결해야 하는 문제는 의무교육 기간에도 학부모가 감당하고 있는 '사부담 공교육비'를 모두 없애는 것이고, 의무교육 기간에 포함되지 않는 유치원과 고등학교의 교육비를 무상으로 하는 것이다. 나아가 고등교육의 대중화 시대와 평생학습 시대를 맞이하여, 학습자의 고등교육 학비 부담을 줄이고 평생교육의 일부를 공적으로 지원하는 것이다.

정리하면, 공교육의 이념으로 이해되고 있는 보편성, 평등성, 의무성, 무상성 등은 여전히 유효하다. 그러나 민주주의가 발달하고 시민사회가 더 성숙하는 경향을 고려하여 이런 이념들을 현실화시키려는 노력이 요구된다. 특히 학생과 학부모가 교육 주체로서의 지위를 확보해 가고 있고, 앞으로 그 지위가 더 신장될 것을 고려해야 한다.

2) 공교육의 목적 – 개인적 목적과 사회적 목적

오늘날에는 학교교육이 비대해지고 교육체제를 독점하는 경향을 보이므로 학교교육을 빼놓고는 교육을 생각하기 어려운 상황이다. 그래서 교육의 형식을 학교교육과 학교 외 교육으로 구분하기도 한다. 학교 외 교육은 가정교육, 사회교육, 무형식 교육, 비형식 교육을 포괄하는 용어이다. 우리나라에서는 일반적으로 학교교육을 공교육, 과외와 학원교육 등을 사교육이라고 부른다. 공교육은 긍정적으로, 사교육은 부정적 용어로 사용되는 경향이 강하다. 그러나 서양을 비롯한 많은 국가에서 사립학교는 공교육기관으로 분류하지 않는다. 최근 유네스코에서는 사교육을 '비국가 행위자의 교육참여'라는 용어를 쓰면서 국가가 관여하는 공교육과 구분하고 있다.11) 이 경우 부정적인 용어가 아니라 중립적인 용어로 사용하고 있다.

교육의 목적이 무엇인가를 정리하려는 노력은 수도 없이 많다. 그만큼 다양한 의견과 표현들이 있다. 여기에서는 공교육의 목적을 실증적으로 연구하여 논리적으로 정리한 것을 소개한다. 데어(R. L. Derr)는 학교교육의 사회적 목적에 관한 분류체계를 작성하기 위하여, 각급학교에서 교육목적에 대해 질문지 조사를 실시하고 논리적 분석을 하여 유목화한 후, 교육철학자들이 제시한 교육목적론들과 비교 · 분석하였다. 그가 정리한 교육목적 분류체계의 주요 내용은 아래에서 보는 바와 같다(이종각 역, 1985).

교육의 목적은 개인수준과 사회수준 모두에서 발견된다. 이를 각각 교육에 대한 개인적 목적과 사회적 목적이라고 부른다. 학교교육(공교육)의 목적 역시 개인적 목적과 사회적 목적으로 분류될 수 있다.

(1) 개인적 목적

데어는 교육의 개인적 목적을 서로 다른 두 가지 속성으로 재분류할 수 있다고 보았다. 즉 '개인의 문제해결 능력을 향상시킨다'는 교육목적과 '개인을 건전한 시민이나 직업인으로 양성한다'는 교육목적은 모두 교육의 개인적 목적이지만 각각 다른 속성을 지닌다. 그는 전자와 같은 개인적 목적을 '개체적 목적'으로, 후자와 같은 개인적 목적을 '사회적 존재로서의 개인목적'으로 분류하였다.

그와 같은 분류가 필요한 이유는 다음과 같은 질문을 해 보면 쉽게 파악할 수 있다. 즉 학교가 행사하는 영향력의 대상으로서 개인을 사회의 구성원으로 볼 것인가 아니면 사회와 독립시켜 볼 것인가? 조금 더 구체적인 예를 들어보면, 학교는 개개인의 잠재능력을 개발하는 데 역점을 두어야 하는가? 또는

11) 유네스코한국위원회(2022b). 2021/22 세계 교육 현황 보고서 요약본: 비국가 행위자의 교육 참여(누가 선택을 하는가? 누가 손해를 보는가?). 이 책에서 소개되는 유네스코 자료는 대부분 홈페이지에서 무료로 다운로드받을 수 있다.

학교는 학생들에게 현재 사회에서 행복하고 성공적인 삶을 살아가는 데 필요한 기술, 신념 및 가치를 가르치는 데 역점을 두어야 하는가? 이 둘은 모두 교육의 개인적 목적을 염두에 두고 제기된 질문들이다. 그러나 전자의 질문과 후자의 질문은 성격이 다르다. 전자에 역점을 두면 학교가 개체적 목적의 실현에 노력하는 것이며, 후자에 역점을 두면 사회적 존재로서의 개인목적의 실현에 노력하는 것이다.

블룸(B. Bloom) 등에 의해 체계화되고 널리 알려진 교육목적 분류학은 교육의 개체적 목적을 중심으로 한 교육목적론이다. 그런데 모든 사회, 특히 민주주의적 통치형태를 취하는 사회에서, 개인과 사회라는 상충되는 가치의 타협은 매우 중요한 관심사다. 개체적 목적과 사회적 존재로서의 개인목적의 차이를 구분하는 것은 바로 개인과 사회의 상충과 타협점에 관심을 두는 것이므로 매우 중요하다. 데어는 블룸 등과는 달리 사회적 존재로서의 개인목적도 제시했다. 즉 교육은 개인을 훌륭한 시민, 노동자, 가족의 일원으로 성장시키고 여가시간을 유효하게 활용할 수 있는 능력을 함양시켜 주어야 한다는 것이다. 교육의 목적에 대한 분류체계를 도식화하면 [그림 2-1]과 같다.

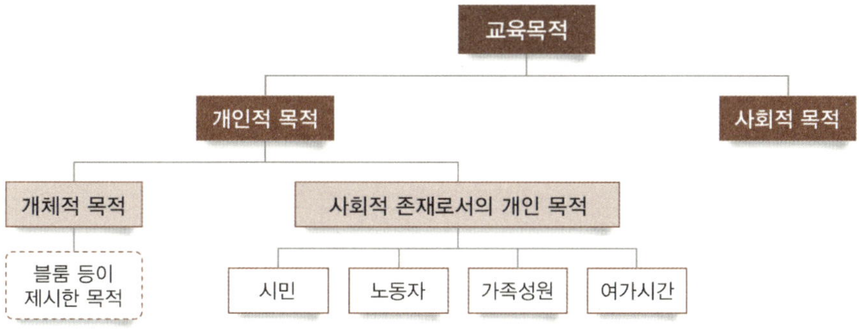

[그림 2-1] 교육의 목적

(2) 사회적 목적

교육의 사회적 목적은 사회를 유지시키려는 목적과 사회를 개선시키려는 목적으로 나눌 수 있다. 유지의 목적은 안정화(stabilization)와 재생산(reproduction)으로, 개선의 목적은 수정과 대체로 재분류할 수 있다.

유지의 목적은 지역사회나 전체사회의 바람직한 가치, 규범, 신념을 계속 활용할 수 있도록 그 조건들을 영속화시키기 위해 학교가 추구하는 목적이다. 예를 들자면, 민주주의를 하나의 삶의 방식으로 보존한다거나 국가가 전통적이고 가치 있는 신념들을 영속화하는 것이다. 한편 개선의 목적은 지역사회나 전체사회의 바람직한 가치, 규범 및 신념에 대한 유용성을 증가시키고, 바람직하지 못한 사회적 조건들을 감소시키기 위해 학교가 추구하는 목적이다. 예컨대 사회에 만연하는 편견이나 지역주의를 근절한다거나 민주주의를 더 좋은 삶의 방식으로 개선하는 것이다. 교육의 사회적 목적에 대한 분류체계는 [그림 2-2]와 같다.

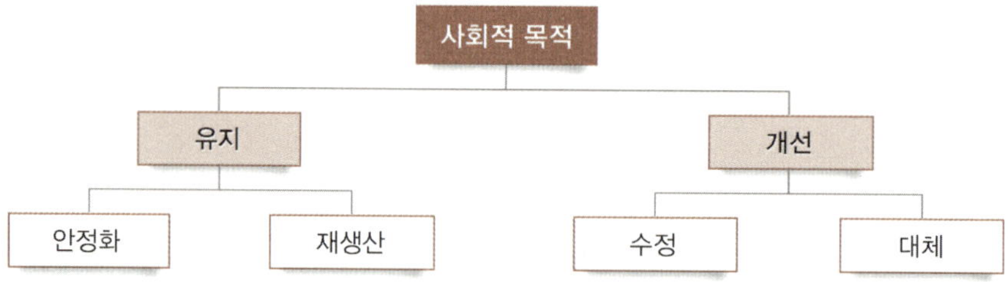

[그림 2-2] 교육의 사회적 목적

토론해 봅시다

교육의 목적에 대해 현실적으로 검토해 보자. 당신이 생각하는 교육의 목적은 무엇인가? 학생을 가르칠 때 가장 중요하게 고려하는 목적은 무엇인가? 그것은 당신이 공부한 목적과 같은가?

제3장

공교육에 기대하는 기능과 현실

이 장에서는 공교육의 기능에 대해 논의한다. 교육의 기능을 표현하는 방식은 매우 다양하다. 여기에서는 가장 많이 사용되는 용어들을 중심으로 살펴본다. 교육의 개인적 혹은 (국가)사회적 기능은 무엇인지, 그리고 교육의 사회적 기능은 어떻게 변해 왔는지에 대하여 개괄적으로 안내한다.

주요 개념

공교육, 교육의 사회적 기능, 사회화 기능

주요 질문

- 학력의 가치와 교육선발의 경쟁 심화는 어떤 관계가 있는가?
- 교육의 사회화 기능의 긍정적 측면과 부정적 측면은 무엇인가?

1. 교육의 기본기능으로서의 사회화 기능

사회화(socialization)란 인간이 그가 태어난 사회나 집단의 삶의 방식을 배우는 과정을 말한다. 즉 인간이 그 사회가 옳다고 보는 사고방식과 행동, 가치 및 태도를 배워 자신의 것으로 내면화함으로써 그 사회가 요구하는 생활양식에 따라 자연스럽게 행동하게 되는 과정이다.

사회화에는 개인적 측면과 사회적 측면이 있다. 개인적 측면에서 사회화는 그 사회의 지배적 신념, 규범 및 가치를 내면화하고 학습하는 과정이다. 어떤 의미에서 보면 어린아이에서부터 노인에 이르기까지 인생의 전 과정이 사회화의 과정이라고 볼 수 있다. 한편 사회적 측면에서 사회화는 집단적 신념체제를 그 사회의 성원들에게 내면화시킴으로써 사회를 결속시키고 유지한다.

1) 학교는 핵심적 사회화기관

사회화를 담당하는 기관을 사회화기관이라고 한다. 사회화기관으로는 가족, 학교, 또래집단, 대중매체 등이 있다. 이들 사회화기관은 사회가 변화함에 따라 더 큰 중요성을 띠게 되었고 사회의 변화와 함께 달라져 왔다. 인류의 역사에서 가족과 또래집단이 가장 오랫동안 제일 중요한 사회화기관의 기능을 해왔지만 사회가 분화함에 따라 학교가 사회화의 핵심기관으로서의 역할을 담당하게 되었다.

2) 보편적 사회화와 특수적 사회화

인간을 인간답게 하는 독특한 속성은 사회적인 것이며, 그 속성은 사회를 통해 사회의 영향을 받음으로써 계승할 수 있다. 뒤르케임이 말했듯이, 교육은 아직 사회생활에 대한 준비를 하지 못한 어린 세대들에 대한 성인 세대들의 영향력 행사이며, 그 본질은 사회화이다. 즉 교육은 그 기원에 있어서나 그 기능에 있어서 절대로 '사회적인' 것이다. 교육목적은 전체 사회와 아동이 속하게 될 직업세계와 같은 특수환경 양쪽에서 요구하는 지적 · 도덕적 · 신체적 제 특성을 육성 · 계발하는 데 있다. 즉 사회체제를 내면화시키는 일이 교육의 목적이자 기능이다. 전체사회(예: 국가)는 사회구성원들의 동질성을 유지하고, 각 직업집단은 다양한 기능(예: 분화와 협동)을 수행한다. 전자를 위해 보편적 사회화가, 후자를 위해 특수적 사회화가 각각 필요하다.

3) 예기적 사회화 · 재사회화 · 탈사회화 그리고 탈학습

사회화는 학교교육기간을 넘어 일생을 거쳐 경험하는 현상이며 사회화의 여러 측면을 설명하기 위해 다양한 개념이 발달되었다. 몇 가지만 살펴보자.

예기적 사회화(anticipatory socialization)는 아동이 성인이 되었을 때 필요하다고 생각되는 생활방식과 가치관을 미리 사회화시키는 것을 말한다. 아동을 성인 생활에 준비시키기 위하여 교육한다면 그 내용의 상당 부분은 예기적 사회화를 위한 내용이 된다. 또 아동을 미래사회에 적응시키기 위한 교육을 현재 실시한다면 그것도 예기적 사회화에 해당된다.

재사회화(resocialization)는 이미 이루어진 사회화가 잘못된 것일 경우 그것을 바람직한 방향으로 다시 사회화시키는 것을 말한다. 재교육과 유사한 용어이다. 예를 들면, 교정 교육이나 새 생활교육 등은 과거의 잘못된 것을 버리고 새로운 생활세계로 들어가기 위한 재사회화나 재교육에 해당한다.

그런데 재사회화가 성공적으로 이루어지기 위해서는 탈사회화(desocialization)가 먼저 이루어져야 한다. 즉 과거에 이루어졌던 사회화로부터 이탈하거나 그것을 망각하는 과정인 탈사회화가 선정되어야 재사회화가 가능하다는 의미이다.

따라서 일생 동안의 사회화는 예기적 사회화, 탈사회화, 재사회화의 연속이다. 낡고 잘못된 것을 버리고 새롭고 더 좋은 것으로 지속적으로 사회화되는 것이다. 오늘날과 같이 사회변화가 빠를수록 이러한 필요는 더욱 커진다.

탈사회화를 교육용어로 바꾸면 탈학습(unlearning)이 된다. 최근 발표된 유네스코의 미래교육보고서(2022)는 탈학습(unlearning)이 필요함을 강조하고 있다[1]. 지금까지 가졌던 편향성과 편견, 구분(divisiveness) 등을 벗어던지는 탈학습을 하고 협력, 협동, 연대를 중시하는 학습으로 바꾸어야 한다는 의미이다.

4) 학교에서의 사회화

학교는 다음과 같은 측면에서 사회화 기능을 수행한다.

첫째, 학교에는 지켜야 할 여러 가지 규칙들이 있다. 이 규칙들은 학교에서 집단생활을 영위하는 데 필요한 것도 있지만 대부분은 사회에서 필요로 하는 것들이다. 또 이러한 규칙 외에도 학교는 교사라는 중요한 타자(significant other)와 동료집단이라는 일반화된 타자(generalized other)를 통하여 학생들의 사회화를 촉진시킨다.

생각을 키우는 자료 1

중요한 타자 *significant others* 일반화된 타자 *generalized other*

중요한 타자(significant others): 개인의 사회적 학습이나 사회화 과정에서 모델이 되어 개인의 자아형성과 사회적 사물들에 대한 규정에 중요한 영향을 미치는 사람

일반화된 타자(generalized other): 보다 넓은 사회의 일반적 규범(general norms)을 당연하게 대표하며 중요하다고 여겨지는 일련의 집단규범을 일컫는 개념

옳고 틀린 것, 좋은 것과 나쁜 것에 관한 일반적인 관념의식을 계발하는 데 준거가 되는 집단규범을 통칭하는 개념.

조직된 사회 속에서 일반적인 타인들이 자기에게 무엇을 어떻게 행위하기를 기대하는 것이라고 자신이 이해하는 것을 뜻한다. 미드(G. H. Mead)는 일반화된 타자를 통하여 비로소 사회화된다고 한다.

---

1) 유네스코 3차 미래교육보고서(2021, 영문)는 유네스코한국위원회 홈페이지에서 한국어 번역본(2022a)을 무료로 다운로드받아 볼 수 있다.

둘째, 학교는 사회인에게 필요한 기초적 능력과 태도를 가르치는데, 그것은 초·중등교육법에도 나타나 있다. 현행 초·중등교육법에서 초등학교의 교육 목적은 기초적인 초등교육으로, 중학교는 중등교육으로, 고등학교는 중등교육 및 기초적인 전문교육으로 규정하여 국민 누구나가 갖추어야 할 기본적인 능력과 태도 및 가치관 함양을 강조하고 있다.

셋째, 학교는 아동들이 장차 사회에서의 활동을 준비(예기적 사회화)하는 데 있어 가정과 사회 사이의 교량 기능을 수행한다. 현대 산업사회에 있어서 가정교육만으로는 사회에 진출하는 데 한계가 있다. 따라서 학생들은 학교라는 전문적 기관을 통하여 장차 진로에 필요한 지식·기술·태도 등을 배우게 된다.

사회질서 유지를 강조하는 사람들은 교육을 체계적 사회화(systematic socialization)로 생각한다. 뒤르케임, 파슨스, 드리벤 등과 같은 학자들이 이러한 입장을 대표한다. 학교를 개인에게 도덕과 기술을 습득케 하는 곳으로 보는 파슨스는 학교가 사회화의 대행기관으로서 어떻게 전체사회에 이바지하는가를 설명한다. 그는 또 학교뿐만 아니라 학급 내에도 사회적 도덕과 규범들이 그대로 반영되고 있음을 지적한다(Parsons, 1959). 또 학교는 사회질서 유지를 위한 도덕과 규범뿐만 아니라 직업세계에서 요구하는 기술도 획득하게 하는 기능도 수행한다.

5) 쟁점: 차별적·순종적·희생적 사회화

지금까지 사회의 유지 존속을 위하여 새로운 세대에게 사회화가 필요하며 그 임무를 학교가 전문적으로 수행하고 있다고 제시하였다. 그런데 이러한 주장에 문제점이 없는가를 생각해 볼 필요가 있다.

학교의 사회화 기능에 대하여 문제점으로 제기되는 부분은 기존 사회체제의 유지 존속을 위한 사회화가 기존 사회체제의 모순까지도 유지 존속시키는 것은 아닌가 하는 점이다. 기존 사회의 불평등 구조나 억압적 구조를 정당화하고 내면화시키는 규범으로서 사회화가 일어난다면 그것은 바람직하지 못하다는 것이다. 예를 들면 미풍양속을 계승한다면서 남존여비사상을 사회화시킨다면 그것은 바람직하지 못하다는 것이다. 또 지배층에는 독립심 · 자율성 · 창의성을 강조하고 피지배층에는 순종과 규칙준수를 강조하는 방향으로 사회화시킨다면 이러한 사회화는 기존의 지배구조를 강화하고 유지하는 장치로서 기능할 것이다.

이와 같이 사회화에 의해 어느 집단의 희생과 순종을 정당화하게 되는 경우를 희생적 사회화(victim socialization)라고 부른다. 조선시대의 여성사회화는 오늘날의 시각에서 보면 명백히 희생적 사회화이며, 일제강점기의 황국신민(皇國臣民)화 또한 명백히 희생적 사회화이다. 희생적 사회화는 이렇게 분명히 보이는 곳에서만 발생하는 것은 아니다. 희생적 사회화는 매우 미묘하고 은폐된 형태로도 발생할 수도 있으므로 그에 대한 감시에 있어 예리한 통찰력이 요구된다. 성차별에 대한 논의를 살펴보면 성차별이 차별적 사회화의 결과임을 잘 나타내 준다.

이와 같은 의문의 제기는 그 바탕에 더 나은 사회를 위하여 교육이 봉사해야 한다는 전제를 깔고 있다. 이와 같이 볼 때 학교의 사회화 기능은 단순히 기존 사회체제의 유지 존속을 위한 사회화의 수준을 넘어선 것이 되어야 한다. 학교의 사회화 기능에 대한 고민이 여기에 있다. 유지 존속을 위한 사회화와 미래지향적 사회화 사이의 마찰과 갈등을 줄이는 일과 그 사이의 균형점을 발견하는 일이 학교가 추구해야 하는 사회화의 방향일 것이다.

우리나라에서 종래의 교육을 희생적 사회화라고 간주하여 강력하게 저항하는 집단 중 대표적 집단이 여성 집단이다. 여성들은 여성학(女性學)을 만들고 여성개발원을 중심으로 여성에 대한 연구와 문제제기도 하고 양성평등교육을 주장하며, 호주제 폐지 운동에도 적극 참여하여 제도의 변화를 이끌어 냈다.

2. 공교육의 지위분배 기능과 불평등 논쟁

1) 공교육 기관의 졸업장 = 학력(學歷)의 가치와 기능

일본학자 우시오기 모리카즈(潮木守一)와 아소 마코토(麻生 誠)에 의하면 학력(學歷)은 세 가지 가치를 가지고 있으며 그에 상응하는 기능을 가지고 있다. 도구적 가치와 기능, 질서적 가치와 기능, 선발적 가치와 기능이 그것이다(석태종 역, 1989: 194-197).

첫째, 학력의 도구적 가치와 기능이란 일정한 학습결과로서의 학력이 직업적 역할수행에 유용한 측면을 말한다. 이 측면은 학력팽창과 고학력 현상에 대한 기술기능이론에서 특별히 강조해 온 것이다.

둘째, 학력의 질서적 가치와 기능이란 한번 취득한 학력이 개인에게 일정한 자격을 보장함으로써 특정한 신분을 부여하여 일종의 귀속적 지위의 보증서 기능을 하게 된다는 것이다. 높은 학력을 가진 사람은 희소가치를 획득한 사람으로 높은 평가를 받게 되는 반면 낮은 학력밖에 없는 사람은 그러한 기회로부터 소외 · 배척되어 낮은 평가를 받게 된다. 이와 같이 학력은 사람들을 계층화시키는 한 요인으로 작용한다. 이것은 학력의 지위분배 기능과 같은 것이다. 이와 같은 학력의 질서화 기능은 도구적 기능과 결합되어 있는 경우가 많다. 그러나 두 가지가 동일한 것은 아니다.

셋째, 학력의 선발적 가치란 도구적 가치와 질서적 가치를 동시에 가진 학력을 취득하기 위하여 모든 학부모와 학생들이 경쟁하게 됨으로써 학력이 높은 지적 능력과 지위상승을 위한 동기유발의 원천이 되는 측면을 가리킨다.

'학력이 도구적 가치와 질서적 가치 및 선발적 가치를 삼위일체의 형태로서 갖추게 되면 진정한 의미에서 학력주의가 성립된다'(석태종 역, 1989: 197).

학력주의는 어떤 개인의 인간됨과 능력 그 자체를 보려는 것이 아니라 학력을 통하여 그의 인간됨과 능력을 보려는 행동유형이다. 학력이 지위결정에 대단히 중요한 요소로 작용하는 사회를 '학력사회' 또는 '학력주의 사회'라고 한다. 예컨대 학력에 따라 계층이 결정되는 사회는 가장 전형적인 학력사회이다.

학력사회는 '기능적 학력사회'와 '상징적 학력사회'로 구분될 수 있다. 계량사회학적 연구에 따르면 미국과 일본은 모두 학력사회라고 볼 수 있다. 그러나 두 학력사회의 성격이 다르다. 미국은 '기능적 학력사회'라고 볼 수 있는데, 이는 미국에서는 학력이 전문적 능력을 증명하는 학위의 의미를 갖기 때문이다. 반면 일본은 '상징적 학력사회'라고 볼 수 있다(석태종 역, 1989: 187).

2) 학교의 선발 및 지위분배 기능 강화와 교육경쟁의 심화

(1) 학교의 선발기능의 비대화

현대사회는 이념적으로 계층이동이 가능한 개방사회이며, 기회가 열려 있는 사회다. 능력에 따라 사회이동(social mobility)이 가능한 능력주의(업적주의, meritocracy) 사회이다. 이런 이념이 현실화된 정도는 사회마다 다를지라도, 대체로 현대사회의 일반적인 특징이다. 이런 특징은 현대사회에서 학교의 기능과 밀접한 관계를 갖고 있다.

학교는 가문이나 신분 등의 귀속적 지위에 제약되지 않고, 모든 사람들에게 평등한 교육기회를 제공한다. 교육기회가 확대되면서 개인의 능력을 객관적으로 평가할 필요가 생기게 되었고, 경쟁적인 시험제도가 등장했다. 시험은 사회적 지위의 상승이동을 가능하게 하는 사회적 선발 기능을 하기 때문에, 개인적으로나 사회적으로 매우 중요해졌다. 사람들의 능력을 업적으로 평가하고, 선발을 통해 특정한 사회적 지위로 배분하면서, 학교의 역할이 대단히 커졌다. 이것은 현대교육의 두드러진 특징 중 하나다. 학교가 가지고 있는 사회적 선발과 사회이동의 기능은 근대화가 진행되면서 점점 강화되었다. 학력이 사회이동의 중요한 통로가 된 것이다.

학교의 사회적 선발 기능이 강화된 데에는 중요한 이유가 있다. 첫째, 학교교육이 널리 보급되고 재학기간이 장기화되면서, 학교가 행하는 평가와 선발의 공정성이 증가하고, 그것이 일차적 사회선발 기능을 행사하게 되었다. 둘째, 각종 직업분야에서는 학교에서 가르치는 지식뿐만 아니라 일정한 수준의 교육 수료증을 요구하게 되었다. 셋째, 관청이나 기업이 대규모화되고 관료화됨으로써, 전문적으로 분화된 특정의 지식, 기술 및 자격을 필요로 하는 화이트칼라 직업의 수가 증가되었다. 기업이나 관청은 사무직이나 관리직에 종사하는 사람들에 대한 일차적 선발기능을 학교에 크게 의존하게 되었다.

신분이나 가문에 의하지 않고 높은 사회적 지위나 보수를 얻기 위해서는 높은 학력을 가질 필요가 있었다. 사람들은 경쟁적으로 입학시험을 거쳐 보다 높은 학교교육을 받기 위해 노력하게 되었다. 관료가 되거나 대기업에 취업을 하려면 높은 학력을 갖추어야 했다. 나아가 사회적 평가가 높은 학교를 졸업해야 했다. 이런 식으로 현대사회는 학력사회(degreecracy)로 변해 갔다. 학교의 사회적 선발기능이 커짐에 따라, 사람들의 교육 요구도 커졌다. 그에 따라 학교도 점점 더 팽창되는 상승효과가 발생했다.

학력사회로의 변화는 여러 부작용도 일으키고 있다. 입시병, 졸업장병, 비인간화 등으로 표현되는 교육경쟁의 폐해가 심각하게 지적되었다. 다른 한편으로는 일과 직업세계에 대해 학교교육의 효율성과 기능성이 떨어지고 있다는 비판도 제기되고 있다. 노동과 교육의 분리가 심해진다는 비판이다.

(2) 학력의 중요성과 지위분배 기능의 비례성

학력의 중요성이 커지면 학력주의 사회가 만연하고 교육경쟁도 심화된다. 즉 교육경쟁의 강도는 학교의 지위분배 기능이 커질수록 높아진다. 학교에서 직장으로의 사회적 진로개척에 학교교육의 결과가 결정적 영향을 미치는 학교의 사회적 지위분배 기능(地位分配 機能) 비대화(肥大化)가 제도화(制度化)된 점이 현대 학교제도의 근본문제로 지적되기도 한다(Reimer, 김석원 역, 1982). 라이머(E. Reimer)는 교육에서만이 아니라 개인의 생활기회(life chances)에 있어서도 학교교육의 독점적 영향을 배격해야 한다고 주장한다(Reimer, 김석원 역, 1982: 31). 또 콜린스(R. Collins)에 의하면 학교제도가 신분제도의 대치물로서 지위경쟁의 수단으로 제도화되어(학력의 카스트제도화) 끊임없이 학력경쟁이 지속되고, 그에 따라 학교도 상급으로 계속 팽창하고 있다. 이러한 학교의 지위분배 기능 비대화는 교육경쟁을 강화시키고 교육경쟁의 연쇄적 효과에 따라 고학력 현상을 발생시킬 수밖에 없다.

민주사회의 이상 중 한 가지는 평등사회의 구현이며, 평등사회는 개방적 · 경쟁적 · 업적적 사회이동이 보장되는 사회이다. 이러한 사회이동에 학교교육이 중요한 기능을 하고 있는데, 바로 학교교육의 선발 및 지위분배 기능이 그것이다.

교육경쟁은 학력에 대한 가치부여 방식과 학교의 지위분배 기능의 정도에 따라 달라진다. 학력에 대한 가치부여 방식은 역사적으로 변화해 왔고 사회마다 차이가 있다. 학교의 지위분배 기능 또한 그러하다. 학교의 지위분배 기능 비대화는 학교가 학력부여 권한을 독점하고 있다는 사실과 관련된다.

3) 교육선발: 평등화 기능의 한계

학교는 초 · 중 · 고 · 대학으로 계단식으로 등급화되어 있다. 무시험 전형인 경우를 제외하면 윗계단으로 진학할 때마다 선발과정을 거친다. 선발과정에서 전형적으로 쓰이는 방법이 시험이며, 시험성적이 우수하면 능력이 우수한 것으로 인정받고 진학에 성공한다. 이를 교육선발이라고 한다. 학교를 졸업 후 원하는 직장을 구하고 사회에 진출한다. 누구는 좋은 직장을, 누구는 더 좋은 직장을 구한다. 이를 사회선발이라고 한다. 이 사회선발을 통하여 사회이동기능도 수행된다. 누구는 사회적 상승이동을 하고, 누구는 하강이동을 하기도 한다.

"대물림 교육", "교육의 계층 재생산 기능" 등 교육을 비판할 때 자주 사용하는 용어들은 교육의 선발기능과 연관되어 있다. 교육평등에 관한 논의는 교육의 여러 측면과 관련되어 진행되고 있다. 즉 학교시설이나 장학제도 등 교육비 투자와의 관계, 교육내용과의 관계, 정치 · 경제적 구조와의 관계, 학교 내 상호작용 과정에서의 불평등, 취업기회와 학력과의 관계(직업지위 획득모형) 등이 주요 측면들이다. 이와 같이 다각적인 측면에서 교육평등과 사회평등의 문제가 논의되고 있으나 이는 결국 학교교육의 선발 기능에 귀착된다. 교육의 선발 과정에서는 평등성의 확보는 우선적으로 중요한 문제이다.

근대학교는 '사회평등화를 위한 위대한 도구(the great equalizer)'라는 긍정적인 믿음을 만들어 냈다. 교육의 기회가 제한되었던 시절에는, 제도 정비와 시설 확충을 통해 기회를 확대하고 불평등적 요소를 제거하는 등의 노력으로도 평등화 효과를 나타냈다. 그러나 교육기회가 대폭 확충되고 제도가 대체로 정비된 현대사회에서는, 교육의 평등화 효과도 줄어들고 교육평등에 관한 논의와 쟁점도 변화되었다. 제도적 평등보다는 기능적 평등에 관심을 기울이게 되었다.

교육제도가 형식상으로는 교육평등에 기여할 수 있도록 구비되어 있으나, 실제 교육의 과정과 기능에는 여전히 불평등적 요소가 내재되어 있다는 비판이 제기되었다. 예를 들면, 학교에서 교사-학생 상호작용 과정 중에 계층문화가 반영되어 교육불평등 효과를 나타낸다는 비판이나, 학교 교육내용에 중상층 문화가 반영되어 중상층의 자녀들의 학업성취가 높다는 비판이 그런 것이다. 이런 과정을 통해 중상층 자녀들이 더 좋은 학교에 진학하고 더 좋은 직장에 취업하게 되어, 기존의 계층구조를 유지하고 재생산하게 된다는 비판이다.

이런 비판은 학교교육이 사회평등화를 위한 위대한 도구라는 과거의 믿음을 무너뜨리고 있다. 학교교육이 사회의 평등화를 위해서만 존재하는 것은 아니지만, 비판자들이 분석해 내고 있듯이, 학교교육이 사회의 불평등을 재생산하는 기제(mechanism)로서 작용한다면, 이는 극복되어야 할 교육적 과제다. 근대 이후 교육기회의 균등화 정책이 추진되어 오면서, 교육의 계층성은 전보다 줄어드는 성과를 보였다. 그럼에도 불구하고 오늘날에도 여전히 교육불평등과 계층성에 관한 문제는 교육사회학의 핵심 쟁점이다.

4) 교육평등과 사회평등의 관계

교육평등에 대한 논의는 그 자체로서 뿐만 아니라 교육평등의 실현과 사회평등의 실현 간에 과연 어떤 관계가 있는가에 대한 논의로서도 중요한 쟁점이다.

글레너스터(Glennerster, 1979)는 교육이 사회적 불평등에 대처하는 역할을 사람마다 다르게 보고 있음을 지적하고, 이를 다섯 개의 관점으로 정리하였다.

첫째, 구시대의 관점으로 각 신분계층마다 다른 교육을 실시함으로써 계층질서를 유지한다는 것이다. 그러므로 교육은 불평등을 해소시키는 것이 아니라 존속시키는 역할을 수행하는 셈이다.

둘째, 능력주의적 관점으로 학교는 사람들의 능력을 선별하여 각기 알맞은 수준의 교육을 시켜 유능한 자는 높은 사회적 지위에 배지하고, 능력이 뒤지는 자는 낮은 지위에 배치하는 역할을 담당한다는 관점이다.

셋째, 평등주의적 관점으로 모든 사람에게 교육기회를 평등하게 제공함으로써 사회의 기존 계층구조를 변화시킬 수 있다는 것이다. 다시 말하면 교육을 통하여 불우계층을 상승 이동시켜 모두가 평등한 사회가 되도록 만든다는 것이다.

넷째, 마르크스주의적 관점으로 교육은 자본주의 사회의 지배집단에 봉사하므로 혁명에 의한 사회변혁이 이루어지지 않고는 사회의 평등화는 불가능하다는 것이다. 즉 자본주의 사회의 교육은 사회불평등을 재생산할 뿐이라는 주장이다.

다섯째, 현실적 평등주의 관점으로 교육은 여러 사회제도 가운데 하나로서 고유한 가치를 지니고 있으므로 모든 사람에게 평등한 교육기회를 주어야 하지만, 평등교육이 반드시 평등사회를 가져오는 것은 아니라는 주장이다(김신일, 1993: 221).

3. 교육평등 개념의 진화

1) 평등의식의 확산과 '교육평등' 개념의 변화

사회평등 의식의 역사적 성장과 함께 교육평등 의식도 발달·확산되어 왔다. 교육을 위한 평등의 원리에 대한 논의에서 지난 40여 년간 북미와 영국은 주로 교육기회의 평등에 초점을 맞추어 왔다.

1960년대 후반 이후에는 '교육기회균등'보다 '교육평등' 용어가 더 자주 사용되었다. 이러한 개념적 변화에는 '교육기회균등'을 위한 그동안의 노력이 '교육평등'을 보장하지 못했다는 비판과 함께 교육이 사회평등에도 기대만큼 이바지하지 못했고 오히려 사회불평등을 재생산했다는 비판이 반영되어 있다. 그리하여 '교육기회가 균등하면 만족할 수 있다'는 생각에서 '교육이 평등해야 만족할 수 있다'는 의식으로 변화되었다. 한편 종래의 엘리트주의 교육은 수월성교육, 재능교육, 영재교육 등의 개념으로 바뀌어 새로운 논의의 장을 전개하고 있다.

교육평등에 관한 생각은 다음과 같이 네 단계로 발전되어 왔다(Coleman, 1968; 김신일, 1993: 257-287).

(1) 교육기회의 허용적 평등

허용적 평등관은 모든 사람에게 '동등한 기회'가 허용되어야 한다는 관점이다. 허용된 기회를 누릴 수 있는가의 여부는 개인의 역량과 형편에 달려 있지만, 법이나 제도상으로 특정 집단에게만 기회가 허용되고 다른 집단에게는 금지되는 일은 철폐되어야 한다는 신념이다. 그렇다고 해서 모든 사람이 같은 양과 수준의 교육을 받아야 한다고 생각하지는 않는다. 사람은 각기 다른 수준의 능력과 다른 종류의 재능을 타고난다고 믿기 때문이다. 다만 이제까지 신분, 성, 종교, 지역, 인종 등을 이유로 차별해 오던 것을 철폐함으로써 누구나 원하고 또 능력이 미치는 데까지 교육을 받을 수 있도록 허용하자는 것이다(핵심: 제도적 차별 없이 동등한 기회 제공, 능력과 형편에 따르는 교육기회의 차이는 존재).

(2) 교육기회의 보장적 평등

허용적 평등관은 일체의 제도적 차별을 철폐함으로써 모든 사람에게 교육받을 기회를 열어주는 데 기여하였다. 그러나 교육받을 기회를 허용하는 것만으로 교육평등이 실현되는 것은 아니다. 학교에 다니도록 허용되었다 해도 경제적 능력이 없는 하류계층 자녀들은 비용 때문에 교육을 포기할 수밖에 없고, 벽지나 외딴 섬에 사는 어린이들은 학교가 없기 때문에 교육을 받기 어렵다. 그러므로 교육평등을 실현하기 위해서는 취학을 가로막는 경제적 · 지리적 · 사회적 제반 장애를 제거해 주어야 한다. 즉 취학을 보장해 주는 대책이 필요하다는 생각으로 확장된 것이다(핵심: 취학을 보장해 주는 대책의 시행, 예: 중등교육 무상화).

(3) 교육조건의 평등

교육조건의 평등에 관하여 콜만(Coleman, 1968)이 적절히 표현한 바가 있다. 즉 '교육기회의 평등은 단지 취학의 평등만이 아니라 효과적인 학교에의 평등한 취학을 의미하는 것이다.' 누구나 학교에 다니게 된 것만으로는 평등이 아니라는 것이다. 학교의 시설, 교사의 자질, 교육과정 등에 있어서 학교 간의 차이가 없어야 평등이라는 것이다. 왜냐하면 학교 간의 차이는 그 자체도 문제이지만 상급학교 진학, 즉 상급학교 교육의 기회분배에 차이를 낳기 때문이다. 따라서 학교의 교육여건과 교육이 진행되는 모든 과정이 평등하게 되지 않으면 교육평등은 아직 실현되지 않은 것이다.

학부모들은 학교에 따라 교사의 질적 수준, 시설, 주변 환경이 다른 것을 문제삼기 시작했는데 이는 그러한 조건의 차이가 교육결과에 차이를 가져온다고 생각하였기 때문이다(핵심: 학교 간의 차이 제거, 그러나 가정배경과 친구의 영향은 그대로 남음).

(4) 교육결과의 평등

학교의 교육조건이 평등화되어도 교육결과의 평등이 보장되지는 않는 것으로 밝혀지자 교육결과, 즉 학업성취의 평등을 위한 적극적 조치를 취해야 한다는 주장이 제기되었다. 교육을 받는 목적은 단순히 학교에 다니는 데 있지 않고 배워야 할 것을 배우는 데 있으므로 교육결과가 같지 않으면 결코 평등하지 않다는 의식이 형성된 것이다.

교육평등의 문제가 여기에 이르면 한층 더 복잡해진다. 각기 능력이 다른 학생들의 학습수준을 동일한 지점까지 끌어 올리려면 똑같이 다루어서는 불가능하기 때문이다. 능력이 낮은 학생 집단에게 교사가 더 많은 시간과 노력을 기울여야 한다. 또 우수한 학생보다 열등한 학생 집단에게 더 좋은 교육조건을 제공하지 않으면 안 된다. 이러한 사상을 '보상적 평등주의(補償的 平等主義, redemptive eqalitarianism)' 그리고 그에 따른 정책적 조치를 차별해소를 위한 '적극적 우대조치(affirmative action)'라고 부른다.

결과의 평등을 위한 교육으로는 저소득층 취학전 어린이들을 위한 보상교육(補償教育, compensatory education)을 들 수 있다. 미국의 Project Head Start, Middle Start Project, 영국의 EPA(Educational Priority Area) 사업 등은 모두 불우층의 취학전 어린이들에게 기초학습 능력을 길러 주어 이후 학교교육에서 뒤지지 않도록 예비적 조치를 취하려는 것이었다(핵심: 열등한 학생에게 더 좋은 교육조건 제공, 보상교육).

'적극적 우대조치'는 미국에서 오랜 세월에 걸쳐 차별받아 온 흑인을 비롯한 여러 소수인종집단과 여성의 사회적 지위 향상을 위해 연방정부의 시책과 법원의 명령에 따라 추진되고 있다. 구체적으로는 관공서와 민간기업에 이들 여러 집단 출신을 일정비율로 고용한다든지 또는 대학 등 교육연구기관의 입학정원 일부를 할당하는 등의 방법이 채택되고 있다. 이러한 조치에는 역사적으로 누적되어 온 차별이 해소되는 데는 단순히 법의 이름으로 평등과 기회균등을 부르짖는 것만으로는 불충분하다는 인식이 전제되어 있다.

그러나 이러한 조치가 잘못된 우대조치이며 역차별(逆差別)이라는 비판도 지속되어 왔다. 이제까지는 약자집단이 차별을 당했는데 거꾸로 강자집단이 차별을 당하게 된다는 것이다. 최근에는 2023년 6월 연방대법원에서 대학입시와 관련하여 일부 위헌판결이 내려진 바 있다.

4. 그 외의 관점과 공교육의 기능 비판

모든 일에는 작용이 있으면 반작용이 있다. 기능이 있으면 역기능도 있다. 교육도 예외가 아니다. 교육의 다양한 목적과 기능들이 조화롭게, 순기능적으로만 나타나지 않고 있다. 학교라는 규격화되고 제도화된 공교육이 나타내는 역기능을 비판하는 학자들도 다수 있다.

1) 교육의 사회적 기능에 대한 전통적 관점

교육의 목적에 관한 논의처럼 교육의 기능에 관한 논의 역시 교육의 개인에 대한 기능(개인적 기능)과 사회에 대한 기능(사회적 기능)으로 나누어 볼 수 있다. 교육의 개인적 기능은 교육이 개인의 성장과 발달 및 자아실현에 공헌하는 측면을 의미한다. 교육의 사회적 기능은 제도로서의 교육이 사회에 미치는 영향을 말한다. 교육사회학은 학문의 성격상 교육의 개인적 목적이나 기능보다는 사회적 목적이나 기능에 더 큰 관심을 갖는다.

교육의 사회적 기능을 크게 분류하면 사회유지적 기능과 사회개선(또는 개혁)적 기능으로 나누어 볼 수 있다. 이는 보수적 기능과 혁신적 기능으로 불리기도 한다. 교육의 이러한 기능은 앞에서 살펴본 교육의 사회적 목적에 상응하는 것이다.

또 교육의 사회적 기능을 전통적으로 다음과 같이 4가지로 설명해 오기도 했다.

① 교육은 문화유산 전달의 기능을 수행한다. 문화유산 전달의 기능은 모든 사회의 존재 조건에 있어 가장 기본적인 것이다. 그러나 과거 문화유산의 전달 기능을 지나치게 강조하면 교육은 과거 지향적이거나 보수적인 경향으로 흐를 위험성이 있다.

② 교육은 사회통합의 기능을 수행한다. 사회는 다양한 구성원들을 지적·정서적으로 일체화시켜 하나의 통합된 집단으로 형성할 필요가 있는데 교육제도가 주로 그러한 기능을 수행한다. 국가에는 국민형성(nation building)과 통합이 반드시 필요한데 국민교육제도를 통하여 그를 보다 효과적으로 달성시켜 왔다. 그러나 사회통합을 지나치게 강조하면 사회구성원의 다양성이나 자유를 억제하는 경향성을 띠게 되는 위험도 있다.

③ 교육은 사회충원(社會充員)의 기능을 담당한다. 교육은 사회의 각 분야에서 요구하는 전문적 능력을 갖춘 인력을 양성하여 공급하고 충원시키는 기능을 수행한다.

④ 교육은 사회개혁적 기능과 사회발전적 기능을 한다. 교육은 사회의 문제점을 해결하고, 국가사회의 발전을 도모하며, 미래의 문제점에 대한 대책을 세움으로써 사회개혁적 기능을 수행한다.

위에 제시된 4가지 기능을 학교 수준별로 보면 낮은 수준의 교육기관일수록(초등학교) 사회유지적·보수적 기능이 강조되고, 높은 수준의 교육기관일수록(대학교) 변화 지향적·혁신적 기능이 강조된다.

2) 사회상황의 변화와 교육의 기능에 대한 강조점의 변화

공교육은 국가의 핵심적 사업으로서 또 시대의 상황에 따라 다양한 기능들 중 특정 기능이 강조되기도 한다. 예를 들면, 국가가 혼란스럽고 정체성이 흔들리는 혼란기에는 역사와 문화전달기능을 강조하게 되고, 분열과 갈등이 심할 때에는 사회통합기능이 강조되고, 빈곤극복이 중요한 때에는 발전적 기능이 강조된다.

2차세계대전 종전 후 독립한 수많은 신생국은 모두 빈곤문제와 국가수립의 과제를 안고 있었다. 그리하여 1950~70년대는 국가단위의 빈곤탈출이 전 세계적인 과제로 인식되었으며, 따라서 교육도 국가경제발전에 기여하는 교육을 추구하는 것이 세계적 동향이었다. 우리나라에서도 60~70년대에 이런 경제적-발전적 기능을 우선시하는 교육정책을 추진했다.

그러나 경제가 어느 정도 발전되면 대부분의 국가가 공통적으로 겪는 문제가 불평등 문제이다. 우리나라도 1990년대 이후부터는 교육의 불평등과 양극화 문제가 크게 부각되었다. 2000년대 이후는 평등교육정책과 양극화 극복 정책, 교육복지 정책을 지속적으로 강화해 왔다.

현대사회에서 등장하는 새로운 문제의 해결에 학교가 앞장서서 지역사회 주민과 협력하여 이를 시정하고 개발하기를 기대하는 경향도 높아지고 있다. 학교가 중심이 되어 성인교육을 실시하는 일, 학교의 시설과 설비를 지역사회 주민에게 개방하여 그들의 활동을 돕는 일, 학생과 교사들이 지역사회개발 사업에 직접 참여하여 봉사활동을 하는 일 등이 그러한 예이다.

또 다른 면에서 교육은 국가 경쟁력의 유지와 확보의 핵심적 수단이기도 하다. 국가 간 경쟁이 치열해지고 첨단기술 개발이 국운을 좌우하는 오늘날은 모든 국가들이 과학기술교육과 우수인적자원 개발을 강조하고 있다. 지금 이 순간도 세계 각국은 첨단과학기술인재의 확보를 위해 치열한 교육경쟁을 하고 있다.

3) 라이머의 학교기능 비판

현대의 제도교육(또는 학교교육)에 대해 매우 비판적인 라이머(E. Reimer)는 『학교는 죽었다』라는 저서에서 교육의 기능에 대해 앞에 제시한 것과 색다른 방식으로 학교를 비판했다. 라이머는 일반적으로 어떤 종류, 어떤 수준의 학교라도 다음의 네 가지 뚜렷한 사회적 기능을 갖는다고 주장했다.

첫째, 학생을 감독 · 보호하는 기능(custodial case),

둘째, 사회적 역할을 선별하는 기능(social-role selection),

셋째, 이론이나 원리 혹은 사상을 주입시키는 기능(indoctrination, 교화의 기능이라고 번역되기도 함),

넷째, 일반적인 기술과 지식을 개발 · 함양한다는 통상적인 의미의 교육기능(education)이다.

라이머의 주장에 따르면, 학교교육을 값비싸게 만드는 것은 학교가 이 네 가지 기능을 모두 결합시키고 있기 때문이다. 이 네 가지 기능의 결합과정에서 발생하는 상호갈등은 학교를 교육적으로 쓸모없고 비효율적으로 만든다. 그리고 학교가 전체주의적 제도로 흐르기 쉬운 것도 이 네 기능 사이의 결합으로 학교가 범국가적인 제도로 만들어져서 효과적인 사회통제수단으로 이용되기 때문이다. 모든 학교는 일반적으로 인식하는 것보다 더 효과적 방법으로 이념을 주입시키고 있다. 학생들은 학교에서 체제에 순응하는 방식을 배운다. 순응의 미덕에 대한 주입은 학교에서 집중적으로 시행된다. 학교는 학생들이 처음으로 접하게 되는 제도화된 환경이다(Reimer, 1972).

4) 보울즈와 긴티스의 공교육 비판점과 강조한 기능

보울즈와 긴티스(Bowles & Gintis, 1970)는 미국 자본주의 사회의 교육에 대해 가장 강력한 비판이론가들이다. 이들은 학교에 의한 의식의 재생산 문제점을 파헤치고 강력한 비판을 제기했다.(이 부분에 대한 보충 설명은 제6장 3절 경제적 재생산론에서 이루어짐) 이런 비판을 제기한 후에 보울즈와 긴티스는 민주주의적 교육체제 안에서의 학교는 다음과 같은 기능을 충족시켜야 한다고 주장하였다.

① **사회적-정치적 역할 준비 기능**: 학교는 청소년들을 다양한 정치적 역할과 기타 성인들의 역할에 통합시키는 기능을 수행하여야 한다.

② **평등화 기능**: 학교는 경제적인 불평등을 해소하여 사회적 평등을 촉진시키는 데 공헌하여야 한다.

③ **개인적 성취 기능**: 학교는 도덕적 · 인지적 · 심미적 발달을 통해 개인의 성취를 도와야 한다.

학교는 포용, 형평성, 개인과 집단의 웰빙을 지원하는 교육 장소로서 보호되어야 하며, 보다 정의롭고 형평성 있고 지속가능한 미래를 향한 세상의 변혁을 더욱 잘 촉진하도록 다시 그려보아야 한다. 학교는 다양한 집단에 속한 사람들을 한데 모아 다른 곳에서는 찾을 수 없는 도전과제와 가능성을 접하도록 하는 곳이 되어야 한다. 학교의 건물, 공간, 시간, 시간표, 학생 그룹화(student groupings)는 다시 디자인되어 개별 학생들이 함께 협력하도록 장려하고 이를 실현해야 한다. 디지털 기술은 학교를 대체하는 것이 아니라 지원하는 것을 목표로 해야 한다. 학교는 인권을 보장하고 지속가능성과 탄소중립성의 본보기가 됨으로써 우리가 열망하는 미래의 모델이 되어야 한다(유네스코한국위원회, 2022a: 5).

5. 한국 공교육의 현실과 과제

1) 공교육 정상화 노력

한국의 공교육은 일제의 강점과 남북의 대립으로 인해 제도와 이념의 양 측면에서 많은 제약이 있었다. 국가주의적 이념과 제도가 지나치게 강화되었고, 국민의 교육받을 권리가 의무교육과 무상교육을 통해 보장되어야 했지만, 상당기간 동안 그러지 못했다. 이로 인해 교육의 공적인 성격이 강조되었지만 실현되지 못하였으며, 실제로는 제한된 교육기회를 붙잡기 위한 경쟁이 치열했다. 공교육은 국민의 기대와 요구에 기반을 둔 공공성보다는 국가가 지향한 목적을 가장 우선시했다. 공교육이 수용하지 못한 국민의 실질적인 바람과 요구는 개인적이고 비공식적인 방법으로 충족할 수밖에 없었다.

한국에서 '공교육'이란 용어는 '사교육'에 대비되어 사용된다. 사교육에는 과외, 학원, 교습소 등이 포함된다. 사립학교는 국가와 지자체의 관리를 받기 때문에 공교육에 포함된다. 역대 정부는 지속적으로 '공교육 정상화' 정책을 추진해 왔다. 공교육 정상화 정책은 사교육으로 인해 공교육이 무기력해졌다는 인식 하에, 국민의 사교육 참여를 약화시킴으로써 공교육을 활성화하려는 정책이다.

박정희 정부는 1968년에 중학교 무시험입학 제도를 도입하여 극심한 중학교 입시과외 문제를 해결하려 했다. 1974년에는 고교 평준화정책을 통해 고입과외 문제를 해결하려 했다. 그 후 쿠데타로 집권한 전두환 신군부는 1980년에 '교육 정상화 및 과열과외 해소방안'을 통해 과외를 전면금지했다.[2)] 노태우, 김영삼 정부에서는 과외금지의 틀을 유지하면서 과외에 대한 열망을 부분적으로 수용하는 정책을 썼다. 김대중 정부는 사교육특별위원회를 구성하여 사교육 대책에 나섰지만 의미 있는 성과를 내지 못했다. 각 교육청에 고액과외 특별단

2) 그러나 2000년에 헌법재판소에서는 과외금지가 위헌이라고 결정했다.

속대책반을 두고 국세청과 지방경찰청이 함께 합동단속에 나섰지만 실효가 없었다. 노무현 정부에서는 과외수요를 공교육 안으로 끌어들이려 했다. 이를 위해 교육방송(EBS)을 활용하여 수능 강의를 하고 영어전용방송도 했다. 방과후학교 프로그램을 통해 사교육을 학교로 흡수하는 정책도 병행했다. 또한 대대적인 사교육 실태조사를 통해 사교육 실태를 파악했다. 박근혜 정부에서는 「공교육 정상화 촉진 및 선행교육 규제에 관한 특별법」(선행학습금지법)을 제정했다. 이 법은 초등학생이 중학교 과정을 미리 배우거나, 중학생이 고등학교 과정을 미리 배우는 것과 같은 선행학습을 금지함으로써, 사교육비 유발 요인을 방지하고 학교 수업분위기를 바로잡자는 취지에서 제정되었다. 이 법의 시행으로 사교육이 잠시 약화되는 듯했으나, 얼마 안 가서 다시 전과 같이 활발해졌다. 문재인 정부는 고교교육 기여대학 지원 사업을 통해, 대학 입시가 고교교육을 왜곡시키지 않고 정상화하는 데 기여하도록 유도했다. 윤석열 정부는 '공교육 경쟁력 제고 방안'을 통해 국가책임 기초학력과 기본인성 교육 실시, 디지털 기반 교실수업 혁신, 학생의 다양한 교육 선택 기회 확대, 교사가 수업에 전념할 수 있는 환경 조성 등을 추진했다(2023.6.20. 교육부 보도자료).

2) 한국 공교육의 과제

(1) 6-3-3(+X)-4제 해소

한국의 학제는 교육법상으로는 6-3-3-4제이다. 그러나 수많은 학생들이 대학 입시를 위해 재수·3수 등을 하고 있는 상황에서, 실제 학제는 '6-3-3(+X)-4제'로 운영된다고 할 수 있다. 의대 진학 쏠림 등으로 인해 재수생이 증가하면서, 고등학교 4학년이라는 용어가 종종 나오고 있는 정도다. 또한 청년실업이 심화되면서, 대학생들이 4년 만에 졸업하지 않고 재학 기간을 연장하는 사례도 급격히 늘어나고 있다. 국가는 청소년들이 고등학교를 졸업한 후 대학 진학을 위해 수년간 학원 등에서 반복 교육을 받는 문제, 대학을 졸업하고 취업을 위해 학원 등에서 수년간 취업준비 교육을 받는 문제를 해결해야 한다.

(2) 3원적 교육으로 인한 낭비

한국은 공교육제도를 운영하고 있다. 그러나 아동 · 청소년이 받고 있는 교육의 실제는 3원적 교육제도라고 할 수 있다. 공교육제도, 사교육제도, 국외교육제도의 3가지다. 거의 모든 학생들이 학교교육 외에도 사교육을 받고 있으며, 상당수의 학생들이 어학연수에서 유학에 이르기까지 국외교육을 받고 있다.

2007년 이후 매년 사교육비 규모 및 사교육 참여 현황을 조사해 온 교육부의 통계자료에 의하면, 2022년 현재 사교육비 총액은 약 26조 원을 상회하며, 사교육 참여율은 78.3%로 나타났다. 노후를 담보로 한 사교육비 지출, 높은 공교육 민간부담률, 여기에 국외에 체류 중인 한국 유학생이 국외에서 사용하는 교육비까지 막대한 비용이 교육에 지불되고 있다. 국가는 국민의 교육비 부담을 완화하도록 교육여건을 개선해야 한다.

(3) 극심한 교육경쟁의 완화

우리나라는 입시지옥, 경쟁적 교육풍토, 서울과 지방의 양극화의 심화 등의 문제를 심각하게 앓고 있다. 학부모와 학생들은 '시험지옥'에 시달리고 있고, 이는 한국인에게 '필요악'으로 인식되기에 이르렀다. 우리나라의 학교제도는 경직성과 폐쇄성이 매우 높다. 이로 인해 공교육제도 운영의 유연성과 개방성에 대한 요구가 높다. 이와 관련한 주장도 엇갈린다. 한편에서는 무너져 가는 공교육제도를 살려야 한다고 주장하고, 다른 편에서는 대안교육을 강조하며 국가가 교육에서 손을 떼야 한다고 주장한다.

(4) 교육격차 해소

교육에 있어서 빈부 간, 도시 · 농촌 간 격차 문제는 한국 교육이 해결해야 할 중요한 문제다. 이런 격차 문제는 전 세계적으로 발생하고 있는 현상이기도 하다. 도시와 농촌 간의 학력격차 현상은 다음과 같은 특징을 띤다. 첫째, 농촌 지역 학생들은 도시지역 학생들에 비해 상대적으로 낮은 학업성취를 보인다. 둘째, 그 격차는 초등학교에서 중 · 고등학교로 올라갈수록 더욱 심화된다. 초등학교의 경우 농촌지역 학생들은 전국 평균치에 근접하고 있지만, 중 · 고등학교의 경우 전국 평균뿐만 아니라 최소 성취수준에도 못 미치는 경우가 있다. 셋째, 도농 간 학력격차는 주요과목으로 언급되는 국어, 영어, 수학 과목에서 더욱 심각하다.

(5) 중앙집권적 교육관리 완화와 교육자치 강화

공교육제도에서는 학교의 설립과 운영, 교사의 자격, 교육내용 등을 국가가 통제한다. 오늘날 모든 나라에서 공교육제도를 운영하고 있다. 우리나라는 중앙집권적 공교육제도를 운영하는 특징을 갖고 있다. 영국은 교사들이 상당한 권한을 행사하는 교사중심 교육자치제를 발전시켰고, 미국은 각 지역사회의 주민들이 학교의 설립과 운영에 관여하는 지역주민중심 교육자치제를 발전시켰다. 프랑스는 일반 행정관료가 큰 권한을 행사하는 관료중심제도로 발전시켰다(김신일, 1993: 132-133).

우리나라는 1991년부터 교육자치제를 실시하면서 중앙정부가 장악하고 있던 권한의 일부를 시 · 도교육청으로 이양했지만 여전히 중앙정부(교육부)가 막강한 권한을 행사하고 있다. 권력의 분립과 균형화를 통한 상호 견제체제를 확립하는 것이 과제로 남아 있다. 미래학자 앨빈 토플러(A. Toeffler)의 지적대로, 시대에 뒤떨어진 산업시대형, 공장형, 관료제적 교육행정 제도를 개선해야 한다.

(6) 직업교육의 내실화

우리나라에서는 직업계 고교보다 일반계 고교를 선호하는 경향이 강하다. 정부는 1960-1970년대에 산업화를 위하여 직업계 고교 출신 학생 중 70% 정도를 공장의 근로자로 활용하면서, 이를 통하여 '졸업장 병'을 없애려 했다. 그러나 학부모와 학생들은 직업계 고교를 통하여 더 쉽게 취업할 수 있음에도 불구하고, 일반계 고교를 더 선호하고 있다. 대학 교육이 대중화되면서 직업계 고교생 중에서도 대학 진학을 선택하는 학생들이 다수를 차지한다.

(7) 이념적 갈등의 완화

우리 사회에 깊이 뿌리내린 이념 대립과 갈등이 교육현장에서도 지속적으로 표출되어 왔다. 교육 관련 문제에 대하여 정치권, 교직단체, 학부모, 시민사회, 교원, 언론 등이 진보와 보수의 이념적 지향에 따라 나누어져 치열한 이념 논쟁을 벌여 왔다. 그것은 우리 사회에서 교육이 자원 분배의 핵심 변수로 기능해 왔기 때문이다. 교육 관련 집단들이 서민과 기득권층, 개혁세력과 수구세력, 진보교육감과 교육부, 교총과 전교조, 경쟁주의자와 평등주의자, 신자유주의자와 신자유주의 반대자 등으로 갈라져, 각종 교육문제에 대하여 찬반으로 대립해 왔다. 성평등교육, 교장공모제, 고교 유형, 국가수준 학업성취도평가, 대학입시제도 등 교육 관련 현안에 대해 진보와 보수 간의 이견과 갈등이 상존하고 있다.

(8) 교육갈등 해소 및 공동체적 협의구조 구축

우리 교육계에서는 교육정책 집행과 교육활동 수행 과정에서 교사, 학생, 학부모, 교원단체, 시민단체, 교육행정당국 등 교육주체와 관련 집단들 간에 이견과 대립이 끊임없이 빚어졌다. 교육갈등은 개인 간, 개인과 조직, 조직과 조직을 둘러싼 교육 내·외적인 상황에서 발생한다. 교육 외적 요인으로는 신자유주의적 경쟁, 참여민주주의에 대한 요구, 열악한 교육환경 등이 지적된다. 교육 내적 요인으로는 교육주체들 간 교육관 차이, 교육주체들 간의 권익 확보 경쟁, 비합리적인 교육정책 결정과 집행 등이 지적된다.

교육주체들이 야기하는 갈등은 학교 갈등, 교직사회 갈등, 교육정책 관련 갈등으로 구분할 수 있다. 그런 갈등 유형들이 서로 연계되어 중층구조를 이룬다. 교육공동체에서 교육주체와 관련 집단들이 극심한 갈등구조에 놓여 있을 경우, 정상적인 교육활동이 어렵고 교육문제를 합리적으로 해결하기 어렵다. 교육공동체가 협력구조를 이루고 교육활동을 수행할 필요가 있다. 그를 위해 교육갈등 조정 및 해결을 위한 방안들이 나오고, 교육주체 및 관련 집단들의 인식이 개선되어야 한다.

생각을 키우는 자료 2

세계 유명대 학생들 "죽어라 공부한다"

세계 각국의 유수 대학들이 '선진 대학'이라고 불리는 데는 그만한 이유가 있다. 학생의 엄청난 공부량과 이를 유도하는 교수, 학교 측의 엄격한 학사관리…. 여기에 학문에의 열정을 놓지 않는 교수들의 노력 등이 어우러져 있다. 이들이 그 나라의 경쟁력을 만든다는 데 의심의 여지가 없다.

11월 7일 밤 1시 영국 옥스퍼드대 허트포트 칼리지 기숙사. 지리학과 2학년 헤일리 벤틀리(20) 양은 이틀 밤을 새워 충혈된 눈으로 여전히 책에서 눈을 떼지 못하고 있다. 다음날 교수와의 1대1 수업 때문이다. 1주일간 읽은 참고서는 모두 10권. 이를 소화해 2000단어 분량의 에세이를 써 교수와 토론해야 한다. 그녀는 "매주 1대1 수업을 위해 교수가 준 참고도서 목록을 받아들면 숨이 막힌다"며 한숨을 쉬었다. 옥스퍼드에는 개강 후 스트레스가 극에 달해 우울해지는 5주째를 빗대 '5th week blues'라는 이름의 아이스크림을 파는 가게도 있다.

세계 선진대학의 학생들은 공부로 날이 새고, 공부로 날이 진다. 매 시간을 쪼개 써야 할 만큼 절대 학습요구량이 많다. 미국 스탠퍼드 대학의 학생 1인당 수업을 제외한 하루 평균 개인 학습량은 8시간(99년 통계). 먹고 자는 시간 빼고 대부분 공부한다는 말이 된다. "통계는 없지만 옥스퍼드 학생들은 수업을 빼고 1주에 50시간 이상을 공부한다"(랄프 월러 해리스 맨체스터 칼리지 학장).

한국 학생들의 공부시간은 내놓고 비교하기가 부끄럽다. ~ 서울대 경영학과 3학년 윤모(24) 씨는 "대학 들어와서 맨 처음 배운 게 '노나 공부하나 마찬가지다'로 시작하는 '상대가'라는 노래"라고 했다.

시험기간 중 벼락치기 공부만 해도 졸업에 별 지장이 없다는 서울대는 외국 유학생들이 보기에는 신기한 학교다. 칭화대를 졸업하고 서울대로 유학 온 중국 학생 이모(25) 씨는 "내내 놀다가 시험 때면 바빠지는 동료들의 모습에 실망했다"고 말했다.

옥스퍼드에서는 1대1 수업준비를 게을리하는 바람에 써야 할 에세이가 밀리는 상황을 'essay crisis(에세이 재난)'라고 부른다. '학생들은 이때 자살을 생각한다'는 말이 퍼져 있다.

이렇게 전력을 다해 공부를 하는 이유가 뭘까. 그 답을 옥스퍼드 교무부장 폴 슬랙 교수가 내놨다. "우리 학생들이 젊은 시절 열심히 공부하는 것은 그들의 미래를 그리는 작업을 하는 중이기 때문입니다. 당장 낙제를 면해야 하는 것이 가장 직접적인 이유이기도 하고요."

출처: 조선일보(2002.01.15). 요약정리.

토론해 봅시다

내가 교육계에서 중요한 직책을 맡았다고 가정하고, 가장 중점적으로 연구하여 개혁하고 싶은 과제를 제시해 보자.

제2부

공교육에 대한 이론사회학적 접근

앞에서 요점 중심으로 살펴본 공교육의 역사적 전개와 문제제기는 어떤 사회적 의미들이 있을까? 이런 질문에는 이론 없이 답하기란 어렵다. 사실이나 현상은 그 자체로는 어떤 말도 하지 않는다. 어떤 관점이나 해석이 들어가야 의미가 드러난다.

인간과 사회 사이의 가능한 관계들은 매우 다양하다. 따라서 사회학의 어떤 이론이든 세계에 대한 부분적인 설명만이 가능할 뿐이다. 사회의 변화와 함께 그에 대한 인식체계인 사회이론도 변해 왔다. 사회의 변화는 교육의 변화를 수반했고 또한 교육사회학 이론의 변화도 뒤따랐다. 이론변화의 잔물결들은 매우 다양하게 일어났지만, 커다란 흐름들은 몇 가지로 파악할 수 있을 것 같다. 그것이 교육사회학을 복수파라다임적 학문으로 형성하였다.

2부에서는 사회현상을 보고 분석하는 데 적용되는 대표적 파라다임 3가지의 윤곽을 살펴본다. 기능론적 파라다임, 갈등론적 파라다임, 해석적 파라다임이다. 이 3 파라다임은 사회학자들이 오랜 기간 동안 검토와 논쟁을 거치면서 수정 · 보완되어 왔다. 지금도 누군가는 이 이론들을 수정하고 있으며, 이런 점에서 이론은 고정되어 있는 것은 아니다. 이 장에서 살펴보는 것은 3 파라다임이 큰 틀에서 공유하고 있는 측면을 중심으로 한 것이다.

제4장

복수파라다임적 학문

교육사회학은 복수파라다임적 학문으로서 여러 쟁점에 대해 다양한 접근법들로 논쟁이 경쟁적으로 진행되고 있다. 사회의 변화의 중요한 고비마다 각 이론의 중요도도 부침을 겪어 왔다. 이 장에서는 교육사회학의 발달 과정과 사회변천에 따른 교육사회학의 학문적 성격 변화에 대하여 살펴본다.

좋은 이론이 가장 실용적이다.

사람들은 현실성이 없어 좋은 얘기에만 그치고 마는 것을 이론적이라고 말한다. 그러나 좋은 이론이 사실은 가장 실용적이다. 현실에서의 전쟁이나 혁명 같은 격렬한 이해관계 다툼이나, 진보나 보수로 나뉘어 '정쟁'을 일삼는 것도, 성장이냐 분배냐 하는 정책 다툼도, 국회에서 특정 법안들을 놓고 격돌하고, 농성하고 하는 것도 다 이론 논쟁의 행동적 표현일 뿐이다. 계급 투쟁, 또는 이념 투쟁은 서로 다른 이론을 신봉하기 때문이다. 실질적 이해관계의 충돌은 서로의 이해관계만 적당히 조정되면 끝나지만 이론과 세계관의 충돌은 더 격렬하고 장기적이다. 인간은 자신의 생각의 범위 내에서만 행동할 수 있을 뿐이다. 명확히 정리 안 된 다른 누군가의 이론을 우리는 자신의 생각이라고 생각하며 살아간다. 케인즈의 말마따나 우리 모두는 그 원천이 흐릿해진 과거의 이론을 자신의 생각으로 신봉하며 자발적인 포로로 살아가고 있을 뿐이다. 현재 우리 사회의 대규모의 분쟁과 소요는 이론 투쟁 과정에 다름 아니다.

출처: 박광량(홍익대 교수). 더불어 잘 살 수 있는 이론의 힘.

주요 개념

파라다임, 거시이론, 미시이론, 중범위이론

주요 질문

교육사회학의 접근 방법으로 어떤 것들이 있는가?

1. 한국 교육사회학 이론의 전개의 주요 흐름

우리나라에서 교육사회학은 1952년 서울대학교에 교육사회학 강좌가 처음 개설되면서 시작되었다. 초기에는 일본 서적을 통하여 도입된 교육사회학으로 출발하였으나 점차 미국 서적과 장단기 미국 유학을 통해 도입된 지식을 중심의 교육사회학으로 변화되었다. 이와 같이 해외 의존적으로 출발한 교육사회학은 1955년 교육공무원 자격검정령에 따라 교직과목으로 지정되었고, 1960년대에는 교사양성 대학들에서 필수과목으로 지정되면서 급격한 양적 성장을 보였다. 교육사회학이 질적 발전을 꾀하기 이전에 양적 발전을 보게 된 것이다. 이와 같은 급속한 양적 발전은 교육사회학의 발전에 공헌한 점도 있으나, 기초가 미약한 학문의 확산, 문제의식의 미성숙, 자생적 분석 능력의 결핍 등의 문제점을 남겼다.

우리나라의 교육사회학이 지향해 온 내용을 큰 골자별로 살펴보면 다음과 같다. 초기에는 교육과 사회에 관한 연구를 종합적으로 소개하는 형태였는데, 이러한 경향은 1960년대 중반까지 지배적이었다.

1960년대 후반부터 1970년대의 교육사회학에서는 '발전교육론'과 '학교와 지역사회론'이 지배적 흐름을 이루었다. 그러한 형태의 교육사회학 발달은 당시 박정희 정부의 경제개발정책과 새마을운동 정책의 영향을 크게 받은 것이었다. 전문 학회로 '교육사회학연구회'가 1967년 발족되었다.

우리나라에서 교육사회학은 국가정책의 영향을 크게 받아 그 관심 영역이나 학문의 성격이 형성되었다. 첫째, '발전교육론'은 국가발전에 대한 교육의 긍정적 기능을 경제적 · 정치적 · 사회적 측면으로 나누어 설명하려는 논의였다. 세계적으로 이런 연구 경향은 2차대전 후 냉전체제 속에서 많은 신생국들(제3세계 국가들)을 서구식으로 발전시키려는 노력의 일환으로 미국을 중심으로 1950년대부터 시작되어 1960년대에 절정에 달하였고 1970년대까지 매우 우세하게 나타났다. 우리나라에서도 정부가 제2차 경제개발 5개년 계획(1967년~1971년)을 세우면서 1960년대 후반부터 국가발전과 교육 영역에 교육사회학을 포함한 교육학계가 전반적으로 관심을 집중하였다.

둘째, '학교와 지역사회론'은 지역사회의 문제해결에 학교가 적극적으로 참여해야 한다는 관점을 가졌다. 한국전쟁이 끝날 무렵인 1954년 유네스코 한국부흥위원단(UNKRA)의 권유에 따라 학교단위 또는 교육자치행정단위로 지역사회학교운동이 진행되었다. 이 운동은 4 · 19혁명(1960년 4월) 후 제2공화국 내각(1960. 8. 19~1961. 5. 17)이 들어서면서 문교부(지금의 교육부)의 차원에서 강화하고자 하였으나 추진력을 잃었다. 이후 5 · 16 군사 정권이 들어서면서 '향토학교운동'으로 전개되었다. 이후 새마을운동의 추진과 함께 지역사회학교론은 전성기를 맞는다.

이와 같이 '근대화론', '경제성장론', '국가발전론' 등이 1970년대의 사회과학의 주류 이론이었고, '발전교육론', '교육과 경제발전', '성취동기와 발전', '지역사회학교론' 등이 교육이론의 주류를 이루었다.

셋째, 교육사회학의 발달은 '교직과정으로서의 교육사회학'의 지정에 힘입은 바 컸으며, 실천지향적 성격이 주류를 이루었다. 특히 1972년 새마을운동과 보조를 맞추기 위하여 문교부령을 개정하여 '학교와 지역사회'를 교직과정 필수과목으로 지정한 정책은 두 가지 다른 결과를 초래하였다. 하나는 교육사회학 연구자들의 양적 증가로 인하여 학문의 발달을 촉진시켰다는 점이고, 다른 하나는 교육사회학의 영역들 중 '학교와 지역사회'만 강화함으로써 다른 영역들은 약화 또는 제외되었다는 점이다. 이 시기의 '새마을학교운영'과 같은 지역사회 학교운동은 극히 실천적 · 응용적이었다[1].

한국 사회 변화의 격동기였던 1980년대에는 한국 교육사회학계에 중요한 변화가 일어났다. 1980년대에는 당시 사회 전반적인 민주화 운동 물결에 교육민주화 운동이 큰 역할을 하였으며, 비판이론으로 무장한 교육사회학도들이 교

1) 1983년 초 교직과정안 개편에 따라 '학교와 지역사회'가 선택과목으로 변경되고, 교과목 명칭도 '교육사회학'으로 바뀌어 1984년 입학생부터 적용되었다.

육민주화 운동에 주도적 역할을 했다. 오랜 군사 독재정치의 억압으로부터 해방 욕구와 민주화에 대한 열망이 팽배해 있던 국내적 여건과 서구로부터 유입된 갈등론적 · 비판적 교육사회학 이론의 영향이 맞물려 동력을 받았다. 이러한 움직임에 대해 당시의 기성 제도권 학자들은 대체로 냉담하였으나, 젊은 교육사회학도들이 중심이 되어 진행되었다. 그러나 이러한 제도권 밖의 교육연구 경향과 주장도 80년대 말부터는 제도권 학자들에게도 서서히 새로운 이론으로 받아들여지게 되었다.

이처럼 1970년대 말부터 우리나라에 도입 소개된 갈등론적 · 신교육사회학적 · 비판적 · 개혁지향적 교육사회학은 1980년대에 돌풍을 일으켰다고 할 정도로 큰 영향을 미쳤다.

1990년대 후반~2000년대는 비판적 이론의 강세 속에서도 교육사회학이 온고(溫故)와 지신(知新)으로 미래의 준비를 하는 학문으로 전환해 가는 시기라고 볼 수 있다. 1990년대에는 국내적으로는 군사통치가 종식되었고 국외적으로는 동 · 서독 분단 독일의 통일 · 구소련의 해체 · 중국의 자본주의 시장원리 도입 등의 세계적 동향은 학문적 논의에 새로운 환경으로 작용하였다. 종전의 이념 논쟁과 대결 구도를 완화시키고 다양한 관점이 표출되었다. 포스트모더니즘, 세계화, 정보화, 신자유주의 등의 담론을 교육과 연결시켜 활발하게 논의하였고, 특히 정부가 채택한 교육개혁 방안을 둘러싼 논쟁이 가속화되었다.

최근에는 첨단적인 파괴적[2] 과학기술의 발달 및 사회의 폭발적 변화에 따른 교육의 지체와 부적응, 이념갈등의 심화와 대화부재 속의 양극화, 청년실업과 고립청년의 증가, 불평등과 계층양극화 심화, 공정성 논쟁의 부각 등의 새로운 변화에 적극적으로 진단하고 대응하는 미래지향적 교육사회학의 모색이 필요하다. 여전히 한국 교육현상에 좀 더 가까이 접근한 근거이론(grounded theory) 혹은 한국 사회의 맥락에 충실한 토착화된 이론을 구축하려는 노력이 더 강화되어야 한다는 과제는 남아 있다.

---

2) 새로운 기술이 기존의 기술과 관련 일자리나 습관을 파괴한다는 의미에서 파괴적 기술이라고 부른다.

2. 변화하는 사회 그리고 변화하는 이론

개인을 넘어선 사회적 힘(social forces)을 느낄 때, 우리는 사회학적 사고의 출발선에 서 있는 셈이다. 우리가 사회적 힘을 좀 더 체계적으로 이론화하여 이해하려고 할 때, 학문으로서의 사회학에 대한 관심을 갖게 된다. 이 장에서는 교육사회학 이론에 대한 개괄적인 안내를 한다. 그런데 교육사회학 이론에 대한 관심은 우리를 질서정연하게 인도해 주지는 않는다. 왜냐하면 교육사회학은 하나의 이론으로 통합된 학문이 아니라, 여러 가지 서로 다른 이론들로 구성되어 있는 복수파라다임적 학문이기 때문이다.

복수파라다임적 학문인 교육사회학은 여러 종류의 접근법들로 구성되어 있으며, 여러 쟁점에 대한 다양한 논쟁들이 경쟁적인 상태로 진행 중에 있다. 사회의 변화와 함께 각 이론의 중요도나 쓰임새도 부침해 왔다. 한국 교육계에서는 1980년대까지는 기능론적 인식이 지배적이었다. 그러나 1980년대 민주화투쟁(일반사회 + 교육계)이 전개되고 확산되면서 갈등이론이 매우 중요한 이론적 위치를 점하게 되었다.

1) 사회가 변하면 이론도 변하고, 변한 이론은 사회변화의 새 동력이 된다.

사회의 변화와 함께 이론도 변한다. 한때의 혁신적 이론은 다음 시기나 상황에서는 종종 보수적인 이론으로 되어 버린다. 역사의 전개과정과 함께, 의식화와 대응의식화의 과정은 이론들 속에 기록 · 보완되어 전달된다. 새로운 개념과 이론의 출현은 사회를 종전과는 새롭게 인식하도록 도와준다.

사회변화의 흐름에 따라 교육사회학은 강조점도 변해 왔고, 분석하는 시각도 변해 왔고, 전제된 가치지향(인간관 · 사회관 · 세계관)도 변해 왔다. 이러한 변화는 필연적으로 학문관과 학문하는 방법론의 변화를 수반하게 되었다.

이러한 변화를 일으키는 데 가장 중요하게 작용하는 것은 사회의 변화에 따른 이론의 변화라고 볼 수 있다. 그것은 사회변화에 따른 사상의 변화이며, 사상의 변화에 따라 이론도 변해왔다. 사회의 변화는 새로운 문제를 야기시키고, 새로운 문제는 새로운 이론과 방법을 낳는다. 이러한 변화에서 인간과 사회와 교육과의 관계가 역사의 전개과정과 함께 끊임없이 재해석되고 있음을 알 수 있다.

우리나라와 같이 수입된 학문을 중심으로 하는 학문의 변화는 외국의 학문의 변화가 국내 이론의 변화의 가장 큰 요인으로 작용해 왔다. 우리의 사회의 변화를 우리가 처한 입장에서 진단 · 분석 · 처방할 수 있는 사상의 형성과 그러한 사상에 입각한 이론을 추구할 수 있는 학문적 능력을 갖춘 자생적 교육사회학을 할 수 있는 날이 빨리 오기를 기대한다.

2) 교육사회학의 3요소

교육사회학은 다른 사회과학과 마찬가지로 3가지 요소를 명시적으로든 잠재적으로든 포함하고 있다. 그 3가지 요소는 과학적 요소, 규범적 요소 그리고 방법적 요소이다. 이론의 변화는 이들 세 가지 요소 중에 하나 이상의 변화가 있을 때 나타난다.

첫째로 과학적 요소이다. 이론에 있어서 과학적 요소란 연구대상을 기술 · 설명 · 예언 · 통제하기 위한 과학적 방법과 논리연역적(logico-deductive) 요소를 말한다. 교육사회학의 탐구대상은 교육에 관한 사회적 사실(행위 · 현상)이다. 이런 연구는 과학적 연구방법과 엄격한 절차를 따라 이루어져야 하며, 논리연역적 체계를 갖추어야 한다. 그러나 이런 과학적 요소도 다음 두 가지 요소와 완전히 독립되어 존재하는 것은 아니다.

둘째로 규범적 요소이다. 교육사회학의 탐구관점은 물론 사회학적이며 교육학적인 관점이다. 교육사회학적 논의는 교육과 사회의 당위적 상태를 명시적으로든 잠재적으로든 가정하고 있다. 즉 모종의 사회가치론과 교육가치론을 전제로 하고 있는 것이다. 예를 들면, 교육의 불평등을 논할 때, 평등사회와 평등교육에 우선적인 가치를 부여하는 것을 전제로 하고 논의하는 것이다. 교육사회학이 지향하는 궁극적인 규범은 정의로운 교육을 통한 정의로운 사회의 실현을 추구하는 것이다. 그것은 불가피하게 새로운 교육질서의 확립을 추구하게 된다. 무엇이 정의로운 교육이며, 정의로운 사회인가에 대한 논의 또한 복잡한 논의를 구성하고 있다. 정의로운 교육의 핵심은 자유로우면서도 평등한 교육의 추구이다.

셋째로 방법적 요소이다. 이론은 연구를 통하여 발견한 것과 규범적 요소를 지향할 수 있는 효과적 정책이나, 방법 또는 기술적(技術的) 요소를 포함한다. 제시된 인간상 · 교육상 · 사회상을 어떻게 하면 효과적으로 구현할 수 있는가에 대한 방법적 논의가 필요하다. 예를 들면, 보다 공정성을 담보할 수 있는 합리적 대입시제도, 산업사회에 적합했던 공교육제도를 미래N차사회에 대응하는 공교육제도로 전화시킬 방안의 모색이다. 이런 논의에서 급진적 개혁주의냐 혹은 점진적 개량주의냐의 쟁점이 자주 제기된다[3].

이상의 과학적 요소 · 규범적 요소 · 방법적 요소는 그 속성으로 보면 이렇게 구분할 수 있지만 실제 이론구성에 있어서는 교묘하고 복잡하게 얽혀 있어서 교육사회학 이론을 이해하려 할 때 세심한 주의가 필요하다.

3) 학자의 현실 참여에 대한 논쟁도 이 문제와 관련되어 있는 것이며, 참여방식도 다양한 형태로 전개되고 있다. 정치교수, 관변학자 등의 용어는 학문하는 사람들의 현실 참여 방식에 대한 부정적 판단을 내린 언어들이다. 어떤 학자는 "진리는 상아탑 속에 있다"고 주장하며, 다른 학자들은 "참여하지 않는 지성은 참된 지성이 아니다"라고 주장한다.

3. 접근방법의 다양성

사회학적 연구는
사회학적 상상력에 좌우된다.
-Mills(1970)-

인간과 사회 사이의 가능한 관계들은 매우 다양하고 복잡하다. 따라서 사회학의 어떤 이론이든 사회세계에 대한 모든 설명으로는 부족하다. 사회의 변화와 함께 그에 대한 인식체계인 사회이론도 변해왔다. 사회의 변화는 교육의 변화를 수반했고 또한 교육사회학 이론의 변화도 뒤따랐다. 이러한 변화들은 교육사회학의 다양성을 낳았으며, 그것은 위에서 지적한 3가지 요소 중의 어떤 한 측면 또는 몇 가지 측면의 특정 내용이 강조된 것이다. 그 중에서 자주 논의되는 몇 가지를 간단히 살펴본다.

1) 과학지향 이론과 개혁지향 이론

사회학 이론은 과학적 사회이론과 개혁적 사회이론으로 나누어 볼 수 있듯이, 교육사회학도 마찬가지이다. 과학적 사회이론의 기본태도는 연구이며, 사회개혁이 아니다. 과학적 사회이론가들은 가치중립적인 사회학을 발전시키는 데 공헌했으며, 꽁뜨(August Comte), 뒤르케임(Emile Durkheim), 스펜서(Herbert Spencer), 베버(Max Weber), 파슨스(Talcott Parsons) 등을 대표적인 이론가로 들 수 있다. 반대로 개혁적 사회이론은 사회변화, 사회개혁, 및 사회동학에 관심을 우선적으로 가진다. 대표적인 이론가들로, 마르크스(Karl Marx), 워드(Lester Ward), 카노이(Martin Carnoy), 보울즈와 긴티스(Bowels & Gintis) 등을 들 수 있다. 우리나라에서 80년대의 교육민주화 운동과 관련된 제반 주장이나 이론들은 개혁지향적 이론이다.

2) 능률지향 이론과 인간지향 이론

시대의 변천에 따라 능률적 관심이 보다 지배적 관심이었던 시대도 있고, 인간적 관심이 보다 큰 관심이었던 시대도 있다. 능률적 관심은 보다 기능론적인 관점, 사회유지적 관점, 질서론적인 관점을 취하며, 대체적으로 보수적인 성향을 띤다.

인간적 관심은 보다 갈등론적인 관점, 저항론적인 관점, 해방론적인 관점을 취한다. 왜냐하면 인간적 관심은 자율과 자유와 주체성을 강조하기 때문이다. 따라서 대체로 혁신적인 성향을 띤다.

방법론에서도 차이를 보이는데, 능률적 관점은 보다 자연과학적 양적인 연구방법을 중시한다. 그러나 인간적 관점은 보다 해석적이고 질적인 분석방법을 중시하며 "복수적 실재론"에 따라 의미의 해석에 중점을 둔다. 인간적 관점의 주요 내용은 해방(인간에 의해 만들어진 인간에 대한 구속으로부터의 해방)과 평등화(제도적 구조적 사회적 음모에 의한 불평등의 제거)이다.

3) 거시적 이론과 미시적 이론

위에서 제시한 두 가지 분류는 규범적 요소에 대한 지향성을 중심으로 한 것이다. 분석수준을 중심으로 분류할 때, 미시적 이론과 거시적 이론으로 나누어 볼 수 있다. 대면적 상호작용 상황에서의 일상적 활동을 연구하는 것을 대개 미시사회학(microsociology)이라고 부른다. 거시사회학(macrosociology)은 기업, 정치 체계 혹은 경제 질서 등과 같은 대규모 사회체계에 대한 연구다. 거시사회학 또한 산업화의 발전 같은 장기간의 변화 과정에 대한 분석을 포함한다.

거시적 이론은 개인과는 독립적으로 존재하는 사회적 실체(예: 사회구조)를 가정한다. 따라서 사회현상을 분석할 때 개개인의 행위보다는 사회구조나 집단현상에 중점을 둔다. 거시적 이론은 개인과 사회와의 관계, 교육과 사회와의 관계를 규명하려 할 때, 사회구조의 질서와 갈등을 중심 과제로 연구한다. 또한 장기적이고 대규모적인 사회과정, 조직구조, 사회문화체제에 관심을 둔다.

구조기능 이론이나 마르크스 이론, 네오마르크스이론 등은 대표적인 거시이론이다. 거시적 이론은 개인을 사회로부터 영향을 받아(구조나 집단규범의 영향권 안에서) 행동하는 피동적, 꼭두각시 같은 존재로 묘사된다. 교육사회학에서 거시적 분석의 전형은 학교체제와 사회체제의 관계 속에서 교육현상과 교육의 사회적 기능을 분석해 내는 것이다.

미시적 이론은 사회를 개인들의 집합으로 가정한다. 따라서 사회현상을 분석할 때 구성원 개개인의 행동을 분석하는 데 중점을 둔다. 즉 개인에 관한 연구를 통하여 사회에 관한 연구에 이를 수 있다고 생각한다. 미시적 이론은 개개인의 특성이 그들이 속해 있는 사회의 특성을 형성한다고 가정하며, 개개인의 대사회적 자율성을 인정하는 지적전통을 가지고 있다. 개인과 소집단 사이의 소규모 상호작용(대면적 인간관계)을 중심으로, 개인의 언어사용, 구체적 행동, 사유방식 등에 대한 심층적 분석에 중점을 둔다. 호만스의 교환이론, 미드의 상징적 상호작용론, 민속방법론 등은 대표적인 미시적 이론이다. 학교교육의 내적과정과 상호작용에 대한 현상학적인 접근과 해석적 관점으로 분석하는 것은 대부분 미시적 접근이다. 학교 및 교실을 분석단위로 그 속에서 일어나는 개인 간 상호작용과 소집단 내의 역동성 분석에 중점을 두는 교육연구는 미시적 접근들이다.

언뜻 보기에는 미시적 분석과 거시적 분석이 서로 크게 다른 것처럼 보인다. 그럼에도 불구하고 양자는 밀접하게 연결되기도 한다. 일상생활의 분석은 미시적 분석이나, 그 제도적 배경을 이해하려고 할 때 거시적 분석은 필수적이다. 사람이 매일매일의 삶을 사는 (미시적) 방식은 그들이 살고 있는 사회의 (거시적) 제도적 틀에 의해 크게 영향 받는다.

미시 사회학적 연구는 반대로 거시적인 제도적 유형들을 해명하는 데 필요하다. 대면적 상호작용은, 그 규모의 크기와는 관계없이 모든 형태의 사회 조직의 기반이다. 교육기관에 관해 연구를 한다고 생각해 보자. 교육 활동의 대부분은 대면적 행동이라는 견지에서 연구할 수 있다. 예를 들어, 교무실에서의 교직원들의 상호작용이나, 여러 교실에서 수업활동이나 학생들 간의 상호작용을 분석할 수 있다. 그러나 이런 방법으로 학교 전체의 모습을 그려낼 수는 없다. 교육활동에 개재된 많은 연계가 사람들과의 대면 접촉과는 관계없이 이루어져 있다. 공문 등의 인쇄물, 편지, 전화와 컴퓨터를 통한 연계들은 개인적 상호작용의 직접성을 벗어나 있다.

<표 4-1> 교육사회학 분석 및 접근법

구분	분석수준	이론적 관점
거시적	사회(구조)	구조기능이론
	제도	갈등이론
	조직	재생산이론
미시적	소집단	민속방법론
	상호작용	상호작용론
	역동성	신교육사회학

출처: 발란타인(J. H. Ballantine, 1989). p. 58.

4) 거대이론, 중범위이론, 근거이론

이 분류는 두 측면을 갖는다. 하나는 이론의 규모이고, 다른 하나는 이론과 경험적인 자료와의 관계이다. 거대이론(grand theory)은 문자 그대로 사회의 여러 측면을 한 이론체계로 설명하려는 거대한 이론을 의미한다. 거대이론(grand theory)은 추상화된 포괄적인 일반이론의 형식적인 체계를 말한다. 밀즈(C. W. Mills)가 『사회학적 상상력』(1959) 가운데서 주로 파슨스의 이론체계를 가리켜 그것의 현실적 유효성을 의심하여 비판하기 위해 만들어 낸 말이다. 밀즈는 사회조사에서 보이는 '추상화된 경험주의'도 역시 비판하고 있다. 파슨스 이론이나 마르크스 이론이 대표적인 거대이론이다. 이런 거대이론은 이론가가 연역적으로 이론모형을 먼저 구상하고 그 이론 모형에 따라 사실에 관한 연구를 하는 경향이 높다. 그러나 거대이론은 추상성이 워낙 높아 이론 자체를 경험적으로 검증한다는 것이 거의 불가능하다.

파슨스 이론의 이러한 문제점을 인식한 머튼(R. K. Merton)은 중범위이론(middle range theory)을 주장하였다. 중범위이론은 거대이론과는 달리, 인간행동의 제한된 범위와 측면만을 설명하려는 이론이다. 중범위이론은 작은 규모의 작업가설들(minor working hypotheses)로 구성되며 경험적 증명이 가능하다는 장점이 있다. 중범위이론은 때로는 소이론(miniature theory)이라고도 한다. 거대이론과 중범위이론은 모두 선험적 이론이라는 점에서는 공통점이 있다.

근거이론(grounded theory)은 글레이저와 스트라우스(B. Glaser & A. Strauss)에 의해 제창되었는데, 선험적인(a priori) 이론과 반대로 "자료에 근거한 이론" 혹은 "자료로부터 생성된 이론"이라는 의미로 쓰인다. 선험적인 이론들은 관찰자의 지각을 제한시키고 편향되게 할 소지가 크다. 근거이론을 주장하는 사람들은 우선 자료를 있는 그대로 수집하고 그것을 이해하고 일반화, 이론화하려 한다.

우리나라는 후발적 학문 상황에서 외래의 선험적 이론에 주로 의존하고 있는데, 한국의 상황과 실제로부터 생성된 근거이론을 형성하기 위한 노력이 무엇보다도 요청된다.

5) 정태적 분석과 동태적 분석

기존 사회체제의 유지 · 존속에 영향을 주는 사회적 행위의 구조 · 기능의 분석에 역점을 두는 분석을 정태적 분석이라고 하며, 기능론적 분석은 대체로 정태적 분석의 경향을 띠고 있다. 다른 한편 투쟁과 갈등과 변화의 역동성(dynamics)과 그 과정의 분석에 중점을 두는 것은 동태적(또는 역동적) 분석이라고 한다. 크고 작은 사회변동이 보편적으로 편재하고 있는 현대사회에 있어서 사회적 갈등은 극히 당연하고도 필연적인 요소임에도 불구하고 사회적 갈등과 그 결과가 야기되는 사회과정에 관한 문제는 균형적이고도 안정된 사회체제를 모델로 하여 정태적인 구조기능이론으로는 파악할 수 없다는 비판이 일고 있다.

4. 복수파라다임적 학문(Multiple paradigms discipline)

교육사회학의 역사를 통해서 살펴보면, 그것은 한 가지 속성만을 지닌 학문이 아니며 시대적 상황에 따라 강조되는 속성도 달라져 왔다. 그 이유는 학문도 시대적 사명을 함께 수행해야 하기 때문일 것이다.

1) 파라다임

토마스 쿤(Thomas Kuhn)은 과학의 발달사를 검토한 후 과학이 특정 기간 동안 그 탐구 문제뿐만 아니라 신념 등에서 유사한 유형을 보이고 있음을 발견하였다. 그는 일정한 과학자 공동체를 지배하는 일련의 사유유형을 파라다임이라고 명명하였다. 파라다임은 근본적으로 규범적 속성을 가지고 있다. 즉 존재론적·인식론적 검토 없이 어떤 것을 당연히 해야 한다고 생각하는 관점이다. 파라다임은 일종의 세계관이고, 일반적 전망이며, 현실 세계의 복잡성을 단순화시켜서 보는 하나의 방법이다. 파라다임은 과학자에게 무엇을 강조하고, 어떤 대상을 탐구하며, 어떤 질문을 하고, 어떤 기준을 적용할 것인가를 안내해준다(Patton, 1975: 18).

쿤에 따르면, 학문의 초보자는 그 파라다임을 습득하게 되고, 대부분의 골치아픈 문제들에 대한 해답을 그 파라다임의 틀 안에서 얻는다. 과학자들은 그들이 과학자로 사회화되면서 무엇이 중요하고, 무엇이 정당하며, 무엇이 합리적인가에 대하여 하나의 파라다임에 깊이 관여하게 된다. 그러나 과학자들은 그 파라다임으로 도저히 풀 수 없는 현상들을 발견하게 되면 새로운 파라다임을 창출함으로써 과학의 발전을 주도하게 된다. 쿤은 이와 같은 파라다임의 변화를 '과학의 혁명'이라고 규정한다.

매스터맨(Masterman, 1970)에 의하면, 쿤(T. Kuhn)의 파라다임 개념은 크게 세 가지 개념적 수준을 갖는다. 첫째, 형이상학적 수준의 파라다임(metaparadigm) 둘째, 분과 학문적 파라다임(disciplinary matrix) 셋째, 하나의 본보기(example)로서의 파라다임이 그것이다. 형이상학적 파라다임은 가장 일반적이고 기본적인 선행 가설(先行假說)을 뜻하고, 분과 학문적 파라다임은 각 분과 학문의 탐구 공동체가 공유하는 상징적 일반화 · 신념 · 가치관 등에 해당되며, 본보기로서의 파라다임은 공동사회가 탐구문제의 선정, 지식획득 기법, 지식의 체계화 등에서 제공해 준 선행사례를 뜻한다.

학문의 세계에는 대부분 여러 개의 파라다임이 공존한다. 각 파라다임은 다음과 같은 측면에서 각기 고유한 측면들, 즉 서로 다른 사유유형을 가지고 있다.

① 학문의 탐구대상에 대한 관점
② 가장 전형적인 연구 업적이나 연구자
③ 학문 탐구대상 범위 내의 사상(事象)들이 어떻게 운동(작용)하는지에 관한 이론들
④ 대상에 대한 탐구방법

2) 복수파라다임적 학문

사회학과 마찬가지로 교육사회학도 복수파라다임적 학문(multiple paradigms science)이다. 서로 다른 파라다임으로 이해한 교육현실은 서로 다른 모습으로 존재하는 것으로 이해된다. 예를 들면, 우리는 보수적 교육관료가 인식하는 한국의 교육현실과 진보적 교사들이 인식한 그것이 매우 다르게 존재하고 있음을 1980년대 후반에도 경험했고 지금도 경험하고 있다. 이와 같이 교육현실은 우리들의 인식에서 하나로만 존재하는 것이 아니라 슈츠(A. Schutz)의 표현처럼 복수적 현실(複數的 現實, multiple reality)로 존재할 수 있다.

교육사회학에서 교육현상의 복수적 현실들을 체계적으로 설명해 주는 파라다임들을 기능론, 갈등론, 해석학으로 대별해 볼 수 있다. 우리는 이 세 가지 파라다임을 통해 교육현실을 동찰하면서 서로 다른 방식으로 존재하는 복수적

현실을 발견하게 될 것이다. 예컨대, 기능론자들은 학생들이 사회제도에 적응하도록 사회화되고 있다고 볼 것이고, 갈등론자들은 권력집단이 자신들의 지배를 확보하기 위해 교육을 이용하고 있다고 볼 것이며, 해석론자들은 학생·교사·행정가·학부모들 간에 나름대로 의미를 부여하면서 상호작용을 하고 있다고 볼 것이다. 이들 각 관점은 교육과 사회의 관계에 관한 논쟁에 있어 각기 독특한 통찰력을 제공하며 차이점과 함께 유사성도 갖고 있다.

3) 복수파라다임적 학문의 학습에서 고려할 점

교육사회학 이론들은 그 어떤 이론도 완벽하지 아니하고 각기 강점과 약점을 지니고 있으며, 주요 강조점을 달리 한다. 또 사회상황에 따라서(예: 혼란기, 발전기, 양극화기) 부각되는 이론이 달라지기도 하고, 집단에 따라서(예: 보수집단, 진보집단) 추구하는 이론이 달라지기도 한다. 교육사회학 이론들을 살펴볼 때 유의해야 할 측면을 몇 가지 제시하면 다음과 같다.

① 어떤 이론은 거시적 분석에 강조점을 두고, 어떤 이론은 미시적 분석에 치중한다. 거시적 이론은 사회구조 분석에 강조점을 두고, 미시적 이론은 일상생활 세계의 분석에 치중하므로 각기 서로 다른 측면들은 보지 못하는 맹점을 안고 있다.

② 각 이론마다 규범적 요소 혹은 가치를 반영하는 방식이 다르다. 기능이론은 질서와 능률을 강조하고, 갈등이론은 평등과 인간해방을 중시한다. 기능이론에서는 사회의 합의적인 측면에 주목하고, 갈등이론에서는 억압적인 측면에 관심을 가진다. 이처럼 각 이론들은 어느 한 측면은 작게 또는 소홀히 취급하고 다른 측면은 크게 강조한다.

③ 기능이론이 개혁성을 전혀 갖지 않는 것도 아니고, 갈등이론이 과학성을 무시하는 것도 아니다. 개혁지향적 교육사회학은 당연히 이미 누적된 과학적 교육사회학의 토대를 충분히 활용할 수 있을 때 원활히 추구된다.

④ 각 이론마다 선호하는 연구방법이 있으며, 이론에 따라 서로 다른 연구전략과 방법을 사용하고 있다.
⑤ 각 이론은 시대적 상황과 사회의 역사적 배경에 민감하게 반응하면서 발생하고, 수정되며, 그 지위도 부침(浮沈)한다. 따라서 이론을 검토할 때는, 그 논리뿐만 아니라 그것이 발생된 시대배경과 그 후의 변화까지 살펴볼 필요가 있다.

이론의 이와 같은 다양한 측면은 때로 혼돈을 가져다주고, 교육사회학적 탐구를 어렵게 하기도 하며, 외골수로 만들기도 하고, 기계론적으로 만들기도 한다. 따라서 그 학문의 미로(迷路)를 헤쳐 나가기 위해서는 교육사회학도에게 광범한 기초지식과 비판적 학문 태도가 필요하다. 모든 종류의 학습에 원칙적으로 비판적 학습이 필요하다. 특히 교육사회학도는 비판적 독서와 지적 장인정신을 학습하는 것이 바람직하다.

비판적 독서의 요령의 핵심은 읽으면서 사고하고 사고하며 읽는 데 있다.

① 지식의 획득만이 아니라 지식의 타당성을 검토하면서 읽는다.
② 문제해결 방법의 이해만이 아니라 그 방법의 적절성을 검토하면서 읽는다.
③ 미해결문제, 논쟁거리, 더 논의할 문제를 찾으면서 읽는다.
④ 필자의 논거, 논리, 입장, 철학을 생각하고 분석하면서 읽는다.
⑤ 주요점 및 그때 그때 생각나는 것을 메모해 가면서 읽는다.
⑥ 가능한 반론이 어떤 것이 있는가를 생각하면서 읽는다.

생각을 키우는 자료 1

이론에 대한 비판적 토론의 3영역

사회과학은 그 출현에서부터 관찰자로 하여금 종종 사회과학의 연구 과정과 연구 결과의 과학성에 대한 의혹의 이미지를 불러일으키는 토론으로 점철되어 왔다. 이러한 토론들이 갖는 의미를 분명히 하기 위해 연구의 매우 다양한 차원에 걸쳐 진행된 토론의 여러 수준을 구분해 보는 것이 유용할 것이다. 우리는 인식론적 영역, 이론적 영역, 방법론적 영역이라는 세 가지 영역을 구분할 수 있다.

i) 인식론적 비판은 모든 과학에서나 마찬가지로 지식 생산의 원칙과 그 가능성의 조건들에 관련된 것이다. 집합적 생활의 영역에서 과학적 지식은 어떤 조건에서 가능한가? 자료의 설정, 객관화, 관찰자와 관찰 대상 사이의 거리 확보, 편견과 이데올로기 비판에 관련된 규칙들은 무엇인가? 증명 과정의 규칙들은 무엇인가? 이러한 문제들은 사회과학의 창건자들과 여러 학파에 의해 끊임없이 토론되어 왔다. 인식론 수준의 토론에서 일반적으로 우리가 받는 인상과는 달리 객관화, 자료 비판, 증명에 관한 규칙 등 지식의 생산에 관한 논리적 요구에 대해서는 광범위한 동의가 이루어졌다. 인식론적 성찰은 과학적 야심을 가진 지적 생산물을 수필이나 이데올로기적 담론과 구분하는 작업을 필연적으로 동반하며 그러한 작업을 가능하게 한다.

ii) 이론적 비판은 지식 형성 가능성의 조건을 따지는 것이 아니라 사실적 자료와 관찰된 변화에 대한 다양한 해석에 관련된 것이다. 여기에서 이론의 일반성의 두 가지 정도에 일치하는 토론의 두 가지 수준을 구분하는 것이 좋을 것이다: 매우 광범위한 자료의 전체를 설명하려는 야심을 갖는 마르크스주의 · 진화론 · 구조주의 등의 일반 이론들에 대한 비판은 이러한 일반 이론 또는 '파라다임'의 한계 또는 있을 수 있는 실패와 관련된 '중범위(à moyenne portée)' 이론들(R. K. Merton)에 대한 비판은 좀 더 쉽게, 교정과 수정을 가능케 하는 모든 비교와 타당화의 자료들을 동원하는 것이다.

iii) 방법론적 비판은 이론에 관련된 것이 아니라 연구와 논증 과정에 사용된 절차와 기술에 관련되는 것이다. 방법론적 비판은 비판 작업의 중요한 부분을 구성한다: 더욱 전문화된 방법론적 비판은 때로 난해한 성격을 띠기도 한다. 그럼에도 불구하고 방법론적 비판은 이론적 토론으로부터 완전히 분리될 수 없는데, 그 이유는 연구를 위해 선택된 방법론적 절차라는 것이 논리적 전제들이나 그것에 의미를 부여하는 이론과 무관할 수 없기 때문이다.

사실상 우리가 여기에서 구분한 세 수준의 비판은 서로 간에 완전히 분리될 수 없는 것이다: 세 수준의 비판은 서로를 밝혀주고 상호 간에 서로를 풍부하게 하는 것이다.

출처: 정수복 역(1992). pp. 270-271.

토론해 봅시다

자기가 좋아하는 이론에 대해 어떤 역사적 배경에서 나오게 되었는지, 어떤 접근방법을 택한 것인지, 어떤 쟁점을 안고 있는지에 대해 검토해 보자.

제5장

교육현상과 기능론적 설명

사회과학 일반에서와 마찬가지로 교육사회학에서도 인식의 나침반 역할을 해 주는 가장 대표적인 파라다임은 기능이론과 갈등이론이다. 역사적으로 볼 때 기능이론은 1970년대까지 서양과 한국 모두에서 '사회학과 교육사회학에서' 주도적인 위치를 차지하였다.

기능이론(functional theory) 또는 기능주의(functionalism)는 그 강조점에 따라 구조기능주의 이론(structural-functionalism theory), 합의이론(consensus theory), 균형이론(equilibrium theory), 질서모델(order theory) 등으로도 불린다.

이 장에서는 교육에 관한 기능론적 관점에 대하여 먼저 기능론적 파라다임을 개괄하고, 뒤르케임(E. Durkheim)의 이론을 비교적 상세히 살펴본 다음, 파슨스(T. Parsons) 그리고 드리벤(R. Dreeben)의 학교사회화 이론에 대하여 알아본다. 이어서 인력양성에 관한 이론과 HRD이론에 대하여 살펴본 후 기능론적 설명의 문제점을 제시한다.

주요 개념

기술기능이론	인간자본론	기회균등	특수적 사회화
업적주의	기능론적 계층논리	보편적 사회화	
기능적 선행요건	잠재적 기능	보상교육	

주요 질문

- 기능이론의 기본 관점은 무엇인가?
- 기능이론의 특징은 무엇인가?
- 기능이론에 대한 쟁점은 무엇인가?

1. 기능론적 파라다임의 개요

1) 기능론적 파라다임과 유기체적 비유

사회적 사건이나 제도들을 인식하는 파라다임으로서 기능이론의 기본 관점은 생물학에 근거를 두고 있다. 기능론자들은 생물학적 유기체를 구성하는 여러 부분이 각각 다른 생존적 기능을 담당하고 있음을 주목하고, 생물학적인 영역에서 사회적인 영역으로 그 관점을 확대하여 적용한다. 즉 기능이론의 기본 가정은 사회가 어떤 의미에서 하나의 생물학적 유기체와 같다는 것이다.

유기체의 일례로 인체(人體)는 호흡기 · 소화기 · 사지 등 여러 기관, 즉 요소들로 구성되어 있는데, 그들에게는 각각의 기능이 있고, 그 기능을 제대로 수행함으로써 인체의 생존과 건강의 유지 및 활동을 보장한다. 그들은 상호의존적 관계에 있으며, 한 요소의 변화는 다른 요소 및 전체에 변화를 초래한다.

기능이론은 이와 같은 유기체와 마찬가지로 사회도 각각 다른 여러 요소들로 구성되어 있으며, 각 요소들은 전체의 존속을 위하여 필요한 기능을 수행한다는 설명 방식을 기본으로 한다. 인체의 각 기관이 인간의 생존 욕구에 부응하기 위해 기능하는 것처럼 한 사회의 풍습이나 제도도 사회의 생존요구, 즉 안정과 질서유지를 위하여 기능한다고 설명한다.

기능이론은 사회를 질적 우열의 차이는 없고 각기 다른 기능상의 차이만 있는 여러 부분의 집합으로 보는 사회관을 갖고 있다. 따라서 기능론자들에게는 역할분화와 사회적 연대의식(連帶意識, social solidarity)이 사회생활의 중요한 요건이다.

기능론자들은 이러한 생각에 기반하여 역할분화와 차등적 보상의 원리를 설명한다. 그들은 사회의 생존을 위해서는 사회구성원들이 각기 다른 과업들(예: 의사, 교사, 판사, 기능인, 군인 등)을 수행할 필요를 인정한다.

사회를 구성하고 있는 각 부분 간에는 우열이 있는 것이 아니라 수행하는 기능상의 차이가 있을 뿐이라고 본다. '직업에는 귀천이 없다'는 생각도 이런 논리의 연장이다. 어떤 사람이 부자가 되거나 권력을 갖는 것은 그가 다른 사람보다 더 어렵고 중요한 기능을 맡고 있으므로 더 많은 사회적 보상과 기능 수행에 필요한 권한을 받기 때문이라고 본다. 따라서 계층의 차이는 부당한 불평등이 아니라 정당한 차이가 된다. 즉 계층은 기능의 차이에 바탕을 둔 차등적 보상체제의 결과로 본다.

기능이론을 구성하고 있는 주요 개념들은 구조와 기능, 역할, 부분의 전체에 대한 공헌, 상호의존성, 통합성, 안정성, 합의 등이다. 이러한 기능이론은 사회의 어떤 측면은 이론의 중심에 놓고 다른 측면은 주변으로 취급한다. 다음은 몇 가지 예이다. ① 기능이론은 부분의 전체에 대한 공헌을 강조한다. 이런 입장은 어떤 부분의 긍정적인 기능만을 강조하고, 다른 부분의 파괴적인 효과는 무시하는 폐단이 있다. ② 기능이론은 각 부분의 상호의존성과 통합을 강조한다. 부분들이 단순히 상호의존적 관계에 있는 것이 아니라, 조정하고 보완하는 균형적 관계에 있다고 본다. ③ 기능이론은 안정성을 강조하며, 급진적이거나 갑작스런 변화에 반대한다. 예를 들면, 가족제도와 같은 기본적 제도, 가치관, 생활양식 등의 점진적 변화를 강조한다. ④ 기능이론은 합의(consensus)를 강조한다. 중요한 지각, 정서, 가치, 신념에 구성원들이 동의했다고 가정하며, 그러한 동의나 합의는 사회화 과정을 통해서 이루어진다고 본다. 그러나 기능이론은 유사성과 합의를 지나치게 강조하고, 이해관계(利害關係)나 가치와 신념의 차이를 소홀하게 다룬다는 단점을 갖는다.

2) 기능론적 사회관과 교육관

교육제도는 사회학적 탐구의 주요 대상이다. 서구사회에서는 1960년대 후반까지만 해도 학교가 유능하고 재능 있는 청소년들을 분류 · 선발하여 그들의 사회 · 경제적 배경과는 관계없이 그들을 사회적으로 높은 지위와 신분까지 끌어올리는 데 크게 공헌한다고 믿었다. 한국 사회에서도 이러한 믿음이 1970년대 말까지 별다른 의심 없이 유지되었다. 이러한 믿음은 대체로 기능이론적 이해에 입각한 낙관론이다.

(1) 기능론적 사회관

앞에서 살펴본 사회에 대한 기능론적 이해방식 중 주요한 몇 가지만 간추려 보면 다음과 같다.

① 질서유지적 관점

기능론에서는 사회의 질서유지적 측면을 강조하고, 질서는 구성원의 합의된 가치 및 관점에 의해 유지된다고 본다. 사회의 존속과 유지를 위해 교육은 그 사회에 적합한 사회화 기능을 수행해야 한다.

② 체제적응적 관점

기능론에서는 전체 사회에 대한 교육사회의 기능을 체제적응적 기능으로 파악한다. 따라서 교육사회는 사회의 변화에 따른 적응 기능을 제대로 수행해야 한다. 예를 들면, 사회가 분화될수록 교육도 분화되어 적응한다. 그리고 사회 문제의 발생이 증가하면 교육은 그 문제들에 대응하는 교육을 해야 한다.

③ 기회균등과 업적주의 사회관

현대사회는 세습적 지위나 권위보다는 개인의 능력과 업적 및 노력의 정도를 가장 중요하게 인정하는 업적주의 사회(meritocratic society)로 가정한다. 사회적 신분은 세습되지 않아야 하고 개인의 노력으로 성취해야 한다. 따라서 계층, 지역, 인종에 관계없이 누구나 동등한 사회적 성취 기회를 가질 수 있어야 한다는 기회균등의 원리를 중시한다. 이 두 원리에 따라 기회는 균등하고 분배는 능력에 따르는 사회를 추구한다. 즉 가장 능력 있는 자에게 더 많은 보상과 더 높은 지위를 부여한다.

이러한 사회에서 교육은 동등한 기회를 부여하고, 업적을 기준으로 한 공정한 경쟁의 장이며, 유능한 인재를 능력에 따라 선발하고, 적재적소에 배치할 수 있는 합리적 제도로 보인다. 즉 교육의 합리적 선발기능을 강조한다. 특히 오늘날과 같은 전문가 사회(expert society)에서 학교교육의 기능은 중요해지며, 학교에서는 전문적 지식을 효과적으로 배우는 데 필요한 기초적이고 일반적인 학습능력을 가르쳐야 한다고 본다.

④ 개인주의

기능론에서는 교육에 대한 선택 및 성공과 실패, 교육기회의 문제를 사회구조적 측면보다는 개인주의적 측면에서 설명한다. 즉 개인이 성공하고 실패하는 것은 그 개인의 능력에 달려 있다고 본다.

⑤ 점진적 개량주의

기능론에서는 개혁에 대하여 기본적으로 점진적 개량주의 입장을 취한다. 물론 각종 사회악이나 불평등 요소가 있다는 점은 인정하지만, 그것을 일시적이고 부분적인 체제의 부조화로 파악하는 경향이 높다. 따라서 그에 대한 대책도 부분적이고 점진적인 개선책으로 가능하다고 본다.

(2) 기능론적 교육관

기능론에서는 교육체제를 적응체제의 하나로 보며, 사회화와 인력양성 및 선발의 기능을 강조한다. 기능론적 교육관의 개요를 살펴보면 아래와 같다 (Dahrendorf, 1959: 161-162; 김경동, 1979: 100).

① 학교교육의 목적은 본질적으로 기존사회의 유지와 변화하는 사회에의 적응을 위한 사회화에 있다.

② 학교교육은 재능 있는 사람들을 분류하고 선발하는 합리적인 방법을 사회에 제공하여 업적주의 사회의 기반을 튼튼히 하는 기능을 수행한다. 흔히 교육의 사회적 기능을 ㉠ 문화전달 기능, ㉡ 사회통합 기능, ㉢ 사회충원 기능, ㉣ 사회 선발 및 이동 기능, ㉤ 사회혁신 기능으로 제시하는

데, 이는 기능론적 시각에서 도출된 것이다.

③ 학교는 지식과 전문적 소양이 중시되는 현대 전문가 사회에서 구성원들에게 제반 역할 수행에 필요한 각종 지식·기술·가치규범을 함양시키고 그들의 사회적응을 돕는다.

④ 학교는 능력 있는 사람을 분류·선발하는 합리적인 장치로서 능력 있는 사람들이 높은 사회적 지위를 획득할 수 있도록 해 준다.

⑤ 능력별 분류에 따른 서로 다른 교육적 성취는 장래 성인사회의 직업적 분화에 도움을 준다.

⑥ 교육개혁에 있어서는 점진적 개량주의의 입장을 취하며, 변화하는 사회에의 적응과 기회균등 확보를 기본원리로 삼는다.

2. 뒤르케임의 교육이론과 사회이론

1) 생애와 사상

프랑스가 낳은 유명한 기능주의 사회학자이자 교육사회학자인 에밀 뒤르케임(Emile Durkheim, 1857~1917)은 막스 베버(M. Weber)와 함께 현대 사회학의 양 거두로 평가받고 있다. 그는 독일 유학 직후에 박사학위 논문으로 「사회분업론」을 썼으며 그 이듬해부터 사회학 교수로 활동하였다. 그는 전 생애를 통해 한결같이 교육에 관한 주제들을 강의했는데, 그것은 『교육과 사회학』(Education and Sociology, 1956), 『도덕교육』(Moral Education, 1961), 『교육사상의 발전』(Evolution of Educational Thought, 1977) 등으로 사후(死後)에 출판되었다.

뒤르케임 생존 당시 프랑스는 농촌사회가 붕괴되고 도시산업사회로 이행해 가는 과정에 있었고, 유럽 전체가 변화와 갈등의 와중에 있었다. 이런 변화와 갈등의 배경 속에서 연대적 질서와 도덕을 강조하는 그의 사회이론이 형성되었다.

그의 교육사상은 그의 사회사상의 일부이므로 그의 교육사회학은 그의 사회이론에 근거한다. 그는 자신의 사회학을 구성하는 기본요소의 하나로 교육이론을 다루었으며, 사회학 지향적인 교육사회학의 시조로 평가받고 있다.

2) 교육과학과 사회학의 관련

뒤르케임에 따르면, 교육은 사회가 영구히 그 자체의 존재조건을 재창조하는 수단이다. 교육은 미숙한 인간(생물적 존재)을 새로운 인간(사회적 존재)으로 창조한다. 교육의 목적이 사회적이므로 목적달성 수단도 필연적으로 사회적인 성격을 갖는다. 더욱이 교육목적의 기반인 사회적 조건은 교육방법의 설계에까지 영향을 미친다. 이와 같이 사회학이 교육실천의 핵심이며 교사의 행동에 의미를 부여해 주는 지도이념을 제공하므로 교육자에게 사회학적 접근이 필요하다.

일반시민이나 입법가, 행정가, 부모, 교사들은 교육제도의 개혁이나 기능 등에 관해 늘 합리적인 선택을 해야 한다. 그 과정에서 그들은 임의로 다룰 수 없는 저항세력들(사실들), 즉 사회환경, 제도, 관례, 관습, 전통, 집단기풍 등에 직면한다. 뒤르케임에 따르면, 이러한 저항세력들에 맞서 합리적 선택을 하는 데 있어서 교육학이 얼마나 기여할 수 있는가는 교육학이 사회학에 얼마나 의거하느냐에 달려 있다.

3) 도덕교육

혼란기를 살았던 뒤르케임(E. Durkheim)의 기본적 관심은 '어떻게 사회가 해체되지 않고 계속 유지되는가?'(그의 주저인 「사회분업론」의 주제)였다. 뒤르케임은 사회가 하나의 전체로서 유지되고 있는 방식이 사회질서의 기본이라고 생각하여 그 방식을 해명하려고 했다. 그는 사회행위의 기본요소가 사회적 결합(結合) 또는 유대(紐帶)이며, 그 힘으로 인간은 사회 안에서 서로 협동한다고 생각했다. 따라서 뒤르케임은 전 생애를 통해 사회를 계속 유지시키고 있는 사회적 연대(social solidarity)의 본질에 관해 매우 큰 관심을 가졌다.

그는 사회적 연대의 형태가 기계적 연대(전통사회)에서 유기적 연대(근대사회)로 변화되었다고 보았다. 신념과 감정의 동질성을 특징으로 하는 기계적 연대 속에서는 개인은 집합의식, 즉 한 사회의 전통과 신념에 따라 자신의 행동을 결정한다. 반면 대규모 인구로 구성되고 다양한 구조적 단위들에 전문화된 역할이 배분되는 산업사회의 유기적 연대 속에서는 개인 및 집합적 단위 간에 교환, 법적 계약, 규범에 의해 규제되는 상호의존 관계가 널리 형성되어 있고 집합의식은 약화 되거나 추상화된다.

3. 기능론적 사회화 이론: 파슨스와 드리벤

교육의 사회화 기능에 관한 뒤르케임의 생각은 파슨스와 드리벤에 의해 계승되고 확장되었다. 파슨스는 사회화에 대하여 뒤르케임과 비슷한 견해를 유지하였고, 학교를 학생들이 장래 성인이 되어 담당하게 될 사회적 역할을 수행하는 데 필요한 정신적 자세와 자질을 기르는 곳으로 보았다.

1) 파슨스의 학교사회화 이론

기능이론을 체계화하는 데 가장 큰 공헌을 한 파슨스(T. Parsons)는 구조기능주의적 사회체제이론(social systems theory)을 체계화하였다. 그에 의하면 모든 사회체제는 다음 세 가지 속성을 갖는다. ① 한 체제를 구성하고 있는 요소들은 기능상 상호의존적이다. ② 한 체제의 구성요소들은 그 체제가 계속 작용할 수 있도록 적극적으로 공헌한다. ③ 한 체제는 다른 체제에 영향을 주며, 이 체제들은 한층 높은 수준의 체제, 즉 상위체제(supersystem)의 하위체제(subsystem)이기도 하다.

사회체제(social system)란 사회를 구성하는 각 요소가 일정한 형태의 질서를 유지하고 있는 상태를 뜻한다. 말하자면 각 요소는 서로 작용과 반작용을 하면서 일정한 균형상태를 유지하는 동적인 상호의존 상태에 있다. 사회체제의 구성요소들은 거시적으로 볼 때는 물론 가변적이지만, 파슨스는 그 중에서 비교적 항상성이 높은 것들을 '구조(구체적으로는 사회규범이나 제도)'로, 가변적인 변수를 인간행동의 '동기'로, 그리고 양자의 상호연관성을 '기능'으로 규정한다.

그는 사회현실을 하나의 사회체제로 보았는데, 사회체제에서는 부분이 전체에 연결되며 부분은 전체를 위한 기능의 관점에서 설명된다. 따라서 학급은 학교를 위한 기능의 관점에서, 학교는 교육체계의 기능의 견지에서 그리고 교육체계는 사회를 위한 기능의 견지에서 설명될 수 있다고 보았다.

파슨스도 뒤르케임과 유사하게 학교가 본질적으로 체계적 사회화를 위한 기구라는 관점을 유지하였다. 그는 학교가 개인들에게 사회 질서유지를 위한 도덕과 규범뿐만 아니라 직업세계에서 요구하는 기술도 획득케 한다고 그 기능을 설명했다. 학생들은 '인지적' 학습으로 지식과 기술을 학습하고, '도덕적 학습'으로 교사에 대한 존경심, 급우들과의 협동, 질서지키기 등을 학습한다. 학교를 사회체제의 하나로 본 파슨스는 기능주의의 입장에서 학교가 사회화의 대행기관으로서 어떻게 전체 사회에 이바지하는가를 설명했다. 그는 학교뿐만 아니라 학급 내에서도 사회의 도덕과 규범들이 어떻게 그대로 반영되고 있는가를 밝혔다(Parsons, 1959).

미국 보스턴 한 공립초등학교의 사회체제에 대한 분석에서 그의 주요 질문은 학급의 사회구조가 보다 큰 사회체제 속에서의 학급의 기능, 즉 사회화와 역할배분 기관으로서의 기능과 어떻게 관련되어 있는가였다. 그의 구체적 질문은, '학생들이 미래에 성인으로서의 역할을 성공적으로 수행하기 위한 태도와 능력을 내면화하는 기능을 학급이 어떻게 수행하고 있는가?'와 '학생과 같은 인간자원을 성인사회의 역할구조에 적절히 배분하는 기능을 학급이 어떻게 수행하고 있는가?'였다. 이 두 질문에 대답하기 위해 그는 학급체제가 어떻게 작용하고 있고 학급체제가 유지 · 작용하기 위한 제반 필수요건이 어떻게 충족되는가를 탐구하였다.

파슨스는 체제의 유지를 위해서는 '동기구조의 재조직'이 필요함과 무엇보다도 동료집단이 이러한 체제적 욕구를 충족시켜 주는 데 의의가 있다고 지적한다. 가정(족)은 구성원 간에 서로 친밀한 관계를 유지하는 가운데 아동을 자연적으로 사회화시키므로 아동에게 도덕과 규범 및 기술을 적절히 가르치기 어렵다. 반면 아동의 동료집단 관계는 이후 성인생활에서의 평등한 지위관계의 모델을 제공하며 동기구조에도 변화를 초래한다.

따라서 동료집단은 더 큰 사회체제가 안정된 상태에서 상호작용할 수 있도록 도와준다. 파슨스는 동료집단은 성인역할을 위하여 아동을 준비시킴으로써 사회질서를 유지하는 기능을 한다고 결론지었다.

2) 드리벤의 학교사회화 이론

뒤르케임이나 파슨스의 주장은 드리벤에 의해 보다 더 구체적으로 설명되었다. 드리벤(R. Dreeben)은 학교가 무엇보다 중시해야 할 일은 학생들을 산업사회에서 요청되는 사회인으로 만드는 것이라고 보고 규범학습을 강조한다. 학교는 학생에게 산업사회에서 중시되는 4가지 규범(norms), 즉 독립심(independence), 능력에 따른 성취(achievement), 보편성(universalism), 특수성(specificity)을 내면화시킨다.

학교에서 학생들은 각기 독자적으로 해야 할 일이 있다는 것과 다른 사람들이 이러한 독립심을 기대할 정당한 권리를 갖고 있다는 것을 배우게 된다(Dreeben, 1968: 544).

특히 교육과 직업의 관계는 학교가 학생에게 제공해 주는 경험은 크게 보면 직업을 위한 준비라 할 수 있다. 직업을 위한 준비에서 독립심을 심어 주는 일은 학생들이 남의 도움 없이 일을 하기보다는 독립적으로 무엇을 해내려는 심리적 성향을 개발하는 것이라 할 수 있다.

성취라는 규범도 학교가 가르치는 사회화의 내용이다. 많은 연구가 성취동기가 기본적으로 부모의 육아방식으로부터 함양된다고 보고 있으나, 학교 또한 성취의 규범을 중요한 교육내용으로 학생에게 가르친다. 교실 안에서는 학생들에게 문제를 풀게 하거나, 교사의 질문에 대답을 하게 하거나, 또는 시험을 치르게 하여 부단히 그들의 능력을 평가하고 비교한다. 학업을 제대로 수행하지 못하는 학생들도 똑같이 경쟁하고, 실패를 경험하며, 실패와 더불어 살아가는 경험을 한다. 소수의 학생들은 성공 또는 실패의 어느 한쪽만을 계속 경험할 수도 있지만, 대다수 학생은 성공과 실패를 다 경험한다. 어느 정도의 성공을 경험하면서 성공과 실패에 대처해 가는 방법을 배우게 된다. 요컨대, 학교교육은 교과교육뿐만 아니라 교과외 활동이나 운동 등 다양한 경험을 할 수 있는 기회를 제공함으로써 성취의 규범을 사회화할 수 있게 한다.

보편성의 규범은 같은 연령의 학생들이 동일한 학습내용을 배우면서 내면화된다. 학교는 같은 연령의 학생들에게는 성별, 사회적 지위, 외모 등의 특성과 관계없이 똑같은 규칙이 적용된다는 사실을 가르친다. 요컨대, 학교는 학생들이 장차 성인의 역할을 수행하는 데 필요한 자질들을 가르치므로 학교가 가르치는 내용은 사회의 존립을 위해서 중요하다.

특수성의 규범은 학생들에게 학년이 높아질수록 개개인의 흥미와 적성에 맞는 분야를 집중적으로 학습해 가도록 함으로써 내면화된다. 이와 같은 드리벤의 설명은 사회화를 동질성과 다양성의 차원에서 본 뒤르케임의 관점과 기본적으로 같은 선상에 있는 것이다.

3) 기능론적 사회화 이론에 대한 비판

뒤르케임 · 파슨스 · 드리벤 등이 학교가 가르치는 주요 내용을 사회화로 규정한 견해에 대하여 크리스토퍼 헌(C. Hurn)은 그들이 몇 가지 일반적 오류를 범하고 있다고 다음과 같이 비판했다.

첫째, 학교가 학생들에게 가르치려고 하는 도덕적 규범과 가치를 학생들이 실제로 학습한다고 가정한 것은 기능론자들의 오류이다. 왜냐하면 학교는 우리가 싫어하는 것을 가르치는 데는 효과적이나 좋아하는 것을 가르치는 데는 비효과적이기 때문이다. 또 학생들이 학교 밖보다 학교 안에서 독립심 · 성취 · 보편성 · 특수성의 규범들을 더 잘 내면화(內面化, internalization)하는지를 명백히 입증할 수 없다. 따라서 학교가 가르치려고 의도하는 규범과 가치에 의하여 학생들이 효과적으로 사회화되는지 알 수 없다. 결국 학교는 일반적으로 믿는 것과는 달리 학생들에게 바람직한 규범과 가치를 전달하는 효과적 기관이 아니다(Hurn, 1978: 189).

둘째, 사회가 학교로 하여금 어떤 규범과 가치를 가르치도록 압력을 가하는 것은 사실이지만, 교육과정의 내용이 대부분 사회적 요구나 필요에 의해 결정된다고 생각하는 것 또한 오류이다. 교실상황에서 학생들에게는 복종과 수동성, 또는 깊은 사고보다는 정답 찾아내기 등의 특성이 길러지는데 과연 이런 것들이 사회의 요구 때문에 생겨나는 것인지 분명하지 않다. 즉 헌(C. Hurn)은 학교의 교육과정이 기존의 사회질서를 유지하기 위한 '필요'에 응하는 것으로 보지 않는다.

4. 기능론적 인력양성 이론

파슨스는 뒤르케임과 같이 학교교육의 사회화 기능을 강조하는 동시에 산업사회에서의 인력양성과 배치 기능도 강조하였다. 그는 사회화와 선발을 사회체제로서 학교가 수행하는 본질적 기능으로 간주하였다. 파슨스는 현대와 같은 산업사회에서는 개인의 능력과 소질에 적합한 역할을 담당시키는 것이 중요하므로 학교가 개인에게 능력과 소질에 맞는 교육을 받도록 해 주고 그 결과에 따라 개인을 적합한 직업과 역할에 배치할 수 있다고 보았다. 그는 미국의 초등학교에서 대학입학에 이르기까지 학교가 학생들을 대상으로 수행하는 선발 및 배치 기능을 자세히 제시하였다.

파슨스는 학생들이 학업성취 수준에 따라 사회적으로 배분되는 것, 즉 능력에 따라 사회에 진출하는 것은 사회전체를 통하여 성립된 일반적 합의라고 주장하였다. 따라서 학교는 학생들에게 이러한 기본적인 합의에 기반하여 그들이 업적에 따라 평가된다는 것을 가르쳐야 한다고 하였다. 이처럼, 기능주의적 관점은 사회의 통합 · 안정 · 균형 · 합의를 통하여 사회질서와 사회체제의 유지 · 존속을 강조하고, 학교교육의 주요기능을 사회화와 선발로 간주한다. 기능론에서 기대하는 사회상은 능력이 중시되는 업적주의사회(meritocracy), 지식과 능률이 중시되는 전문가 사회(expert society), 그리고 기회균등 · 자유 · 다양성이 중시되는 민주적 사회이다.

1) 기술기능이론: 클라크(1950년대)

산업사회는 그 기술수준이 점점 높아짐에 따라 기술사회가 되었고(1940~50년대의 미국과 영국), 생산체계의 기술적 변화는 교육변화의 추진력을 제공하였다. 기술시대는 숙련된 기술자와 직업적 전문가들을 요구하므로, 교육체계는 그런 사람을 배출하는 데 공헌해야 한다는 주장이 제기되었다.

기술기능이론(technical-functional theory)은 1950년대에 클라크(B. Clark)와 커(C. Kerr)가 제창한 이론이며, 요점은 다음과 같다.

① 산업사회에 있어서 기술의 필요는 기술의 다양화에 따라 점점 높아간다. 여기에는 두 가지 과정이 내포되어 있다. 즉 낮은 수준의 기술이 필요한 직업의 비율은 줄어들고, 높은 수준의 기술이 필요한 직업의 비율은 점차 증가한다. 또 동일한 직업 내에서도 요구되는 기술의 수준이 점차 높아진다.

② 학교교육은 보다 더 높은 기술을 필요로 하는 직업에 적합하도록 특수한 기술이나 일반능력을 위한 훈련을 제공한다.

③ 직업에 필요한 교육수준은 날로 높아지며 더 많은 사람이 장기간 학교에 머물러야 한다(Collins, 1971: 119).

기술기능이론은, 복잡한 산업사회에서 점차 기술 수준이 높아짐에 따라 학교가 각 개인에게 사회의 구성원으로서 역할을 다할 수 있도록 인지적 능력, 전문적 기술과 지식을 가르쳐야 한다고 주장한다. 나아가 이렇게 증가하는 필요를 충족시키기 위해서 사회의 기술변화에 맞추어 학교가 팽창하게 된다고 주장한다. 기술기능이론에 의하면 산업사회의 직업구조는 특정한 종류의 능력을 필요로 하며 훈련 또는 학교교육이 그와 같은 필요를 충족시키는 한 방법이다. 나아가 산업화에 따른 직업의 변화는 새로운 기술을 필요하게 만들며, 그와 같은 필요를 충족시키기 위해 학교의 교육과정 또한 변할 수밖에 없다고 본다.

그러나 기술기능이론은 기술사회를 향한 발전과정에서의 갈등과 불화에 대한 측면은 외면하고 있다. '학교교육의 팽창은 대중이 교육기회의 확대를 요구했기 때문이기도 하지만 지배계층의 특권을 유지시키는 수단이기도 했다'(Hurn, 1978: 71)는 비판도 있다.

2) 근대화이론

근대화이론은, 사회가 내 · 외적 요인들이 함께 작용하여 통합 · 분화 · 재통합을 거쳐 진화 · 발전한다고 본다. 1950년대부터 미국을 중심으로 발달한 근대화이론은 두 차례의 세계대전 이후 수립된 세계질서인 냉전체제에 대한 전략으로 볼 수 있으며, 신생후진국의 장래에 대하여 낙관적 발전 전망을 제시하였다. 근대화이론(modernization theory)은 우리나라에서도 1960~70년대 학계와 정부정책에 널리 퍼져 있었다.

근대화이론에 입각한 많은 연구들은 교육과 고용이 근대적 가치 습득과 직접적으로 관련되어 있음을 강조한다. 근대화이론은 근대화기관, 근대적 가치, 근대적 행위, 근대사회, 경제발전의 다섯 가지 변인 간에 직접적인 인과관계가 있다는 가정에 기초하며, 그 중 학교는 대표적인 근대화기관으로 간주된다([그림 5-1] 참조).

[그림 5-1] 근대화의 과정

출처: Inkeles & Smith(1974).

근대성(modernity)에 관한 초기의 대표적인 연구로 매클러랜드(D. McClelland)의 「성취사회」(The Achieving Society, 1961)가 있다. 매클러랜드에 의하면, 문명의 발생과 쇠퇴는 그 사회 내에 있는 대다수의 사람이 소유하고 있는 개인적 가치관에서 기인한다. 그는 한 사회의 경제적 · 기술적 발전을 가능케 하는 성취동기라고 하는 성격적 특성이 사회화를 통하여 획득된다고 주장한다.

성취동기의 개념은 '근대성 척도'라는 태도검사를 개발한 미국의 사회학자 인켈리스(A. Inkeles)에 의하여 더욱 발전되었다. 근대성 척도는 한 사회의 구성원들이 무엇을 근대적 가치라고 보느냐를 측정하기 위하여 1960년대부터 널리 사용되어 왔다. 인켈리스와 그 동료들은 근대화하는 것은 발전하는 것이며, 한 사회는 그 사회 대부분의 사람이 근대적 가치를 갖게 될 때까지는 발전을 기대할 수 없다고 주장한다. 이들 이론가들은 근대적 가치의 창출은 인간의 계획에 의한 결과라고 할 수 있으며, 근대적 가치의 출현에 있어(예를 들면, 가정 · 학교 · 공장에서 발생하는 사회화) 특수한 사회기관이 매우 중요하다고 주장한다.

이와 같은 근대화이론은 근대화 과정의 궁극적인 목표에 관한 가정이 서구 중심적이라는 비판을 받는다. 근대화를 측정하기 위하여 사용되는 준거를 보면 한 사회가 근대화되기 위하여서는 그 사회가 곧 서구화되어야 한다는 것을 뜻하기 때문이다.

3) 인간자본론: 슐츠(1960년대)

인간은 태어나면서부터 천부적으로 일정한 양의 잠재적 자본을 갖고 있다. 인간은 유년기, 학령기 및 초기 직장생활 시기를 지나면서 타고난 자본을 더욱 증가시켜 간다. 반면 학습이나 훈련이 시대에 뒤떨어진 것이 되거나 낡아서 활용하지 못하게 될 때는 그 자본의 약화 또는 퇴화를 맛보게 된다(Juster, 1975: 8).

인간자본론(human capital theory)을 체계화한 사람은 경제학자 슐츠(T. Schultz)이다. 슐츠는 교육을 '증가된 배당금(increased dividends)'의 형태로 미래에 되돌려 받을 수 있는 인간자본에 대한 투자로 보았고, 인간이 교육을 통해 지식과 기술을 갖추면 그 경제적 가치는 증가하게 된다고 주장한다. 이 같은 관점에서 학력에 따른 수입의 차이를 교육에 의한 지식과 기술의 차이, 말하자면 생산성의 차이로 설명한다(Schultz, 1961).

인간자본론은 개인적 측면뿐만 아니라 국가발전에 있어서도 교육에 대한 투자와 국가의 경제적 발전 사이에 높은 상관관계가 있음을 밝히는 데도 적용되었다. 기업가에게는 투자로서의 교육이 매력적인 구호가 되었고, 대학 교수나 연구자들에게는 자신들의 활동을 확장시킬 수 있는 정당성이 부여되었다. 정치가들에게는 교육기회의 민주화에 대한 지지로 해석되었고, 교육을 '원하는 자들'에게는 보수 좋은 직업을 얻을 기회가 확대되리라는 기대를 갖게 하였다.

또 인간자본론은 경제적 발전뿐만 아니라, 정지적 측면이나 개인의 성공과 실패에 관한 논의에도 응용되었다. 학교교육은 정보처리능력(information processing skills)을 증진시키며, 기술이 급격히 변화하고 새로운 상황이 계속 생겨나는 환경에서 문제해결 능력을 높여 주는 데도 상당히 유용하다는 것이다. '사람들은 자기 자신에게 투자함으로써 스스로의 선택 범위를 넓힐 수 있다. 그것은 자유인들이 자신들의 복지를 향상시킬 수 있는 한 방법이다.' 그리고 장기간에 걸친 폭넓은 학업을 장려하는 데 필요한 유인으로 교육받은 사람에게 더 많은 보상이 주어지는 것을 정당화했다.

이러한 인간자본론은 앞서 살펴본 기술기능이론과 일치되는 점이 많다. 두 이론 모두 교육의 기술적 기능과 인간자원의 효율적 사용을 강조한다. '낭비의 배제'에 대한 관심은 기회균등의 자유주의적 개념을 뒷받침해 준다(강순원 역, 1983: 36).

인간자본론에 입각한 연구들은 헌(Hurn, 1978: 36)이 지적한 것처럼 나름대로 정치적인 성격을 지니고 있다. 교육적 투자가 개인은 물론 국가발전에 크게 기여한다는 사실을 정치인 · 정책결정자 등에게 인식시킴으로써 교육에 더 많은 투자를 하도록 설득하기 위해 과학적 뒷받침을 한 것이다. 이러한 인간자본론은 우리나라를 포함하여 여러 나라에 적용되어 '교육과 국가발전'이라는 이름으로 커다란 영향을 미쳤다.

그러나 인간자본론에 대해서는 다음과 같은 측면에서 이론적 및 현실적 문제점도 지적된다.

① 학력과 직업이 당연히 일치된다는 가정은 현실과 거리가 멀다.

② 교육적 투자가 사람들의 인지적 능력을 높인다고 볼 수 있으나, 그러한 인지적 능력이 교육과 직업 또는 교육과 수입 간의 관계를 설명할 수 있는가는 분명하지 않다.

③ 인간자본론이 이론적 기초를 제공한 경제 및 사회정책, 예컨대 저소득층에 대한 대규모 교육투자를 통한 1960년대 미국의 '빈곤과의 투쟁(war on poverty)', 1950년대 이후 국제사회로부터 교육원조 제공을 통한 제3세계 국가들의 빈곤 완화 및 경제성장 증진의 실패 등에 의하여 이론으로서의 신뢰가 실추되었다.

5. 인적자원개발(HRD) 이론

사회가 변화함에 따라 경쟁력의 원천도 변화하고 있다. 지식이 곧 경쟁력인 21세기 지식기반사회에서는 무형의 지식을 창의적이고 효율적으로 활용할 수 있는 사람이 곧 핵심자원이다. 사람자원, 즉 인적자원은 '국가·사회 발전과 국민 개개인의 삶의 질 향상을 위하여 갖추어야 할 기술력·정보력 그리고 도덕적 성숙 등 가치 있는 인간의 제 능력과 품성'으로 규정된다(이종재, 2009 재인용). 인적자원이 개인과 조직의 경쟁력은 물론 지역과 국가성장의 원천이 되면서 인적자원개발(HRD)의 중요성은 더욱 커지고 있다.

1969년에 교육학자인 내들러(L. Nadler)가 '교육, 훈련, 개발을 포함한 학습활동'이라고 정의하면서 처음 사용된 인적자원개발이라는 용어는 후에 미국의 매클레이건 인터내셔널(McClagan International)과 훈련개발협회(American Society of Training and Development, ASTD)에 의해 '개인, 집단, 조직의 효율 향상을 위한 개인개발(훈련 및 개발), 경력개발, 조직개발을 통합한 조직적인 학습활동'이라는 광의의 개념으로 정의되었으며 그 개념이 지금까지 사용되고 있다(최은수 외, 2010).

매클레이건(McClagan, 1983)은 '수월성 모델(Models for Excellence)' 보고서에서 인적자원개발 분야를 개인개발(Individual Development, ID), 경력개발(Career Development, CD), 조직개발(Organization Development, OD)로 구분했으며 그 내용은 다음과 같다(김한별, 2010).

1) 개인개발

개인개발은 조직 구성원들로 하여금 조직 내에서 담당하는 자신들의 역할을 효과적으로 수행하는 데 필요한 새로운 지식, 기술, 태도 등을 습득하게 하여 업무수행 수준을 변화시키는 데 중점을 둔다. 개인개발을 목적으로 하는 교육 및 훈련의 형태로는 액션러닝(action learning)과 코칭(coaching)이 있다.

2) 경력개발

경력개발은 개인과 조직의 상호적인 경력탐색과 개선 활동을 가능하게 하는 계획적이고 체계적인 노력이며, 구조화된 과정으로 이루어지는 인적자원개발 활동이다. 대표적인 경력개발 활동으로는 멘토링(mentoring)이 있다.

3) 조직개발

조직개발은 조직의 구조, 운영과정, 전략, 구성원의 특성 및 문화가 잘 조화될 수 있도록 하여 새롭고 독창적인 조직 차원의 문제해결 방안을 도출하며 궁극적으로는 조직의 효과적인 문제해결 및 변화 가능성을 개발하는 활동이다.

6. 교육의 기능론적 모형

기능론자들은 교육기회의 확대를 교육민주화와 평등화의 길로 본다. 그리고 교육기회의 확대를 성공적으로 이끌기 위해서는 다음과 같은 조치가 따라야 한다고 생각한다.

① 아동은 가정환경을 고려하고 능력에 따라 분류되어야 한다. 왜냐하면 아동들에게 그들의 적성에 맞는 학습기회를 제공해야 하기 때문이다. ② 아동의 적성 · 학습능력에 맞는 교과과정을 제공해야 한다. 학교에서는 적성검사나 지능검사 실시, 상담 등의 활용이 원활하므로 이러한 교과과정 준비는 어렵지 않다. ③ 아동의 학습능력에 맞는 학습방법, 반편성이 고려되어야 한다. ④ 아동의 능력, 교과과정, 반편성, 교사 배치 간의 연계성이 고려되어야 한다. ⑤ 서로 다른 아동들의 학업 및 기술 습득은 다양한 평가방법으로 판단해야 한다

(한준상, 1982: 35).

결국 이와 같은 논리는 민주사회의 이상인 기회평등으로부터 → 교육기회평등 → 능력과 환경에 맞는 재능 개발 → 효과적인 선발 기능 → 업적과 능력에 따른 사회진출 → 업적주의 사회의 건설로 이어진다.

이러한 논리를 알아보기 쉽게 하나의 그림으로 제시하면 [그림 5-2]와 같다.

요약하건대, 1950~60년대의 사회과학자들은 교육과 사회가 지속적으로 진보할 것이라는 낙관주의에 젖어 있었다. 기능론적 교육이론의 핵심은 교육기회의 확대와 평등화를 통하여, 학교(교육)가 사회적 목적(민주사회의 기술, 태도의 개발 및 유지)과 개인적 목적(취업, 소득, 위신, 권위 획득의 공정성)을 충족시켜 준다고 설명하는 데 있다.

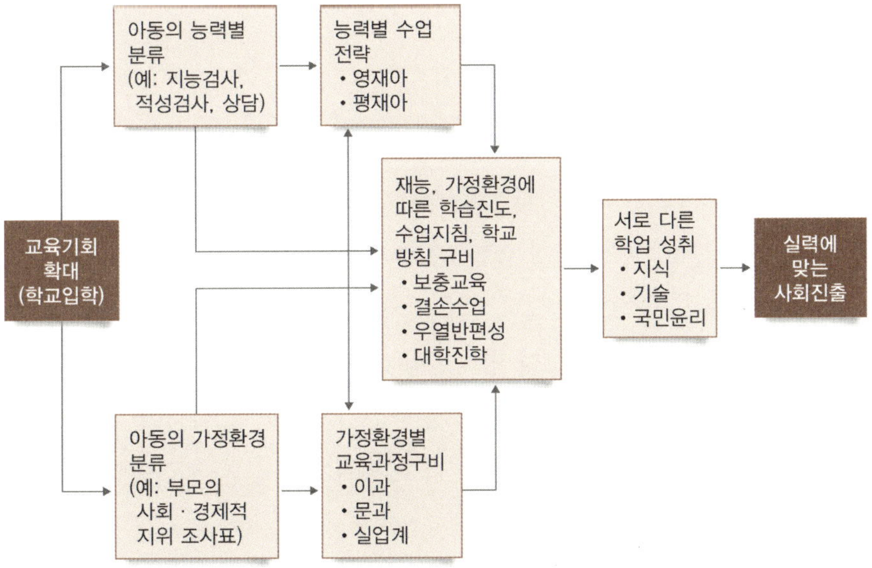

[그림 5-2] 기능론적 교육모형(종합)

출처: 한준상(1982). p. 35.

7. 기능론적 이론의 비판

기능론적 교육이론의 주요 비판점을 포괄적으로 묶어 보면 크게 다음 세 가지로 볼 수 있다.

첫째, 가치의 합의에 대한 가정이다. 실제로 사회에는 성질이 상반되는 가치들이 존재한다. 예를 들면 집단에 대한 개인의 책임을 강조하는 사람들이 있는가 하면 개인의 자유를 지지하는 사람들도 있다. 기능론은 사회의 통합성과 합의성을 지나치게 강조함으로써 학교교육의 규격화, 형식화, 획일화를 부채질하였다.

둘째, 기능론적 설명은 체제유지적 설명방식 때문에 보수적인 편향성 또는 정치적 편견을 갖는다는 비판을 받는다.

셋째, 다음과 같은 약점이 추가로 지적되고 있다.

① 교육에 있어서 집단 간의 갈등을 외면함으로써 교육과정과 교육선발을 비롯한 교육정책의 결정과정에 대한 분석이 소홀했다.

② 업적(또는 능력)주의 사회에 대한 전제와 교육선발이 능력본위로 이루어진다는 전제에 의하여 선발과정의 귀속적 측면에 대한 관심이 소홀했다.

③ 여러 교육문제들이 일시적 병리현상 또는 부분적 기능장애 정도로만 간주되므로 부분적이고 점진적인 개선책의 개발에만 집중했다. '사회문제'라는 말로 너무 자주 정치 · 사회적 이해관계들 간의 본질적인 갈등을 은폐해 왔었다'(강순원 역, 1983: 27).

토론해 봅시다

1) 기능론적 교육이론이 어떤 시대적 상황에서 환영받고, 어떤 시대적 상황에서 비판받아 왔는지에 대해 각자의 입장을 토론해 보자.

2) 많은 비판에도 불구하고 기능론적 교육설명 방식이 건재하는 이유는 무엇일까에 대해 토론해 보자.

제6장

교육현상과 갈등론적 설명

소수는 대표자라는 임무를 떠맡게 되지만, 종종 다수의 약탈자가 되는 경우도 있다.
-게오르크 빌헬름 프리드리히 헤겔-
(독일 철학자: 1770~1831)

남과 토론할 때 화를 낸다면 그것은 진리를 위해서 다투는 것이 아니라 자기 자신을 위해서 다투고 있는 것이다.
-토머스 칼라일-
(영국 비평가·역사가: 1795~1881)

누구나 신경 써 보면 알 수 있다. 이른바 배운 사람들은 월급을 받고 못 배운 사람들은 임금을 받는다. 같은 봉투에 넣었다고 하더라도 어느 것이 배운 사무직의 몫이고 어떤 것이 못 배운 생산직의 것인지 누구나 한눈에 알아볼 수 있다. 하나는 빵처럼 두껍고 다른 하나는 비스켓처럼 얇다. 얇은 것을 받는 쪽은 정신적·문화적 성장은 아예 포기할 수밖에 없다.
-조세희, 『침묵의 뿌리』 중에서-(대안이 되는 말)

주요 개념

계급	문화적 재생산론	생산수단	상부구조
계급갈등	저항이론	생산양식	허위의식
토대(하부구조)	문화자본	아비투스(havitus)	경제적 재생산
이데올로기	의식화 (conscientization)	반문화 (counter culture)	지위경쟁
대응원리			

주요 질문

- 네오마르크시즘의 비판적 기능은 어떤 것들이 있는가?
- 학교교육에 대한 갈등론적 이론은 어떤 것들이 있는가?

1. 갈등론적 사회관과 교육관

갈등론을 대표하는 학자로는 마르크스(K. Marx), 베버(M. Weber), 짐멜(G. Simmel), 코저(L. Coser) 등을 들 수 있으나, 갈등론의 전통은 마르크스와 베버 두 가지 서로 다른 뿌리에서 출발했다. 그 후 이 두 사람에 의해 출발된 이론적 뿌리는 아주 복잡하고, 다양한 양상으로 전개되고 있다. 여기에서는 이들이 대체로 공통적으로 지적하는 사항들을 중심으로 살펴본다.

1) 갈등론적 사회관

갈등론은, 기능이론이 변화를 제대로 설명하지 못하고 권력투쟁 · 계층갈등 · 일탈행위 등을 소홀히 다루고 있다고 비판하면서, 사회의 강제적인 속성과 사회변동의 편재성(偏在性)에 초점을 두고 있다. 그리고 한 집단의 목표는 다른 집단의 목표와 일치하지 않으며, 이러한 부조화 현상은 외면적으로는 잔잔하게 보일지 모른다. 그러나 내면적으로는 활기차게 용틀임하며, 때로는 표면화되거나 폭력화되기도 한다고 생각한다.

갈등론에 따르면, 지배집단은 모든 사회가치의 중심체 역할을 하며 현 상태가 계속 유지되기를 바란다. 지배집단은 피지배집단을 체제안정의 위협요소로 본다. 따라서 지배집단은 설득 · 교화 · 선전 등의 방법으로, 피지배집단에서 자신들의 입장을 정당화시키려 한다.

지배집단과 피지배집단의 대립적 관계는 새로운 사회형태를 창출하려는 사회변동의 원인이 된다. 지배집단은 피지배집단을 강압적으로 억압하고, 동시에 정신적 교화를 통해 지배체제를 효과적으로 통제한다. 지배집단은 자신의 위치가 위협받지 않기 위해 계속적으로 새로운 사회질서를 창출하며, 피지배집단은 자신들의 불리한 위치를 극복하기 위해 지배집단에 대항할 수 있는 물리적 · 이념적 수단을 동원하여 그들에게 유리한 사회편성을 하도록 노력한다.

결국 지배집단과 피지배집단은 계속되는 긴장과 갈등상태에 직면하게 된다.

칼 마르크스(K. Marx)는 역사의 발전과정을 유산계급과 무산계급의 경제적 이해관계를 둘러싼 갈등관계로 파악하고 있다. 즉 생산수단을 소유한 유산계급은 무산계급의 잉여가치를 착취한다. 유산계급은 무산계급을 철저히 소외시키고 그들이 현 사회질서에 순응하게 하여 불평등한 사회구조를 정당화한다. 무산계급은 유산계급의 불평등한 경제적 이익의 독점을 막고, 그들의 정당한 보상을 위해 유산계급과 적대적 관계에 놓이게 된다.

베버는 마르크스와 달리 사회갈등의 원인을 물적 생산관계에서만 찾으려고 하지 않았다. 베버 역시 경제가 사회에 중요한 영향을 미치고 있다는 점을 인정하고 있으나, 경제적 요인이 사회성격을 결정하는 구조적 결정변수는 아니라고 본다. 베버는 사회구조가 경제와 같은 단일변수에 의해 규정되는 것이 아니라 지위 · 권력 · 부 같은 다양한 사회적 변인에 의해 영향을 받는다고 본다. 이러한 베버의 입장은 콜린스(R. Collins)나 헌(C. Hurn) 등과 같은 사람에게 영향을 미쳤다. 이들은 경제적 요인보다 문화의 화폐적 가치를 강조함으로써, 학교교육에 대한 새로운 이해틀을 제공하기도 하였다.

이러한 갈등론의 사회관을 정리하면 다음과 같다.

① 사회의 모든 요소는 긴장 · 경쟁 · 갈등을 일으키는 원인이다.

② 갈등의 원인은 사회계급 간의 권력의 차이에서 비롯된다.

③ 지배집단은 피지배집단과 언제나 불일치와 갈등을 보이며, 이것은 사회분열과 사회변동을 초래하기도 한다.

④ 사회질서 유지는 지배집단의 강제에 바탕을 두고 있다.

2) 갈등론적 교육관

갈등론적 교육관이 대두되기 시작한 것은 그리 오래되지 않았다. 제2차 세계대전이 끝난 후, 미·소는 이념적 경쟁관계에 돌입하게 되어, 동서갈등이 표면화되기 시작하였다. 서구는 체제경쟁의 우위를 위해 사회안정과 효과적인 사회발전을 강조하게 되었다. 따라서 사회안정과 효율성을 강조하였으며, 이를 지지하는 진보주의적 관점이나 기능주의 사회학이 주류를 형성하였다. 1950년대와 60년대의 학교교육론 역시 사회발전과 기능적 효율성에 초점을 두고 있었다. 따라서 교육의 사회적 기능에 관한 설명에서 사회안정과 질서유지에 초점을 두고 있었으며, 교육을 통해 사회평등화를 실현할 수 있다는 관점이 지배적이었다.

그러나 미국은 1960년대에 들면서 인종문제·사회불평등 문제에 심각하게 직면하였다. 특히 기존사회의 부조리에 대해 회의를 느낀 학생들에 의해 뉴레프트 운동(New left movement)과 흑인 민권운동이 확산되기 시작하였다. 보수적 관점을 지향하는 기능주의 사회학은 사회불평등이나 갈등문제 해결에 한계를 보이기 시작하였다. 갈등론은 이러한 사회적 요청에 의해 대두된 새로운 이론적 대안이었다.

이러한 사회적 요청은 교육에 관한 질문의 방식에 변화를 가져왔다. 1960년대 중반부터, 학교교육이 인간의 삶을 풍요롭게 하고 있는가? 학교교육이 사회구조적 모순을 해결하고 사회평등화를 도모하고 있는가? 학교교육이 요구하는 사회적 질서는 누구를 위한 것인가? 등의 문제에 대해 근본적 의문을 제기하기 시작하였다.

기능론과 마찬가지로 갈등론도 학교와 사회가 밀접하게 관련되어 있다고 본다. 그러나 갈등론은 학교와 전체 사회의 요구와의 관계보다는, 학교와 엘리트 혹은 지배집단과의 관계를 강조한다. 학교는 재능 있는 사람들의 사회이동을 촉진시켜 주고 사회평등화에 기여하는 제도라기보다는, 특정 엘리트 집단들의 권력을 영속화시켜 주고 기존 계층질서를 유지시켜 주는 도구라고 본다. 또 학교는 기존의 불평등 구조를 영속화 내지 심화시키고 현 사회구조에 순응하는 태도를 갖게 함으로써 지배 엘리트의 이익을 대변하고 있다는 것이다. 학교는 현대적이고 자유주의적이며, 민주적인 정책운영에 필요한 가치나 태도를 가르치지 않고, 오히려 중간계층의 도덕성 · 맹목적 애국심 · 바람직한 노동습관 · 순종적 예법 등을 가르치는 제도이다. 학교는 자율적 사고를 고무시키기보다는 상업적 가치에 동조하는 태도를 주입시키며, 또한 현대사회의 복잡한 직업특성에 필요한 인지기술을 가르치기보다는 편협한 기술적인 가치관을 가르친다(I. Illich, 1970).

학교에서 배운 지식과 기술은 직업신분이나 직무수행 능력과는 크게 관계가 없다는 증거가 제시됨으로써, 학교는 현대 산업사회에서 필요한 지식과 기술을 가르치기보다는 교육자격증을 발급해 주는 곳으로 보고 있다. 학업성취에 있어서도 계급 간 · 인종 간의 차이가 지속적으로 나타남으로써, 교육확대를 통한 기회균등이 이루어지기보다는 특수계층의 권위를 유지하는 데 학교가 이용되고 있다고 한다. 학교는 아동의 지적 · 정의적 성장을 실현시키는 데 별로 공헌하지 못하고 오히려 억압적이고 비인간적인 사회를 형성시키는 도구라는 것이다. 예컨대, 학교에서 중시하고 있는 것은 학교에서 가르치고 있는 인지적이고 지적인 기술이 아니라 계층에 연유된 가치와 태도를 강화시킨다는 것이다. 즉 학교는 독립적인 사고와 인간적인 가치를 길러주기보다는 순종과 예속성을 가르치는 기관이라는 것이다(Bowles & Gintis, 1976; M. Carnoy, ed., 1975).

이와 같이 갈등론적 교육관은 비판적이며, 그것을 정리하면 다음과 같다.

① 학교는 객관적이고 중립적인 기관이 아니며 지배집단과 관련을 맺고 있다.

② 학교는 지배집단의 이데올로기를 전수하는 곳으로, 불평등한 사회구조를 심화시키는 역할을 한다.

③ 학교는 업적주의 이념으로 공정성을 위장하고 있으며, 실패의 원인을 사회구조적인 측면보다 개인의 능력과 노력 부족으로 돌리고 있다고 비판한다.

④ 학교는 지적 능력의 함양보다는 지배집단이 선호하는 가치 · 태도 · 규범

등의 주입에 치중하고 있다고 비판한다.

⑤ 결국 학교는 기존의 불평등한 사회질서에 개인을 편입시키며, 결과적으로 지배집단의 이익에 기여하는 도구적 장치로 기능한다고 비판한다.

2. 칼 마르크스의 계급갈등론

> 인간은 평등하게 태어나지만
> 평등하게 성장하지는 못한다.
> -몽테스키외, 『법의 정신』에서-

기능이론과는 반대로, 갈등이론은 사회관계의 본질을 집단 간의 갈등으로 파악하고, 그 갈등의 결과로 일어나는 변화에 관심을 집중한다. 기능이론에서는 변화가 부차적인 관심사이지만, 갈등이론에서는 일차적인 관심사이다. 여기에서는 갈등이론에서 가장 중요하고 대표적이며, 흔히 '정치경제학'이라고도 하는 마르크스 이론을 살펴본다.

칼 마르크스(Karl Marx, 1818~1883)보다 현대사회에 더 큰 영향을 미친 사회사상가는 없을 것이다. 20세기는 냉전의 시대였고, 대립의 한 축에는 마르크스이론이 있었다. 미국 사회학계와 교육학계에서는 마르크스의 중요성이 오랫동안 인정되지 않았고 미국 이론의 영향을 집중적으로 받은 우리 학계 역시 마찬가지였다. 한국 사회는 한국전쟁 이후부터 1980년대 이전까지 마르크스에 대한 언급 자체가 금기시되었다.

그러나 한국 사회에서도 마르크스이론은 낯선 이론이 아니었다. 일제강점기 민족 해방 운동에 참여한 많은 단체와 지식인들에게 마르크스이론은 이념적 모태가 되었다. 해방정국과 한국전쟁 그리고 이후로도 마르크스이론은 상대 진영 혹은 개인을 죽음으로까지 내모는 수단으로 활용되기도 했다. 이러한 이유로 80년대 이전까지 기능론에 치우쳤던 교육사회학의 비판적 기능에는 한계가 있었고 80년대 들어 한국 사회 각계각층에서 터져 나온 민주화 요구로 마르크스이론은 다시 큰 주목을 받았다.

마르크스이론은 불평등에 기인하는 사회적 갈등 상황이 존재하는 한, 서로 간의 연대를 통해 인간의 고유한 가치와 공동체를 회복시킴으로써 자유와 평등을 실현하려는 이들에게 하나의 신념 체계로 작동하곤 했다.

그럼 마르크스이론을 계급론과 사회변동론, 이데올로기론을 축으로 하여 설명해 보자.

1) 사회계급론과 사회변동론

마르크스는 근대사회의 변화, 특히 자본주의 경제체제의 변화에 대한 비판적 분석에 집중했다. 마르크스에 의하면, 근대 시기에 일어난 가장 중요한 변동은 자본주의(capitalism)의 발전과 관련되어 있다. 자본주의는 역사적으로 그 이전의 경제질서와는 근본적으로 대조되는 하나의 생산체계이다. 자본주의에서의 재화와 용역의 생산은 광범한 소비자에게 판매하기 위한 것(상품생산체제)이다. 생산수단(공장 · 기계 · 자본)을 소유하고 있는 사람들이 지배계급을 형성한다. 인구 대부분은 생산수단을 소유하지 못한 임금 노동자 계급 혹은 노동자 계급을 구성하지만, 그들은 생산수단을 소유한 자본가들에 의해 제공되는 고용을 찾아야 한다. 그래서 자본주의는 하나의 계급체계이다. 즉 자본주의에서 계급 간의 갈등은 일반적인 사건인 것이다.

마르크스적 분석의 기본단위는 '사회계급(social class)'이다. 마르크스는 생산수단을 가진 집단과 갖지 못한 집단으로 구분하고, 가진 집단을 자본가 계급(유산계급, 부르주아, capitalist class), 갖지 못한 집단을 '무산계급(프롤레타리아, proletariat)'으로 규정했다. 무산계급은 임금을 받기 위하여 자신들의 노동력을 팔아야만 한다. 이 두 계급 사이에는 자본가의 이윤을 축적해 주는 지불되지 않는 노동의 가치(잉여가치)가 착취의 형태로 존재하여 본질적인 이익갈등이 내재하며 그것이 곧 계급갈등이다. 계급갈등은 사회변화를 일으킨다. 마르크스에 의하면, 역사상의 모든 사회는 다양한 형태의 계급갈등을 겪어 왔다.

마르크스이론의 주요 개념 중 하나는 토대이다. 토대는 생산력과 생산관계로 구성된다. 생산력의 요소로는 과학기술의 발전과 인간 노동의 숙련도가 있으며 특히 과학기술의 발전은 제어할 수 없는 역동성을 가지고 있다. 생산력이 만들어 내는 사회적 부에 상응하는 생산관계가 역사 속에서 단계적으로 출현한다. 역동적인 생산력과 달리 생산관계는 그 지배구조를 공고히 하려는 정태적 특성이 있다. 이러한 특성이 생산력과 생산관계 사이에 모순으로 이어지고 이 모순이 바로 역사 발전의 원동력이 되는 것이다. 마르크스는 이런 시각에서 역사를 변증법적으로 발전해 가는 단계로 분석했으며, 원시 공산사회 → 고대 노예사회 → 중세 봉건사회 → 자본주의사회 → 다음으로 능력에 따라 일하고 필요에 따라 분배하는 사회주의사회를 거쳐 공산주의 사회로 이행한다고 보았다. 마르크스의 관점은 이러한 역사적 유물론(materialist conception of history)에 기초를 두고 있다.

마르크스에 따르면, 사회변동의 주요 원천은 경제적 영향에 의하여 일차적으로 촉진된다. 경제적 영향은 역사 발전의 원동력을 제공하는 계급 간의 갈등과 연관되어 있다. 또한 급격한 사회변동이라고 하는 혁명이 실제로 실현되기 위한 우선 조건으로 생산자 계급의 의식화, 즉 노동자 스스로가 사회발전의 원천인 사회적 부를 생산하는 주체로서의 계급적 자각과 연대가 필수적이라고 보았다. 마르크스에 따르면, "지금까지의 모든 인간의 역사는 계급 투쟁의 역사인 것이다"(Marx and Engels, 1968: 35). 그에 의하면, 자본주의 시대의 계급갈등이 가장 강렬하고 그 때문에 가장 극심한 사회변화가 초래될 것으로 보았다.

마르크스에 의하면, 자본가와 무산자 사이의 본래적인 갈등은 이 두 계급 사이의 모순된 이해관계에 의해서 발생되는 것이다. 자본가 계급은 자본주의 체제적 속성에 따라 이윤을 극대화하고 그것을 유지하도록 행동하게 된다. 그러한 행동이 바로 노동자에 대한 착취이다. 노동자에 대한 착취는 생산과정의 속도 증진, 근무일수와 근무시간의 증가, 최저수준 임금의 유지, 열악한 근무조건의 방치 등을 통하여 이루어진다. 이와 같은 행동들은 자본가들의 이윤을 축적하는 데 공헌한다. 그러나 그런 착취들은 다른 한편으로는 그 반대의 효과도 초래하게 된다. 즉 자본가들이 살찔수록, 노동자들은 더욱 핍박해진다. 즉 부익부와 빈익빈 현상이 격심해진다. 그리하여 노동자들의 노동과 생활 조건을 점점 더 악화시킴으로써 노동계급의 이해관계의식(利害關係意識)을 자극하게 되어 계급투쟁이 강화된다.

마르크스가 지적하고 있듯이, 자본주의의 이러한 특성은 자본가들의 숫자를 점점 줄이게 된다. 자본가들 사이에 이윤 쟁취를 위한 경쟁의 강도가 심해질수록 자본가들 중에 노동자로 전락해 버리는 사람들의 숫자가 늘어나게 되기 때문이다. 이리하여 노동자 계급은 점점 늘어나게 된다. 결국, 마르크스에 의하면, 사회는 소수의 엘리트 자본가 집단과 빈곤상태에서 허덕이는 노동자계급의 두 계급집단으로 확연히 나누어지며, 자본가들의 이해관계와 직접적으로 갈등을 일으키는 노동계급의 이해관계가 점차 분명해지고 증대된다. 이와 같이 마르크스는 '계급의 분리성'을 강조하였다.

노동계급은 자신들의 이해관계가 사유재산 제도를 붕괴시키고, 자본가들을 소멸시키고, 생산수단에 대한 통제권을 갖고, 궁극적으로는 자본가 계급 그 자체를 붕괴시키는 것을 포함한다는 것을 인식하게 될 것으로 마르크스는 생각했다. 사회적 부를 생산하는 주체로서의 노동자 계급 의식과 연대는 노동자들로 하여금, 자본주의 체제를 붕괴시키고 궁극에 가서는 공산주의 사회로 대체시키려는 행동, 특히 혁명적 행동을 실천하게 할 것으로 마르크스는 믿었다.

마르크스에 따르면, 자본주의는 미래에 사회주의 그리고 공산주의에 의하여 대체될 것이고, 이 사회에서는 아무런 계급도 존재하지 않을 것이다. 이로써 마르크스가 개인들 간의 모든 불평등이 사라질 것이라고 주장하는 것은 아니며, 오히려 사회가 경제적 · 정치적 권력을 독점하고 있는 소수의 유산계급과 자신들의 노동이 생산한 부(富)로부터 거의 혜택을 받지 못하는 다수의 무산계급으로 분할되지는 않을 것이라고 주장한 것이다. 경제체계는 공동소유하에 있게 될 것이며, 더욱 평등주의적이고 참여적인 사회질서가 건설될 것이라고 주장한다.

요컨대, 마르크스가 말하는 사회구조는 경제구조인 토대의 성격에 의해 이루어지며, 경제구조에 의해 노동의 위계적 관계가 형성된다. 지배집단인 유산계급은 경제적 부를 독점하고 지배적 질서를 창출하여 무산계급의 경제적 이익을 착취한다. 무산계급은 유산계급의 불평등한 지배질서에 대항하게 되며 이 두 계급은 적대적 위치에서 심각한 갈등관계를 표출한다. 이런 의미에서 마르크스의 갈등론은 계급갈등론이나 경제갈등론이라 불리기도 한다. 이러한 마르크스의 전통은 교육사회학에 많은 영향을 미쳤다. 1970년대부터 대두되기 시작한 '재생산론'이나 '국가론'적 관점도 마르크스 이론에 기초를 두고 있다. 마르크스의 입장을 취하지 않는 교육사회학의 다른 이론들도 그의 방법론에 많은 영향을 받고 있다.

2) 의식과 이데올로기의 문제

> 전도사들이 아프리카에 왔을 때
> 그들은 성서를, 우리는 땅을
> 가지고 있었다. 그들은 '우리
> 기도 합시다'라고 말했다.
> 우리는 눈을 감았다.
> 눈을 떠보니 우리는 성서를,
> 그들은 땅을 갖고 있었다.
> -투투 주교의 연설 중에서-

마르크스는 이데올로기를 인간사회에 대한 허위적인 추상적 생각, 즉 허위의식(false consciousness)으로 보았다. 일반적으로 참된의식(true consciousness)은 역사성과 과학성을 지니고 있는 것으로 생각되고, 허위의식과 같은 사회적 사상은 이데올로기로 생각되고 있다.

마르크스에 있어 이데올로기는 개인들의 의식과 존재의 불일치에 관한 표현이기도 하다. 자본주의사회는 근대 시민 혁명이라는 신분제 철폐 위에 세워진 이유로 존재(신분)와 의식이 일치했던 이전 사회와 대조를 보인다. 존재와 의식의 불일치는 모두가 행사하는 투표권 혹은 능력주의 등의 이데올로기(허위의식)에 의해 지배를 받아 노동자 스스로 자유롭고 평등한 사회에 살고 있다는 착각을 불러일으킨다.

이데올로기(허위의식)는 지배계급이 독점하고 생산하는 교육을 통해 유포되고 내면화된다. 소수의 지배자들은 그럴듯한 논리(때로는 거짓일 수도 있고, 때로는 순진한 환상일 수도 있는)로 민중들의 사고를 지배하고 그들의 의식 세계까지도 지배한다. 결과적으로 민중들은 그들의 실제 존재 모습을 정확하게 인식하지 못하고 소수 지배층이 제시한 환상적 · 허위적 논리, 즉 지배이데올로기에 따라 인식하게 된다.

마르크스이론에서 이데올로기 문제를 강조하는 것은 이데올로기가 계급적 지배나 정치적 지배와 밀접한 관계를 맺고 있기 때문이다. 즉 피지배자가 지배자나 자본가의 논리를 인정하고 따라 줄 때에는, 지배가 매우 용이해지고 나아가 계속적인 지배를 가능하게 해 준다. 일례로, 어떤 가난한 자가 그가 가난한 이유를 자신의 무능과 게으름으로 인식하고 사회구조적인 문제는 없다고 생각하고 있다면, 지배자는 가난한 자를 훈계하면서도 스스로 복종하게 하는 지배를 할 수 있게 될 것이다. 이런 경우, 무력이나 강제력을 동원하지 않고도 지배가 가능하게 된다.

이와 같은 이데올로기의 허위성을 깨닫고 비판적으로 이해하며, 자신의 존재 조건과 의식의 관계를 일치시키려는 움직임을 의식화라고 한다. 의식화는 흔히 대항 이데올로기(counter ideology)의 성격을 가지며, 비판적 세계관으로서 사회의 모순과 갈등을 폭로하는 경향이 있다.

이데올로기의 존재양식은 매우 다양하다. 이념이나 이론 지식의 형태로, 문학이나 예술의 형태로, 관습이나 법의 형태로, 시위 등 행위의 형태 등의 다양한 형태로 사회 내에 존재하고 있다. 교육은 이러한 것들과 불가피한 관계를 맺고 있기 때문에 이데올로기적 관련성을 갖게 된다. 학교는 어떤 의미에서는 '지식을 통하여 인간을 처리하는' 기관이며, 이데올로기적 기능을 갖고 있는 기관이다.

생각을 키우는 자료 1

칼 마르크스(Karl Marx)는 1818년에 독일에서 태어났고, 1883년에 영국에서 사망했다. 원래 독일의 사상적 전통에서 훈련받았음에도 불구하고, 그는 대부분의 생애를 영국에서 보냈고 주요 저작들도 영국에서 저술하였다. 마르크스는 학생으로서 헤겔 철학의 영향을 크게 받았다. 마르크스는 그의 생애를 통하여 투쟁적 무신론주의와 자본주의에 대한 반대 때문에 박해를 당하였다. 청년기의 마르크스의 정치활동이 독일 당국과의 갈등을 빚었으므로, 그는 대학에서의 수업을 계속할 수 없었다. 프랑스에서 잠시 머무른 이후에, 그는 영국에서 해외 생활을 하면서 영원히 정착하였다. 마르크스의 생각은 꽁뜨(1798~1857)나 뒤르케임(1857~1917)의 생각과는 아주 첨예한 대조를 보인다. 꽁뜨처럼 그도 인간사회는 더욱 완전한 상태로 진화해 간다고 믿었다. 그런데 꽁뜨와는 달리 이 과정이 영국과 같은 자본주의 사회의 계급투쟁에서 나타나는 것과 같이 갈등의 복잡한 연속으로서 이루어진다고 생각하였다. 그는 또한 발전의 다음 단계는 계급이 없는 공산주의 사회, 즉 모든 사람이 평등하고 자본주의 체제가 전복되는 사회일 것이라고 믿었다.

마르크스는 갈등을 사회체계에 널리 퍼져 있고 불가피한 특성이라고 보았다. 그는 갈등의 사회구조적 원인 분석에 깊은 관심을 보였다. 마르크스에 있어서 갈등의 원천은 재화의 분배와 불공평한 분배에 내재하는 이익의 갈등에 있다.

마르크스의 저술은 다양한 분야에 걸쳐 있다. 대부분의 그의 저술이 경제적 쟁점들에 집중하고 있으나, 그는 경제적 문제들을 사회제도들과 연결시키는 데 항상 관심을 갖고 있으므로, 그의 저작은 사회학적 통찰이 풍부하다. 그러나 마르크스 자신은 스스로를 사회학자로 생각하지 않았다. 그의 저작들의 주요 관심영역을 크게 사적유물론, 자본주의 사회비판론, 공산사회론(이상사회론)의 3가지 영역으로 나누어 볼 수 있다. 그의 저서로는 『신성가족』, 『철학의 빈곤』, 『독일이데올로기』, 『자본론』 등이 있다.

“학자의 이론은 그 사람의 삶이다.” 마르크스와 그의 동료이자 후원자인 엥겔스는 프러시아의 유복한 가정에서 태어났고 엥겔스는 자본가로서 마르크스가 노동자의 삶과 처지에 공감하는 데 큰 영향을 미쳤다. 마르크스 이후 수많은 마르크스주의 사상가들 삶의 조건 역시 그러했다. 마르크스주의 사상가들은 사회 발전의 원동력인 사회적 부를 생산하는 주체의 참된 해방을 위해 자신들이 탐구한 이론을 실현하고자 했다. 그들은 자신들의 계급을 배반하고 ‘연대’를 통한 ‘인간 해방’의 길에 헌신함으로써 많은 사상가들이 보여주었던 실천 지향적 학문의 길에 함께했다.

3) 네오마르크시즘의 비판적 기능

> 국가가 그 권위에의 비판을 어느 정도까지 허용하는가가 그 국가가 사회의 충성심을 어느 정도까지 쥐고 있는가에 대한 가장 확실한 지표다.
> -헤럴드 조지프 래스키-
> (영국 정치학자: 1893~1950)

우리가 편의상 마르크스이론이라고 부르기는 하지만, 오늘날 마르크스이론의 주창자들은 매우 다양하게 마르크스적 시각을 반영하고 있다는 점을 인식할 필요가 있다. 그들 중에서 정통파 마르크스주의자들의 명제 중에 일부를 포기(또는 수정)하고, 마르크스이론의 비판적 기능을 확장하려는 노력을 하는 학자들이 있다. 이들의 이론을 네오마르크시즘이라고 부른다.

네오마르크시즘의 변증법적 비판이론은 프랑크푸르트 학파의 영향을 크게 받았다. 프랑크푸르트 학파는 ① 이미 형성되어 있는 기존의 제도를 비판적으로 보는 관점을 제시하고 ② 과학적 실증주의에 대한 비판을 한다.

프랑크푸르트 학파는 과학적 실증주의에 대하여 다음과 같이 비판한다. ① 정밀성과 계량화의 추구로 사회현상의 의미를 무시하고, 현상의 이면에 있는 현실의 본질을 캐는 데 하등의 도움을 못 주고 있다. ② 지식을 윤리로부터 격리시키고 가치중립적임을 주장함으로써 권력층의 지배와 조작에 필요한 수단으로 전락시켰다. ③ 제한된 경험적 조사와 사회문제에 관심을 집중시킴으로써 역사성과 총체성을 상실했다.

프랑크푸르트 학파의 과학적 실증주의에 대한 비판은 종래의 연구의 파라다임을 규범적 모형으로 간주하고, 가치 그 자체를 분석해야 한다는 관점을 제시했다. 이런 관점은 사회학의 방법론적 전환(역사적 · 사회적 · 내적 의미의 이해)에 타당성을 제공하고 있다.

네오마르크시즘은 마르크스의 주요 명제 중에 다음 두 가지에 중요한 변화가 있다.

① 계급지배를 여전히 중요하게 간주한다. 그러나 생산수단의 사적 소유의 철폐가 계급지배의 해소는 아니라고 생각한다.

② 부정 · 불평등의 원인이 항상 같은 곳에서 일어난다는 전제를 포기한다. 즉 유물론적 결정론을 포기한다. 모든 지배 상황을 있는 그대로 비판적으로 분석할 필요가 있다고 본다.

마르크스적 그리고 신마르크스적 교육이론은 모두 본질적으로 구조적인 분석이다. 마르크스적 교육이론은 교육과 경제구조와의 관계에 집중한다. 그리고 신마르크스적 교육이론은 교육과 경제구조와의 관계뿐만 아니라 교육과 지식과 권력과의 관계에 대한 분석을 보다 깊이 있게 하는 데 공헌하였다. 신마르크스적 교육이론은 교육과 관련된 일체의 지배관계를 분석해 내려 한다.

생각을 키우는 자료 2

프랑크푸르트 학파는 1923년 '사회연구소(Institute for Social Research)'로부터 출발하여, 호르크하이머(프랑크푸르트 대학의 철학사 강사)가 지적 리더십을 발휘하게 되고 경제학자 폴로크, 문학사회학자 뢰뵌탈, 중국연구가 비트포겔 등 20대의 청년학자들이 가담하면서 이 학파는 사회연구를 위한 이론적 엄밀성과 경험성을 표방한 문화 및 사회 이해의 방법을 독특하게 발전시켜 갔다.

프랑크푸르트 학파의 주요 인물들은 호르크하이머(Horkheimer), 아도르노(Adorno), 벤자민(W. Benjamin), 프롬(E. Fromm), 마르쿠제(H. Marcuse) 등이었고, 60년대 후반 이래 하버마스(Habermas)가 주축을 이루었다. 이들의 공통적 입장을 비판이론(critical theories)이라고 부르기도 한다.

이들은 대부분 유태계 독일인이며 동시에 나치정권으로부터 미국으로 망명을 간 학자들이다. 따라서 어떤 점에서 그들의 존재경험은 항상 쫓기고 학대받아 왔으며, 정신적 고향을 박탈당한 사색인들과 같았다. 프랑크푸르트 학파의 성격이 재야성(在野性) · 비판성 · 민중성이 강한 것과 무관하지 않은 것 같다. 그들은 마르크스주의의 토대결정론과 생산수단의 국유화를 비판했고, 공산체제는 당 관료적 국가기관에 의한 인간소외, 인간을 국유화하는 길이라고 비판하고 나섰다. 또한 전체주의(나치즘 · 파시즘)를 비판했으며, 사회과학 연구에 프로이드를 도입하여 네오프로이드주의를 형성하기도 했다.

출처: 신일철 편, 『프랑크푸르트 학파』, 청람, 1981. 참조.

4) 동구 사회주의 몰락과 새로운 사회체제 출현과 모색

동구 사회주의와 같은 형태의 국가 출현은 마르크스에 의해 이미 예견되었다. 마르크스와 엥겔스가 공동 집필한 『공산당 선언』 중 반동적 사회주의 출현 첫 순서로 봉건적 사회주의 출현을 설명한다. 그들은 민중을 자기 뒤에 끌어모으기 위해 프롤레타리아의 동냥자루를 깃발 삼아 손에 들고 흔들었다(Marx, K., 1848/2002: 45). 동구 사회주의 몰락은 나눌 수 있는 물적 토대가 없는 봉건적 사회주의 몰락(전태국, 1998: 6)이다. 동구 사회주의 몰락으로 마르크스는 봉건적 사회주의의 수괴에서 물적 토대를 기초로 한 의식화 그리고 사회적 연대를 동력으로 진보해 가는 역사 발전을 통찰한 사상가로 다시 자리매김한다.

마르크스는 사회주의는 나눌 수 있는 부가 존재하는 고도로 발전된 자본주의사회에서 가능하다고 보았다. 그것이 사회민주주의라는 이름으로든 복지 국가라는 이름으로 불리든 물적 토대를 기반으로 국가가 국민의 안전을 책임지는 분배의 정의를 실현한 나라들이 출현했다. 이들 국가가 책임지는 주요한 안전으로는 첫째, 기계가 아닌 인간이 그 인간적 품위에 걸맞게 질 높은 쉼과 삶을 유지하는 주택에 대한 안전 둘째, 인간을 자연으로부터 독립시킨 노동을 통해 사회에서 자신의 가치를 실현할 수 있는 일자리에 대한 안전 셋째, 질병으로 인해 사회에서 낙오되지 않도록 하는 질병으로부터의 안전 등이 있다.

사회구성원들의 참여와 신뢰로 국가가 국민의 안전을 책임지는 데 지향점을 둔 대표적인 나라로는 독일을 비롯한 서유럽 국가들, 스웨덴, 덴마크, 핀란드 등의 북유럽 국가들 그리고 선진국 대열에 들어간 다수의 국가가 있다. 현재 이들 나라들은 인간을 넘어 지구상에 존재하는 모든 것들의 존엄과 자유 그리고 평등이 공존하는 지속 가능함에 목소리를 높이고 있다.

국가가 국민의 품위를 지키는 삶의 질 유지를 위해 안전을 책임지고, 인간이 인간으로서 양심을 지키며 살아가고자 하는 사회적 합의의 바탕에는 이들 나라가 꾸준히 시도하고 모색한 교육이 있다. 경쟁보다는 협력을 중시하는 공동체적 가치, 개인의 고유한 능력과 다양성을 인정하고 존중하는 존엄의 가치, 앎과 삶이 일치하는 실천 지향적 가치, 그리고 현재에 이르러서는 공동의 지구에서 함께 살아가기 위한 세계시민적 가치를 실현하는 교육이 있었다. 예컨대 덴마크, 스웨덴, 핀란드는 시민교육을 기반으로 높은 시민의식을 유지하고 있다. 시민교육은 다원화되어 가는 공동체를 유지하고 사회 발전을 주도하는 기능을 담당한다. 이들 국가에서 이루어지는 시민교육은 분권화된 교육체제를 바탕으로 지방자치단체, 단위학교 수준에서 자율성을 지니고 있으며, 시민들의 참여 경로가 확보되어 있다(서공주 외, 2019).

한편 마르크스가 예견한 차디찬 자본논리와 경쟁, 공황으로 인한 자본주의 몰락은 오히려 자본주의 백신으로 작용해 윤리적 소비, 착한 자본주의라고 하는 공존과 연대의 가치를 만들어 시장에서 새로운 소비 트렌드로 자리하고 있다. 또한 오늘날 생산력의 주요 요소인 과학기술의 발전으로 인공지능과 로봇이 인간과 함께 살아가고 있다. 어쩌면 인간은 하기 싫은 억압된 장시간 노동과 소외된 노동에서 벗어나 주당 6시간 노동의 시험에 들어간 스웨덴에서처럼 자신의 가치를 실현하는 창조적 노동의 시대 인간해방과 노동해방의 시대를 맞이할 가능성 앞에 놓여 있다.

현재 존재하고 경험하고 있는 새로운 상황과 새로운 사회체제로의 시도는 자본주의든 사회주의든 어떠한 신념이나 사회체제가 사람 위에 존재하는 것이 아니라는 사실을 보여준다. 사람이 있고 그 사람들이 서로를 이해하고 합의하며 보다 나은 사회체제를 만들어 가는 것이라는 것을 명확히 한다. 이러한 사실은 아직도 냉전 이데올로기의 결과로 유일한 분단상태에 놓여 있는 한반도와 진보와 보수이념으로 양분된 한국 사회에 시사하는 바가 크다.

3. 학교교육에 대한 갈등론적 이론들

학교교육에 대한 갈등론적 이론은 몇 가지 유형으로 나누어져 있다. 교육이 사회계급(또는 계층)을 재생산시키고 있다는 주장을 재생산이론이라고 하며, 이 재생산이론은 경제적 재생산이론과 문화적 재생산이론 두 가지가 있다. 그리고 학교에서 저항문화가 어떻게 생산되는가에 초점을 맞춘 저항이론이 있다. 이상은 대체로 마르크스적 전통을 따른 것이다.

이와는 달리 베버적 갈등이론의 전통을 이은 지위경쟁이론이 있다. 지금부터 이들에 대해 간단히 살펴보자.

1) 경제적 재생산론

경제적 재생산론(economic reproduction theory) 주장자들은 학교교육의 사회적 기능을 자본주의 사회체제, 즉 경제적 관계와 분리하여서는 이해할 수가 없다고 본다. 즉 자본가 계급은 노동 생산력의 축적과 계급통제를 통해 그들의 경제적 이점을 고양시키려고 노력한다.

경제적 재생산론자들의 주장에 의하면, 자본주의 체제에서의 학교교육은 경제적 모순을 은폐하고, 불평등한 구조를 존속 · 유지 · 심화하였으며, 아울러 지배계급의 위치를 정당화하는 도구적 기관의 역할을 한다. 요컨대, 학교교육은 경제적 불평등을 정당화 · 합법화함으로써 지배계급의 위치를 재생산하는 기능을 담당케 된다.

학교교육의 이러한 기능에 대해 호간(D. Hogan)은 다음과 같이 설명한다. ① 학교교육은 객관적이고 표면적으로 누구나 공정히 참여할 수 있는 능력주의 메커니즘을 통해 개인을 계급적 지위에 배치시킴으로써 경제적 불평등을 정당화한다. ② 학교교육은 은밀히 계급 분절의식을 유도하고 있으며, 사회질서의 재생산을 유도하는 인종차별 · 성차별 · 생산수단의 사적 소유권 · 노동의 사회관계 등과 같은 의식의 형태를 재생산한다(D. Hogan, 1981: 32).

자본가 계급이 학교교육을 통해 경제적 불평등을 정당화·합법화함으로써 지배계급의 위치를 재생산한다는 경제적 재생산론은 학자마다 약간씩 상이한 관점을 취하고 있으나, 주로 보울즈와 긴티스(S. Bowles & H. Gintis)의 관점이 중요한 위치에 있다.

보울즈와 긴티스는 『자본주의 미국사회에서의 학교교육』(1976)에서 학교는 일반적으로 알려진 바와는 달리 학교에서 가르치는 것이 인지적 요소가 아니라 비인지적 요소, 즉 자본주의 체제에 적합한 가치·태도·규범·퍼스낼리티 등을 중요시하고 있다고 한다. 즉 학교는 자본가 계급이 필요로 하는 이데올로기를 제공하여 현 사회의 불평등 구조를 정당화한다. 학교는 이들 이데올로기를 정당화하기 위해 자본가 계급이 선호하는 가치를 아동들에게 은밀히 내면화시킴으로써 현 사회의 불평등적 위계관계를 자연스럽게 받아들이게 한다는 것이다.

보울즈와 긴티스는 자본주의 체제의 사회적 위계관계를 정당화하는 학교교육의 역할을 명확하게 설명하기 위해 대응원리(correspondence principle)를 제시하였다. 대응원리는 교육이 노동구조의 사회관계와 똑같은(대응하는) 사회관계로 운영되고 있다는 점에 주목하고 있다. 즉 대응원리는 자본주의의 사회적 위계관계를 학교교육의 수준별 위계구조에 서로 대응시킴으로써 거기에 필요한 가치체계를 가르친다는 것이다. 다시 말해서, 초등학교에서는 하위직에 적합한 복종·순응·시간엄수 등과, 중등학교에서는 중간직에 적합한 지식·가치·규범 그리고 고등교육에서는 최고 경영자에 적합한 인성체계인 독립심·창조력·리더십 등을 은밀히 전수한다는 것이다.

대응원리는 자본주의의 위계적 생산관계를 학교교육에서 그대로 반영하고 있으며, 이를 통해 자본주의 지배체제를 정당화한다는 것이다. 교육의 사회적 관계와 노동의 사회적 관계의 대응적인 면은 크게 4가지로 살펴볼 수 있다.

① 학생은 노동자처럼 권한이 없다는 점, ② 교육은 목적으로서가 아니라 수단으로 기능한다는 점, ③ 분업을 통하여 노동자의 임무가 제한되고 단결이

저해되는 것처럼 지식의 전문화, 단편화 및 과도한 경쟁을 통하여 학생의 임무가 제한되고 단결이 저하된다는 점, ④ 교육수준은 직업구조에서의 수준에 그대로 대응한다는 점 등이다.

이와 같이 보울즈와 긴티스는 교육제도 분석의 핵심으로 사회적 생산관계와 생산력의 성격에 주목하고 있다. 그들에 의하면, 교육체제가 몸담고 있는 계급구조를 분석하지 않고 그와 분리시켜서 교육체제의 활동을 이해한다는 것은 어려운 일이다. 교육체제는 계급과 관련된 학업성취에서 불평등이나 사회계급에 의한 차별적 사회화의 양면에 의해서 생산과정에 근거한 불평등을 강화한다고 한다. 인지적 요소가 계급구조에서의 각 지위에 개인을 배치하는 데 중요한 역할을 한다는 것이다. 그들의 주장을 단순화시켜 보면 다음과 같다. 학교교육은 자본주의 경제체제의 필요에 따라 발전해 왔고, 학교교육은 자본가 계급의 이익을 위한 도구적 성격을 갖는다. 결국 학교는 사회계급을 결정짓는 기관으로서 기능을 한다는 것이다.

경제적 재생산이론은 자본주의 사회에서 학교교육의 역할이 일반적으로 알려진 바와는 달리 공정한 사회적 기관이라기보다는 오히려 사회적 위계관계, 즉 불평등 구조를 정당화 · 합법화 · 강화하는 재생산적 도구라는 새로운 해석을 해 주었다는 점에서 의의가 있다. 학교교육은 자본가 계급이 선호하는 노동의 위계의식을 아동들에게 조건화시킴으로써 자본주의 질서에 자연스럽게 편입하도록 한다. 따라서 자본가 계급은 학교교육을 통해 자신들의 지배적 위치를 영속적으로 유지할 수 있으며, 반면에 노동자 계급은 불리한 사회적 지위, 즉 불평등한 위계관계에 머무를 수밖에 없다는 것이다. 경제적 재생산론은 학교교육과 경제구조의 관계를 비교적 구체적으로 지적했다는 점에서, 1970년대부터 지속적인 관심을 끌고 있다.

그럼에도 불구하고 경제적 재생산론에 대한 다음과 같은 비판은 의미 있는 것이다. ① 경제적 재생산론은 학교교육의 역할을 경제구조에 국한시킴으로써 다른 사회적 변인, 예컨대 문화구조의 역할을 간과하였다는 점이다. 이 점은 문화적 재생산론에서 다루고 있다. ② 경제구조의 성격이 학교에 중요한 영향을 미치기 때문에 결국 학생들은 자본가 계급이 요구하는 인간형성, 즉 수동적인 존재로 이해했다는 점이다. 이 점은 저항이론에 의해 부각되고, 해석적 이론에서 강조된다. ③ 학교 외부구조인 경제구조가 학교 내부구조의 모습을 결정함으로써 교수·학습장면에서 일어나는 복잡한 관계를 단순화시키거나 간과하는 경향이 있다는 것이다. 이 점은 해석적 이론에서 주요 분석대상으로 삼는다.

2) 문화적 재생산론

문화적 재생산이론(cultural reproduction theory) 주장자들은 학교교육의 문화적 역할을 강조한다. 이들은 자본주의 사회가 경제적 모순에도 불구하고 자연스럽게 유지되는 이유를 지배계급이 선호하는 문화를 학교교육에 투입시켜 불평등한 사회적 관계를 정당화하고 있다는 점에서 찾고 있다. 즉 학교교육은 지배계급이 선호하는 문화영역을 통해 계급적 불평등을 유지·심화시키는 재생산적 기구라는 것이다. 문화적 재생산론자들은 ① 문화영역과 계급구조와의 관계를 밝히고, ② 이를 통해 계급적 문화의 법칙을 밝힘으로써 그것이 정당화·합법화되는 사회적 이유를 설명한다. ③ 학교와 지배계급 문화와의 사회적 관계에 초점을 두고 있다.

대표적 인물인 부르디외(P. Bourdieu: 1930년생)를 중심으로 문화재생산이론을 살펴보자. 부르디외(P. Bourdieu)에 의하면, 자본은 사회적·문화적·경제적인 여러 가지 유형을 취하고 있으며, 문화는 특정계급과 관련되어 있고, 계급적 이해관계를 반영하고 있다는 입장을 취하고 있다.

그는 상징적 폭력이라는 개념을 도입하여 자신의 논리를 전개한다. 그에 의하면, 기존의 사회질서는 물리적 강제의 결과가 아니라, 오히려 상징적 폭력(symbolic violence)의 결과이다. 환언하면, 지배계급은 언어나 신분·지위·위신·관습과 같은 상징을 가지고 있는데, 이를 통해서 그들의 사고방식이나, 지배유형 또는 문화양식이 마치 자연스러운 질서를 가진 것처럼 보이게 한다.

문화는 생산 · 분배 · 소비되는 경제적 자본의 운동원리와 비슷하게 문화시장을 형성할 뿐만 아니라 소유한 문화형태에 따라 화폐적 가치를 지닌다는 것이다. 이를 문화자본(cultural capital)이라 한다.

문화자본은 크게 세 가지 형태로 구분할 수 있다. ① 어렸을 때부터 계급적 배경에서 자연스럽게 체득된 지속적 성향인 아비투스(habitus)적 문화자본이 있다. ② 객관화된 상태로서의 문화자본, 즉 책이나 예술작품 등이 있다. ③ 제도화된 상태로서의 문화자본인 졸업장 · 자격증 등이 있다.

부르디외는 이 중 아비투스적 문화자본을 가장 중요하게 취급한다. 그의 독특한 개념인 아비투스(habitus)란, 각각의 계급 혹은 사회계급 내의 파벌들이 그들의 특징적인 문화양식이나 지배유형을 발전시켜 그 관점을 가지고 아동을 사회화시키고, 그들의 세계관을 형성해 나가는 것을 말한다. 아비투스는 내면화된 문화자본으로서 계급적 행동유형과 가치체계를 반영하고 있다. 학교는 지배계급의 문화를 강조하고 있으며, 계급적 배경이 다른 문화자본을 가진 아동들은 학업성취 면에서 열등할 수밖에 없으며, 나아가 미래에 차지할 직업적 지위에도 영향을 준다는 것이다.

부르디외는 학력증서(學歷證書: 졸업장 · 학위 · 자격증 등)를 제도화된 문화자본이라고 분류하고 있다. 교육체제는 중립적인 것처럼 보이기 때문에, 학위 · 졸업장 · 자격증 등의 증대가 기회의 증대라는 생각을 가져온다. 객관적인 시험들은 지배계층 내에서 이미 탈락했던 사람들에게는 다음 단계에 성공할 수 있도록 기회를 허용하고, 어떤 사람에게는 실패하도록 하는 문지기(gatekeeper)와 같은 역할을 한다. 학교는 특히 졸업증서와 학위를 수여하는 메커니즘을 통해 기존의 질서를 유지시키는 중요한 장(場)이다(Bourdieu, 1966).

부르디외는 나아가 교육과정(教育課程)을 사회질서와 개인 간의 의사전달의 체계로 보았다. 교육체계는 지배계급의 세계관을 반영하는 지식, 즉 문화자본을 전수함으로써 사회질서를 재생산하고 합법화한다고 한다(안인희 역, 1987: 151). 학교교육은 지배계층의 문화자본을 채택하여 교육과정에 반영하고 있기 때문에, 노동계층 아동에게는 불리하게 작용한다.

부르디외에 의하면, 학교는 지배집단의 문화에 의해서 경영된다. 학교에서 교사들에 의해 사용되는 언어 · 가치 · 가정(假定) 그리고 성공과 실패에 대한 묵시적인 모델들은 지배집단의 것들이라는 것이다. 피지배계층들은 그들의 질서가 아닌 지배집단의 질서를 배우고 있다.

부르디외의 이러한 입장은 학교교육에서 문화의 역할을 강조함으로써 학교교육에 대한 학문적 이해의 폭을 넓혔다는 점에서 높이 평가를 받고 있지만, 그의 분석에서 몇 가지 문제점을 발견할 수 있다(손직수 역, 1992: 63-66).

첫째, 부르디외는 사회 내부에서 비판의식이 어떻게 출현하는가를 설명하지 못하고 있다. 그는 문화구조가 학교교육의 모습에 영향을 주며, 이런 문화형태에 따라 학생들이 일방적으로 영향을 받는 수동적인 존재로만 분석하고 있다.

두 번째로 데이비스(Davies, 1976)가 지적한 역사적 관점의 결여이다. 그의 연구에서는 어떻게 해서 그와 같이 되었는지를 보여줄 수 있는 역사적 차원의 설명이 결여되어 있다.

그리고 학교교육에서 문화의 역할을 강조함으로써 다른 사회적 변인, 예컨대 경제적 영향력 정도를 간과하는 경향이 있다는 점과 학교내부 현상을 문화구조의 논리에 따라 그 성격을 규정함으로써 실제적인 복잡한 역동적 관계에 대한 관심이 부족하다는 점을 추가로 지적할 수 있다.

재생산이론에 기반하여 한국교육을 분석한 연구는 최근까지 비교적 활발하게 이루어지고 있다. 이들 대부분의 연구는 경제적 재생산과 문화적 재생산 과정을 함께 연계해 분석하였다. 구체적으로는 재생산이론에 대한 이론적 고찰에서부터, 경제자본을 활용한 사교육 효과에 관한 연구 등이 있다. 교과를 대상으로 한 연구는 경제적 자본과 문화자본이 직접적으로 연동되는 영어 교과에 관한 연구(김진경, 2019)가 가장 많았고, 최샛별(2003)은 대학생을 대상으로 한 영어 실력에 대한 연구를 통해 체화된 문화자본이 제도화된 문화자본을 획득하는 과정을 밝혔다.

문화적 재생산은 석사과정에서 활발하게 연구되었다. 연구 주제로는 초등학교 내에서 빈곤가정 아이들과의 구별 짓기와 시회적 배제, 특수목적고등학교

학생들의 학력자본 보유와 사회자본의 서열화 과정, 가정배경과 초등학생의 직업 포부, 문화자본과 자아개념 그리고 학업성취 간의 관계, 진로 포부 형성과정에서 체화된 문화자본 등 한국 사회 내에서 이루어지는 경제적 재생산뿐만 아니라 문화자본 획득으로 인한 보이지 않는 불평등 구조의 고착화 과정을 드러내 보였다.

부모와 관련한 연구로 김두환(2008)은 세대 간 결속된 사회적 자본을 통해 부모의 교육 수준이 자녀의 수능성적에 유의미한 효과가 있음을 보여주었다. 이수민 · 김경식(2021)은 모성 아비투스가 계층화되어 중산층 전업 어머니의 아비투스가 형성되었으며 중산층 전업 어머니의 아비투스는 어머니의 자본에 따라 차별적인 사교육 실천으로 이어지고 있음을 밝혔다. 전하람 · 임혜정(2016)은 자녀의 학업성취에 어머니의 높은 직업 지위가 유리하게 작용하는 과정을 탐구하였고, 직업 지위가 부모의 교육적 관여 및 지원에 질적 차이를 불러온다는 사실을 드러냈다. 김민영(2012)은 가족 배경의 영향은 문화적 취향에 있어서 고급문화 영역에서 나타나고 대중문화의 다양한 장르를 포섭하는 과정으로 작동하며 가족의 사회경제적 배경과 문화자본이 자녀의 역량에 유의미하게 영향을 미친다는 사실을 밝혔다.

학교와 관련 연구로는 이건만(2006)은 학교가 지배계급의 문화를 선택하여 주입함으로써 그것의 존재 가치를 강화시켜 피지배계급 학생들을 소외된 학습자로 전락시키는 공모와 합의 과정을 연구했다. 이소영(2011)은 학교교육 자체가 신분상승의 신화를 이루는 각축장으로 운영되면서 교육 스스로 소외되고 탈교육화되는 한국교육 현실을 고찰하였다. 안관수(1997)는 우리나라 고등교육이 엘리트 중심적이고 재생산적 기능을 수행하여 사회적인 특권과 권세를 위한 접근 조건으로 간주되며 문화자본의 범주에서 상속되고 있음을 밝혔다.

3) 저항이론

학교교육이 자본주의 체제의 질서를 확인해 주는 도구적 장치라는 재생산이론은 학교교육의 특성을 구조적 측면에서 해석함으로써 학교교육의 역할을 축소시키는 경향을 보였다. 학교교육은 지배체제에 의해 그 역할과 성격이 규정되어지며, 학교내부 현장은 사회구조의 반영물에 지나지 않는다. 결국 학교에서 배우는 사람들도 사회구조의 영향력에 따라 그 모습이 형성되는 수동적인 존재에 불과하다. 학교가 사회계급구조의 반영물이라면, 학교교육을 통해 사회모순을 개혁한다는 것은 논리적으로 설득력을 잃게 되며, 아울러 교육의 근본적 성격을 재고하여야 한다는 문제점이 발생된다. 저항이론은 이러한 문제점에 반응하고 있다.

저항이론(resistance theory)은 학교교육이 사회계급 구조의 불평등을 그대로 보존하거나, 이행하는 단순한 반영물이 아니라 오히려 학교교육을 통해 사회모순과 불평등에 도전할 수 있다는 점에 착안하고 있다. 저항이론에서의 인간은 사회구조가 요구하는 대로 그 성격이 규정되어지는 것이 아니라, 사회의 불평등한 구조에 저항 · 도전 · 비판하는 능동적 존재이다. 즉 인간은 사회구조의 영향을 받는 수동적인 존재가 아니라, 주체적 의지를 지닌 능동적 존재로서 사회모순에 투쟁 · 비판 · 거부하는 존재라는 것이다. 즉 인간은 불평등한 사회구조를 인식할 수 있으며, 이 구조를 개혁할 수 있는 의지를 지니고 있다는 것이다. 이러한 능동적 의지의 강조는 학교교육을 통해 사회모순을 극복할 수 있다는 낙관적 전망을 가능하게 해준다.

윌리스(Willis)는 사회구조적 모순에 순응하지 않고, 불평등한 위계적 모순구조에 대항하는 인간의 자율적 모습을 학문적으로 분석한 문화적 저항이론을 제시하였다. 그는 노동계층 학생들이 구조적 상황과 어쩔 수 없는 힘 때문에 노동직을 택하는 것이 아니고, 그 자신들의 문화와는 이질적인 학교문화에 적극 저항하는 과정에서 스스로 노동직을 택한다고 주장하였다. 즉 학교가 자본주의 사회구조를 충실하게 재생산한다는 점에는 동의하지만 상대적 자율성 또한 갖고 있는 것으로 보았다. 그는 학생들이 학교생활을 통해 자본주의의 모순은 간파하지만 이데올로기가 그들의 계급을 재생하게 하는 제약 조건으로 작용한다고 보았다.

윌리스는 1970년대 영국의 산업도시에 소재한 한 종합고등학교의 노동계층 가정 출신 남학생들을 대상으로 고교 졸업 전 2년간의 학교생활과 졸업 후 직장생활 초기까지를 문화기술적으로 연구하여 그들이 어떻게 노동직을 선택하게 되는가를 분석하였다.

노동계층의 남학생들은 학교라는 공식집단 내에서 비공식적 집단을 형성하여 학교의 권위에 저항하고 학업 활동을 거부하는 태도 및 행동을 취한다. 그들은 자신들의 집단을 '사나이들(lads)'로 칭하며 교사에게 저항하는 한편 교사의 권위에 순응적인 학생 집단을 '범생이들(earoles)'로 부르며 자신들로부터 분리시켜 거부하며 상대적 우월감마저 갖는다. 학교에 대한 그들의 저항은 제도와 규율로부터 자유로운 상징적 · 물리적 공간을 확보하기 위한 싸움과 학교가 가장 중시하는 목적인 공부시키는 일을 타파하려는 데서 극명하게 나타난다. 그들은 학교가 공식적으로 정해 놓은 시간표를 무시하고 자기들 나름의 일과를 구성하여 행한다. 수업에 대해서도 시간 빼먹기, 딴전피우기, 엉뚱한 반에 들어가 앉아있기, 장난 거리를 찾아 복도 배회하기, 몰래 잠자기 등의 행동으로 저항한다.

학교에 정착된 사나이 문화는 계급문화의 일부로서 비공식적인 기준을 제공하는데, 사나이들은 그것을 근거로 하여 각자 어떤 종류의 노동환경이 자신들에게 적합한지를 판단한다.

사나이들은 자신들이 학교에서 순응하고 복종함으로써 얻을 수 있는 대가가 공평하지 못하고, 학교에서 강조하는 것과 달리 지식노동과 육체노동의 가치가 같으며, 학교에서 강조하는 순응의 논리가 계급이 서로 다른 개인들 모두의 성공을 보장할 수 있다는 것은 허구임을 간파(penetration)한다. 그러나 사나이들은 몇 가지 분리의식을 갖고 있다. 즉 육체노동과 정신노동의 분리, 남성과 여성의 분리, 백인종과 유색인종의 분리가 그것이다. 그러한 분리의식은 그들의 간파가 순수하게 발전하지 못하도록 가로막는 이데올로기적 장애요소, 즉 제약

(limitation)으로 작용하여 분절적 간파에 그치도록 한다. 즉 윌리스는 이데올로기와 재생산의 문제를 간파, 제약, 분절적 간파라는 변증법적 틀로 설명한다.

또 다른 저항이론가인 지루(Giroux)에 의하면, 저항은 폭로의 기능을 가져야 하며, 이것은 지배에 대한 비판을 내포하고 자기성찰을 위해 그리고 자기해방과 사회해방의 투쟁을 이론적으로 설명하여야 한다(최명선 역, 1990: 133).

그러나 저항이론에 대한 비판들은 다음과 같은 단점을 지적하고 있다. ① 피지배 집단의 저항과 투쟁의 요인에 대한 역사적 발달과정에 대한 분석이 결핍되어 있다. ② 학생들의 표면적인 저항행위에만 초점을 두고, 드러나지 않는 이면적인 행위에 대해서는 간과하는 경향이 있다. ③ 저항행위의 실체를 설득력 있게 제시할 수 있는 객관적이고 실증적인 연구가 부족하다.

저항이론과 관련한 국내 연구는 저항이론 자체를 소개한 연구(고혜진, 1994; 석태종, 1990) 외에는 거의 찾아볼 수 없다. 이는 저항이론의 핵심인 간파, 즉 사회적 부를 생산하는 현장직 노동의 가치인정과 노동자 계급의 역사적 기여에 대한 한국 사회 구성원들의 인식 부족에 연유한다. 과거로부터 사농공상(士農工商)이라는 직업에 대한 차별적 위계와 관념이 한국 사회 전반에 자리하고 있다. 한국인들의 직업적 차별의식은 입시 위주의 교육과 교육열 과열 현상으로 이어진다. 한국인에게 대학입시는 차별적으로 존재하는 직업 세계로 진입하는 첫 관문으로 상황정의된다. 직업이 위계적이고 차별적으로 존재하는 사회적 상황에서 현장직 노동에 가치를 부여하고 스스로 노동직을 선택하거나 노동직을 권유하는 일은 한국 사회에서 찾아보기 힘들다.

한편 저항이론은 학생의 학업적 성취를 강조하는 주류 문화에 대항하는 일종의 하위문화인 '사나이 문화'로 표현된다. 한국 사회에는 많은 청소년 문화가 존재한다. 한국 학생의 아웃도어 시장에서의 소비 행태를 보여준 노***스 브랜드 교복화, 아이돌 문화, 화장품 소비문화, 욕(비속어)문화 등 현상으로 존재하는 문화가 확연하게 존재한다. 그러나 청소년 관련 기관 연구 외에 학술지 등의 연구에서는 청소년 하위문화 연구를 찾아보기 힘들다. 빈약한 청소년 문화 담론은 학생은 공부를 해야 한다는 도식 외에 청소년들의 처지를 사회가 또는 성인 세대가 얼마나 이해하고 있는가 혹은 이해하려는 의지가 있는가 하는 문제의식을 갖게 한다.

사회적 차원의 문제 인식은 담론 형성을 통해 일어난다. 한국 청소년들은 어른들의 노동시간보다 더 많은 시간을 공부에 매달리고 심지어 미국 청소년들이 깨어 있는 시간보다 더 많은 시간을 학업에 쏟고 있다. 한국 청소년은 정치권력에서 배제되어 있다. 투표권이 있지만 고등학교 3학년에게, 그것도 투표권을 행사할 시기 안에 생일이 있는 극히 일부 청소년들에게만 허용된 권리이다. 정치적으로 배제된 청소년들에 대한 진정한 이해와 권리 확보는 그들의 일상이 반영된 문화 담론 형성에서부터 시작되어야 한다.

4) 지위경쟁이론

막스 베버(M. Weber)의 전통에 따라 학교교육의 팽창과정을 지위, 권력 및 명예를 위한 집단 간 경쟁의 결과로 교육을 설명하는 데 중요한 역할을 한 사람은 콜린스(R. Collins, 1977)와 헌(C. Hurn)이다. 오늘날에는 말할 것도 없고 과거에도 학력과 사회적 지위는 불평등하게 배분되었다. 교육은 보다 높은 지위와 연결되어 있고 모든 집단들이 교육을 통해 그들의 자녀들이 높은 지위를 얻도록 노력했다. 콜린스에 의하면, 학교의 주된 활동은 교실 안이나 밖에서 모두 특정 지위문화를 가르치는 것이다. 학교는 기술적 지식을 전달하는 것이 중요한 것이 아니라 어휘 · 억양 · 의상 · 심미적 취향 · 가치와 예술 등 지위문화를 중요시한다는 것이다.

콜린스는 교육체제를 형성하는 것은 '체제의 요구'보다는 갈등하는 이해관계인 것으로 본다. 즉 우월한 지위집단이 그들의 특권적 지위를 강화하기 위해 교육적 요구를 한층 더 상승시킴에 따라 보다 낮은 사회적 지위집단은 보다 많은 교육기회를 요구하게 된다는 것이다. 학력은 높은 지위를 획득하는 수단이며, 지금까지 학력이 부족하여 낮은 계층에 남아 있었던 집단은 보다 높은 학력을 획득하며 높은 지위를 얻으려 할 것이다. 그렇게 되면 기존의 높은 지위를 점유하고 있던 집단은 위협을 느끼고 자신들의 학력을 더욱 높일 것이다. 이것은 다시 낮은 지위집단에게는 보다 높은 학력을 요구하는 환경으로 작용하여 학력상승과 교육팽창을 부채질하게 된다는 설명이다.

콜린스는 '지위문화'라는 개념을 고안해 냈다. 그는 교육의 역사를 통해 학교는 특정한 지위문화가 전달되는 곳이라는 점을 사립학교를 예를 들면서 밝히고 있다. 사립학교들은 대부분 종교적 신념이나 또는 설립자 정신을 보급시킬 목적으로 설립되었다. 이런 측면에서 보면 학교는 권력 있는 지위집단이 그들의 자녀들에게 특정한 문화적 가치를 전수시키기 위해 설립된 것이라 할 수 있다.

이와 같은 맥락에서 기업들이 대학졸업자들을 선호하는 이유는 그들이 월등한 기술을 지니고 있다고 판단되어서가 아니라 대학교육이 기업주들이 갖고 있는 것과 흡사한 동기와 사회적 경험을 제공한다고 판단되기 때문이다(Collins, 1971: 128). 이렇게 보면 학교가 가르치는 문화가 고용집단의 문화와 일치할 때 비로소 학교교육이 직업획득에 중요한 역할을 하게 된다고 볼 수 있다. 이리하여 학교는 지배문화를 전수하게 되었으며, 하류계층의 학생들도 지배문화를 갖기 위해 학교교육을 중시할 수밖에 없고, 그 결과 학교교육은 날로 팽창될 수밖에 없다는 설명이다.

학교가 지배문화를 전수한다는 콜린스의 관점에 따르면 학교교육의 팽창은 지배문화 또는 엘리트 문화의 요청에 대한 일반 대중의 반응으로 해석될 수 있다.

학교교육을 받은 사람들의 증가된 공급은 직업의 획득을 위한 수단으로서의 학교교육을 더욱더 요구하기 때문에 학교교육의 팽창을 가속화시킨다. 대기업 및 인기 회사들은 기업의 상대적 존경과 위신을 위해 학력조건을 높였다. 이제 학교교육은 직업획득을 위한 합법적 기준이 된 것이다. 또 이미 직업을 갖고 있는 많은 사람들에게도 승진이나 지위에 대한 상대적 위신을 위해 더 높은 수준의 학교교육이 필요하게 된다. 이처럼 조직 내에서의 지위를 위한 경쟁은 결과적으로 학교교육에 대한 수요의 증가를 부채질한다. 그 결과 학교교육은 날로 팽창되고 학력 또한 계속 상승일로에 있게 마련이다. 이것이 바로 지위경쟁이론이 학교교육을 보는 시각이다. 이 같은 시각에서 보면 장차 학력은 더욱 높아질 것으로 전망할 수 있을 것이다(Hurn, 1978: 74).

한국 사회를 대상으로 탐구된 지위경쟁이론 연구는 주로 한국 사회 학벌주의 형성과정에 관한 연구(강양원, 1994; 정광식, 2007)들이다. 이건만(2007)은 학벌주의를 사회 지위집단 간 경쟁의 산물로 간주하고, 연고주의를 유지시키고 능력주의 고정관념을 정당화시키며 불평등에 대한 공정성을 확립하는 과정을 탐구했다. 학벌주의는 '간판효과'를 발휘하며 개인적 · 사회적 · 문화적 차원으로 불평등을 재생산하는 요인으로 작용함을 밝혔다.

4. 갈등론적 교육이론의 한계와 비판

갈등론적 교육이론이 등장하자 학교교육의 모순적 현실에 대한 비판이 날카롭게 지적되었다. 갈등론은 오늘날 학교교육은 인간을 억압하고, 사회문제를 해결해 주기보다는 사회불평등을 더욱 심화시키고 있다고 한다. 갈등론은 현실적으로 나타나고 있는 학교교육의 역기능에 대해 다양한 사회학적 해석을 함으로써 학교교육의 사회적 성격을 새롭게 인식하게 해주는 계기를 마련해 주었다. 이러한 갈등론적 교육이론의 기여한 점을 살펴보면 다음과 같다.

① 학교와 사회와의 관계에 대한 기본적 문제를 강력하게 드러내고 있다. 학교교육을 통한 사회적 불평등의 재생산, 특정문화와 이념의 표준화 등에 대한 비판은 우리에게 훌륭한 비판적 시각을 제공하여 주었다. 즉 기존 학교제도의 근본적인 문제를 들추어낸 점은 갈등이론의 공헌이다.

② 현행 학교제도의 문제점을 학교제도 내에서만 찾기보다 사회구조적 문제와 연결시켜 파악한 점이다.

③ 기존에 당연시되어 오던 문제들(예컨대, 능력주의 이념 등)에 대해 근본적인 의문을 제기하고 그 허구성을 지적한 점이다.

④ 학교교육의 사회적 성격을 해석하는 데 있어서 비판적 해석틀을 제공해 준 점이다.

이와 같은 공헌에도 불구하고 갈등론적 교육이론이 제공한 새로운 해석은 이론적으로 많은 한계를 보이고 있으며, 학교교육의 본질적인 모습을 왜곡하거나 해석의 오류가 있다는 비판을 면치 못하고 있다. 갈등론적 교육이론에 대한 비판들을 정리하면 다음과 같다.

① 구조결정론에 빠져, 교육이 경제구조나 문화구조에 의해 일방적으로 그 성격이 결정된다고 한다. 따라서 교육행위의 설명에 있어서 인간의 의지를 무시하고 사회조건만을 지나치게 강조하게 된다.

② 사회구조를 단순히 이분법에 따라 설명한다. 지배자와 피지배자, 가진 자와 못 가진 자 등으로 사회구성원을 양분하고 교육이 지배자와 가진 자에게만 봉사하는 것으로 규정하고 있다. 이는 교육의 본질적 모습을 왜곡하거나 과장하고 있다는 것이다.

③ 학교교육의 공헌을 전혀 무시하고 있다. 학교교육이 전통사회의 구속적인 신분세습제도를 약화시키고 업적주의적 사회이동을 가능하게 해 준 공헌을 전적으로 부정하고 있다. 히콕스(M. S. H. Hicox, 1982)는 특히 노동계층에 대한 교육이 그들의 계층위치를 고착화시킨다는 주장을 입증할 자료가 거의 없다고 비판하고 있다.

④ 갈등과 세력 경쟁을 지나치게 강조한 나머지 교육이 사회적 결속력을 높이고 국가 공동체적 의식을 높이는 데 기여한 점을 과소평가하고 있다.

⑤ 교육선발의 불평등 요소를 너무 강조함으로써 교육을 통한 능력과 재능의 선별을 인정하지 않으며, 사회적 상승이동에 기여한 학교교육의 공헌도 무시하는 경향이 있다.

5. 종합비교: 기능론과 갈등론의 이론적 비교

기능론과 갈등론이 관점의 차이를 일으키는 두 가지 중요한 대상은 ① 무엇이 사회를 하나의 전체로 묶어 놓는가와(합의 대 억압) ② 사회에서 교육의 기능은 무엇인가(가치의 사회화 대 계층재생산)이다. 기능이론은 재능활용의 능률과 사회적 통합성을 위한 교육의 기능을 강조한다. 반면에 갈등이론은 기존 학교교육에 대한 비판에 주력하여 불평등의 정당화와 지배층 문화의 주입을 논박하고 있다.

또한 기능론과 갈등론은 매우 다른 모습을 보임에도 불구하고 공통점이 있다는 점에도 유의할 필요가 있다. 헌(C. Hurn, 1978: 258-265)이 지적한 바처럼, 교육을 정치 · 경제적 구조의 종속변수로 인식하고 있는 점에서 두 이론은 공통적이다. 따라서 이 두 이론은 교육을 설명하는 데에 있어서 모두 교육의 본질이 아닌 외적 기능에 초점을 두고 있다. 두 이론이 다른 점은 교육이 봉사하는 대상에 관한 설명일 뿐이고, 교육이 기존 사회구조와 문화를 반영한다는 주장은 같다. 또한 갈등이론이 말하는 사회의 최종단계는 기능이론이 상정한 사회세계와 같이 체제통합적이고, 사회평등화를 지향하고 있다. 즉 갈등이론의 최종적인 사회는 사회구성원 누구나 만족하는 이상적인 세계를 추구하고 있다. 갈등이론은 비록 학교교육의 모순적 구조에 대해서는 비판하지만 학교교육이 본래의 모습을 찾길 원하고 있다. 교육을 통해 인간성 회복 · 비인간화 극복 · 사회구조적 모순에 대한 개혁과 같은 것이다. 결과적으로 이 점에서 보면 기능론적 교육관과 비슷한 입장을 견지하고 있다.

기능주의란 전후 팽창일로에 있던 미국의 체제유지적 낙관주의 이념이고, 갈등이론은 미국이 스태그플레이션이라는 경제불황에 접어들면서 폭발된 사회적 제모순을 비판하면서 미국은 보다 더 평등한 사회로 변혁되어야 하고 또 변혁될 수 있다는 또 다른 의미에서 급진주의적 낙관주의 이념이다. 체제유지를 목적으로 하는 기능주의와 체제변혁을 목적으로 하는 갈등이론이 동일한 미국교육현장을 설명하면서도 그 내용이 판이하게 다른 것은 서로 상이한 이데올로기적 가정을 전제로 삼고 있기 때문이다(강순원, 1989: 12).

지금까지 살펴본 기능론과 갈등론의 사회관과 교육관을 요약·비교하면 〈표 6-1〉, 〈표 6-2〉, 〈표 6-3〉과 같다.

<표 6-1> 기능론과 갈등론의 사회관

기능론	갈등론
(1) 사회의 모든 요소는 안정지향적이다. (2) 사회의 각 요소들은 상호의존적이며, 통합적인 기능을 한다. (3) 사회변화는 점진적이고, 누적적으로 진행된다.(점진적 개량주의) (4) 사회체제 유지를 위해 사회구성원들의 공동체 의식을 강조한다.(공민성 개발 중시) (5) 사회의 지위배분은 개인의 성취능력에 의해 달성된다.(업적주의와 기회평등 및 적재적소 배치 강조) (6) 사회의 가치 · 규범 · 관습 등은 구성원들의 합의에 의한 것이며, 보편적이고 객관적인 성격을 지니고 있다.	(1) 모든 사회는 변화지향적이다. (2) 모든 사회는 불일치와 갈등이 일어나고 있다. (3) 사회변화는 급진적이고 비약적으로 진행된다.(급진적 개혁주의) (4) 사회의 각 집단은 경쟁적이며, 대립적인 관계를 가지고 있다.(의식화 중시) (5) 일반적으로 사회가 선호하는 가치는 지배집단과 관련을 맺고 있다.(이데올로기 주입 비판) (6) 사회의 각 기관들은 지배집단의 이익에 봉사하고 있다. (7) 사회갈등의 원인은 재화의 희소성과 불평등한 분배에 기인한다.(평등분배를 위한 재구조화 강조)

<표 6-2> 기능론과 갈등론의 학교교육에 대한 이해

기능론	갈등론
(1) 학교는 사회의 안정과 질서에 기여하는 제도이다. (2) 학교는 사회가 요구하는 기술, 지식 등과 공동체 의식을 전수한다. 학교교육이 기술 훈련을 통하여 국가의 경제성장과 발전 그리고 인간의 자기실현에 결정적인 역할을 한다고 본다. (3) 학교는 사회 구조적 모순을 해결하여 주며, 사회 평등화를 도모한다. 교육기회의 균등화를 통하여 삶의 기회를 공평하게 해줄 수 있다는 의미에서 교육이 사회적 불평등을 해소할 수 있다고 본다. (4) 교육은 독립적이며 자율적이라는 자유주의적 이데올로기에 근거하고 있다. 학교에서 전수하는 교과내용은 사회구성원들의 합의에 의한 것이다. (5) 학교는 개인의 재능과 노력에 따라 공정한 평가를 하며, 아울러 정당한 사회적 보상이 주어진다. (6) 학교는 지위의 사다리며, 공정한 사회이동을 촉진한다. (7) 학교교육을 통해 각종 사회문제를 해결할 수 있다.	(1) 학교는 기존의 위계질서를 공고히 하며, 지배계급의 이익에 종사하는 도구이다. (2) 학교는 기존의 질서를 재생산함으로써 사회불평등을 영속화한다. 학교교육을 자본주의적 위계구조에 대응해서 노동자를 차별적으로 양산하는 계급재생산의 메커니즘이라고 본다. (3) 교육이 이데올로기적 상부구조로서 경제적 토대의 대응체라는 유물론적 해석에 근거하고 있다. 학교에서 가르쳐지는 내용은 지배계급의 문화와 이익에 밀접히 관련되어 있다고 본다. (4) 학교는 피지배계층에게 기존의 불평등 위계구조에 순응하도록 강요하는 이데올로기적 기관이다. (5) 학교는 인간을 강요하고, 억압함으로써 타율적이고, 수동적인 존재로 전락시키고 있다. (6) 학교는 지적 기술보다 지배계층이 선호하는 가치관 · 규범 · 태도 등을 은밀히 강조하고 있다. (7) 학교에서 행하는 능력주의 이데올로기는 외형상 공정하게 보이나, 피지배계층의 아동을 효과적으로 탈락시키고, 지배질서의 정당성을 강조하기 위한 위장된 이념에 불과하다.

<표 6-3> 선발 및 배치 기능에 대한 관점

기능론	갈등론
(1) 능력에 따른 사회진출이라는 능력주의 규범을 현실화하기 위해서는 인력배치를 효과적으로 해야 한다. 따라서 학교는 능력에 맞는 인력개발 및 훈련을 시켜야 한다. 좋은 인력관리는 교육기회의 균등화를 통해 아동능력의 낭비를 제거하는 데 있다. (2) 아동은 가정환경을 고려, 능력에 따라 분류해야 한다. 왜냐하면 아동들의 적성에 맞는 학습기회를 제공하는 것이 능력계발에 효과적이기 때문이다. (3) 학습능력에 맞는 학습방법, 반편성이 고려되어야 한다. (4) 적성, 학습능력에 맞는 교과과정을 제공한다고 주장한다. 적성검사, 지능검사, 상담 등의 활동으로 이런 목적을 달성할 수 있다고 생각한다. 또한 아동들의 학업성취에 대한 평가도 다양한 평가방법으로 판단해야 한다.(능력평가의 가능성 및 공정성에 대한 신뢰) (5) 아동의 능력 · 교과과정 · 반편성 · 교과배치 간의 연계성이 고려되어야 한다.	(1) 계급에 따른 사회진출이라는 능력주의 규범은 허구적이며, 능력주의 교육관은 자본주의적 질서를 정당화하는 것일 뿐이다.(계급 재생산론) (2) 학교가 일류교, 이류교 또는 우열반 같은 편성을 통해 계급적 선발과 분배과정을 정당화시킨다고 파악하고 있다. (3) 학교교육의 선발과정과 선발기능을 학생과 교사 간의 상호작용에서도 찾고 있다. 교사가 교실에서 행하는 교육활동, 교수활동은 선발과 분배기능을 합리화시키는 과정에 불과하다고 판단한다. (4) 사무적 편의를 위한 아동선별, 관료주의적 상담실 운영 등을 비판하고 있다. (5) 잠재적 교육과정에도 많은 관심을 기울이며, 그 속에 내재된 계급성을 찾아내려 한다. 때로는 학교를 교도소에 비유하기도 한다.

토론해 봅시다

아래 사항들에 대해 토론이나 각자의 주장을 해보자.

1) 중학교→고등학교→대학교→대학원 등으로 학교계통화를 만드는 것은 사회의 분업체제에 맞추어 사람들을 재생산할 목적으로 고안된 것이라는 비판이 있다. 이 비판은 타당한가? 타당성 없는 주장이라면 그 근거는 무엇인가?

2) "청소년들이 즐겨 보는 매체나 SNS 등은 특정계급의 문화형태를 전파하는 편파성을 띠고 있다." 이 진술에 여러분은 공감하는가? 토론해 보자.

제7장

상호작용과 해석적 설명

이 장에서는 기능론과 갈등론 외의 사회에 대한 주요 설명방식으로 해석적 접근에 대하여 살펴보고자 한다. 이 장에서 다루고자 하는 내용은 다소 '복합적'인 성격을 갖는다. 그것은 해석적 접근이 해석학, 상징적 상호작용론, 현상학, 지식사회학 등의 하위 이론적 접근들을 포괄하고 있고 나아가서는 기능론이나 갈등론의 사회관 및 교육관도 결합될 수 있기 때문이다.

주요 개념

해석학, 내부자 관점, 상징적 상호작용

주요 질문

교육문제에 대해 해석적 이해는 왜 필요한가?

1. 해석적 파라다임의 개요

윌슨(T. P. Wilson)은 사회학을 '법칙적 파라다임'과 '해석적 파라다임'으로 구분하였다. 그에 의하면, 법칙적 파라다임은 전통적 사회학인 구조기능주의 이론으로 대표되며, 다음 두 가지의 기본 전제에 기초하고 있다(조용환 · 황순희 역, 1992: 56).

첫째, 인간의 사회적 행위는 법칙에 지배를 받는다. 법칙은 일정한 상황에서 상호 행위가 안정되게 이루어질 때 개인에게 내면화되어 욕구 성향을 형성한다. 뿐만 아니라 규칙은 사회체제에 제도화됨으로써 역할기대를 규정하는 형태로 개인의 행위를 지배하는데, 행위자 상호 간의 인식은 일치한다.

둘째, 그러한 행위패턴에 대한 사회학적 설명은 (자연)과학의 특징을 이루는 연역적 모델에 따라 이루어져야 한다. 그러한 설명은 '과학적' 조사연구와 체계적인 이론의 전개를 촉진한다. 이 전제에 바탕을 둔 전형적인 접근으로 파슨스(T. Parsons)의 사회학과 스키너(B. F. Skinner)의 심리학을 들 수 있다.

해석적 파라다임은 위와 같은 전제들을 의심한다. 그리하여 인간의 사회적 행위는 일정하게 공유된 법칙에 따라 일관되게 이루어지는 것이 아니라고 본다. 대신 행위자들은 서로의 행동을 의미 있는 것으로 받아들이고, 그것을 해석 또는 상황정의하면서 상호작용 행위를 한다고 본다. 즉 인간의 사회적 행위를 법칙적 과정이라기보다는 본질적으로 해석적 과정으로 파악한다.

해석학(Hermeneutics)은 그리스어로 '해석하다'에 상당하는 말로서 제우스의 의지를 지상의 인간들에게 해석해 주기 위하여 올림푸스산에서 내려온 사자의 이름 'Hermes'에서 유래한 것이다. 이후 기독교 신학자들이 성경을 연구하면서 해석의 기법을 계승 · 발전시켰다.

사회과학에서 해석학은, 19세기 독일의 철학자 딜타이(W. Dilthey)를 중심으로 한 학자들이 인간의 행위와 제도를 포함한 사물을 이해하기 위한 방법으로 해석적 기법을 개발하여 적용한 데서 시작되었다. 그들은 사물을 이해한다는 것은 곧 그것을 해석하는 것이라고 보았다. 즉 우리가 무엇을 이해한다는 것은 그것의 의미 혹은 의의를 파악하는 것이며, 무엇을 해석한다는 것은 어떤 관점이나 상황에 비추어 그것의 의미를 터득하는 것이라고 하였다. 그런데 이해 또는 해석하는 사람은 이미 자신의 기존지식 또는 이해방식(전이해, 前理解)에 근거하여 마음의 눈으로 대상에 접근한다고 가정된다. 딜타이는 이러한 과정을 '이해(Verstehen)'라고 하였고, 특히 인간을 탐구하는 참된 방법으로 보았다.

인간과 관련된 현상에 대해 자연과학적 탐구를 지양하고 이해론적 접근을 하려는 이유는 인간이 나타내는 현상을 자연물이 나타내는 현상과는 다른 것으로 파악하기 때문이다. 인간은 상징을 사용하고 주체적으로 의사결정을 하므로 인간의 모든 행동에는 상징성과 주체성이 표현된다. 우리가 인간 행동을 이해한다고 할 때 그 대상은 바로 의미 구성체로서의 인간 행동과 그 산물이다.

해석(또는 이해)은 '인간 행동의 의미, 사회적 상호작용의 맥락, 주관적 상태에 대한 명백한 이해, 주관적 상태와 행동 간의 긴밀한 관계'를 강조한다(Patton, 1975: 7).

사회생활에 대한 기능론과 마르크스이론의 관점은 각각 '사회적 행위 모형'과 '사회적 사실 모형'으로 요약할 수 있다. '사회적 행위 모형'에서는 관찰 결과 보편적 법칙이 있다고 가정하는데, 법칙에 함축된 의미에 대해서는 서로 다른 견해를 가진다(예: 보수와 지위의 문제). '사회적 사실 모형'에서는 자연과학적 설명 방식의 채택에 동의하고 설명의 적합성 여부를 판단하는 기준이 존재한다고 가정한다(자연과학적 이론 · 법칙 · 가설 입증을 위한 모형에서 기준 발견). 이와 같은 기준들의 목적은 어떤 이론이나 주장을 입증할 수 있는 강력한 증거를 제시하기 위한 것이다. 이 두 이론은 모두 이 기준들을 받아들이고 있으나, 상대편의 주장이 이 기준에 부합된다는 것을 부정하는 모순을 보인다. 서로가 자신들의 견해는 과학적이고 상대편의 견해는 이데올로기적이라고 주장하는 것이다.

해석학은 인간의 상호작용 속에서 이루어지는 해석과 의미부여에 관심을 가지고 상호작용을 하나의 해석적 과정으로 파악한다. 그러므로 연구방법에 있어서도 연역적 설명이 아니라 상호작용이 실제 일어나는 일상생활 세계를 구체적으로 이해하기 위한 해석적 기술을 강조한다.

기능이론이나 갈등이론과 마찬가지로 해석적 파라다임도 하나의 계보로 이루어진 것은 아니다. 분류하는 방식에 다소간 차이가 있지만 해석학, 현상학, 상징적 상호작용론, 민속방법론 등이 해석적 사회과학 영역에 해당된다.

해석학, 현상학, 민속방법론은 모두 유럽의 지적 전통을 갖고 있는 데 반하여 상징적 상호작용론은 미국에서 발달하였다. 이들 이론의 주요 특성은 〈표 7-1〉에 제시된 바와 같다.

이들 이론은 구체적인 측면에서는 차이가 있지만 몇 가지 기본적인 공통점을 갖고 있다. 그것은 해석적 과정으로서 상호작용을 중시하고, 해석적 기술의 방법을 채택하며, 질적 연구방법을 강조하고, 미시적 분석을 강조한다는 점이 그것이다. 해석적 접근의 공통된 특징으로는 내부자 관점의 강조, 총체주의, 맥락화를 들 수 있다.

<표 7-1> 해석적 접근의 네 가지 연구방법론 비교

특징 \ 연구방법	해석학	현상학	상징적 상호작용론	민속방법론
관련학문	철학	사회학	사회학	인류학, 사회학
시작	중세(16세기)	1920년대	1930년대	1960년대
선구자 및 대표	Dilthey, Habermas Gadamer	Husserl, Schutz Spiegelberg	Mead Blumer	Garfinkel Geertz
주 관심	전(前)이해	주관적 의식작용 (상호주관성)	상호작용	맥락의 이해
주 목적	이해	이해	해석	기술 (description)
연구대상	언어	생활세계 (개방적 공동성)	상징체계	행동
이해의 핵심	의미	의미	의미	의미
방법	이해, 해석	성찰, 관조	탐색, 검열, 자연적 연구 방법	참여관찰, 통찰
방법체계	없음	있음	있음	있음

출처: 장재천(2010). p. 39.

1) 내부자 관점(insider's point of view)의 강조

해석적 접근에서 연구자는 행위자(참여자)들과 같은 방식으로 관찰하고 해석하며, 그로부터 특정한 유형이나 규칙성을 찾으려 한다. 슈츠(A. Schutz)에 의하면 그것은 일상생활에 있어서 '현실(reality)'로 받아들여지는 '상식으로 구성된 개념'과 일치하는 것으로, 이후 '이차적으로 구성된 개념'들을 만들어 낸다. 후자는 과학적 개념으로서 ① 논리적 일관성을 갖고, ② 주관적 의미의 해석과 관련된 것이며, ③ 일상생활을 상식적으로 해석함으로써 이해될 수 있다. 즉 '현실'은 이 세 가지 기준에 의해 '구성'되어야 한다. 이러한 관점을 파이크(K. Pike)는 '에믹' 접근(emic approach)이라고 명명하였는데, 그 반대의 접근, 즉 외부자적 접근 또는 연구자적 접근은 '에틱' 접근(etic approach)이라고 부른다.

2) 총체주의(holistic approach)

연구자가 관심을 가진 대상이 처한 복잡한 상황 중에서 몇몇 요소들을 발췌하여 분석적으로 탐구하기보다는 문제 상황을 전체적으로 인식하고 탐구하는 방법적 특성을 가리킨다.

3) 맥락화(contextualization)

모든 자료는 그것이 수집된 환경의 맥락 속에서 고려되어야 한다는 측면을 나타내는데, 그 이유는 맥락에 근거한 이해야말로 '해석'의 본질이라고 간주하기 때문이다.

2. 해석적 관점과 기초이론

1) 거시적 연구의 문제점

교육에 관한 기능론과 갈등론은 거시적 이론이다. 이들 이론은 교육을 보다 큰 사회 내에 위치시켜 보아야 이해될 수 있는 것으로 생각한다. 또 교사, 학생, 교육행정가의 행위들은 기능주의자들이 말하는 사회적 요구나 마르크스주의자들이 말하는 경제체제나 계급체제 및 이데올로기에 의해 지배된다고 본다.

이러한 거시적 접근은 다음과 같은 두 가지 측면에 대하여 비판을 받고 있다. 첫째, 인간존재를 사회화의 산물로 파악함으로써 인간의 창의성을 무시하고 인간에게 자유가 없는 것으로 분석한다. 둘째, 인간생활의 미묘함과 복합성에 대하여 관심을 두지 않고, 학교생활의 실체를 이해하지 못하며, 교사와 학생 간 인간관계 요인을 파악하지 못한다. 거시적 접근은 교육에 대한 일반적 구조를 제공해 주지만, 매일매일 교실에서의 만남을 둘러싼 생생한 사실을 알려주지는 못한다(최정웅 역, 1993: 235).

거시적 접근이 가진 이러한 결함들이 미시적 · 해석적 접근의 발달을 초래하였다. 다음에 간략히 살펴볼 이해사회학, 해석학, 현상학, 상징적 상호작용론은 모두 실증주의적, 결정론적, 법칙정립적 연구경향에 대해서 비판적이다. 그 대신 일상생활의 상호작용 과정에서 행위자들이 갖는 어느 정도의 자율성과 행동들에 내재된 의미와 규칙들에 관한 탐구를 강조한다. 일반적으로 이런 연구경향을 통틀어 해석적 연구라고 부른다. 미시적 · 해석적 접근은 거대사회에 대한 분석 없이 사회적 행위나 상호작용 및 인간관계를 중심으로 탐구하며, 숲을 보기보다는 나무를 보는 접근방법이라고 할 수 있다.

2) 해석적 연구의 기초이론

(1) 이해사회학

사회학의 전통에서는 막스 베버의 이해사회학이 해석학과 유사한 사유체계를 일찍부터 형성하였다. 베버는 사회에 대하여 사회실재론(social realism)이 아닌 사회명목론(social nominalism)적 관점을 견지하였다. 그에 의하면 국가, 법인, 단체, 관료제와 같은 전체적이고 집단주의적 개념은 오직 인간 행위에 의한 조직화의 양식과 결과로서만 분석될 수 있으므로 집단보다는 개체를, 전체보다는 부분을, 사회보다는 개인을 중심으로 사회를 분석해야 한다. 그는 사회과학의 기본 과제가 인간주체를 중심으로 이루어지는 의미부여 행위의 구조로서 사회를 조명하는 데 있다고 보았다. 그러므로 객관적 법칙이나 사회체제를 이루는 여러 외적 요소들 간의 관계에 대한 연구는 그 자체로서는 의미를 지니지 못하고, 오직 사회적 행위를 통해서 행위주체가 행동에 주관적 의미를 부여하는 경우에만 의미의 범주가 발생한다고 하였다.

베버의 사회학은 (객관적) 설명과 (주관적) 이해의 연관을 추구하였다. 즉 자연과학적 방법에 의한 법칙적 설명과 인문사회과학적 방법에 의한 이해를 결합시키고자 하였다. 자연과학은 물리적 · 기계적 · 인과론적 설명 모형에 입각한 반면 사회과학은 그런 모형에만 의존할 수 없다. 만약 자연과학적 설명에만 의존한다면 인간의 특성 및 인간행위를 이끌어 내는 많은 것들, 즉 사회적 상황에 대한 공유된 의미와 이해들을 제대로 포착해 내기 어려울 것이다.

사회적 행위는 역할과 규칙에 의한 일이기는 하지만 행위자가 그에 기계적인 방식으로 참여하는 것은 아니다. 사회적 행위는 주관적인 동시에 객관적이며 확실하기보다는 항상 개연적이다. 이처럼 베버는 사회적 행위를 중심으로 사회체제를 분석하고자 하였다.

(2) 해석학

기능론자와 정통 마르크스주의자들은 물리적 자연세계와 마찬가지로 사회적 행위도 '인식 가능한 법칙'들에 의해서 지배된다고 믿는다. 즉 그들은 과학적 연구를 통한 보편적 법칙의 발견을 목적으로 추구하며, 객관적 증거에 바탕을 둔 자연과학적 설명방식이 사회적 실재에 대한 보편타당한 기술이라고 믿는다.

그러나 해석론자들은 이와 같은 '자연과학적 사회인식 모형'을 부정하고 '해석학적 사회인식 모형'으로 전환할 것을 요구한다. 해석학은 법칙적 설명의 역할을 축소하고 해석의 중요성을 강조한다. 해석학자들에 따르면 설명은 항상 모종의 해석을 기초로 하며, 이 해석은 다소간에 주관성을 반영한다.

해석학에서는 사회적 행위에 있어서 개인의 이성과 문화적 규칙이 일차적 역할을 수행한다고 설명한다. 그리고 규칙에 의해 지배되는 행위, 개인적 자율성의 정도, 지역적 상황의 특수성 등을 강조한다. 또 전후 관계의 맥락에 비추어 본 해석들을 이해하고 인정하는 것이 중요하다고 본다. 우리는 해석, 이해 그리고 협상과 조정이 필요한 융통성 있는 방식으로 사회생활에 참여한다. '사회적 게임(social game)'에 관한 규칙을 배우지 않았다면 결코 사회적 행위를 할 수 없을 것이다.

해석학의 기본논리는 행위 자체에 대한 관찰을 중시하기보다는 규칙성에 대한 해석의 중요성을 강조한다는 데 있다. 즉 사건 자체뿐만 아니라 특정 사회현상이나 행위의 같고 다름이 행위자가 사용하는 규칙에 따라 달라질 수 있음에 유의한다. 따라서 상황의 유사성이나 동일성에 관한 관찰보다는 구성원들이 가진 공통의 이해방식에 기초한 해석에 집중한다(예: 결혼의 성립 과정). 그리고 행위 자체는 사회적 상황들과 연결되어야 정당하게 해석될 수 있다고 본다. 해석학은 모든 현상이 전후 관계라는 맥락 속에서만 제대로 이해될 수 있다는 입장을 취한다.

따라서 해석학에서의 주요 연구 과제는 보편법칙을 찾기보다는 특정 집단의 행위규칙과 의미체계를 규정하는 구조를 밝히는 것이다. 즉 사회의 의미체계

(공유된 이해방식)에 대한 이해인 것이다.

(3) 현상학

현상학은 람베르트(J. H. Lambert)가 1764년 자신의 철학서 『신기관』(Neues Organon)에서 처음으로 '외관들에 대한 이론'이라는 뜻으로 사용한 용어로, 본체의 본질을 연구하는 본체학과 구별하여 본체의 현상을 다루는 과학을 의미하였다. 현상학은 본질에 대한 연구, 즉 지각의 본질과 의식의 본질을 추구하는 학문이다. 하이데거(M. Heidegger)는 현상학을 '스스로 드러나는 것을 그 자신으로부터 드러나는 그대로 보이게 하는 일'로 간주하였다(Stephen, 2005). 현상학의 목적은 우리 일상 경험들의 본성이나 의미를 더 깊이 이해하는 것이며, '체험'의 본질을 포착하여 텍스트로 표현하는 일이다. 그러므로 현상학은 대상의 언어, 신념, 문화, 그리고 사회적 관습 등에 내재된 체험의 의미와 본질을 이해하는 데 매우 유용하다. 현상학은 우리에게 가장 일반적이고 가장 친숙하며 가장 자명한 것을 구조적으로 분석하기 위해 우리의 직접적이고 일반적인 경험에 호소한다. 이는 인간의 행위, 의도, 경험 등을 우리가 생활하는 세계에서 마주치는 그대로 생생하게 되살려내기 위한 기술이다. 그런데 인간의 경험이나 행위는 일반적으로 행위자와 그가 속한 맥락 사이에서 다양하게 나타나는 해석을 통해 이해될 수 있으므로 현상학은 해석을 필요로 한다.

현상학은 현실에 대해 의미를 부여하는 인간 의식에 관심을 기울인다. 현실에 존재하는 여러 대상은, 인간이 그 대상의 의미를 자신의 의식 속에 구성함으로써 비로소 경험된다고 본다. 현상학에서는 대상의 실제 특성이 아니라 인간 '의식의 현상'으로서 대상을 탐구한다. 그러므로 현상학에서는 과학적 · 실증주의적 세계관, 즉 독립적 존재로서 객관적인 외부세계가 있고 그것은 미리 만들어진 대상으로 법칙적 설명이 가능한 세계라는 가정에 문제를 제기한다. 현상학에서는 현실이 '주어진 세계'가 아니라 '주관적으로 구성된 세계'라고 보는 입장에서 의미의 본질을 탐구하고자 하며, 흔히 믿고 있는 상식의 세계를 흔들어 재음미하고자 한다.

따라서 현상학적 접근은 상황에 대한 행위자의 인식이 무엇인지 찾아내는 데 관심을 집중한다. 특히 타인이 지각하고 있는 '인식범주'에 주목한다. 타인을 알기 위해서 행위자는 상호적 행위를 이해할 수 있는 범주들을 구성한다. 예를 들면 교사는 학생의 특정 행동을 '지혜로운 행동' 또는 '어리석은 행동'이라고 해석하는 일에 직면한다. 교사는 학생에 대한 그 같은 사실판단이나 가치판단의 기초와 과정을 스스로 인식해야 한다. 교수 · 학습의 과정에서 지혜로움 혹은 어리석음 등의 언어는 객관적 언어가 아니라 평가적 언어이다. 그런 언어에 담긴 의미를 현상학적 시각에서 검토하고 논증할 필요가 있다. 그것이 곧 행위참가자 취할 수 있는 상황정의 방법이라고 볼 수 있다.

현상학에서는 해석학적 현상학(van Manen, 1990)과 초월론적 또는 심리학적 현상학(Moskatas, 1994)의 두 접근이 두 각을 나타내고 있다(Creswell, 2007). 밴 매넌(van Manen)은 교육자로서 해석학적 현상학에 대한 책을 저술해 왔는데, 그는 체험을 지향하며 생활의 텍스트를 해석하는 것(해석학)을 현상학적 연구로 간주하였다. 그는 현상학이 현상에 대한 기술일 뿐 아니라 연구자가 체험의 의미를 해석(상이한 의미들 간의 조정)하는 과정이라고 하였다.

이에 반하여 모스카타스(C. D. Moskatas)의 초월론적 또는 심리학적 현상학은 연구자의 해석보다는 연구참여자의 경험을 기술하는 데 더 중점을 두며, 연구자가 연구 중인 현상에 대하여 신선한 관점을 갖게 하려면 가능한 한 자신의 경험을 배제시키는 '판단중지(epoch)'를 강조한다.

(4) 상징적 상호작용론

개인은 세계의 창조자이면서 동시에 그 세계의 산물이다. 미드(G. H. Mead)의 사회적 행동주의는 '상징적 상호작용론(Blumer의 용어, symbolic interactionism)'으로 불리는 하나의 학파로 발전되었다. 상징적 상호작용에서 의사소통과 언어는 두 가지 중요한 기본 개념이다.

상징적 상호작용론의 기본 전제와 특징은 다음과 같이 요약될 수 있다(Meltzer et al., 1975: 54).

① 인간은 세계에 대해 그들이 지니는 의미에 근거하여 행동한다.

② '의미'는 인간 사회에서 사회적 상호작용의 산물이다. 개인의 자아의식 형성은 사회에서의 상호작용의 결과이며, 각 개인은 일상생활 중 다양한 상황에서 접하는 타인의 눈을 통하여 자신을 알게 된다(영상자아).

③ 인간은 타인과의 상호작용을 통하여 의미를 이해하고, 사회적으로 주어진 의미를 중심으로 생활을 조직하게 된다.

④ 사회관계는 상호작용하는 쌍방이 각각 자신의 행동에 대한 상대방의 대응을 예견하고 상호 용납할 수 있는 방법으로 상황을 정의하여 서로 수용 가능한 행동의 한계를 설정하도록 한다.

⑤ 의미는 대화에 참여하는 사람들이 행하는 해석의 과정을 통해 수정되고 조정된다.

⑥ 사회를 사람들 간의 상호작용 관계로 봄으로써 사회의 정태적 · 구조적 측면 대신 사회의 과정적 측면을 강조한다.

상징적 상호작용론의 관점에서 수행된 연구에는 전인구속적 기관(total institutions)에 관한 고프만(E. Goffman)의 연구, 학교에 관한 하그리브스(D. H. Hargreaves)의 연구 등이 포함된다.

고프만은 정신병원 환자들에 대한 참여관찰 연구 「정신병동」(Asylums: Essays on the Social Situation of Mental Patients and Other Inmates, 1961)에서 그들이 제도화(institutionalization)의 과정을 통하여 정신병자로 사회화되는 과정을 그려냈다. 그가 다루고자 한 중심 과제는 외부 세계에서와는 확연히 다른 정신병원 내에서 개인들의 통제된 삶, 수용된 환자들에게 행해지는 의례적인 굴욕화의 과정, 기존 정체성의 박탈과 수용자(收容者) 역할에 부합되는 자아의 재조직화, 낙인 부여의 결과, 그리고 목표 성취 측면에서의 전인구속적 기관의 효과였다. 그는 환자들이 정신병원에서 매일의 일과를 통하여 탈개인화되고 굴욕감을 느끼며 자아와 자율의 상실을 경험하면서 궁극적으로 정신적 파괴에 이른다고 하였다. 고립과 엄격한 규칙을 특징으로 하는 정신병원 상황에서 환자들은 그들이 이전에 갖고 있던 실체적 정체성(actual identity)을 박탈당하고 제도가 주입하는 가상적 정체성(virtual identity)을 획득함으로써 각종 의료 행위를 포함한 병원의 일률적 관리에 순응하는 인간으로 변화된다는 것이다. 그러나 환자들이 병원에서 사회화되는 일은 그들이 퇴원 후 삶에서 맞닥뜨리게 될 사태들에는 아무 도움이 되지 않는다고 하였다. 고프만은 정신적 문제가 있는 사람을 그의 삶의 맥락에서 분리하여 정신병원에 입원시켰다가 다시 이전 삶의 맥락으로 되돌려 놓는 일은 호수에서 익사하려는 사람을 건져 내어 자전거 타는 방법을 알려준 후 다시 호수에 빠뜨리는 일과 흡사하다고 하였다. 그는 환자들이 병원에 입원하면 사회로부터 버려졌다는 생각을 갖게 되며, 전인구속적 기관 수용자들은 그곳에서 보낸 시간을 자신들의 인생에서 빼앗긴 시간 또는 낭비된 시간으로 여긴다고 보았다. 전인구속적 기관에서 인간의 요구는 비인격적이고 관료적 방식으로 다루어지고 직원과 수용자들 간의 사회적 거리는 멀어지며 서로 비우호적이 된다고 하였다.

하그리브스는 『인간상호관계와 교육』(Interpersonal Relations and Education, 1972)에서 미드(G. H. Mead)의 상호작용이론에 근거하여 학교의 주요 구성원들인 교사와 학생들 간의 상호작용이 어떻게 이루어지고 그 내용은 무엇인지를 묘사하였다. 그는 교사-학생 관계에서 교사가 주도권을 가지고 학급 상황을 규정하므로 교사가 상황을 어떻게 규정하는지가 아주 중요하다고 보았다. 교사들은 그들이 가진 자아개념에 따라 세 가지 유형, 즉 야수조련가, 향응제공자, 낭만주의자 등으로 나뉠 수 있다고 보았다. 한편 교사 유형에 관계없이 모든 교사들은 두 가지 하위역할, 즉 지도적(또는 훈육적, disciplinarian) 역할과 교수-학습자적(instructor) 역할을 수행해야 한다고 하였다. 그러나 그 역할들은 모든 교사들에게 적용됨에도 불구하고 교사들 간에 그것들을 해석하고 실행하는 방식에 큰 차이가 있으며, 실제에 있어서는 서로 합쳐져 나타난다고 보았다. 그는 교사의 입장에서는 교과내용과 학생들이 하나의 제약조건이 되며, 교사의 역할 인식은 학생들의 인식과 행위에 의해서도 영향을 받는다고 파악하였다(더 자세한 내용은 제10장 2절 교사와 학생 간 상호작용 참조).

이러한 연구들은 역사적 · 정치적 상황을 고려하지 않고 개별 행위자의 행위에 초점을 두고 논의한다. 따라서 상징적 상호작용론의 주된 제한점은 행위의 광범한 구조적 배경에 대한 고려가 없다는 점이다. 그러므로 상징적 상호작용론의 가장 중요한 과제는, 개별 행위자의 세계에 대한 인식과 그 세계를 포괄하는 구조적 제약 요인들에 대한 인식 양자를 접합하여 경험적 연구로 설명하는 일이다.

(5) 민속방법론

민속방법론(民俗方法論, ethnomethodology)은 일상의 평범한 대화나 매일의 일상적 상호작용을 통하여 사람들이 그들의 세계를 어떻게 구성하는지, 즉 민속방법이 어떻게 구성되는지를 연구하는 방법론이다. 민속방법론은 1960년대 후반 해럴드 가핑클(Herald Garfinkel)이 주창한 사회학의 한 방법론이다. 민속방법론의 이론적 성숙에는 슈츠(A. Schutz)의 현상학, 고프만(E. Goffman)의 연극적 분석론, 블루머(H. G. Blumer)의 상징적 상호작용론이 영향을 미쳤다.

민속방법론에서는 사람들이 사회적 상호작용을 통하여 사회적 현실에 대한 감각을 창출 · 유지 · 변화시켜 간다고 보고 그러한 일상적 실천 과정(즉 민속방법, folk methods)에 관심을 갖는다(백승대, 1985; 정용교, 2001). 개인은 언어적 · 상호작용적 능력을 가지고 질서 정연한 일상 세계를 산출하는 능동적 존재이며, 사회질서는 실재(實在)하는 것이 아니라 사람들의 사회적 현실에 대한 감각(인지작용)의 산물로 가정된다. 또 규칙은 사람들이 사회적 상호작용에서 타인의 행동을 관찰하고 이해하는 해석 도구로 간주된다.

민속방법론의 핵심 개념은 설명(account), 지표성(indexicality), 상호구성성(reflexivity)이다(백승대, 1985). 첫째, 설명(account)은 사회구성원들이 사회적 상호작용 속에서 사회적 현실에 대한 감각을 창출해 내는 활동이다. 사회구성원들은 주관적 설명 활동을 통하여 상호주관적이고 사실적 지위가 부여된 사회 세계를 창출한다. 둘째, 지표성(indexicality)은 사회구성원들이 일상생활에서 주고받는 담화, 몸짓, 신호, 기타 정보들이 특정 맥락에 의존하여 의미를 지님을 뜻한다. 그런

데 그러한 맥락은 사회구성원들이 끊임없이 구성해 내는 것이므로 무한히 상세하게 규정될 수 있다. 셋째, 상호구성성(reflexivity)은 설명과 맥락이 서로를 구성 및 규정하므로 해석의 무한한 순환을 낳는 특성이다. 맥락과 설명의 의미는 상호작용에 참여하는 사람들이 특정한 경우 구성해 낸 해석이며 이후 재구성된다.

민속방법론자들은 평범한 대화나 매일의 일상적 상호작용을 통하여 사람들이 그들의 세계를 어떻게 구성하는지를 연구하는데, 주요 자료수집 방법으로는 관찰을 활용한다. 민속방법론은 인간을 능동적 존재로 규정하고 새로운 의미론과 이해론을 정립하고자 하였다.

민속방법론에 대한 문제점으로는 사회적 현실의 실재성을 무시는 경향, 상호작용적 상황만을 강조함으로써 거시적 사회현상은 설명하기 어려운 점 등이 지적되고 있다.

3. 해석적 연구의 적용

1) 주요 개념

해석적 관점에 입각한 교육연구를 실제로 수행할 때 주로 사용되는 몇 가지 중요한 개념들은 다음과 같다(Blackledge & Hunt, 1985: 234-236; 정우현, 1990: 256).

① **일상적 활동**(everyday activity): 일상적 활동은 사회적으로 구성된다.

② **자유**(freedom): 일상적 활동은 개개인의 자율성과 자유에 의해서 이루어진다.

③ **의미**(meaning): 일상적 활동을 이해하기 위해서는 행위자가 그들의 행위에 부여하는 의미를 파악하여야 한다.

④ **상호작용**(interaction): 일상적 활동은 여러 사람들과의 상호작용으로 이루어진다.

⑤ **교섭**(negotiation): 행위자들은 지속적인 의미교섭(意味交涉)의 과정을 통하여 서로 이해와 해석을 공유하게 된다.

2) 해석적 연구에서의 주요 내용

해석적 연구는 사회적 맥락에서 인간의 행동을 규제하는 내재적 규칙과 지식을 발견하고 기술한다. 학자가 해석한 것은 이미 참가자(내부자, insider)가 해석한 사건들이다. 참가자가 해석한 것은 특별한 사회적 맥락에서 특정한 방식으로 전달되고 구조화된 메시지이다.

메시지는 의사소통의 가장 간단한 단위이며, 이들이 결합되어 하나의 텍스트를 형성한다. 메시지는 의미전달의 매개물이다. 하나의 메시지는 적어도 세 가지의 다른 의미를 전달한다. 메시지에 대한 완전한 해석은 다음 세 종류의 의미 각각에 대한 이해와 그들이 서로 조합되어 있는 방식에 대한 이해를 요구한다(고형일 · 이두휴 역, 1990: 152-155).

① **명제적 내용**: 세상의 어떤 측면에 대한 명백한 주장의 기능을 한다.

② **관계적 내용**: 메시지를 전달하는 사람과 전달받는 사람의 관계를 밝혀 준다.

③ **태도적 내용**: 메시지를 어떻게 받아들여야 하는가 혹은 우리가 메시지에 대해 어떤 태도를 가져야 하는가를 전달하는 기능을 한다.

메시지의 내용은 흔히 메시지가 전달되는 형식과 상황에 따라 달라진다. '학부모-교사협의회'에서 '순이는 다른 학생과 어울리지 않는다'는 말에는 학교에서의 순이의 행동에 대한 평가뿐만 아니라 다른 의미도 담겨 있다. 또 그 진술은 바람직한 집단의식의 개념을 확인시켜 준다. 즉 '어느 누구든 서로 잘 어울려야 한다'는 집단규범을 전제로 한 메시지이다. 듣는 사람이 그 규범을 모르거나 그 규범에 동의하지 않는 경우 의사소통은 방해를 받게 된다.

제3부

공교육의 실제와 쟁점

무엇을 탐구한다 함은 옳은 답을 찾는 것이라기보다는 옳은 질문을 끊임없이 추구해 나가는 과정이라고 말하고 싶다. 올바른 질문(正門) 없이 올바른 해답(正答)을 찾을 수 없다고 말하고 싶다. 공교육에 대해 우리는 일상적으로 듣고 보아 오면서 '나와 공교육의 관계는 무엇인가?'를 물어본 적이 있는가? 공교육에 대해 우리가 하지 않거나 못하고 있는 질문은 어떤 것들이 있을까 궁금하다. 새 질문이 나오는 만큼 공교육은 새로워질 수 있다.

제8장

학업성취(격차)와 사회적 요인

학업성취는 학생이 학교생활을 통해 학업을 얼마나 잘 수행했는가를 보여주는 평가지표인 동시에 상위 단계의 학업을 얼마나 잘 수행할 수 있는지를 예측하는 자료가 되기도 한다. 교육사회학에서는 학업성취 격차를 중요하게 다루는데, 이는 학업성취 격차가 사회적 격차의 주요 요인으로 작용하기 때문이다. 학업성취 격차에 대한 논의는 사회와 교육에 있어서 정당성과 부당성에 대한 문제제기로 교육불평등 논의와 밀접하게 연관되어 있다. 학업성취는 타고난 능력이나 노력과 같은 개인적 요인에 의해 발생하기도 하지만 학생을 둘러싸고 있는 사회적 요인에 의해 발생하기도 한다. 이 장에서는 학생의 학업성취에 영향을 미치는 사회적 요인들을 중심으로 그것이 학업성취(격차)에 어떻게 영향을 미치는지 살펴본다.

주요 개념

학업성취(격차), 사회적 요인, 지능, 가정배경, 학교효과, 지역사회, 사교육

주요 질문

학생의 학업성취(격차)에 영향을 미치는 사회적 요인은 무엇인가?

1. 지능

1) 지능검사의 발달

지능검사는 갈톤(F. Galton, 1822~1911)이 영국의 빅토리안 지배계급 남성들의 지적 능력을 연구한 데서 비롯되었다. 당시 영국의 지배계급은 산업혁명과 도시화에 따른 사회적 혼란과 갈등 속에서 자신들의 지위를 계속 유지해야 할 필요에 직면하였다. 이에 따라 빅토리안 계급은 갈톤에게 자신들의 지적 능력이 우월하다는 것을 입증해 줄 것을 요청하였다. 갈톤은 빅토리안 계급이 사회적으로 유리한 지위를 차지한 것은 적자생존 원리에 따른 자연적 적합성 때문이라는 결론을 내렸다. 당시 서구에서는 해외 식민지 개척이 활발하게 이루어졌고, 그러한 상황에서 갈톤은 피어슨(K. Pearson, 1857~1930) 등과 함께 우생학이라는 학문을 개발하였다. 우생학은 서구에서 특정 계층의 우월성을 입증하거나 특정 집단을 분류하기 위한 학문적 토대가 되었다.

프랑스에서는 생리학자 비네(A. Binet, 1857~1911)가 최초의 지능검사지를 개발하였으며, 이는 특수한 교육을 필요로 하는 아동을 분류 · 선별하는 데 활용되었다. 지능검사의 주요 발전은 미국에서 이루어졌다. 미국에서 지능검사가 발전할 수 있었던 것은 미국사회의 전통 속에서 선별적 인종개량을 통해 국민의 질을 통제하려는 우생학적 이유가 있었기 때문이다. 또한 당시 미국으로 유입되던 수많은 이민 인구를 효과적으로 통제하고 전통적인 백인 혈통(WASP, White Anglo-Saxon Protestants)의 지위를 강화하기 위한 이유도 컸다.

이처럼 서구에서 지능과 지능검사에 대한 관심이나 연구는 특정한 계층의 이익을 반영하거나 지적 능력이 우수한 집단을 선별하기 위한 우생학적 목적에서 비롯되었다.

2) 지능과 학업성취에 대한 유전결정론과 환경결정론적 설명

지능과 학업성취 간 상관성은 지능에 관한 이론인 유전결정론과 환경결정론에 기반하여 설명할 수 있다. 유전결정론은 지능이 유전적으로 결정된다고 보는 입장으로 학습능력에 대하여 다음과 같이 전제한다. 첫째, 학습능력은 고정되어 있다. 둘째, 집단 간 학습능력 수준에 차이가 존재한다. 셋째, 학습능력은 사회적 환경에 의해 영향을 받지 않는다. 유전결정론자 젠센(A. R. Jensen)은 인간지능의 약 80%가 유전에 의해 결정되며 인종이나 사회계층 간의 지능의 차이는 유전적 차이에서 비롯된다고 주장하였다. 그 예로 백인 아동의 지능지수가 흑인 아동에 비해 평균 15점 이상 높다고 하였다. 그는 흑인 아동이 백인 아동보다 학교에서 낮은 학업성취를 보이는 것은 미국사회에서 흑백 간 소득 수준의 차이나 학교 교육과정의 불평등 때문이 아니라 흑인들의 타고난 지적 수준이 상대적으로 낮기 때문이라고 보았다. 즉 백인과 흑인 간 사회경제적 불평등의 원인을 인종 간에 내재된 지능의 차이로 설명하였다(Jensen, 1969). 이처럼 유전결정론에서는 개인마다 고정된 학습능력을 가지고 있으며, 이는 지능검사를 통해 측정 가능하다고 보았다. 그러나 이러한 입장은 지능검사 점수가 개인의 경험이나 환경에 따라 변화 가능하다는 과학적인 근거에 의해 도전받게 되었다.

환경결정론은 지능이 환경에 의해 결정된다고 보는 이론으로 두 가지 관점으로 설명된다. 하나는, 지능이 유전적 요인보다는 가정과 학교에서 갖는 문화적 경험의 차이에 의해 결정된다는 관점이다. 예컨대, 빈곤한 가정에서 문화적 결핍을 경험한 아동은 낮은 지적 능력을 보이며, 이는 성장한 후에도 지속되어 이후 학교교육을 이수하는 데 어려움을 경험한다는 것이다. 즉 아동의 지적 능력의 차이는 구조화된 사회적 불평등에서 기인하는 문화적 경험의 차이에 의해 발생할 수 있으며, 이러한 차이는 학교에서 학생의 학업성취 격차의 원인이 될 수 있다는 것이다.

다른 하나는, 지적 능력의 차이가 계층, 인종, 지역 간에 존재하는 문화양식의 차이 때문이라는 관점이다. 시카고학파에 속하는 일련의 인류학자와 사회학자들은 사회계층 간에 지적 능력의 차이가 나는 것처럼 보이는 것은 유전이나 문화적 경험의 차이가 아닌 문화양식의 차이 때문이라고 주장하였다. 그들은 오스트레일리아 북부 마이크로네시아의 프로워트 섬 주민들의 항해술에 대한 문화인류학적 연구를 통해 문화양식의 차이 모형을 제시하였다. 프로워트 섬 주민들은 아무런 계측 장비 없이 하늘과 바다의 변화에만 의존하여 수 천 마일을 항해하고 귀환하는 능력을 보여주었고 그 과정에서 고도의 논리체계를 활용하였다. 그러나 추상적이고 이론적 지식을 기초로 제작된 서구의 검사 도구로 그들의 지적 능력을 측정한 결과 매우 낮은 점수를 보였다. 이러한 결과는 하류계층이나 흑인 또는 농촌지역의 학생들이 낮은 지능지수를 보이는 것은 그들 나름의 논리체계가 없다거나 타고난 지적능력이 낮기 때문으로 보기는 어렵다는 점을 보여준다. 오히려 그들 내에 존재하는 고유한 문화양식 또는 사고양식에서 기인한다는 것이다. 이는 계층이나 지역 간 존재하는 문화양식의 차이가 학생의 지능발달에 영향을 미침으로써 학교에서의 학업성취 격차의 요인으로 작용할 수 있음을 보여준다.

3) 지능검사에 반영된 문화적 편파성

지능검사와 사회계층 간 상관성에 관한 연구들은 지능검사 문항의 내용이 사회계층 간 문화적 경험의 차이를 차별적으로 반영하고 있음을 보여준다 (Charters, 1963). 데이비스(W. A. Davis, 1902~1983)의 연구에 따르면 지능검사 문항에 기술된 용어들 중 일부는 중류층 중심의 문화적 가치가 내포되어 있으며, 질문의 형태도 중류층 가정의 언어유형에 가까운 고도의 추상성을 지니고 있다. 따라서 일반 지능검사는 중류층의 문화적 가치나 언어유형에 익숙하지 않은 하류층 학생들에게는 불리할 수밖에 없는 문화적 편파성을 띠고 있다는 것이다.

우리나라에서 통용되는 지능검사의 문항 내용은 도시의 중류층 학생들이 일상생활과 학습을 통해 비교적 쉽게 경험할 수 있는 용어들이 주를 이루고 있다. 또한 추상적 개념을 묻거나 언어 · 수 · 도형 간 추상적 관계를 묻는 문항들도 상당수 포함되어 있다. 뿐만 아니라 우리나라에서는 직접 경험하거나 쉽게 관찰하기 어려운 용어들이 담긴 문항들도 있다(이해성, 1990). 이러한 문항 내용은 대체로 독서나 대중매체를 통한 간접 경험을 통해 이해되는 측면이 강하기 때문에 상대적으로 간접 경험의 기회마저 제한된 하류층 학생들에게는 지능검사가 불리할 수 있음을 배제할 수 없다.

다만, 지능검사가 사회경제적 불평등 구조를 정당화하고 재생산하는 도구라는 서구에서의 비판을 그대로 우리나라의 지능검사에 적용하는 것은 다소 경계할 필요가 있다. 우리나라에서는 서구에서처럼 지능검사의 문화적 편파성에 따른 흑인이나 소수민족의 불이익이 존재하지 않고, 지능검사를 능력 수준별 집단을 선별하기 위해 활용하거나 대학입학 자료로 사용하지 않기 때문이다(하대현, 2005).

생각을 키우는 자료 1

학교성적과 지능

지능검사는 본래 지식의 유무를 조사하는 것이 아니라 문제해결의 기본적 능력을 측정하는 것이다. 이것으로 지능을 알 수 있다고 한다. 한편, 학교의 성적은 확실히 지능수준과 관계되는 부분이 있기는 하지만, 지식이 있거나 사물을 기억하는 등 노력에 힘입는 바가 오히려 큰 비중을 차지하고 있다. 지능검사는 연습을 한들 거의 효과가 없는 한판승부다. 그러나 학교성적은 대부분의 과목이 학습량에 비례하는 일이 많고, 공부를 하지 않고 시험을 치른다면 아무리 지능이 높은 사람이라도 좋은 성적을 얻지 못할 것이다. 지능과 학교 성적과는 거의 관계가 없다고 말할 수는 없다. 과목에 따라서 관계가 큰 것과 작은 것이 있다. 이를테면 수학이나 영문법 등은 지능의 높이와 성적이 비례하기 쉬운 것이라고 생각된다. 반면 전적으로 실기 지도가 중심이 되는 수업에서는 그 성적과 지능 사이에는 그다지 관계가 없다는 보고가 있다. (중간 생략)

일반적으로 지능이 높은 쪽이 역시 학교에서 좋은 성적을 얻는 데는 유리하다고 말할 수 있을 것이다. 그러나 이미 앞에서 말한 잔재간은 있어도 크게 성공하지 못하는 사람이나, 진학 적성검사의 도사라고 하는 사람의 예에서 알 수 있듯이, 반드시 지능이 높은 사람이 크게 성공하거나 좋은 학업성적을 거두는 것은 아니다. 높은 지능이 성적을 좋아지게 하는 하나의 필요요건이 될 수는 있어도, 그것으로 우수한 성적을 거둔다는 보증은 할 수 없다. 즉 지능 이외의 조건도 필요하다는 것을 알 수 있다.

지능이 높다는 것 말고도 근면성이나 집중력, 지속성 등은 학교성적을 올리기 위해서는 필수적인 조건이다. 특히 지식을 축적해 간다는 것은 학교 공부에서는 매우 중요하다. 그러려면 평소에 끈기 있게 공부하지 않으면 안 된다.

출처: 안도 히로히코(2018, e-book, 61%).

2. 가정배경

1) 사회경제적 지위

학생의 학업성취에 영향을 미치는 여러 요인 중 교육의 사회적 속성과 관련하여 주목을 받은 것은 부모의 사회경제적 지위(SES, Socio Economic Status)이다. 사회경제적 지위는 개인의 직업이나 소득 등의 경제적인 측면을 기초로 사회 구성원들의 역할과 행동을 서열화할 때 사용하는 사회계층의 개념으로(Warner, 1949) 소득, 교육수준, 직업지위 등의 지표를 통해 측정된다. 부모의 사회경제적 지위는 가정 내 물리적·인지적 환경을 통해 학생의 학업성취에 직접적인 영향을 미치기도 하지만 가정 내 사회자본이나 문화자본 등을 매개로 간접적인 영향을 미치기도 한다.

학생의 학업성취와 가정배경의 상관성에 대한 교육사회학적 관심과 논쟁은 콜만보고서로 알려진 「교육기회의 평등」(1966) 보고서로부터 촉발된 이래 지금까지도 지속되고 있다. 콜만보고서 이후 부모의 사회경제적 지위는 학생의 학업성취와 높은 상관관계가 있다고 보고되어 왔으며(Coleman, 1966; Jencks, 1972; Sewell & Shah, 1967), 국내의 관련 연구에서도 유사한 결과가 도출되고 있는데, 주요 결과를 정리하면 다음과 같다.

부모의 사회경제적 지위는 부모-자녀의 관계, 교사에 대한 신뢰, 교우관계 등 가정 및 학교 내 사회자본이나 문화활동, 독서향유 등의 문화자본을 통해 자녀의 학업성취에 영향을 미친다(김경근·변수용, 2007; 현지영·김경근, 2015). 또한 자녀의 초기 자아개념 형성에 영향을 미침으로써 학업성취도를 결정하는 요인으로 작용하기도 한다(오희정·김갑성, 2019). 고학력 중산층 부모와 저학력 저소득층 부모는 자녀에 대한 교육 열망이나 양육 관행 등에서 두드러지는 차이를 보이는데(신명호, 2010; Lareau, 2012), 이러한 차이는 계층 간 학업성취 격차의 요인이 된다. 부모의 사회경제적 지위가 경제자본이나 인적자본을 통해 학생의 학업성취에 직접적인 영향을 미칠 뿐 아니라 가정 내 사회자본이나 문화자본,

자녀의 자아개념, 자녀교육열과 양육방식 등을 통해 학생의 학업성취로 이어질 수 있음을 시사한다.

한편, 부모의 사회경제적 지위가 자녀의 교육적 결과에 끼치는 영향력의 크기는 가정 내 사회자본에 의해 달라질 수 있음(Teachman, 1997)을 고려할 필요가 있다. 부모가 경제적으로 여유가 있고 교육 수준이 높더라도 자녀와 긍정적인 관계가 형성되어 있지 않다면 그것이 자녀의 학업성취로 이어지는 데는 한계가 있기 때문이다(김경근, 1999).

2) 경제자본

경제자본(Economic Capital)은 즉각적 · 직접적으로 돈으로의 전환이 가능한 자본을 의미하며 주로 가구소득을 통해 측정된다. 가정 내 경제자본은 자녀 학업을 위한 물질적 지원을 가능하게 함으로써(Coleman, 1988), 자녀의 교육활동과 학습기회에 요구되는 경제적 비용의 기초가 된다. 부모는 자신의 경제자본을 기반으로 자녀의 사교육 기회 제공, 학습 공간 확보, 학습에 필요한 재료나 도구 준비 등 학습에 요구되는 물질적 지원을 할 수 있으며 이는 학생의 학업성취에 직접적인 영향을 미칠 수 있다. 또한 경제자본은 부모 자신의 노동의 양이나 질, 심리 · 정서적 상태, 시간의 활용 등에도 영향을 미칠 수 있는데 이는 자녀와의 관계나 교육참여 활동을 통해 학업성취를 촉진시키는 요인으로 작용할 수 있다.

가정의 경제자본과 학생의 학업성취 간 상관성에 관한 교육사회학 분야의 연구들은 주로 가구소득이 학생의 학업성취에 미치는 영향력의 크기를 분석하거나 가구소득이 어떠한 경로를 통해 학생의 학업성취에 영향을 미치는지를 분석하는 데 초점이 맞추어져 왔다. 교육사회학의 오래된 명제처럼 여겨졌던 '계층 또는 부모의 사회경제적 지위와 자녀의 학업성취 사이에 정적 상관관계가 있다'는 것을 실증적으로 확인하고자 한 연구들이다. 대부분의 연구에서 가정의 경제자본이 자녀의 학업성취와 관련이 높다고 보고되는데, 이는 가구소득이 자녀의 학업성취와 직결되는 가정의 교육적 환경이나 교육적 자원을 확보하는데 중요한 자원이 되기 때문이다.

한편, 경제자본은 부모와 자녀 관계를 통해 학업성취에 영향을 미친다(현지영 · 김경근, 2015). 경제적 자본이 제한적인 가정의 부모들은 아동과 직접 상호작용하는 빈도가 적으며, 상호작용을 하더라도 긍정적 상호작용보다는 부정적 상호작용을 하는 경향이 있다(이영 · 신은주 · 나종해, 1995). 가구소득으로 대표되는 가정의 경제자본이 부모와 자녀 관계를 매개로 자녀의 학업성취에 간접효과를 발휘한다는 것이다. 최근 한국 사회는 소득의 양극화가 심각한 양상으로 진행되고 있다. 경제적 자본이 빈약한 하류계층에서는 자녀교육에 요구되는 물질적 지원에 제한이 있으며, 그로 인해 부모-자녀 관계를 원만하게 유지하는 데도 어려움이 따를 수 있다(현지영 · 김경근, 2015).

3) 인간자본

인간자본(Human Capital)은 생산 과정에 유용하다고 간주되는 개인의 속성을 설명하기 위해 경제학자들과 사회학자들이 사용하는 개념이다. 가정 내 인간자본은 부모의 교육수준으로 파악 가능하며 자녀의 학업에 도움을 줄 수 있는 인지적 환경에 영향을 미친다(Coleman, 1988). 가정 내 인간자본을 의미하는 부모의 교육수준은 자녀의 학업성취에 직접적인 영향을 미친다. 자녀의 학습 상황이나 과제 수행 과정에서 직접적인 도움을 줄 수 있으며, 진로를 모색하고 준비하는 과정에서 자녀에게 유용한 정보를 제공할 수 있기 때문이다. 이 외에도 부모의 교육수준은 자녀와의 관계나 학교(교사)와의 관계를 통해 자녀의 학업성취에 간접적인 영향을 미치는 것으로 보고되고 있다. 이는 교육수준이 높은 부모들이 자녀의 학습활동을 돕는 데 상대적으로 어려움을 덜 느끼며 학교 방문이나 교사와의 만남에 있어서도 대등한 관계를 유지할 수 있기 때문으로 해석된다.

부모의 교육수준과 자녀의 학업성취 간 상관성에 관한 국내의 연구들은 부모의 교육수준이 자녀의 학업성취에 유의미한 영향을 미칠 수 있음을 보여준다. 부모의 교육수준에 따라 자녀의 학습 및 생활지도 등과 같은 교육적 관여 수준이 다르며, 이는 자녀의 학업성취도에도 차별적인 영향을 미친다. 주목할 점은 교육적 관여의 효과가 교육수준이 높은 부모에게서 더 크게 나타난다는 점이다(변수용 · 김경근, 2008). 이는 가정배경에 따라 부모가 자녀교육에 관여하는 방식이나 태도에 차이가 있을 수 있으며, 그러한 차이가 계층 간 학업성취 격차를 유발하는 요인임을 함의한다. 부모의 교육수준은 부모-자녀 관계나 학교 관계를 통해서도 자녀의 학업성취에 영향을 미친다. 교육수준이 높은 부모일수록 자녀나 학교 교사와 긍정적인 관계를 맺을 가능성이 높으며, 긍정적 관계 맺음은 자녀의 학업성취를 높이는 데 효과가 있다(이중섭 · 이용교, 2009).

부모의 교육수준과 자녀의 학업성취 간 상관성에 관한 국내 연구들에 따르면 아버지의 교육수준이 높을수록 자녀의 수능성석이 높아시는 효과가 있으며(장미혜, 2002), 자녀가 상위대학에 진학할 가능성이 높아진다(방하남 · 김기헌, 2002). 또한 부모의 교육수준이 자녀의 학업성취에 미치는 영향력은 가족구조에 따라 상이하게 나타난다. 구체적으로 양친 가정에서는 부모의 학력이 학업성취에 강력한 정적 효과를 발휘하지만, 한부모 가정에서는 의미 있는 상관성이 없는 것으로 나타난다(현지영 · 김경근, 2015).

한편, 어머니가 자녀교육에 관여하는 비중이 높은 우리나라에서는 어머니의 교육수준이 자녀의 학업성취에 미치는 영향이 적지 않을 것으로 예상된다. 관련 연구에 따르면 어머니의 교육수준은 자녀 학업에 대한 관심과 그로 인한 학업 지도와 감독에 영향을 미침으로써 자녀의 학업성취에 영향을 미치는 것으로 나타난다(임세희, 2007).

이와 같은 연구 결과에 기반할 때 자녀의 학업성취에 대한 가정 내 인간자본의 효과는 간과할 수 없다. 그러나 PISA 자료를 기반으로 한 국제비교 연구에 따르면 우리나라는 부모의 학력이 자녀의 성취도 수준에 미치는 효과가 다른 나라에 비해 상대적으로 적은 편에 속하는 것으로 나타난다(김진영 · 전영준 · 임병인, 2014).

4) 사회자본

가정배경 요인 중 부모의 사회경제적 지위와는 독립적으로 학생의 학업성취에 긍정적인 영향을 미칠 수 있는 것은 사회자본이다. 사회자본(Social Capital)은 사회적 네트워크에 배태된 자원으로서 개인에게 소유된 물적 자본이나 인적자본과는 달리 직·간접적인 유대를 통하여 접근 가능한 자원이다(Lin, 2001/2008). 사회자본 개념은 콜만과 부르디외에 의해 사회학적으로 체계화되었으며, 이후 퍼트넘(Putnum, 1988) 등에 의해 확장되면서 다양한 분야에서 활용되고 있다. 콜만과 부르디외는 공통적으로 '사회적 관계'를 통해 사회자본을 설명하였지만, 각각 강조하는 지점은 다르다. 콜만은 사회자본을 '특정한 목적을 달성해주도록 해주는 생산적인 사회적 관계망'으로 개념화함으로써 사회자본의 기능성을 강조하였다. 반면, 부르디외는 불평등과 배제를 재생산하는 기제로서 사회자본을 바라보았다. 여기서는 사회자본의 교육적 가능성을 암시하는 콜만의 사회자본에 주목한다.

사회자본은 가족 내 사회자본, 학교 내 사회자본, 지역사회 내 사회자본 등 다양한 형태로 존재한다. 콜만에 의하면 아동이 가족이나 지역사회로부터 사회자본을 얻게 될 때 교육적 성취를 높이는 데 도움이 된다. 아동의 발달에 대한 부모의 관심, 부모나 지역사회에 의하여 견지되는 사회적 규범, 부모 외 가족 내 다른 성인들의 존재 및 그들과의 유대, 아동의 사회적 환경을 구성하는 사람들이 주는 신뢰감 등이 사회자본에 포함된다(김경근, 2000).

가족 내 사회자본은 부모와 자녀의 관계에 기반하여 형성되는 자본으로 자녀교육에 대한 부모의 관심과 시간의 투입 형태로 나타난다(Coleman, 1988). 가족 내 사회자본은 부모와 자녀 간 신뢰와 유대, 자녀교육에 대한 부모의 관심과 기대, 자녀의 학습활동에 대한 관여나 학교활동 참여, 부모-자녀 간 학교생활이나 학업에 관한 대화, 자녀에 대한 부모의 정서적 지지나 격려 등을 포함한다. 부모와 자녀 간 관계를 통해 형성되는 이러한 사회자본은 자녀의 학습동기, 교육포부, 자아개념, 학습태도 등에 긍정적인 영향을 미침으로써 학업성취를 향상시키는 데 기여할 수 있다.

콜만이 사회자본에 높은 관심을 보인 것은 사회자본이 시사하는 교육적 가능성 때문이다. 특히 가족 내 사회자본은 부모의 낮은 사회경제적 지위로 인하여 발생할 수 있는 학업성취 격차를 줄이는 데 기여할 수 있다고 보았기 때문이다. 예컨대 부모가 경제적으로 어려움을 경험하고 학력이 낮아 자녀의 학업에 직접적인 도움을 주지 못하더라도 자녀에 대하여 높은 관심을 갖고 자녀교육에 대한 정서적 지지와 격려를 한다면 그러한 불리함이 일정 부문 극복될 수 있다는 것이다(김경근, 2022). 이는 사회자본이 경제자본이나 인간자본과는 다소 독립적으로 학생의 학업성취에 의미 있는 결정요인으로 작용할 수 있음을 보여준다.

우리나라에서 사회자본에 대한 본격적인 논의는 1990년대 말 외환위기 이후 심화된 소득 양극화에 따른 계층 간 학업성취 격차를 완화시킬 수 있는 대안을 모색하는 과정에서 이루어졌다. 유사한 맥락에서 교육사회학 분야에서도 사회자본이 학생의 인지적 측면이나 비인지적 측면에 미치는 영향을 분석한 연구들이 증가하였다. 관련 연구에 따르면 사회자본은 학생의 학교적응, 학습태도, 교육포부 등에 영향을 미침으로써 학업성취에 직·간접적인 효과를 발휘한다(김경근, 2008; 류방란·김성식, 2017). 가정 내 사회자본이 부모의 사회경제적 지위와 다소 독립적으로 학생의 교육적 성취에 긍정적인 영향을 미칠 수 있다. 그러나 사회자본 역시 여타 자본처럼 계층의 영향으로부터 자유롭지 못하기 때문에 저소득층 가정에서 사회자본을 기능적으로 활성화하는 데는 다소 어려움이 따를 수 있다. 구조적으로 불리한 위치에 있는 빈곤 계층이 사회자본 축적을 통해 상위계층과의 격차를 줄이는 것이 현실적으로 쉽지 않기 때문이다. 그럼에도 불구하고 가족 내 사회자본은 계층에 따른 불평등성을 극복할 수 있는 대안적 자원으로서의 가능성을 함의하고 있다는 점에서 의미가 있다.

5) 문화자본

문화자본은 부르디외(Bourdieu)와 파스롱(Passeron)이 그들의 공저 『Reproduction in Education, Society and Culture』(1977)에서 처음 소개한 용어로 아동이 가정에서 갖는 초기 경험과 관련이 있다. 부르디외에 따르면 문화자본은 예술적 취향이나 취미 등과 같이 체화된 형태, 그림이나 예술품 등과 같이 물질적 형태로 전수 가능한 자산으로서 객관화된 형태, 그리고 학위나 자격증 등과 같이 제도화된 형태로 존재한다. 이 중 학생의 학업성취와 상관성이 높은 것은 계급적 속성이 강한 체화된 형태로서의 문화자본이다(Bourdieu, 1987).

문화자본의 개념은 가정 내에서의 사회화 과정이 개인의 교육적 성취와 세대 간 계급이동 과정에 영향을 미친다는 것을 보여주기 위해 고안된 것이다. 그런 의미에서 문화자본에 대한 연구는 그동안 공백으로 남겨져 있던 출신 계급과 자녀의 교육 성취 사이의 보다 구체적인 인과기제를 밝힘으로써 가정배경과 학생의 학업성취 간 상관성에 대한 “오래된 의문에 대해 새로운 해답”을 제시하는 데 기여했다고 볼 수 있다(Kalmijn & Kraaykamp, 1996: 23).

부르디외와 파스롱의 주장에 따르면, 학교교육이 사회를 구성하는 각 계급에게 문자소양을 공평하게 배분하는 일에 왜 자주 실패하는가를 이해할 수 있다. 근대사회에서 공립학교 교육은 능력주의에 기반한다고 간주됨에도 불구하고 높은 성적을 자주 내는 학생은 재능이 가장 뛰어난 학생이 아니라, 사회경제적 · 문화적 지위가 높은 학생, 즉 문화자본을 많이 소유한 계층의 학생이라는 것이다. 부르디외는 가정 내 사회화 과정에서 습득된 상속자본의 성격을 띤 문화자본과 학교교육을 통해 습득된 획득자본의 성격을 띤 문화자본이 공존할 때, 계급을 사회적으로 구별하는 문화자본의 본래적 기능을 수행하는 것은 전자임을 강조한다. 그 이유는 학생들의 학업성취에 긍정적 영향을 미치는 문화적 소양은 학교교육보다는 오히려 어린 시절 가정에서 성장하면서 무의식적으로 친숙해진 고급문화를 통해 습득되는 것으로 보았기 때문이다.

문화자본의 효과는 모든 사회계급에 균등하게 나타나지 않고 계급 간에 편차를 보인다. 중간계급의 자녀들은 학교의 교육과정에서 습득하게 되는 다양한 문화적 취향들을 가정 내에서 습득하고 개발할 수 있는 기회를 가질 수 있으며, 이는 그들의 학업성취를 용이하게 한다(장미혜, 2002).

가정은 학생의 교육적 열망이나 학습 능력이 개발되는 중요한 장(Coleman, 1988)임에도 불구하고 가정 내에서 부모가 어떤 방식으로 자녀의 학습동기를 고취시키는지, 공식적인 학교교육에서 제공하기 어려운 음악이나 미술과 같은 사교육을 받을 수 있는 기회를 제공하는지, 혹은 읽어야 할 책에 대한 조언을 해주는지 등의 구체적인 사회화 과정이 부모의 계급에 따라 어떻게 차이가 있는지 등에 대한 연구는 충분치 않았다.

부르디외가 문화자본의 개념을 사용한 이래로 교육사회학 분야에서는 문화자본을 학업의 계층 간 격차와 그로 인한 계층 불평등 재생산 과정을 설명하기 위한 핵심 개념으로 부각시켜 관련 연구들을 축적해 왔다(김영화, 2012). 최근 들어 국내에서도 학업성취에 미치는 문화자본의 효과를 분석하려는 연구들이 증가하고 있지만 학업성취에 대한 문화자본의 효과에 대해서는 연구자들 간 상이한 관점을 보인다.

학업성취에 대한 문화자본의 효과를 분석한 한 연구에 따르면 부모의 문화자본은 자녀의 학업성취에 독립적인 영향력을 행사하지만, 자녀의 문화자본은 유형에 따라 그 효과가 다르게 나타난다. 예컨대 독서향유는 학업성취에 긍정적인 영향을 미치지만 문화활동 참여는 부정적인 영향을 미치는 것으로 나타난다. 문화자본이 장시간의 문화활동 참여의 결과라는 점에서 볼 때 학생들이 많은 시간을 입시 준비로 보내는 한국 사회에서는 문화자본 축적이 즉각적인 학업성취 효과로 이어지기 어려울 수 있다. 공부에 투입하는 시간이 학업성취에 절대적인 영향을 미치는 한국적 상황에서 문화활동 참여는 공부에 투입할 수 있는 절대 시간을 축소시킴으로써 학업성취에 불리하게 작용할 개연성이 있기 때문이다(김경근 · 변수용, 2007).

이는 한국 사회의 교육현상을 분석하는 데 있어 부르디외의 문화자본론을 적용하는 것에 대해서는 신중할 필요가 있음을 시사한다. 부르디외의 문화자본 개념이 프랑스 사회의 특수성에 기초한 것이며 프랑스 사회를 분석하기 위해 고안된 것이기 때문에 이 개념을 그대로 적용하기에는 무리가 있을 수 있다(김영화, 2012). 예컨대 문화적인 취향이 계급 간의 상징적인 경계로 작동하지 않는 사회에서는 문화자본에 고급문화를 즐기는 예술적 취향 외에도 독서습관을 통해 드러나는 언어능력이나 인지적 능력까지 포함시키는 것이 타당할 수 있다. 인지적 능력의 상당 부분이 학교에서의 공식적 교육과정을 통해 획득되는 사회에서는 부르디외가 말한 상속자본과 획득자본 중에서 후자의 영향력이 전자의 영향력보다 클 수 있기 때문이다(장미혜, 2002).

생각을 키우는 자료 2

콜만보고서(Coleman Report)

콜만(Coleman)과 동료들에 의해 수행된 일명 '콜만보고서'로 알려진 이 연구는 당시 사회과학계에서 연구비를 가장 많이 들인 연구이자 가장 표집이 방대한 연구로 유명하다. 미국의 4,000개 학교 625,000명의 학생(6학년과 중3)을 대상으로 학생의 학업성취에 영향을 미치는 100여 개의 변인들을 분석하였고, 그 결과물은 548페이지의 통계자료를 포함하여 1,300여 페이지에 달했다. 연구 보고서는 「교육기회의 평등(Equality of Educational Opportunity)」(1966)으로 출판되었다.

이 연구는 흑인과 소수민족의 아동들이 주로 다니는 학교들과 중류층 아동들이 다니는 학교들 사이에 존재하는 불평등한 학교 자원이 학생의 학업성취 격차를 가져올 것이라는 가설에서 출발하였다. 연구진들은 이러한 가설을 검증하기 위하여 학업성취를 결정하는 제반 교육조건에 있어 학교 간에 어떤 차이가 있으며, 그러한 차이가 학생들의 실제 성적에 어떻게 반영되었는가를 분석하였다. 연구의 결과물은 예상과는 매우 달랐다. 학교의 교육여건의 차이가 학생들의 학업성취 격차에 미치는 영향은 매우 미미하였으며 오히려 학생들의 가정배경과 동료집단들의 영향이 학업성취에 큰 영향을 미친다는 것이었다. 이러한 연구결과는 당시 미국사회에 큰 논쟁을 불러일으켰다. 연구는 애초에 교육과정의 평등(교육조건의 평등)의 효과를 입증하기 위한 목적에서 수행되었지만 그 결과는 예상을 뒤엎는 것이었기 때문이다. 이 연구는 연구 방법상의 미비점으로 인해 비판을 받기도 하였지만, 지금까지도 교육과 평등에 관하여 많은 영향을 끼치고 있다.

3. 학교교육

1) 학교효과 연구

학생의 학업성취에 영향을 미치는 또 다른 요인으로는 학교 요인을 꼽을 수 있다. 교육사회학 분야에서 학교 요인과 학생의 학업성취 간 상관성에 관한 연구는 주로 학교효과 연구를 통해 수행되어 왔다. 학교효과(school effect) 연구는 '학교 간의 질적 차이로 생기는 학생들의 학업성취의 차이에 관한 연구'를 의미한다. 학교효과 연구는 학교 요인이 학생의 개인의 지능이나 가정배경 요인과 독립적으로 학업성취 수준에 영향을 미칠 수 있는가에 대한 답을 찾기 위한 연구라고 볼 수 있다(김영화, 2022).

대표적인 학교효과 연구는 콜만과 그의 동료들에 의해 수행되었으며, 그 결과물이 '콜만보고서'로 알려진 「교육기회의 평등」 보고서(1966)이다. 콜만 보고서의 연구문제는 학교의 사회계층적 · 인종적 배경에 따라 학생들의 교육기회가 어떻게 배분하는가를 측정하는 것이었지만, 실제로는 학생들의 학업성취에 대한 사회적 배경(계층, 인종, 민족)과 학교교육의 영향을 비교하는 것이었다. 연구 결과, 학업성취에 대한 사회적 배경의 영향력은 매우 큰 반면 학교의 영향력은 상대적으로 아주 미미한 것으로 나타났다. 이러한 결과는 이후 매우 영향력 있는 것이 되었고, 후속 연구에서도 크게 달라지지 않았다(한대동 외, 2000).

그러나 콜만보고서와 그 후속 연구들에서는 다음과 같은 두 가지 결점이 발견되어 새로운 연구를 촉발하는 계기가 되었다. 첫째, 콜만 연구는 투입-산출 모형에 입각하여 수행되었다는 점이다. 투입-산출 모형에서는 학교를 하나의 검은상자(black box)로 간주하기 때문에 학교 안에서 일어나는 일이나 학생들에게 행해지는 교육적 작용들이 그들의 학습이나 학업성취에 중요한 요인임에도 불구하고 충분히 고려되지 못했다는 한계가 있다. 이러한 한계를 보완하기 위하여 학교의 '과정변인'이 학생의 학업성취와 어떤 관련성이 있는지를 밝히려는 연구들이 진행되었다. 둘째, 콜만보고서는 학교효과에 있어 학교 간 차이가 있다는 점을 소홀히 취급하였다. 예컨대 학생의 학업성취에 더 효과적인 학교와 덜 효과적인 학교가 있음에도 이러한 점이 다루어지지 않았다는 것이다. 콜만 연구의 결점에 대한 문제의식은 이후 효과적인 학교(effective school) 연구를 촉발하는 계기가 되었다.

2) 효과적인 학교

효과적인 학교란 입학한 학생들의 가정배경이나 학업성취 수준이 다른 학교와 비슷하거나 낮음에도 불구하고 학교가 보유하고 있는 교육력으로 학생들의 학업성취를 향상시키는 학교를 의미한다. 효과적인 학교 연구는 1970년대 초반 미국을 중심으로 전개되었다. 그간의 연구를 통해 밝혀진 '효과적인 학교'의 특징을 정리하면 다음과 같다.

첫째, 학교조직의 특성 및 운영방식에서 학교장의 리더십 특히 수업지도력이 강하며 구성원들 간에 공동체의식이 다른 학교보다 강하게 형성되어 있다.

둘째, 학구적인 면학 분위기가 형성되어 있다. 학교장은 학생들이나 교사들에게 학업과 학업성취의 중요성을 강조하고 교사는 학생들에게 성취에 대한 긍정적인 기대를 많이 부여해 주는 경향이 있다.

셋째, 교육과정 중에서 학문적인 과목이 차지하는 비율이 높다.

넷째, 교사의 질이 높다.

다섯째, 학교와 교실에 질서가 잡혀 있고 일탈과 비행 학생들에 대한 규율이 엄격하고 일관성이 있다.

여섯째, 외부기관과 학부모로부터의 지원과 협조가 많다.

3) 학교의 과정변인

학교효과에 대한 새로운 연구의 방향은 과정변인의 영향을 밝히는 것에 초점이 맞추어졌다. 과정변인이란 학교 안에서 일어나는 운영과정이나 교수-학습 과정에 관한 변인들을 의미한다. 학생의 학업성취에 영향을 줄 것으로 기대되는 과정변인으로는 학교풍토와 학습풍토, 학급 규모와 학급 편성, 교사와 학생의 상호작용 등을 꼽을 수 있다.

(1) 학교풍토 및 학습풍토

학업성취에 영향을 미치는 과정 변인으로서 학교풍토는 학생들의 학업성취를 향상시키거나 저해하는 학교의 집합적 규범, 학교의 형식적·비형식적 조직 구조, 그리고 교사-학생 간의 수업 실천 행위에 반영된 기대나 지각 등에 관한 것으로 규정된다(Brookover, 1980). 학교풍토 변인들은 학교효과 연구에서 학생들의 성취와 관련이 있다고 보고된 학교 특성 중의 하나이며, 학교의 노력에 따라서 변화 가능하다는 점에서 의미를 지닌다(김성식, 2007). 학교풍토에 관한 대표적인 연구로는 학교풍토를 사교문화, 직업지향 문화, 학문지향 문화, 저항적 문화 등 4개의 하위문화로 구분하고 그 특성을 제시한 트로우(Trow, 1962)의 연구를 꼽을 수 있다.

모든 학교는 나름의 독특한 학습풍토(learning climate)를 갖고 있다. 학교의 학습풍토는 학교의 사회적·심리적·교육적 분위기라고 할 수 있다. 학교의 학습풍토는 학생의 학업성취를 촉진시키기도 하지만 저해하기도 한다. 따라서 효과적인 학습풍토를 가진 학교는 높은 수준의 학업성취를 달성하는 반면 그 반대의 경우는 낮은 학업성취를 보인다(김병성, 2009).

학업성취에 대한 학교풍토의 영향을 분석한 국내 연구에서도 학교풍토 변인이 학업성취의 향상과 균등한 분배에 일정 부문 긍정적인 효과를 보임을 보여준다. 학교풍토 변인 중 학업성취를 강조하는 변인은 전반적인 학업수준을 높이고, 부모의 교육수준에 따른 성취수준의 차이를 부분적으로 완화하는 데 기여하는 것으로 나타났다. 반면 공동체적 풍토 변인은 학교의 평균 성취 수준에 별다른 영향을 주지는 못하는 것으로 나타났다(김성식, 2007). 한편, 학업성취에 대한 학급의 학습풍토의 영향에 관한 연구에서는 학생이 지각하는 학급의 학습풍토는 학생 개인의 배경과 무관하게 학업성취에 의미 있는 영향력을 발휘하는 것으로 나타났다(김경식 · 이현철, 2011).

(2) 학급 규모 및 학급 편성

교사 1인당 학생 수가 적으면 적을수록 교수-학습에 효과적일 것이라는 생각이 일반적이다. 그러나 학생의 학업성취에 효과적일 것이라 기대되는 적정 학급 규모와 관련하여서는 학자들마다 견해가 다양하며 연구 결과도 일치하지 않는다. 학급의 규모가 작으면 교사가 수업을 준비하고 학생을 지도하는 데 요구되는 시간 확보, 학생 개개인에 대한 관심 증대, 학생의 개인차를 고려한 개별화 · 수준별 수업의 용이함 등의 이점이 있을 수 있으며, 이는 교사와 학생의 상호작용이나 학생의 수업 참여도나 수업 태도 등에 영향을 미침으로써 학생의 학업성취를 높이는 데 기여할 수 있다. 그러나 학급 규모가 일정 수준 이하로 줄어들면 오히려 학습효과를 낮출 수 있다는 의견도 있다. 학급 내에서 학생들은 또래 학생들과 상호작용하는 가운데 학습을 촉진할 수 있으며, 경쟁적인 분위기 속에서 학습에 대한 동기를 높일 수도 있다. 그러나 학급 내 학생 수가 너무 적으면 이러한 효과가 감소할 수 있다는 것이다(Borland et al., 2005). 학생의 학업성취는 다양한 변인들이 복합적으로 작용하기 때문에 학급규모의 감소가 학생의 학업성취에 긍정적인 영향을 미칠 것이라고 단정하기는 어렵다.

한편, 학급 편성과 관련한 주요 쟁점은 학급을 이질집단으로 편성하는 것이 학업성취에 효과적인가, 아니면 동질집단으로 편성하는 것이 효과적인가의 문제와 관련이 있다. 이질집단 편성을 강조하는 입장은 평등성을 강조하며 동질집단을 지지하는 입장은 수월성을 강조한다. 이질집단으로 편성할 경우 우수한 학생들이 능력을 발휘할 수 있는 기회가 박탈당할 수 있다는 단점이 있으며, 동질집단으로 편성할 경우 성적 하위 집단이 방치될 수 있는 단점이 있다(Oakes, 1997).

(3) 교사와 학생의 상호작용

교사와 학생의 상호작용은 학생의 학업성취에 영향을 미치는 주요 학교 요인 중 하나이다. 교사와 학생의 상호작용에 관한 연구들은 주로 학교(학급) 구성원 간 언어적 상호작용, 학생에 대한 교사의 범주화, 그리고 교사의 기대효과에 주목한다. 관련 연구들을 통해 도출된 결과를 간략하게 제시하면 다음과 같다.

첫째, 교실 내 수업에서 교사와 학생은 그가 속한 사회계층에 따라 각기 다른 언어모형을 사용한다. 계층에 따른 서로 다른 언어모형은 학생에 대한 교사의 차별적 기대와 차별적 행동으로 이어짐으로써 학생의 학업성취에 영향을 미친다.

둘째, 교사는 학생들을 분류하고 범주화하는데, 그러한 분류는 학생에 대한 차별적인 대우와 반응으로 이어지고, 이는 학생의 자아개념이나 학업성취에 영향을 미친다.

셋째, 학생에 대한 교사의 기대는 학생에게 전달됨으로써 자성예언으로 나타난다. 교사의 기대가 학생의 학업성취에 영향을 미치기도 하지만, 학생의 학업성취가 교사 기대의 원천이 되기도 한다.

여기서는 교실 내 언어적 상호작용, 교사의 학생 범주화, 그리고 학생에 대한 교사의 기대가 서로 어떻게 관련되어 있으며, 이러한 요인들이 학생의 학업성취에 어떻게 영향을 미치는지에 대해 살펴본다.

① 교실 내 언어적 상호작용

교수-학습 과정은 의사소통의 과정으로 주로 언어적 상호작용에 의해 수행된다. 메한(Mehan, 1979)의 연구에 따르면 수업은 시작-응답-평가로 이어지는 언어적 상호작용의 과정이며, 상호작용 과정에서 교사와 학생은 사회계층에 따라 각기 다른 언어모형을 사용하는 것으로 나타났다. 이는 번스타인(B. Bernstein, 1977)의 연구에서도 나타난다. 번스타인은 노동계급 학생들이 왜 학교에서 낮은 학업성취를 보이는지에 답하기 위하여 계층이 다른 가정의 학생들의 언어사회화 과정을 연구하였다. 연구에 따르면 상류계층의 학생들은 언어 사용에 있어서 '세련된 어법'을 구사하는 데 반하여, 하류층 학생들은 '제한된 어법'을 활용하는 경향이 높았다. 이처럼 교실 내에서 사용되는 학생의 언어 사용에는 계층적 속성이 내재되어 있다. 문제는 계층에 따른 언어 사용의 차이는 교사의 차별적 기대와 행동의 원천이 되고 이는 학생의 학업성취에 중요한 영향을 미친다는 점이다.

조문현(1987)은 학급이라는 특수한 장면에서 아동의 언어적 표현이 어떻게 귀속적 요인의 차이, 특히 계층적 차이를 교육적 성취의 차이로 변형시키는지를 밝히고자 하였다. 교실 내에서 언어는 사회적 상호작용의 내적 과정을 나타내는데, 아동의 언어적 표현 자체가 계층의 반영이자 산물이며, 언어는 학교학습을 위한 자본으로 해석되고 있었다. 교사는 아동의 언어적 표현에 따라 차별적 기대를 하고 그에 따라 아동을 달리 대한다. 예컨대 발표 기회를 배분하거나, 아동 발달에 대한 평가를 하거나, 아동을 통제할 때 차별을 한다. 언어적 표현에 따른 교사의 차별적 기대와 그로 인한 차별적 행위는 아동의 학업성취에 중요한 영향을 미치게 되고 나아가 아동의 지위를 심화시키는 결과를 초래하게 된다.

② 교사의 학생 범주화

교사가 학생을 평가하고 범주화하는 문제는 그러한 범주화에 따라 교사의 수업행동이나 반응이 달라지고, 그것이 학생의 학습활동에도 큰 영향을 주기 때문에 중요한 문제로 다루어진다.

수업에서 교사가 학생을 평가해서 분류해야 하는 이유 중 하나는 학생들의 학습 수준에 따라 수업 목표를 설정하고 그에 알맞은 교수-학습 방법을 고안해야 하기 때문이다. 또한 모든 학생들에게 학습기회를 균등하게 부여하기 위해서도 필요하다. 그러나 실제 교실의 수업 과정을 분석한 연구들에 따르면 교사의 아동 분류는 단순히 수업이론적 차원에서 이루어지는 것만은 아니다(김정원, 1999). 관련 연구에 따르면 수업수준별로 계열화한 학교에서 낮은 계열의 학생들은 학습의 기회를 오히려 더 잃게 되는 결과가 초래된다(Keddie, 1979). 또한 계열화되지 않은 학교에서도 교사가 일정한 기준에 따라 학생들을 분류하고 그에 따라 학생에게 차별적 기대를 하며, 이는 학생 간 학습기회의 차이로 이어진다(Rist, 1971; Robinson, 1987).

한편, 하그리브스와 그의 동료들(Hargreaves, Hester, & Mellor, 1975)은 교사가 학생을 범주화하는 과정을 3단계로 제시하였다. 학생에 대한 교사의 범주화 과정의 1단계는 교사가 학생을 처음 만나 그들에 대해 가정하는 모색 단계, 2단계는 교사가 학생들에 대한 가정을 명료화하는 단계, 그리고 3단계는 교사가 학생을 범주화하여 공고히 하는 단계이다.

교사의 학생 범주화가 학생의 성취에 영향을 미칠 수 있음은 여러 연구들을 통해 확인할 수 있다. 로빈슨(Robinson, 1987)의 연구에서는 교사가 자신이 담당하는 아동들에 대해 그들의 사회경제적 배경에 따라 각기 다른 성취 기대를 하고, 그것이 교사와 아동 간 상호작용에도 반영되는 것으로 나타났다. 구체적으로 사회경제적 배경이 높은 아동은 교사의 '호명'을 많이 받지만 그 반대의 경우 '통제'를 많이 받는 것으로 나타났다. 이는 학생 간 상호작용에도 영향을 미치게 된다. 결국 교사는 사회경제적 지위가 높은 학생들이 또래들 사이에서 주도권을 갖도록 강화하는 역할을 수행하는 셈이다. 이혜숙(1993)의 연구도 학생에 대한 범주화에 따라 교사가 아동을 차별적으로 다룬다는 점을 보여준다. 다만 서양의 연구에서와는 달리 교사가 학생을 범주화하는 가장 주된 기준은 성적이었고, 가정배경은 부차적으로 고려되었다. 교실 장면에서 교사의 학생 범주화는 학생에 대한 교사의 차별적인 반응이나 행동으로 이어져 학생의 학업성취에도 영향을 미칠 수 있다.

③ 교사의 기대

사회학자 머튼(R. K. Merton, 1968)은 어떤 예언이 형성되면 그것이 인간행동에 구속력을 가하여 그 예언이 실현되도록 하는 강력한 수단으로서 기능하는 사회심리적 기제를 자성예언으로 개념화하였다. 머튼의 이론은 로젠탈과 제이콥슨의 피그말리온 효과, 고프만의 낙인효과 이론과 일맥상통한다. 머튼의 자성예언은 학교 장면에서 교사의 기대효과가 학생의 학업성취와 상관성이 있음을 설명하는 데 유용하다(자세한 내용은 제10장 참고).

교실에서 교사의 기대가 어떻게 형성되어 전달되고 자성예언으로 실현되는지 그 과정에 대해 굿과 브로피(Good & Brophy, 1984)는 다음과 같이 설명하였다.

첫째, 교사는 특정 학생에 대해 어떤 특별한 행동이나 성취를 할 것으로 기대한다.

둘째, 특정 학생에게 어떤 기대를 하게 되면 교사는 그에게 각별한 행동을 하게 된다.

셋째, 교사의 각별한 행동은 학생에게 교사가 기대하는 행동이나 성취가 어떤 것인지 알게 하며, 이는 학생의 자아개념·성취동기·포부수준 등에 영향을 미친다.

넷째, 이러한 행동이 반복되면 (학생이 이에 반대하거나 거부하지 않을 경우) 학생의 행동이나 성취는 교사가 기대한 방향대로 높거나 낮게 형성된다.

다섯째, 시간이 흐르면서 학생의 행동이나 성취는 더 강하게 형성되고, 그 결과 처음에 교사가 기대했던 것과 매우 가깝게 된다.

교사의 기대가 학생의 행동에 영향을 미칠 수 있음은 그것이 학생의 학업성취에도 영향을 미칠 수 있음을 시사한다. 국내에서도 관련 주제를 다룬 연구들(곽수란, 2005, 2013; 김경식, 2006; 김병욱, 2007)이 다수 수행되었으며 교사의 기대와 학생의 학업성취 간 상관성이 있음을 드러내었다.

4. 지역사회

1) 지역사회와 학업성취

지역사회가 보유하고 있는 자본이나 교육적 여건은 학생의 발달에 그 자체로 영향을 미치기도 하지만 그 지역에 있는 학교나 가정의 특성을 통해 학생의 교육적 환경을 조성하는 데도 영향을 미친다.

지역사회라는 공간은 학생과 학교에 대해 구조적인 영향을 미친다. 특정 공간에 교육적으로 비슷한 수준과 유사한 교육적 요구를 가진 사람들이 모여 살게 되고, 유익한 시설과 서비스가 집중되면 교육과 관련된 고급 지식과 정보의 교환과 공유라는 외부효과(externalities)가 나타난다. 긍정적인 외부효과를 갖는 교육조건을 구비하고 있는 지역은 특정 계층의 독점적 공간이 될 가능성이 커지지만, 그 반대의 지역에서는 열악한 교육환경을 경험할 가능성이 더 커진다(손준종, 2004). 어느 지역에 거주하느냐에 따라 양적 · 질적으로 풍부한 교육을 제공받을 수도 있지만 그렇지 않을 수 있으며, 이에 따라 학생의 학업성취도가 달라질 수 있다. 지역사회의 차별적 교육환경으로 인한 교육불평등은 점점 심화되고 있어 교육문제를 넘어서 심각한 사회문제로 부각되고 있다.

지역사회가 지역 내 아동 및 청소년의 발달에 어떻게 영향을 미치는가에 대한 연구들은 몇 가지 이론에 기반하여 그 관계를 설명한다. 대표적인 이론으로 지역사회자원이론, 집합적사회화이론, 그리고 전염이론 등을 꼽을 수 있다(Jencks & Mayor, 1989).

지역사회자원이론(neighhood institutional resource model)은 지역사회 내 자원이나 지역에서 제공하는 서비스의 질에 따라 아동과 청소년의 발달이 달라질 수 있다고 설명한다. 예컨대, 도서관, 상담기관, 학원, 지역사회센터, 공원 등 지역사회 내 시설 및 관련 서비스가 발달을 자극함으로써 아동 · 청소년에게 영향을 미칠 수 있다는 것이다.

집합적 사회화이론(collective socialization model)은 사회적 관계와 모델링에 주목한 이론으로 양육이나 교육적으로 좋은 모델을 제공할 수 있는 지역 내 성인의 수나 역할에 따라 아동·청소년의 발달이 달라질 수 있다고 설명한다. 예를 들어 지역사회에서 성공한 성인이 있다면, 이 성인은 역할 모델을 제공함으로써 지역 내 아동·청소년들에게 긍정적인 영향을 미치게 된다는 것이다.

전염이론(contagion model)은 아동과 또래 간 관계의 영향에 초점을 맞춘 이론이다. 지역사회의 특수한 규범이나 가치, 관련 행동 등은 또래 집단 간 모방과 압력을 통해 전해지게 되는데, 이는 아동과 청소년의 발달에 영향을 미칠 수 있다고 설명한다. 예컨대, 사회경제적 지위가 높은 지역의 아동·청소년들은 유사한 환경의 친구들을 사귈 가능성이 높고 이들과의 교류를 통해 보다 많은 것을 학습할 기회를 갖게 된다는 것이다.

이러한 이론들은 주로 지역사회의 자원이나 환경이 아동의 발달에 직접적인 영향을 미치기도 하지만 지역사회 성인이나 또래 집단을 통해 간접적인 영향을 미칠 수 있음을 시사하고 있어 지역사회가 학생의 학업성취에 미치는 영향에 대해서도 일정 부문 설명이 가능할 것으로 보인다.

2) 도농 간 학업성취 격차

지역 간 학업성취 격차는 도시와 농촌 간, 서울과 지방 간, 수도권과 비수도권 간, 그리고 도시 내 거주지 간 등 다양한 차원에서 발생한다. 특히 도시와 농촌 간 격차는 매우 심각한 수준에 이르고 있다. 급속한 인구감소 및 고령화 현상으로 성장 동력을 잃어가고 있는 농촌 지역은 학생 수 감소와 그에 따른 학교 및 학급 규모의 감소로 정상적인 교육과정 운영이 어렵고 교원 수급에도 문제를 겪는 등 중층적인 어려움에 처해 있다(이유정 · 오성배, 2016).

도시와 농촌 지역은 불평등이 체계화되고 구조화되어 나타나는 공간이다(이두휴, 2011). 국가의 투자뿐 아니라 민간 부문의 적극적인 공급과 투자로 우수한 교육여건을 가진 도시 지역과는 달리 사회·경제·문화적으로 취약한 농촌 지역은 민간의 투자를 기대하기 어렵고 국가의 투자에만 의존해야 하는 상황이기 때문에 상대적으로 교육적으로 불리할 수밖에 없다(이재연 · 양정호, 2012). 도농 간 학생의 학업성취 격차는 불평등이 세대 간에 전수될 수 있다는 위험성을 드러내는 지표라는 점에서 심각한 사회문제가 되고 있다. 특히 그 격차가 학교급이 진행될수록 더 확대된다는 점에서 우려된다(성기선, 2011).

도농 간 교육격차는 교육기회의 투입 단계에서부터 교육이 이루어지는 과정에 이르기까지 다양하게 나타난다. 도시와 농촌 지역의 가구 소득이나 기초자치단체의 재정 자립도 차이는 자녀교육에 투입되는 비용이나 학교에 지원되는 비용의 차이를 가져올 수 있다. 또한 농촌의 열악한 근무 여건으로 인한 교사들의 농촌 학교 근무 기피 및 교육적 열의 감소 등은 농촌 학생들의 교육 경험의 질을 낮출 수 있는 요인으로 작용할 수 있다. 농촌 인구의 급감과 학생 인구의 감소로 인한 학교 통폐합도 농촌 지역의 교육환경을 악화시키는 한 요인이 된다. 게다가 농촌 지역은 저소득층 학생이나 조손가정 및 다문화 가정 학생 등 교육적으로 취약한 학생들이 차지하는 비율이 도시 지역에 비해 상대적으로 높게 나타나는데, 이 또한 농촌 지역 학생들의 낮은 학업성취도 요인으로 지목되고 있다.

학교급별 도농 간 학업성취도 격차를 분석한 연구에 따르면 학생들의 학교급 수준이 올라갈수록 도시 지역과 농촌 지역 학생들의 성취도 격차가 점점 커지는 것으로 나타났다. 특히 고등학교 수준에서 그 격차가 가장 크게 나타나는데, 이는 고등학교 단계에서는 가정 배경 요인 외에도 학생의 심리적 요인이나 학교에서의 수업 분위기 등과 같은 학교 풍토 변인이나 교사의 열의 등과 같은 과정 변인의 영향이 작용하기 때문으로 해석할 수 있다(성기선, 2011).

또한 도시 지역의 부모들은 농촌 지역의 부모들보다 자녀의 학업에 대한 기대 수준이 높은 것으로 나타났다. 부모의 자녀 학업에 대한 기대는 청소년의 학업 기대 수준이나 자기 효능감에 영향을 미침으로써 자녀의 학업성취에도 영향을 미친다. 이는 자녀교육에 대한 부모의 관심이나 기대 등이 지역의 특성에 따라 차이가 나며, 그러한 차이가 학생의 학업성취도 격차를 유발할 수 있음을 보여준다(박영신 외, 2011).

지역 간 학업성취의 격차는 도시와 농촌에만 한정된 문제가 아니다. 대도시와 소도시, 서울과 지방, 수도권과 비수도권 간에도 나타난다. 최근에는 도시 내 주거지 간 격차도 심각한 수준에 이르고 있다. 도시가 거주민의 특성에 따라 사회, 문화, 정치, 교육 등 다양한 영역 등에서 분절되어 있기 때문이다(손준종, 2004). 도시 내 거주지 간 학업성취 격차는 사회계층에 따른 거주지 분화 현상이 뚜렷한 대도시를 중심으로 나타나고 있다. 지역의 교육적 자원이나 조건들은 그 지역에 거주하는 사람들의 사회경제적 지위에 지배적인 영향을 받으며, 이는 사회의 구조적 불평등이 교육을 통해 악순환되고 있음을 의미한다.

그동안 지역 간 교육격차에 대한 논의는 주로 도농 간 격차를 중심으로 수행되어 왔다. 주로 학교의 교육여건의 차이와 그로 인한 교육격차에 초점이 맞추어져 있었다. 그러나 최근에는 계층 간 격차와 연계하여 사회계층별 거주지 분화 현상과 그에 따른 교육격차에 대한 논의로 확장되고 있다. 지역 간 교육격차는 심각한 불평등을 유발하기 때문에 격차를 줄이려는 정책적 노력이 이루어지고 있지만 학교정책에 제한되어 있어 문제를 해결하는 데는 한계가 있다. 지역 간 교육격차는 학교의 문제를 넘어 사회의 구조적 문제와 긴밀하게 결부되어 있다. 따라서 지역 간 학생의 학업성취 격차를 줄이기 위해서는 다층적인 차원에서 해결방안을 모색해야 할 것이다.

5. 사교육

우리나라에서 사교육은 학생의 학업성취에 영향을 미치는 결정적인 요인이다. 2021년 우리나라 초 · 중 · 고등학생의 평균 사교육 참여율은 75.5%로 조사되었다(통계청, 2022). 이러한 통계 수치는 우리 사회에 사교육이 보편화되었음을 보여준다. 사교육 보편화 현실의 기저에는 사교육 효과에 대한 믿음이나 기대가 내재되어 있다. 실제로 학생들은 상급학교 진학과 학교성적 향상에 사교육이 효과적이라고 인식하고 있는 것으로 나타난다(최상근 외, 2003).

우리나라에서 사교육 참여는 과외금지 조치의 위헌 판결에 따라 사교육의 전면적인 허용이 이루어진 2000년 이후에 급격히 증가하였으며 사교육비 지출도 지속적으로 증가하였다. 더불어 사교육 시장도 급속도로 팽창하였으며, 사교육은 단순히 학습을 보완하기 위한 개인적 행위 차원을 넘어서 사회적으로 보편화된 현상이 되었다. 사교육이 개인적 문제를 넘어 사회적 문제로 확대되면서 사교육 효과에 대한 논의와 관련 연구들도 증가하였다. 사교육의 효과를 분석하는 것은 개인적으로나 사회적으로 의미를 지닌다. 개인적인 차원에서는 사교육을 선택하는 것이 합리적인 의사결정인지를 가늠하는 척도가 될 수 있으며, 사회적 차원에서는 교육에 대한 정책적 대응의 방향 설정에 영향을 줄 수 있기 때문이다.

2000년대 이후 사교육 효과에 대한 실증적인 연구가 지속적으로 이루어지고 있지만 학업성취에 대한 사교육의 실질적 효과에 대해서는 긍정적 평가와 부정적 평가가 엇갈리고 있으며, 효과의 구조적 관계나 크기에 대해서도 상이한 결과가 도출되고 있다(이종재, 2010). 그럼에도 대부분의 연구에서는 사교육이 학업성취도 향상이나 상급학교 진학에 유의한 효과가 있는 것으로 보고된다(김경식 · 이현철, 2011; 성기선 · 김준엽, 2010; 양정호, 2012). 그러나 사교육 효과를 일반화하는 데는 다소 무리가 있다. 사교육의 영향력이나 효과의 크기는 학교급이나 학년 수준, 교과목의 특성, 학생의 성적 수준, 사교육 경험 유무 등에 따라 상이

하기 때문이다. 관련 연구들에 따르면, 학업성취에 대한 사교육 효과는 고등학교 단계보다는 중학교 단계에서(이종재, 2010), 국어나 영어 교과보다는 수학 교과에서(김진영, 2005) 더 크게 나타난다. 또한 사교육 경험이 많은 학생일수록(반상진, 2005), 사교육 의존도가 높은 학생일수록(임천순 외, 2004), 성적이 낮은 학생일수록(김경식, 2003) 사교육 효과를 더 많이 보는 것으로 나타난다. 이러한 연구 결과는 학업성취에 대한 사교육 효과가 학생의 특성이나 교과목의 특성 등에 따라 상이하게 나타날 수 있음을 보여준다.

또한 일부 학생 집단이나 교과목에서 사교육 효과가 나타나더라도 그것을 학생의 가정배경, 사전성취도, 혹은 개인의 학습심리적 특성 등과 무관한 것인지를 구분한다는 것이 쉽지 않기 때문에 학업성취에 대한 사교육 효과를 명확하게 설명하기에 어려움이 따른다.

학업성취에 대한 사교육 효과는 사교육 시간이나 사교육비 지출과 일정 부문 관계가 있다고 보고된다(이광현 · 권용재, 2011). 그런데 사교육 시간이나 사교육비 지출을 결정하는 주요 변인은 부모의 사회경제적 지위이다. 부모의 경제적 수준이 높을수록, 전문직일수록, 학력이 높을수록 사교육비 지출이 더 많은 것으로 나타난다(노현경, 2006). 사회경제적 배경이 높은 가정에서는 사교육 투자 외에도 자녀교육을 위한 물리적 지원이나 인지적 환경을 조성하는 데 있어 더 적극적이다. 이는 사교육 효과를 설명하는 데 있어 가정배경의 효과와 함께 설명될 필요가 있음을 보여준다.

사교육 참여 동기는 주로 보완적 전략과 경쟁적 전략의 차원으로 설명할 수 있다(Baker et al., 2001). 전자는 부족한 학업을 보충하기 위한 개인적 차원의 전략이며, 후자는 경쟁력에서 뒤처지지 않으려는 집단적 차원의 전략이다. 전 세계적으로 사교육은 보완적 전략으로 활용되는 경향이 강하지만 일부 국가들에서는 경쟁적 전략으로 활용된다. 한국이 대표적인 국가다(전하람 · 심재휘, 2018). 집단적 차원의 경쟁적 전략은 교육의 사회적 지위분배 기능이 강할수록 높게 나타난다. 우리나라에서는 학업성취도가 높은 집단에서 사교육 참여율이나 사교육비 지출이 높게 나타나는데(상경아, 2005), 이는 사교육이 경쟁적 전략으로 활용되고 있음을 보여준다.

한편, 학업성취에 대한 사교육의 실질적 효과와는 별개로 우리나라에서 사교육이 보편화되고 있는 현상은 사회심리를 통해 설명되기도 한다. 관련 이론으로는 기대이론(Vroom, 1960)과 게임이론(백일우, 1999)을 꼽을 수 있다. 기대이론에서는 사교육 참여나 투자가 대입시험에서 좋은 성적을 받고자 하는 기대감, 그 결과 명문대 진학에 대한 기대감에서 비롯된다고 설명한다. 한편 게임이론에서는 사교육 선택 행위가 남들이 다하는 사교육을 받지 않으면 경쟁에서 뒤처질지 모른다는 불안감 속에서 생존을 위한 합리적 선택 행위라고 설명한다(이종재, 2010).

사교육의 학업성취 효과에 대한 논쟁은 끊임없이 지속되고 있다. 여러 연구에서 사교육이 학생의 학업성취를 높이는 데 일정 부문 효과가 있다고 보고된다. 그러나 사교육 효과는 학생의 특성에 따라 다르게 나타난다(이종재 외, 2010). 또한 사교육비 지출이나 사교육 투자 시간이 사교육 효과에 미치는 크기는 상대적으로 미미하며 특정 시점을 기준으로 그 효과는 감소한다고 결과도 나타난다(이광현 · 권용재, 2011). 이는 사교육 참여나 투자 시 무조건적 믿음과 의존을 경계하고 학생이 처한 상황이나 조건 등을 고려할 필요가 있음을 의미한다.

생각을 키우는 자료 3

학업성취(학력)에 대한 새로운 관점

교육현장에서는 기존의 교과 학업 성적에 기반한 학력관에 대한 비판으로서 전인적 학력 개념과 역량 중심 학력 개념 등을 포함한 새로운 학력관에 대한 논의가 전개되고 있다. 기존의 학력관이 학력의 개념을 교과 성적, 학업성취도 등 교육과정에 명시된 교과 교육의 목표에 대한 성취도의 개념이라면 새로운 학력관은 학력의 개념을 교과 지식 습득의 정도를 평가하는 '교과' 중심의 학력 개념을 넘어서 역량을 포함하는 개념으로 자아성장과 사회적 성숙, 행복한 삶을 추구하는 개념으로 확장되고 있다(성기선, 2005).

지식 이해 중심의 기존 학력과 대비되는 새로운 관점의 학력 개념이 제기되고 있다. '신학력'과 '참학력' 등이 그 예다. 신학력 개념은 성공적인 삶을 위해서는 기존의 학교교육에 기반한 지식과 기능의 습득 외에도 실제적 삶을 살아가는 데 필요한 다양한 능력이 필요하다는 요구에서 비롯되었다(김유리 · 김성식, 2019). 참학력(authentic achievement)은 경쟁, 비교, 시험, 입시 등을 강조하는 기존의 학력과 차별화된 관점으로 접근한 개념이다. 주로 '학력(學歷)이나 학벌(學閥)이 능력을 보증한다고 생각하는 기존의 믿음이 아닌 학력(學力)'(노철현 외, 2016), '단순한 교과지식의 습득만이 아니라 자신의 삶과 사회의 변화 및 흐름에 대한 통찰을 통해 미래의 삶을 의미 있게 살아갈 수 있는 힘을 기르기 위한 학력'(강충렬 외, 2013), '자기주도적으로 체득(體得)한 교과의 지식을 바탕으로 진정으로 의미 있는 미래의 삶에 필요한 핵심역량을 기르기 위한 학력'(김은순 외, 2021) 등으로 정의되고 있다. 신학력 또는 참학력은 공통적으로 교육이 학생들의 삶에 필요하고도 의미 있는 것이어야 한다는 점을 강조한 개념이라고 볼 수 있다.

오랜 기간 우리 사회에서 견고하게 유지되어 온 교과 지식 습득에 기반한 학업성취와 학력의 개념에서 탈피하고자 하는 움직임인 새로운 학력관은 학교교육에 상당한 변화를 예고하고 있다. 결과중심 평가에서 과정중심 평가의 필요성과 중요성에 대한 인식의 전환이 이루어지고 있다. 더불어 학생의 전인적 발달과 역량을 진단하기 위한 인지 · 정의 · 행동 영역의 질적 평가를 지향하며, 이를 평가할 수 있는 다양한 평가 방법을 지향하고 있다(김유리 · 김성식, 2019). 그러나 그것을 구현하는 구체적인 방식에 대해서는 합의된 바가 없으며 해결과제로 남아 있다.

4차산업혁명으로 일컬어지는 지금까지와는 전혀 다른 새로운 사회의 변화에 적응하기 위해서 교육의 변화는 불가피하다. 지식의 주기가 짧아지고 정보의 홍수 시대에서 기존 지식에 대한 암기와 수용을 강요하는 교육은 의미가 퇴색되고 있다. 학력에 대한 새로운 시각은 학습활동에 대한 전제의 변화로부터 시작될 수 있다. 학습활동은 시험을 위해 축적된 지식을 습득하기 위함이 아닌 삶의 문제를 역동적으로 해결하기 위함에 의미를 두어야 한다.

토론해 봅시다

1) 교육 영역에서도 사회자본에 대한 관심이 높아지고 있는데, 이는 사회자본이 시사하는 교육적 가능성 때문이다. 특히 가족 내 사회자본은 부모의 낮은 사회경제적 지위로 인하여 발생할 수 있는 자녀의 학업성취 격차를 줄이는 데 기여할 수 있다는 점에서 그러하다. 다른 계층에 비해 상대적으로 경제자본이나 인간자본이 결핍되어 있는 저소득층 가정에서 가족 내 사회자본을 활성화할 수 있는 방안을 가정, 학교, 지역사회, 국가적 차원에서 논의해 보자.

2) 지역 간 학업성취 격차는 단순히 학교의 문제를 넘어 사회의 구조적 문제와 긴밀하게 연결되어 있다. 이는 지역 간 학생의 학업성취 격차를 줄이기 위해서는 다층적인 차원에서 해결방안을 모색해야 함을 의미한다. 지역 간 학업성취 격차를 줄일 수 있는 다양한 방안에 대해 논의해 보자.

제9장

교육선발 및 교육내용에 대한 사회학적 관심

학교는 능력에 따라 학생을 선발하고, 선발된 학생에게 지식을 전달하는 기능을 한다. 이 장에서는 교육선발과 교육내용에 대한 사회학적 관심과 관련 쟁점이 무엇인지 살펴본다. 사회적 선발과 분배의 과정에서 학교교육이 어떠한 기능을 수행하며, 그 과정에서 나타나는 사회적 · 교육적 현상들이 무엇인지 살펴본다. 그리고 학교에서 다루어지는 교육내용이 선정 · 조직 · 분배되는 과정에 대한 사회학적 논의를 살펴본다.

주요 개념

교육선발, 교육분배, 능력주의, 교육내용, 보이텔스바흐 합의

주요 질문

- 교육선발과 관련한 교육사회학의 주된 관심은 무엇인가?
- 교육내용과 관련한 주요 교육쟁점은 무엇인가?

1. 교육선발과 사회학적 관심

1) 교육선발과 학교교육

(1) 사회이동

신분사회에서 근대 개방사회로 이전하는 과정에서 가장 주목할 변화로는 교육을 통한 사회이동이 가능해졌다는 점이다. 신분사회에서 교육은 신분유지적 · 신분장식적 기능을 수행하였으며 교육을 통한 사회이동은 쉽지 않았다. 그러나 근대 개방사회에서는 학교교육이 확대되고 대중화되면서 교육을 통한 사회이동이 가능해졌다. 신분에 의한 지위분배는 약화되고 개인의 능력에 기반한 지위분배가 상화된 것이다.

사회이동은 개인 또는 집단의 사회적 지위에 변화가 발생함을 설명하기 위한 개념으로 하나의 사회적 지위로부터 다른 지위로의 변화를 의미한다. 사회이동은 분류 방식에 따라 수직적 이동과 수평적 이동으로 구분되기도 하고, 세대 간 이동과 세대 내 이동으로 구분되기도 한다.

수직적 이동은 개인이나 집단의 사회적 지위가 상승 또는 하락함을 의미한다. 수평적 이동은 사회적 지위의 변화 없이 지역이나 기능상에 변화가 있음을 의미한다. 수직적 이동으로는 상승이동과 하강이동을 예로 들 수 있다. 수평적 이동은 사회적 지위의 변화와는 무관한 전근 또는 근무 부서나 위치의 이동을 예로 들 수 있다. 그리고 세대 간 이동은 부모 세대와 자녀 세대 간 직업적 또는 사회적 지위의 변화가 있음을 의미한다. 동일 세대 내에서 사회적 지위의 변화가 발생했다면 이는 세대 내 이동이라고 볼 수 있다.

사회이동이 나타나는 양상은 사회의 성격에 따라 다르다. 귀속적 기준에 의해 인간의 능력을 평가하는 사회에서는 개인의 사회이동은 극히 제약적이다. 반면, 업적적 기준에 의해 인간의 능력을 평가하는 사회에서 개인의 사회이동은 매우 활발할 수 있다. 사회이동의 기준이 개인의 능력에 기반한다는 것은 개방사회의 중요한 특징이다. 그러나 한 개인이 능력을 갖추는 과정에서 부모의 사회경제적 지위나 가정배경과 같은 귀속적 요인들의 영향을 완전히 배제할 수 없다.

(2) 학교의 선발 및 분배 기능

업적주의에 기반한 사회이동이 가능해진 근대사회에서 개인의 능력을 함양시키고 능력에 따른 선발 및 지위분배의 기능을 담당하는 실질적인 기관은 학교이다. 학교교육이 사회제도로서 확립되어 양적으로 팽창하고 대부분의 사람들이 장기간 학교에서 교육을 받게 된 오늘날에는 학교교육이 차지하는 비중이 매우 크다. 학교교육의 수료증서인 졸업장, 즉 학력은 기존에 획득한 지식과 기능뿐 아니라 미래에 갖추게 될 지식과 기능을 획득할 수 있는 잠재적 능력까지도 시사한다. 이처럼 학력이 그 자체로서도 희소자원이 될 수 있지만 다른 자원을 획득하기 위한 수단적 성격으로서 기능할 수 있다는 점은 학력이 사회적 자원의 분배구조와 밀접한 관계에 있음을 의미한다. 사람들이 장차 어느 정도의 사회적 자원을 분배받는가는 그가 어떤 교육을 받고 어떤 학력을 획득했는가 하는 문제와 관련된다.

사람들이 사회적 지위를 획득하는 과정을 사회적 측면에서 보면 사람들을 사회적 지위에 분배하는 과정이다. 그러므로 사회적 지위의 획득과 분배의 과정은 곧 경쟁과 선발 과정과 다름없다. 현대사회에서 학교가 흔히 선별장치 또는 사회적 선발과 분배의 기구로 불리는 이유이다. 근대 이후 사회이동을 열망하는 시민들의 자발적 동의를 이끌어낸 기구(김동춘, 2022)로서 학교에 대한 의존도가 급격하게 높아지게 된 것도 같은 맥락에서 이해할 수 있다.

선발 및 분배의 과정에서 학교가 중심적인 위치를 차지하게 된 이유는 다음과 같다.

첫째, 산업화의 진전은 지식과 기술 중심의 산업과 직업을 발전시켰고, 그러한 변화에 수반된 전문적 지식과 기술을 획득하는 데 학교가 중요한 역할을 담당하였다.

둘째, 초 · 중 · 고등학교와 대학교로 연계된 계통구조 속에서 학교는 학생을 선발하는 대표적 기구로 기능하게 되었다. 학교는 그 자체로 하나의 선발기제(selection mechanism)이다.

셋째, 학교는 졸업장이라는 교육자격, 즉 학력증서를 발행하는 기구로서 시험제도와 사회의 자격제도를 결합함으로써 선발 및 분배 기능을 수행하게 되었다.

학교교육은 선발과 분배에 관계되는 다른 제도와 힘과 밀접하게 관련되어 있기 때문에 그 과정 전체를 좌우하는 전략적 위치를 차지한다. 학교교육제도에서 이루어지는 선발을 교육선발이라고 할 때, 그것은 사회적 선발의 전 과정에서 매우 큰 비중을 차지하며 후에 올 직업 선발의 예비적 기능을 수행한다. 학교는 시험을 통해 학생의 성적과 서열을 부여하고 이후 대학 성패와 지위 상승의 기회를 제공하는 등 지배 질서의 중심에 위치한다(김동춘, 2022). 학교교육이 발달할수록 시험이 수행하는 사회적 선발기능은 더욱 강화된다.

(3) 입시제도의 기능

입시제도는 학생 선발, 학교 교육내용 및 운영 방법 등은 물론 사회의 의식구조에도 영향을 미치며 궁극적으로는 국가의 인적자원 개발과 사회발전의 방향에도 영향을 미친다. 입시제도는 자체의 목적인 선발적 기능 외에도 교육적 기능과 사회적 기능과 같은 파생적 기능을 수행한다.

입시제도의 선발적 기능은 입시를 치르는 학생 중에서 상급학교 진학에 보다 적절한 자를 찾아내는 일이다. 이때 '적절한 자'는 그 사회가 처한 역사적 전통 및 사회체제에 따라 다를 수 있으며, 국가의 정책에 따라서도 다를 수 있다.

입시제도의 교육적 기능으로는 하급학교의 교육방향을 설정하는 기능을 꼽을 수 있다. 교육경쟁이 치열한 상황에서 하급학교의 교육은 불가피하게 상급학교 입시의 영향을 받게 된다. 입시 전형의 내용과 방법은 입시 준비를 위한 교육을 통해 하급학교의 교육내용과 학교 교육과정 운영에 막대한 영향을 미치게 된다. 입시는 학생들의 학습동기를 유발하는 중요한 요인이 되며, 그들의 학습 상황과 그로 인한 신체적 · 정신적 발달에도 영향을 미칠 수밖에 없다. 이 외에도 입시는 학교의 교육성과에 대한 사회적 평가의 기회를 제공하는 등의 다양한 파생적 기능을 수행한다.

입시제도의 사회적 기능은 입시가 미치는 정치 · 경제 · 사회 · 문화적 측면의 영향을 의미한다. 입시가 어떻게 운영되느냐에 따라 사회 전반의 풍토가 달라질 수 있다. 특히 우리나라처럼 입시가 첨예한 사회문제로 인식되는 상황에서 입시정책은 중요한 대선공약으로 등장할 정도로 정치적 상황에도 큰 영향을 미친다. 입시를 준비하는 과정에서 소요되는 교육비에 대한 부담은 에듀푸어(edu poor)라는 신조어를 만들어낼 정도로 가계경제를 위협하는 요인이 되고 있다. 이 밖에도 우리나라에서는 입시산업이 과다하게 팽창해 있으며, 무엇보다 입시로 인한 과열경쟁이 사회적 긴장감을 조성하고 있다는 점 등을 입시제도가 갖는 사회적 기능으로 볼 수 있다.

사회적 가치들(사회재, social values)이 제한적이고 부와 권력이 편중되어 있는 우리나라 상황에서 입시제도는 치열한 생존경쟁이라는 사회적 맥락 속에 위치한다. 해방 이후 우리 사회는 급격한 사회적 · 정치적 변동을 겪었으며, 그 속에서 사람들은 나름의 생존전략을 학습하게 되었다. 그 생존전략은 사회적 상승기류에 어떻게 편승할 수 있는가에 집중되었다.

학교교육이 사회적 계층이동의 핵심적 수단으로 기능하고 사회적 선별의 과정이 학교교육 속에 들어와 있는 현실에서, 입시제도는 교육제도로서 실현해야 할 교육적 가치를 창출하기에 앞서 사회적 지위 획득을 위한 일차적 관문으로서 사회문제를 교육문제로 투영시키는 창구역할을 해왔다. 과다한 입시경쟁은 고질적인 사회문제가 되었고 지역 간 · 계층 간 첨예한 갈등 요인으로 확대되었다. 그동안 정부는 입시정책에 대한 중심을 잡지 못하고 입시제도를 수없이 개편 했지만 그때마다 새로운 문제가 발생되는 악순환이 반복되어 왔다.

(4) 선발기준과 능력주의

대학입시의 주된 목적은 대학에 입학할 수 있는 적격자를 선발하는 일이다. 대학입시와 관련하여 그 적격자를 선발하는 기준이 무엇이 되어야 하는가의 문제는 사회마다 다소 상이할 수 있지만, 현대 개방사회에서 그 기준은 대체로 개인의 능력에 기반한다. 이때 능력이란 개인의 선천적인 재능과 후천적인 노력을 의미한다. 그러나 개인의 재능은 무엇을 의미하며, 어떻게 측정할 것인가의 문제는 여전히 논란 속에 있다. 인간의 능력은 매우 광범위하고 다양하지만 현대 자본주의 사회에서 요구하는 능력은 매우 협소하다. 무엇이 가치 있는 능력인가에 대한 판단이 상황과 맥락에 따라 다양할 수 있음에도 매우 획일적인 능력만을 강요받는다. 또한 능력을 평가하는 각종 검사와 시험은 협소한 척도에서 개인을 서열화하는 데는 성공적이지만, 그러한 척도가 개인의 능력을 얼마나 타당하고 신뢰롭게 측정하는가에 대해서는 의문이 제기된다(윤초희, 2021).

현대 사회에서 사회적 · 교육적 선발의 핵심 원리로 작동하는 '능력'의 기준이 무엇인가에 대한 논의는 능력주의에서 찾아볼 수 있다. 능력주의는 마이클 영(M. Young)이 그의 저서 『능력주의의 출현』(The Rise of Meritocracy)(1958)에서 '능력의 차이에 따라 사회적 지위를 분배하는 보장과 인정 시스템'이라는 의미로 처음 사용하였다. 애초에 영이 사용했던 능력주의는 능력에 따른 지배를 뜻하는 부정적 개념이었지만, 실제로는 능력과 노력에 따른 응분의 보상체계라는 긍정적 의미로 통용되어 왔다(박권일, 2021). 사회적 자원과 지위의 분배에 있어 출신 배경이 아닌 개인의 능력과 노력을 주요 준거로 설정하는 능력주의는 근대 이후 신분질서가 붕괴되면서 계층 상승의 욕구와 맞물려 강화되었으며, 현대인들의 보편적인 사고와 행동양식을 강력히 통제하고 지배해 왔다.

능력주의가 강하게 지배하는 사회일수록 능력을 갖추면 성공할 수 있고 원하는 지위에 오를 수 있다는 믿음이 강하며, 능력을 개인의 노력의 결과로 인식하는 경향이 팽배하다. 그러나 순수하게 개인의 능력과 노력에 따라 보상을 받는다는 능력주의는 허구적 신화에 불과하다(Mcnamee & Miller, Jr., 2015). 개인의 능력 이면에는 부모로부터의 유전적 영향이나 사회경제적 영향과 같은 외적 요인이 크게 작용하기 때문이다.

> 개인의 능력과 노력에 의해 정당한 보상을 받아야 한다는 능력주의 원리는 언뜻 공정한 것처럼 보이지만, 개인은 태어나는 순간부터 공정하지 않은 게임을 시작한다. 우선 재능과 능력이라는 '유전자 복권'에 당첨되어야 한다. 이러한 타고난 재능은 자신의 노력과 근면과는 아무 상관이 없는 행운이다. 짧은 시간에 더 많은 성과를 낼 수 있는 능력이 타고난 것이고, 나아가 후천적 노력이나 교육에 의해 향상될 수 있는 정도 또한 타고난 능력에 비례하는 것이라면, 결국 불공정한 게임은 공평하게 주어지지 않는 능력으로부터 시작된다고 볼 수 있다. 타고난 능력에서의 불평등은 필연적으로 결과에서의 불평등을 가져올 것이기 때문이다(윤초희, 2021).

능력주의는 개인의 능력을 사회와 분리하여 절대화함으로써 대중으로 하여금 개인의 성공이 한 개인의 순수한 능력과 노력의 결과라고 믿도록 하고, 능력에 따른 차등적 보상을 공정하다고 인식하도록 한다는 점에서, 엘리트의 지배를 공인하고 불평등을 정당화하는 데 일조할 수 있다. 그럼에도 불구하고 오늘날 능력주의는 사회적 선발이나 분배의 가장 합리적인 원칙으로 수용되고 있다. 과거의 신분사회가 '부당하게' 불평등한 사회였다면, 현대의 능력주의 사회는 '정당하게' 불평등한 사회인 것이다(윤초희, 2021).

능력주의가 현대인들의 삶을 지배하는 이데올로기로 성장할 수 있었던 이유에 대해 이현주와 전하람(2022)은 신자유주의 체제와 학교교육의 영향을 꼽는다. 이들에 따르면, 개인의 자유로운 선택을 강조하는 신자유주의 원리가 공정한 경쟁의 장에서 개인의 능력과 노력이 있으면 성공할 수 있다는 능력주의적 환상을 심어주는 데 기여했다. 또한 신자유주의 체제하에서 경쟁을 통한 효율적인 학교교육을 개혁하려는 시도는 개인과 학교에 대한 평가로 이어졌고, 그에 따라 학교는 개인의 능력을 측정하기 위해 무수한 평가가 이루어지는 경쟁의 장이 되었다. 특히 대학입시제도는 개인의 능력을 인정받을 수 있는 공정한 평가도구로 활용되면서 신자유주의와 능력주의의 결합을 공고히 하도록 했다.

생각을 키우는 자료 1

한국의 시험능력주의

20세기 전후에 치르는 결정적인 시험, 즉 모두가 선망하는 명문대에 합격하는 것이 이후 평생의 지위와 보상을 가져다주는 길이라는 인식은 과거(科擧)에 급제해야 관리가 되던 권력과 부를 누릴 수 있었던 조선시대 이래 지금까지 남아 있는 생각이다. 그러나 시험성적이 곧 능력(merit)이며, 순위(ranking)를 매기는 시험이 응시자들을 선별하는 가장 공정한 절차라는 생각은 근대 학교제도와 함께 도입된 이후 1980년대 정도까지 지속되었다. 특히 이러한 학력, 시험성적, 능력에 따라 보상과 지위가 배분되어, 설사 불평등이 발생하더라도 그것이 공정하고 정의로운 것이라는 생각은 외환위기 이후 지금 세상에 일반화된 것이다.

한국에서 유행하는 능력주의는 입시나 고시 성적, 자격시험이 아니라 성적 '순위를 매기는 시험'이 학력이나 능력을 제대로 평가할 수 있는 가장 객관적인 지표라고 보는 능력주의다. 이것을 우리는 '시험능력주의'라 부를 수 있는데, 실적이나 공적(desert)보다는 시험성적 순서상의 최우등 안에 들어간, 즉 극히 경쟁적인 시험을 거쳐 선발된 사람이 바로 능력자라는 것이다. 그래서 이러한 한국의 시험능력주의에는 아주 오래전부터 지속되어 온 생각과 최근에 일반화된 생각이 뒤섞여 있다(pp. 22-23).

한국은 아주 특별한 시험사회(test society), 사람을 평가할 때 시험성적 이력을 거의 절대시하는 시험만능주의 사회다(p. 68).

출처: 김동춘(2022).

2) 교육선발을 둘러싼 사회적 쟁점

(1) 교육경쟁

> 그 중요하다는 수학능력시험 전날, 에릭의 친구들은 아주 복잡한 의례를 치렀다. 아래 학년 학생들이 수험생들의 교실을 대신 청소했다. 벽에 붙은 포스터를 모두 떼어 내고 심지어 국기도 가렸다. 대학입학시험을 보는 학생들이 아무런 방해 없이 시험에만 집중하도록 하는 배려인 것 같았다. 슈퍼마켓에서 에릭은 행운을 비는 멋진 포장의 사탕들이 잔뜩 비치돼 있는 것을 보았다. 부모들이 입시생들을 위해 사다 주는 것이었다. 고난의 길에 그들을 보호해 줄 부적 같은 것이라고 할 수도 있고, 거리는 마지막 기도를 위해 절과 교회로 향하는 부모들로 붐볐다. 나라 전체가 시험에 강박적으로 얽매여 있었다. 한국전력은 1000개에 달하는 시험장의 전력선에 문제가 없는지 직원들을 내보내 점검했다. 시험 보는 날 아침에는 증권, 선물 거래소인 한국거래소까지 한 시간 늦게 개장해 60만 명이 넘는 수험생들이 시험장에 가는 길에 교통이 막히지 않도록 배려했다. 택시들은 학생들을 무료로 태워 주기도 했다. (중간 생략) 이런 광경 전체가 에릭한테는 한 편의 격정적인 드라마처럼 보였다(아만다 리플리, 2014: 183-184).

> 한국에서 학생들은 학교 수업이 끝나면 곧바로 저녁에 학원에 가고, 집에 와서도 새벽까지 공부하는 게 흔하다. 아기가 걷기 시작할 때쯤이면 많은 부모가 이미 사립 엘리트 유치원을 찾기 시작하고, 자녀가 18살이 돼 수능을 치르기까지 부모와 수험생 모두 고되고 값비싼 여정을 치러야 한다(CNN, 2023).

외국인의 시선에 비친 한국 사회의 치열한 교육 현장의 모습이다. 한국인들에게는 익숙한 일상이지만 외국인의 눈에는 매우 이상하고 낯선 장면이다. 수능은 일 년에 단 한 번뿐인 대한민국의 입시다. 수능을 마주하는 한국인들의 태도, 수능에서 살아남기 위해 십 수 년 간을 치열하게 경쟁하는 한국의 학부모들과 학생들, 그리고 이러한 모든 경쟁적 상황에 암묵적으로 동조하는 한국 사회. 한국인들은 왜 이토록 값비싼 대가를 감내하면서도 교육경쟁을 멈추지 못하는가.

우리나라 대학입시에 대한 인식조사 결과에 따르면 과열 경쟁은 학력 위주의 사회제도와 대학 서열화 같은 사회문화적 요인의 영향이 큰 것으로 나타난다(지은림, 2004). 한국 사회의 과도한 교육경쟁의 원인이 학부모의 이기주의적 교육열 때문이라는 지적도 있지만, 이는 경계할 필요가 있다. 교육열 자체가 대학입시 과열 경쟁에 영향을 주는 것이 아니라 특정한 사회적 상황으로 인해 과잉되게 나타날 수 있기 때문이다(박남기, 1994).

교육경쟁의 양상이나 강도는 학력에 대한 가치부여 방식이나 학교의 지위분배 기능의 정도에 따라 달라질 수 있는데, 이는 역사적으로 변화해 왔고 사회마다 차이가 있다. 학교의 지위분배 기능이 클수록 교육경쟁의 강도는 커진다. 노동시장으로의 진입에 있어 학교교육의 결과가 결정적인 영향을 미치는 사회일수록 학력과 학벌을 취득하기 위한 경쟁의 강도가 클 수밖에 없다.

한국 사회에서 학력 및 학벌과 지위분배 구조가 결합하게 된 주요 측면으로는 첫째, 학력이나 학벌 외에 지위 상승의 통로가 제한적이라는 점, 둘째, 취업 및 승진 과정에서 학력이나 학벌에 따른 차별이 크다는 점, 셋째, 학력이나 학벌에 따른 임금 수준에 차이가 크다는 점 등을 꼽을 수 있다. 학벌이나 학력에 따른 보상이 상대적으로 큰 한국 사회에서 높은 학력과 좋은 학벌을 취득하기 위한 교육경쟁은 매우 치열하다.

한국, 중국, 일본, 미국 등 4개국 대학생 각각 1천 명씩 총 4천 명을 대상으로 고등학교에 대한 인식을 조사한 결과가 흥미롭다. 조사결과에 따르면 한국 응답자의 80.8%는 고등학교를 '사활을 건 전장'이라고 답하였다. 그에 비해 고등학교를 '함께하는 광장'(12.8%)이나 '거래하는 시장'(6.4%)으로 응답한 비율은 극히 낮다. 이러한 조사 결과는 우리 사회에서 교육경쟁의 강도를 보여주는 단적인 예라고 볼 수 있다.

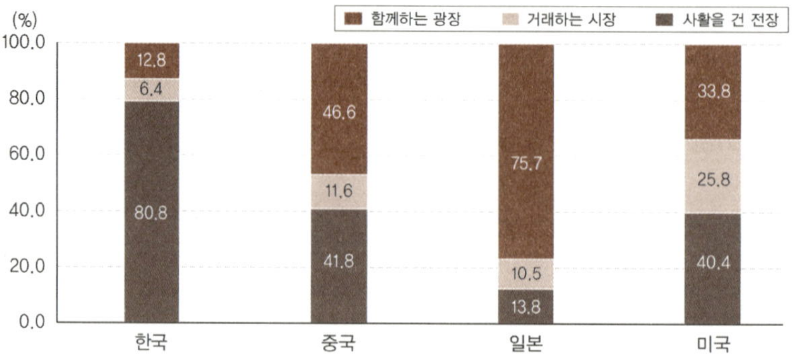

[그림 9-1] 자국의 고등학교 이미지에 대한 4개국 대학생의 인식

출처: 김희삼, 「4개국 대학생들의 가치관에 대한 조사」, 한국개발연구원 · 광주과학기술원, 2017.

한국 사회에서 교육경쟁은 학생 개인의 경쟁을 넘어 학교 간 경쟁, 가족 간 경쟁, 계층 간 경쟁 등 다양한 양상의 집단 경쟁으로 나타난다. 학교 안에서도 경쟁하고 학교 밖에서도 경쟁한다. 대한민국 교육 현장이 소리 없는 전쟁터로 비유되는 이유이다.

교육경쟁의 부작용도 심각하다. 교육경쟁 고통 지수를 파악하기 위해 전국 초 · 중 · 고등학생과 학부모를 대상으로 실시된 설문조사[1]에 따르면, 조사 대상 학생 중 53.3%가 '학업이나 성적에 대해 스트레스를 받는다'고 응답했고, '불안이나 우울한 적이 있다'고 응답한 학생도 47.3%에 달했다. '경쟁교육과 대학입시 때문에 고통받고 있다고 느낀 적이 있느냐'는 질문에는 전체 학생의 51.4%가 '그렇다'고 응답했다. 학부모의 64.8%도 마찬가지로 응답했다. 응답 학생 4명 중 1명은 성적 스트레스 때문에 죽고 싶다고 응답한 것으로 나타났다(머니투데이, 2022). 최근 사회적으로 큰 이슈가 되었던 숙명여고 시험지 유출 사건이나 '부모찬스'로 논란이 되었던 사회 지도층 자녀의 입시 비리는 우리나라 교육경쟁의 민낯이다.

1) 전국 초6, 중3, 고3 학생 5176명과 학부모 1859명을 대상으로 실시(사교육걱정없는세상 & 유기홍, 2022)

생각을 키우는 자료 2

교육 낯설게 보기: 교육경쟁의 두 가지 관점

경쟁을 비판하는 이들도 자본주의 사회구조로 인해 경쟁은 피할 수 없다고 생각한다. 일면 사실이기도 하다. 양극화 사회에 접어들면서 아이들은 어려서부터 조기교육, 선행학습으로 내몰린다. 많은 부모들은 자녀가 경쟁에서 이기기를 바라기보다 뒤처지지 않을까 불안해한다. 불안은 전염된다. 학원을 다니는 아이들은 대부분 불안감 때문에 다닌다고 말한다. 하지만 학원을 다닌다고 불안감이 사라지지는 않는다. 심지어 학원이 불안을 부추기기도 한다. "너네, 우리 학원 그만두면 밑바닥 된다" 그러면서 일종의 영업 전략인 셈이다. 경쟁은 불안을 낳고, 불안은 또 경쟁을 부채질한다.

경쟁이 없는 것이 반드시 좋은 것은 아니다. 텃밭의 작물들도 적절한 경쟁이 있을 때 더 잘 자란다. 지나치게 빽빽하면 키만 웃자라지만, 적당한 간격을 두고 심으면 모두가 튼튼하게 자란다. 어린 싹일 때는 보호가 필요하고, 일정 단계에 이르면 경쟁이 도움이 된다. 사회적 기업이나 협동조합의 경우도 인큐베이팅 과정에서는 사회주의 방식으로 평등하게 지원하다가 3년이 지나면 자유경쟁체제 속에서 자립하지 못하는 기업은 문을 닫게 놔둔다. 그러지 않고 계속 지원하면 부실한 기업이 살아남아 경제생태계를 악화시킨다. (중간 생략)

불필요한 경쟁, 부당한 경쟁이 일어나지 않게 제도를 만들고 운용하는 것이 국가의 역할이다. 지금의 교육제도는 경쟁의 비효율성만 키울 뿐이다. 굳이 하지 않아도 될 경쟁, 모두를 피폐하게 만드는 경쟁을 방지하면서 생산적인 경쟁을 할 수 있는 교육환경을 만들어야 한다. 시험성적 하나로 줄 세우는 평가 방식을 개선하고, 모든 학생들이 자기 길을 찾을 수 있게 도와야 한다(현병호, 2021).

출처: 경향신문(2021). https://www.khan.co.kr/reporter_article.html?id=655

(2) 대학서열화

우리나라 교육경쟁은 학력 및 학벌 경쟁의 또 다른 이름이다. 학교의 지위분배 기능이 커질수록 학력과 학벌을 취득하기 위한 교육경쟁은 치열해지고, 이는 자연스럽게 학력·학벌사회로 이어진다.

학력(學歷)은 단순히 '학교를 다닌 이력'으로 정규 학교교육의 일정한 단계를 거친 교육경력을 의미한다. 어느 단계의 어느 학교를 다녔는지를 나타내는 지표인 학력은 현대 사회에서 개인의 능력을 판단하는 신호 역할을 해왔다. 학력의 징표로서 졸업장은 학교교육에 참여한 경력이 많은 사람을 높게 평가하고 그 경력이 적은 사람은 낮게 평가하는 하나의 양식이 되었다. 학력 경쟁이 치열해지면서 단순히 학교급별로 판단하는 학력주의에서 동일한 학교급별에서 그 학교의 사회적 위치에 따라 등급을 판별하는 차원으로 발전하였다. 전자가 학력주의의 수직적 차원이라면, 후자는 수평적 차원이다(최돈민, 2009).

대학 진학률이 높은 고학력사회인 우리나라에서 학력주의는 수평적 차원의 학력주의라고 할 수 있는 학벌(學閥)주의로 나타난다. 학벌주의는 출신학교의 지위나 등급을 중요하게 여기며, 출신학교에 따라 이루어지는 파벌을 중시하는 사회를 의미한다. 한국 사회는 학력이나 학벌이 사회적 영향력을 크게 행사하는 학력 · 학벌사회이다. 학력 · 학벌사회에서는 학력과 학벌이 권력과 지위와 부를 획득하는 데 매우 중요한 자산이 되므로 이를 둘러싼 경쟁은 필연이다(김부태, 2011). 자녀를 소위 명문 대학이라고 불리는 상위 서열의 대학에 보내기 위한 한국인들의 열망과 집착은 개인적 경험에 기반한 것이다. 한국 사회에서 좋은 학벌이 갖는 유리함에 대해 너무나도 잘 알고 있기 때문이다. 한국 사회에서 학벌은 취직, 승진, 소득, 결혼 등 일상의 모든 영역과 얽혀 있다. 명문대 졸업장이 하나의 자본으로 기능하는 상황에서 학벌 경쟁은 예견된 현실이다.

> 한국 아이들이 공부에 목을 매는 이유는 한국의 최고 명문대학에 들어가기 위해서이다. 누가 그들을 비난할 수 있겠는가? 2007년 대법원과 고등법원 판사 10명 중 9명이 3대 명문대 중 하나인 서울대 출신이었다. 한국 주요 기업 CEO 10명 중 4명이 같은 대학 동문이다(아만다 리플리, 2014: 277).

한국 사회의 학벌 지향성은 대학 서열화 현상으로 나타난다. 김경근(2021)은 한국 사회를 서열사회로 규정하며 한국의 서열 중시 문화가 교육에도 지대한 영향을 미치고 있음을 지적했다. 그는 유난히 서열에 민감하게 반응하고 그것에 지대한 의미를 부여하는 한국 사회의 서열 중시 문화가 교육을 변별과 선발에 경도되게 하며, 그 변별과 선발의 중심에 대학이 위치한다고 보았다.

대학서열화가 문제로 지적되는 이유는 그것이 교육 영역뿐 아니라 사회의 전 영역에 강력한 영향력을 미치기 때문이다. 대학 서열화는 입시위주 교육, 교육경쟁 심화, 사교육 팽창, 입시제도, 대학경쟁력 약화 등 다양한 교육문제와 관련이 있다. 뿐만 아니라 학벌주의 강화, 계층 불평등 심화, 지역 불균형 심화, 취업 및 고용구조와 인사관행, 사회적 낙인 등 정치, 경제, 사회, 문화 등 사회의 전 분야와 복잡하게 얽혀 있다.

대학서열화와 관련하여 이두휴(2007)는 서열 자체가 문제가 아니라 서열의 구조, 즉 서열체제가 문제라고 지적한다. 대학서열체제의 핵심은 경쟁을 제한하고 무력화시키는 것이며, 그 과정에서 기득권층이 기득권 체제를 재생산하는 방식에 있다는 것이다. 상위권 대학에의 진입은 곧 사회적 지위의 획득을 의미하는 한국 사회에서 학벌과 지역에 기반을 두고 작동하는 서열체제는 입시경쟁을 심화시키고, 그 과정에서 줄세우기식 입시제도는 다시 대학서열 구조를 강화시키는 악순환으로 이어진다.

(3) 선발의 공정성

대학입시는 학생들이 자유롭게 경쟁하고 능력에 따라 공정한 선발의 기회를 부여받을 수 있음을 주요 원리로 한다. 계층을 막론하고 사회이동의 통로로서 대학에 대한 기대가 매우 높은 한국 사회에서 입시 공정성 문제는 범국민적 관심사다.

선발과 관련한 공정성 논쟁의 핵심은 선발의 과정이 공정한 경쟁을 담보하느냐의 문제와 맞닿아 있다. 선발 과정에서의 공정한 경쟁은 크게 분배의 공정성과 절차의 공정성과 관련 있다. 전자는 좋은 성적을 받으면 좋은 대학에 갈 수 있는 보상을 받게 되는 원칙이며, 후자는 성적을 받는 조건과 절차가 특정인에게 유리하거나 불리하지 않아야 한다는 원칙이다(이현주 · 전하람, 2022). 최근에는 절차적 공정성, 즉 선발 과정의 공정성에 대한 사회적 관심이 높다.

선발 과정의 공정성과 관련한 쟁점에 대해 이민경(2002)은 '선발기준의 통일성/다양성'과 '선발 주체에 대한 신뢰' 문제로 구분해 제시한다. 선발기준의 문제는 선발기준을 통일할 것인가 아니면 다양화할 것인가다. 전자는 표준화된 평가로 선발의 공정성을 담보하겠다는 것이며, 후자는 학생들의 다양성을 고려하여 선발기준을 다양화함으로써 공정성을 확보하겠다는 것이다. 관련 논쟁으로는 정시와 수시에 대한 찬반 논쟁이 대표적이다. 한편, 선발 주체에 대한 신뢰의 문제는 평가권자의 전문성과 신뢰성에 관련되어 있다. 입시제도에서 평가 주체는 선발 방식에 따라 국가, 대학, 고교로 구분된다. 국가 수준의 시험인 수능에 기반하는 정시 전형과 달리 수시 전형은 대학과 고교에 평가권을 부여하는 데 이때, 고교에서 이루어지는 교사의 주관적 평가에 대한 신뢰는 여전히 문제로 남아 있다. 평가 주체인 교사 간 편차의 문제와, 일부 학생들에게 몰아주기나 특별관리 등 학교 차원에서 이루어지는 평가제도 운용에서의 문제는, 평가 주체인 교사와 학교의 평가에 대한 신뢰를 훼손하는 요인으로 지적된다. 선발기준의 복잡성에 따른 계층별 적응 전략의 차이, 평가 기준의 자의성, 평가 주체에 대한 낮은 신뢰도 등을 고려하면 수시 전형은 평가 과정에서의 다양한 차원의 불공정성을 유발할 가능성을 배제할 수 없기 때문이다 (이민경, 2020).

한편, 입시 공정성 문제와 관련하여 사회적 관심이 수시와 정시 찬반론에 집중되는 경향이 있는데, 이는 경계할 필요가 있다. 입시 공정성 문제를 단순히 수시와 정시의 문제로 한정하여 해석해서는 안 된다. 동일한 규칙을 일관되게 해석해서 모든 사람에게 동일하게 적용하는 형식적인 공정성을 확보하는 것이 반드시 공정성이나 정당성을 의미하는 것은 아니기 때문이다. 입시가 공정한 경쟁의 장이 되기 위해서는 학생의 다양성과 특수성을 고려하여 차이에 따른 차별이 일어나지 않도록 하는 실질적인 공정성을 확보하는 것이 중요하다.

2. 교육내용과 사회학적 관심

1) 전통적 지식관과 교육내용관에 대한 문제제기

서구에서 교육사회학은 1960년대 중반까지 교육의 사회적 순기능을 강조하는 기능론적 관점이 지배적이었다. 기능론은 사회제도로서 학교교육이 학생들의 사회화 기능, 사회통합의 기능, 인력양성의 기능, 그리고 사회적 지위를 적절히 분배하기 위한 선발과 분배의 기능을 수행한다는 점을 강조해 왔다. 따라서 기능론에서는 교육의 기회균등, 교육의 효율성, 교육조직과 선발 등에 관심을 두었다. 기능론적 관점에서는 학교의 중요한 사회적 기능이 첫째, 사회구성원들이 사회에 잘 적응할 수 있도록 사회화를 돕는 일, 둘째, 현존하는 사회의 질서를 유지하고 균형과 통합을 이루도록 하는 일이라고 보았다. 이러한 기능론적 교육관은 학교에서 가르쳐야 할 교육내용관에도 적용된다.

대표적 기능론자인 드리벤(R. Dreeben)은 '학교에서 배우는 지식에 대하여'(1968)에서 다음과 같은 주장을 하였다. 첫째, 사회가 산업화되고 기술이 발달하고 전문화됨에 따라 학교는 이러한 산업기술 사회에서 살아갈 수 있는 사회인을 양성해야 한다. 둘째, 학교는 산업사회에 필요한 기술 · 지식 · 사회규범을 가르치는 대표적인 사회화 기관이며, 개인의 적성과 능력에 따라 미래사회에 필요한 구성원을 선발하는 기능을 가진다. 셋째, 학교에서는 독립심 · 성취감 · 보편성 · 특수성 등 현대 산업사회의 규범을 교육내용으로 해야 한다.

드리벤의 이러한 주장은 전통적 지식관과 교육내용관에 기반한다. 전통적 지식관에서는 지식을 객관적이며 가치중립적인 것으로 보는 보편적 · 절대적 지식관을 갖고 있다. 전통적 지식관에서 교육내용을 바라보는 시각은 다음과 같다.

첫째, 학교의 교육내용은 이미 주어진 것으로 간주한다. 국가에서 결정한 교육내용은 국가, 사회, 아동들에게 꼭 필요한 것들로 적절하게 구성된 것이라고 믿는다. 따라서 교과서에 실린 내용에 대해서는 의문을 제기하지 않고 무비판적으로 수용한다.

둘째, 학교의 교육내용은 보편적이고 합리적인 것이라고 믿는다. 수많은 지식 중에서 가장 보편적이고 합리적인 지식을 교육내용으로 선정하고, 학생의 발달 수준에 따라 합리적인 방식으로 조직되었다고 전제한다.

셋째, 학교의 교육내용은 객관적이고 가치중립적인 것으로 받아들인다.

넷째, 학교지식은 보편타당한 것, 합의된 것으로 받아들인다. 따라서 어떤 집단이나 학생에게도 보편적으로 적용될 수 있는 적절한 것이라고 전제한다.

다섯째, 학교의 지식전달 역할은 중립적이라고 간주한다.

이러한 전통적 지식관은 학교에서 가르쳐야 하는 교육내용을 규정하는 기반이 된다. 전통적 관점에서 강조하는 교육내용은 다음과 같다.

첫째, 학생들에게 그 사회의 문화를 전달하고 사회화시킬 수 있는 내용

둘째, 학생들에게 다가올 미래사회를 준비시킬 수 있는 내용

셋째, 구성원에게 직업을 준비시킬 수 있는 내용

넷째, 현존하는 사회의 체제를 유지하는 데 필요한 내용

전통적 지식관과 교육내용관은 1960년대 중·후반까지 지배적이었다. 그러나 지식의 절대불변성을 강조해 왔던 전통적 지식관은 지식의 사회적 존재구속성을 강조하는 지식사회학적 지식관에 의해 도전받게 되었다.

지식사회학은 사회학 분야의 분과 학문으로서 역사적·사회적 조건과의 관련성에 주목하여 지식 또는 정신문화 일반을 연구하는 학문이다. 지식사회학에서는 지식의 존재구속성, 상대성, 가변성 등을 수용한다. 또한 모든 지식은 사회적으로 구성되며, 지식을 획득하는 사람들의 문화를 통해 걸러지고 해석되는 것으로 이해한다. 지식사회학적 관점에서 지식은 그것이 존재하는 사회에 따라 다르게 해석되고, 이해되는 가변적이고 상대적인 것이다. 지식사회학의 지식관은 교육사회학자들로 하여금 교육과정에 대한 근본적인 회의를 품도록 하는 데 중요한 역할을 했다. 당시 지식사회학의 지식관에 영향을 받아 학교지식에 의문을 제기하고 사회학적 관점에서 학교지식과 교육내용을 분석하

고자 했던 교육사회학자들은 소위 신교육사회학자로 불리던 교육과정사회학자들이다.

2) 교육과정 및 교육내용에 대한 사회학적 분석

1960년대 후반부터 새로이 제기된 교육내용에 대한 분석과 논쟁은 교육사회학의 연구 영역과 시각을 확대시켰다. 교육내용과 교육과정이 교육사회학의 연구대상으로 부각된 것은 그것이 '사회적으로 구성된 지식'이라고 지적했던 영(F. D. Young)을 비롯한 신교육사회학자들의 활동이 활발해지면서부터이다. 영은 종래의 교육사회학을 비판하면서 교육사회학의 새로운 방향을 제시하고자 하였다. 그는 「지식과 통제: 교육사회학의 새로운 방향」(1971)에서, 전통적 교육사회학은 사회계층과 교육기회의 분배에만 집착한 나머지 학교 내부의 현상에는 등한시하였다고 지적하면서, 교육기관에서는 지식의 사회성에 관심을 두어야 함을 강조하였다(김병성, 2011).

신교육사회학이라는 용어는 고버트(Gorbutt, 1972)에 의해 제안된 후 널리 사용되었다. 고버트는 교육내용에 대한 연구의 중요성을 강조하면서 이러한 학문 동향을 '대안적 파라다임'으로 소개하였다. 이때 대안적 파라다임은 기존의 전통적 교육사회학자들이 거시적 접근을 통해 교육과 사회의 관계를 설명하고자 했던 것에 대한 새로운 대안으로서 신교육사회학자들이 주목한 미시적 접근을 통한 설명 방식이다. 전통적 교육사회학에서는 교육문제의 원인이나 해결 대안을 찾기 위해 거시적인 사회구조나 사회제도 등을 분석하고자 했다면, 신교육사회학에서는 교육이 일어나는 미시적 상황에 주목하여 교육과정, 교육내용, 교사와 학생 간 상호작용 등을 분석하고자 했다.

전통적 교육사회학에서는 학교교육과 사회와의 관계를 구조기능주의에 기반하여 설명하는 데 초점을 두었기 때문에 교육기회의 분배와 선발과정에 집중하였다. 그 결과 학교교육의 내적 과정은 간과하였다. 학교교육의 내적 과정에 관심을 두기 시작한 것은 시식사회학의 지식관에 영향을 받았던 교육과정

사회학자들에 의해서였다. 교육과정사회학자들은 기존에 블랙박스로 남겨졌던 학교 교육과정과 그 안에서 다루어지는 지식, 즉 교육내용에 관심을 갖고 이를 사회학적으로 분석하고자 했다.

지식사회학의 지식관을 수용했던 교육과정사회학자들은 지식이 역사적 · 사회적 산물이며, 그 존재 조건에 영향을 받아 정당화된다고 보았다. 따라서 지식은 사회적으로 구성되고 조직된 것이라고 이해했다. 자연스럽게 학교지식 역시 중립적인 것이 아니며, 특정 집단의 신념이나 관점을 반영하는 사회적 산물로서 사회적으로 선택된 것이라는 관점을 견지했다. 이처럼 학교지식의 보편성, 객관성, 가치중립성, 절대성 등에 의문을 제기했던 교육과정사회학자들은 학교지식을 다루는 교육과정과 교육내용을 집중적으로 분석하기 시작하였다. 학교에서 가르쳐지는 지식은 누구에 의해 선정되고 어떤 이유로 선택되었는지, 그리고 어떻게 학생들에게 분배되는지를 분석하는 데 초점을 두어 교육과 사회의 관계를 설명하고자 하였다. 특히 교육불평등 문제를 학교지식의 문제와 결부시킴으로써 교육불평등 문제에 대한 시각의 폭을 확장하고 깊이를 더해 주었다.

교육과 사회에 대한 교육과정사회학 논의의 저변에는 지식의 지위 위계화 또는 지식의 계층화 현상에 대한 인식이 깔려 있다. 지식의 계층화는 인간사회가 계층화되어 있듯이 지식도 유사하게 계층화되어 있음을 의미한다. 학교에서 다루는 음악을 예로 들 수 있다. 학교에서는 통속적 대중음악보다는 고전음악을 학생들에게 가르치는 경향이 있다. 고전음악은 주로 상류층이나 엘리트 계층이 향유하는 고급문화로, 대중음악은 일반 대중이 향유하는 저급문화로 분류되곤 한다. 이러한 분류는 특정 지식(문화)을 가치 있는 것으로 간주함으로써 지식의 계층화를 정당화시키는 데 기여할 수 있다.

대표적인 교육과정사회학자인 애플(Apple), 영(Young), 부르디외(Bourdieu), 번스타인(Bernstein) 등은 공통적으로 지식의 계층화 문제를 지적한다. 그들은 지식이 사회경제적 계층 간, 직업집단 간, 연령집단 간, 권력집단 간에 불균등하게 분배되어 있음을 지적하고, 문화의 보존과 분배의 과정에서 특정 집단이 특정 종류의 지식을 소유하고 있지 못한다는 사실은 정치적 · 경제적 힘을 상실하고 있음을 의미하는 것으로 해석한다. 따라서 학교와 같은 문화자본의 선택 · 분배기관을 통하여 특정 집단이 다른 집단에게 권력과 통제를 행사하게 되고, 이들 간의 불평등한 사회구조가 학교를 통해 재생산된다고 본다. 즉 헤게모니를 쥐고 있는 집단이 학교에서 가르쳐지는 지식을 선정 · 조직함으로써 학교는 문화자본에 의해 사회의 불평등한 구조를 재생산한다는 것이다.

애플은 학교에서 가르쳐지는 지식이 특정 지배집단의 이데올로기를 어떻게 반영하고 있는지 보려면 다음의 세 가지 영역을 검토해야 한다고 하였다.

첫째, 학교의 일상적 규칙들은 어떻게 학생들이 지배집단의 이데올로기를 학습하도록 하는가?

둘째, 과거와 현재의 특정 교육내용에는 지배집단의 이데올로기가 어떻게 반영되어 있는가?

셋째, 교육자들이 자신의 행위에 의미와 질서 및 방향을 적용하는 기본적 관점에는 지배집단의 이데올로기가 어떻게 반영되어 있는가?

번스타인은 교육내용과 학교의 내적 작용에 초점을 맞춘 새로운 접근방법의 출현을 자극하는 중요한 역할을 하였다. 교육 전달을 보다 광범위한 문화 전달의 일부로 보았던 번스타인은 교육을 통해 문화가 전달되는 과정에 대한 문제의식을 교육과정 연구로 확장하였다. 그에 따르면 교육과정 조직은 사회통제의 원리를 반영하며, 기존체제를 유지하는 데 기여한다. 따라서 교육과정의 조직을 이해하면 학교교육과 사회의 계급구조의 관계를 이해할 수 있다. 그는 지식의 조직에 관한 연구에서 "사회가 교육지식을 어떻게 선별 · 분배 · 전달 · 평가하는가는 사회 내 권력의 분배와 사회통제 원리를 반영한다."고 주장하였다.

3) 학교지식의 불평등성

교육내용은 수많은 지식 중에서 학생들에게 가르칠 만한 가치가 있다고 판단되는 특정 지식으로 선정 · 조직된다. 전통적인 교육과정학자들은 학교에서 가르쳐지는 교육내용은 보편적이고 객관적인 지식으로서 사회적으로 합의된 것이라고 전제한다. 그러나 교육과정사회학자들은 그러한 전제를 의심한다. 따라서 누가, 왜, 그러한 지식을 교육내용으로 선정하였으며, 그 과정에서 특정 지식은 다른 지식보다 더 중요하게 간주되는지, 그러한 지식의 선정과 조직은 학생들에게 어떤 영향을 미치며 사회적으로 어떤 결과를 초래하는지 등을 분석하고자 하였다.

영은 학교가 학생을 선별하여 처리할 뿐 아니라 지식도 선별하여 처리한다고 보았다. 모든 지식은 사회적 구성물이라고 보았던 그는 학교에서 특정 지식이 다른 지식보다 더 가치 있다고 여기고 선별하여 가르치는 것에 대해 비판하였다. 학교가 특정 지식만을 선별하여 가르치는 현상을 윌리엄스(R. Williams)는 '선택적 전통'으로 개념화하였다. 그는 학교교육이 학교에서 다룰 수 있는 여러 지식 중에서 지배집단의 문화에 적합한 것만을 공식적인 지식으로 선별하여 가르치고, 나머지는 학교의 공식적인 지식에서 배제한다고 주장하였다.

미국의 교육과정사회학자 애니언(J. Anyon)은 미국 중등학교의 역사 교과서 17종을 분석하여 교육내용의 선정이 편파적으로 이루어지고 있음을 드러내었다. 특히 경제성장에 대한 지배집단의 기여는 인정하면서 노동자 계급의 기여는 외면하는 경향이 있으며, 자본가와 경영사만을 경제의 주역으로 간주하고 노동자의 존재는 언급하지 않거나 부정적으로 기술하고 있음을 지적하였다. 이러한 편파적 기술방식은 빈곤이 개인의 책임이라는 이데올로기를 학생들에게 내면화하도록 함으로써 부의 평등한 분배에 실패한 사회의 문제를 개인의 문제로 환원하도록 하는 결과를 초래한다는 것이다(김재춘, 2021).

이처럼 교육과정사회학자들은 학교의 교육과정에 대한 사회학적 분석을 통해 학교가 사회평등을 실현하는 기능을 수행하기보다는 사회불평등을 재생산하는 기능을 수행하고 있음을 밝히고자 하였다. 특히 교육내용에 반영된 지배

이데올로기는 무엇이며, 그러한 이데올로기가 학생들을 어떻게 내면화시키고 불평등을 재생산하는 데 일조하는지를 밝히는 데 관심을 두었다.

국내에서도 교육과정사회학의 영향을 받아 1980년대 후반부터 교육내용의 체제 유지적 성향에 대한 비판적 논의가 활발하게 전개되었다. 이들은 대체로 교육내용에 정치·경제적 지배집단의 체제 유지 및 재생산을 위한 이데올로기와 가치관이 숨어 있다고 주장했다. 이러한 연구는 1980년대 활발했던 교사운동에 영향을 미치게 되었고 교사들도 현행 교과서 및 교과정책을 비판적으로 분석하는 데 참여하였다. 주로 교과서에 담긴 자본주의 계급 이데올로기, 가부장적 이데올로기, 분단이데올로기, 문화적 제국주의 이데올로기 등을 비판적으로 분석하고 그러한 이데올로기가 불평등을 심화시킬 수 있음을 지적하였다. 그 결과 최근에는 지배 이데올로기와 불평등성이 반영되어 있는 교과서 내용에 대해서 지속적인 수정과 보완이 이루어졌으며 현재는 상당 부분 개선되었다.

4) 교육과정사회학의 의의와 한계

교육과정사회학은 기능론적 분석과는 달리 학교교육에 대한 새로운 이해방식을 제공했다는 점에서 중요한 의미를 지닌다. 교육과정사회학의 의의를 정리하면 다음과 같다.

첫째, 교육과정 연구에 사회학적 시각을 부여하였다. 지식사회학적 관점을 수용하여 학교지식의 존재구속성과 상대성을 강조하는 교육과정사회학에서는 학교지식에는 그것이 생산된 사회구조가 반영되어 있음을 강조한다. 교육에 관여하는 사람들이 구성해 낸 일상의 세계를 당연한 것으로 간주하기보다는 문제를 제기하고 이를 비판적으로 분석함으로써 학교의 교육과정에 대한 사회학적 시각을 확장하는 데 기여했다.

둘째, 교육과정에 대한 사회적·정치적 분석을 시도하였다. 학교지식의 성격, 학교의 조직, 교사의 이데올로기 등 교육의 여러 문제를 상대적인 것으로 바라봄으로써 기존에 당연한 것으로 여겨졌던 모든 전제에 의문을 제기하였다. 교육과정에 반영된 지식과 사회구조의 역학관계와 지식과 집단 간의 사상적 갈등을 집중적으로 분석함으로써 교육과 사회평등 문제의 논의에 새로운 지평을 열었다.

셋째, 교육제도와 기능 중심의 교육사회학을 교육내용과 교육과정, 그리고 학교 내부 현상 중심의 교육사회학으로 확장하는 데 기여하였다. 또한 연구방법적 측면에서도 질적 연구와 미시적 분석의 필요성 및 중요성을 일깨워주었다.

넷째, 학교와 교실의 통제 및 조직에 대해 경영적 · 효율적 · 기술적 접근에 치중하는 관행을 비판하고, 상호작용적이고 문화적인 접근을 강조하였다. 특히 사회적 현실의 구성에 적극적으로 참여하는 능동적 인간관에 기반하여 교육활동에 관여하는 사람들이 그들의 일상적 세계를 구성하고 정의(定義)하며 관리하는 과정에 대한 연구를 중시한다.

교육과정사회학이 교육과정과 교육내용에 대한 비판적 문제 제기를 하였지만 실제 교육과정에 대한 현실적인 대안을 제시하지는 못했다는 한계를 갖는다. 또한 종래의 교육사회학에 대한 도전적 · 대결적 태도로 양자 간 시각의 상이점과 모순에만 집중한 탓에 연속성과 유사성에 대한 관심을 약화시켰다는 비판도 받고 있다.

5) 교육내용의 정치화에 대한 논쟁

교육과정과 관련하여 최근에는 교육의 정치화에 대한 논쟁이 뜨겁다. 학교지식은 권력집단의 영향력과 사회적 상황에 의해 결정된다는 점에서 한 사회의 정치적 성격으로부터 결코 자유롭지 못하다. 사회에서 영향력을 발휘하는 집단은 그 영향력을 정당화하고 유지하기 위한 사회문화적 도구로서 교과서를 이용한다. 국가수준 교육과정 체제를 취하고 있는 우리나라의 경우 교과서에서 국가에 의해 선택된 해석을 강조하는 경향이 있다. 그 과정에서 다양한 가치와 담론들은 힘을 잃거나 배제되기 쉽다(이한종, 2014).

교육과정에 대한 정치적 영향은 교과서의 내용을 서술하는 방식이나 특정 관점이나 용어를 선택하는 과정에서 드러난다. 우리나라 역사 교과서의 현대사 서술 방식, 교육과정 개정 과정에서 특정 용어의 선정을 둘러싼 갈등, 그리고 역사 교과서 국정화 사건 등을 예로 들 수 있다.

2000년대 들어 역사 교과서의 발행이 검정체제로 바뀌고 고등학교 교육과정에 '한국 근현대사' 교과가 신설되면서 현대사 교육이 강조되고 있다. 그러나 현대사 기술은 정권이 바뀔 때마다 사회적 이슈가 되고 있다. 문제는 현대사가 지나치게 정치 중심적으로 서술되는 경향이 있어 다양한 계층이나 집단의 목소리는 드러나지 않는다는 것이다. 또한 교과서 전반에 걸쳐 남한과 북한, 민주화 세력과 독재 세력, 좌익과 우익, 피해자와 가해자 등과 같은 이분법적 대립 구도로 서술되어 있어 역사적 지식을 왜곡하거나 축소 또는 과장할 수 있다는 것이다. 이러한 문제들은 학생들이 현대사에 대한 다면적인 시각을 갖는 것을 어렵게 할 수 있다(허은철, 2020).

2011년 교육과정 개정 과정에서는 '자유민주주의'를 강조할 것이냐 '민주주의'를 강조할 것이냐의 논쟁이 뜨거웠다. 이 논쟁은 이명박 정권으로 교체되는 시점에서 기존에 사용했던 '민주주의' 용어 대신 '자유민주주의' 용어로 개찬하려는 정부의 시도와 맞물려 재점화되었고 이후 박근혜 정권의 역사 교과서 국정화로 이어지는 계기가 되기도 하였다.

이처럼 정치적 상황에 따라 교육내용이나 정치적 사실에 대한 해석은 정권이 바뀔 때마다 주요 논쟁으로 떠오른다. 민주사회는 다원적인 정체성들이 공존하는 사회이므로 정체성의 혼란이나 이데올로기 논쟁도 필연적으로 발생할 수 있다. 그러나 교육과정에서 이러한 문제를 어느 범위까지 어떻게 다루어야 하는지에 대해서는 여전히 합의에 이르지 못하고 있다. 이러한 현실에서 독일의 보이텔스바흐 합의는 우리나라 교육과정에도 의미 있는 시사점을 준다.

보이텔스바흐 합의는 1976년 독일 남부의 바텐-뷔르템베르크주의 소도시인 보이텔스바흐에서 열린 정치교육 학술대회에서 합의된 내용을 말한다. 이 회의의 주제는 당시 좌우 진영 간의 정치적 논란이 치열했던 상황에서 정치 수업에서 논쟁적인 문제를 어떻게 다룰 것이냐에 관한 것이었다. 당시 회의에서 내린 합의의 핵심은 정치적 목적에 따라 정치교육을 이용해서는 안 되며, 정치교육은 학생의 자율적인 판단 능력, 비판 능력을 키우는 데 중점을 두어야 한다는 것이다(신봉철, 2017).

정치교육의 방법과 기본 원칙에 대한 보이텔스바흐의 세 가지 합의 내용을 정리하면 다음과 같다.

첫째, 강제성의 금지(Überwältigungsverbot)이다. 가르치는 사람의 생각을 학생들에게 일방적으로 주입함으로써 학생들이 자주적인 판단을 내리는 것에 있어 방해를 주어서는 안 된다.

둘째, 논쟁성의 유지(Kontroversitätsgebot)이다. 학문적이나 정치적 문제에 있어 논쟁적인 사안은 그것을 가르치는 수업에서도 논쟁적으로 다루어져야 한다.

셋째, 정치적 행위능력의 강화(Schülerorientierung)이다. 학생은 어떤 정치적 상황과 자신의 이익 및 이해관계 상황을 고려할 수 있고, 그에 따라 당면한 정치적 상황에 대해 주체적으로 의사표명을 할 수 있어야 한다.

보이텔스바흐 합의의 내용은 매우 이상적인 측면이 있으며 정치관이 확립되지 않은 어린 학생들에게는 자칫 지나친 가치 상대주의로 야기되는 가치관의 혼란을 불러일으킬 가능성도 없지 않다. 사회적, 문화적, 역사적 배경이 독일과는 다른 우리나라의 현실에서 이러한 합의 내용을 교육과정에 적용하기는 다소 무리가 있다고 지적되기도 한다(신봉철, 2017; 조상식, 2019). 그럼에도 불구하고 보이텔스바흐 합의는 교육과정에서 논쟁적 주제를 다루는 데 있어 학습자의 자율적 판단을 전제로 하며 갈등의 해결 및 자율적 판단이 실생활 속에서 자연스럽게 다루어지고 가르쳐져야 한다는 점에서 교육과정에서 정치교육이나 민주시민교육의 방향성을 제시하는 데 시사점을 준다. 국가 혹은 특정 집단의 필요에 따라 특정 관점이나 견해를 일방적으로 주입하는 교육을 통해 학습자의 기본권을 제한하지 않으려면 다양한 관점에 지향을 둔 민주시민교육이 요청된다.

최근에는 우리나라 교육계에서도 민주시민교육의 활성화 관점에서 보이텔스바흐 합의에 대한 관심이 높아지고 있다. 보이텔스바흐 합의의 교육 현장

적용 가능성에 대한 논의와 시도가 이루어지고 있으며, 일부 시민운동단체에서는 교실의 정치화 및 교육의 정치중립성 등에 대한 대안으로서 한국판 보이텔스바흐 합의를 추진하려는 움직임도 있다(징검다리 교육공동체, 2023).

교육과정을 통해 전달되는 지식은 학생들이 세상에 대한 관점을 형성하는 데 매우 중요한 영향을 미친다. 따라서 교육내용의 선정 및 조직, 그리고 그 내용을 전달하는 교육과정 전반에서 학생들이 편견과 선입견을 갖지 않도록 다양한 가치와 목소리를 반영하는 것이 필요하다.

토론해 봅시다

1) 능력주의(업적주의)는 근대사회에서 사회적 선발의 원칙으로 수용되어 왔지만, 복지사회의 이념에 맞지 않는다는 비판도 있다. 능력주의의 장점은 무엇인가? 능력주의 한계는 무엇인가? 한국 사회에서 능력을 판단하는 주된 기준은 무엇이고, 그러한 기준은 합당한 것인지에 대해 논의해 보자.

2) 교육과정을 통해 전달되는 지식은 학생들이 세상에 대한 관점을 형성하는 데 매우 중요한 영향을 미친다. 학교가 모든 지식을 가르칠 수 없기 때문에 특정 지식을 선정해야만 한다. 어떤 지식을 선정해야 하는가, 어떤 지식을 배제해야 하는가? 논의해 보자.

제10장

교육공동체의 소통과 협력의 과제

학교는 다양한 세대가 존재하는 다세대 조직이자 수많은(24개) 다양한 직종이 존재하는 사회의 축소판이다. 존 듀이(John Dewey)는 '나의 교육신조'에서 현재의 교육이 실패하는 가장 큰 원인은 학교가 사회생활의 한 형태라는 이 근본적 원리를 무시하는 것이라고 했다. 이 장에서는 사회변화에 따른 교사 정체성과 구성원의 관계, 학교문화와 세대문화, 세대 갈등이 어떻게 전개되고 있는지를 파악하고 해결방안을 모색하고자 한다.

주요 개념

교사정체성, 교사-학생 상호작용, 학교문화, 세대 갈등(Generational Conflict), 청소년 세대 문화

주요 질문

학교에서 학교구성원 간 소통과 협력을 위하여 '존중의 약속'에 관한 협약을 한다면 어떤 것이 있는가?

1. 교사 정체성과 구성원과의 관계

1) 교사 정체성의 변화

정체성은 연구자와 이론적 전통에 따라 의미가 다양하다. 전통적 관점에서는 정체성을 개인의 안정적이고 보편적이며 변함없는 추상적인 질적 속성으로 이해한다. 그러나 구성주의적 관점은 역사적 · 사회적 상황과 맥락에서 형성되는 우연성의 산물로 본다. 그리고 정체성은 개인적 또는 집합적 형태로 나타나는데, 특정 집단의 정체성은 그 성격상 배타적이며 구성원들을 감정적으로 연결하는 특징이 있다(손준종, 2017: 254-255). 구체적으로 공동의 범주적 속성을 공유하는 '공통성(commonality)', 서로를 긴밀하게 연결하는 '관계성(connectedness)', 그리고 하나로 묶고 연대하게 하는 '소속감(feeling of belonging)'을 특징으로 한다(Brubaker & Cooper, 2000: 20).

정체성이란 일종의 존재감이다. 한 개인이나 한 집단이 타자에게 어떻게 인식되는지와 관련된다. 이런 점에서 교사의 정체성이란 교사들이 여타 관련자들과의 상호작용을 통해 확인받고 인정받는 관계적 개념으로, 통상 '교사다움'으로 표현되기도 한다. 즉 교사들은 다양한 환경을 접하면서 그리고 다양한 사람들과 상호작용하면서 자신의 존재감, 즉 정체성을 구성하게 되는 것이다(손준종, 2017: 257).

그렇다면 사회일반에서 교사들에게 기대하고 또 교사들 스스로 인식하는 '교사다움'이란 과연 무엇인가? 일반적으로 교사는 '가르치는 자, 학생들의 잠재력을 신장시키는 자'로 규정된다. 물론 다른 관점에서 교사를 규정하기도 있다. 교사를 "인간과 세계에 대한 신뢰 형식을 조각하는 자"(이명원, 2013), 또는 "학생들이 들을 만한 삶의 이야기, 한 번도 들어보지 못한 삶의 이야기를 들려주는 자"(엄기호, 2013)로 규정하는 것이 그 예다. 이러한 규정들은 표현상의 차이는 있을지언정, 교사가 어떤 존재인지, 어떤 과업을 부여 받은 존재인지를 잘 보여준다. 요컨대 교사란 학생들이 세상(인간, 자연, 사물) 이치에 맞게 사고할 수 있도록 돕고, 스스로 자신의 삶을 돌볼 수 있는 힘을 길러주는 자다. 따라서 이 같은 존재 규정에 부합하는 조건과 요소, 이를테면 전문지식, 도덕성, 인격적 성숙, 전문지식, 직업윤리, 직무태도 등이 요구된다. 제한적이긴 하지만 이런 내용을 중심으로 당위론적 차원에서 교사 정체성이 논의된다.

이혁규는 두 가지 교사 정체성을 강조한다(이혁규, 2022: 165). 하나는 '학습하는 자로서의 정체성'이다. 오늘날처럼 지식이 폭증하고 유동하는 세계에서는 교과서에 담겨 있는 정전적 지식은 곧 낡아 버린다. 따라서 교사는 직업적 생존을 위해 계속해서 배워야 한다. 물론 생존 차원의 배움이긴 하지만 이를 즐겁게 하는 것이 중요하다. 따라서 교사 스스로 자신을 배우기를 즐기는 존재자라는 정체성에 정초해야 한다. 교사가 자기 사고와 지식의 오류를 끊임없이 수정하면서 새로운 배움으로 나아가는 모습을 보인다면, 학생들 또한 교사의 존재 자체를 모방하여 미지의 세계를 두려움 없이 학습할 힘을 갖게 될 것이다.

다른 하나는 '민주공화국 시민으로서의 정체성'이다. 교사의 역할과 임무는 민주공화국의 헌법과 법률에 따라 규율된다. 「교육기본법」 제2조는 "교육은 홍익인간의 이념 아래 모든 국민으로 하여금 인격을 도야하고 자주적 생활능력과 민주시민으로서 필요한 자질을 갖추게 함으로써 인간다운 삶을 영위하게 하고 민주국가의 발전과 인류공영의 이상을 실현하는 데에 이바지하게 함을 목적으로 한다."라고 명시하고 있다. 교사가 이 목적 실현에 기여하고자 한다면, 먼저 스스로가 깨어 있는 시민이어야 한다. 나아가서 학생들이 학교와 교실에서 성숙한 민주주의를 경험할 수 있도록 교육해야 할 책무를 지고 있다. 듀이는 학습자의 계속적이고 전인적인 성장을 위해서는 성숙한 민주 사회가 필수적이라고 보았다. 이런 맥락에서도 교사가 시민의 자질을 함양하고 나아가 민주시민교육의 전문성을 함양하는 것은 공교육 교사의 핵심 정체성이 되어야 한다고 보는 것이다.

이혁규가 교사의 자질과 태도 측면에서 정체성을 논했다면, 정범모는 교사가 해야 할 역할과 관련하여 '개혁의 최종 결정자' 정체성을 강조한다(정범모,

2000: 175-177). 정범모에 의하면, 종래 교육개혁 노력에서 가장 큰 결점은 개혁안은 개혁안대로 발표되었을 뿐, 그 목적, 내용, 방법이 교육 일선의 교사 자신의 것이 되지 못했다는 데 있다. 교실에서 어떤 일이 일어나고 행해지느냐는 거의 전적으로 교사에 의해서 결정된다. 교사가 어떤 교육개혁안에 실질적으로 동의, 동조, 동참하지 않고 있다면, 교육개혁안이 아무리 미사여구로 창의력을 기르고 개성을 존중한다고 해도 그것은 공문(空文)의 공염불에 그친다. 따라서 교육개혁 성공의 요체는 어떻게 개혁의 필요에 대한 교사의 자율적인 문제의식을 고취하고, 개혁과제의 설정과 개혁안의 입안과 그 수행에 교사 자신들의 자율적인 참여를 유도하느냐에 있다. 교육개혁은 그 주체, 주동자가 교사 자신인 정도에 따라서만 성공한다. 이런 점에서 교사들이 교육개혁안을 입안하게 하고, 이들이 주체로 서게 하는 것이 중요하다. 교사의 주체의식 속에서 교육개혁이 수행되어야 한다. 이런 맥락에서 교사의 '개혁의 최종 결정자' 정체성은 매우 중요하다.

문제는 이런 당위적 · 거시적 차원의 교사 정체성이 학교현장에서 실천되고 있는가 하는 점이다. 오히려 최근 교직사회에서 뚜렷하게 감지되는 정체성은 실용적 · 미시적 차원의 정체성이다. 바로 '수업전문가 정체성'이다. 정부가 수업 전문성을 기술-합리적으로 정의하고, 수업에서 '무엇을 잘 가르칠 것인가'보다는 표준화된 구조화된 국가교육과정을 얼마나 효과적으로 전달할 것인가? 그리고 얼마나 학업성취도를 높이는가에 주목하였다(손준종, 2010). 이와 별도는 전국교직원노동조합 차원에서는 창립20주년을 즈음하여 제2참교육운동을 제안하면서 '좋은 수업 만들기'와 같은 학교혁신 흐름을 주도하였다.

2007년 EBS 교육방송국에서는 수업을 재미있게 하는 교사를 '수업달인(授業達人)'으로 선정 소개한 바 있다. 그 교사들은 수업을 잘한다는 이유 하나만으로 좋은 교사 혹은 훌륭한 교사라는 평가를 받았다. 그들에게서 나타나는 가장 두드러진 수업 행동 특징은 주어진 교과의 내용을 재구성하는 능력이 탁월할 뿐만 아니라 그것을 재미있게 전달하고 이해시킨다는 점이었다. 달리 말하자면 그들은 교과지식을 조직하는 능력이 뛰어나고 그러한 지식을 전달하는 수업기술 능력이 뛰어나다는 점이다(이병승, 2008: 122). 이러한 시대적 흐름과 학부모들의 수업에 대한 요구가 결합되면서 '수업 잘하는 교사', '좋은 수업으로 학생들과 소통하는 교사' 정체성이 강화되었다. 물론 이러한 '수업 잘하기 교사' 정체성이 강화되는 과정에서, 학교현장에는 여러 가지 교수학습 방법론이 경쟁적으로 소개되고 이로 인해 교사들은 혼란을 겪기도 한다. 그럼에도 '수업 잘하는 교사' 정체성은 당대 교직의 공통성을 반영하는 핵심 정체성으로 공고화되고 있다. 이는 2000년 이후 두드러진 교육실천의 탈정치화 경향의 한 단면이기도 하다.

2) 교사와 구성원 간의 관계

(1) 교사와 학생의 관계

교사와 학생은 불가분의 관계다. 교사의 존재 근거는 학생이고, 학생은 교사에게 의존한다. 제도적으로 사실적으로 그렇다. 이런 관계 속에서 교사들은 학생들이 일정한 형태의 공동 행동을 하도록 몰아간다(Smith & Geoffrey, 1968). 학생들이 학습에 전념할 수 있도록 환경을 조성하고, 필요한 규범을 강제한다. 수업의 윤리를 세우고, 이를 벗어나는 경우 적절한 조치를 취한다. 이런 과정에서 교사와 학생 간에 긴장이 유발되고 갈등이 나타나기도 한다. 한국의 입시경쟁 맥락에서 나타나는 수업과 관련한 교사와 학생 갈등의 한 현상은 수업붕괴다. 학생들은 대학 입시를 위해 선택한 과목인지 그렇지 않은지에 따라 교사가 제시하는 수업규범을 따를지 말지를 판단한다. 입시 영향력 여부에 따라서 수업 참여도가 선별적이고 전략적으로 결정되는 것이다. 이런 과정에서 교사들은 자괴감에 빠지기도 한다.

교사들은 생활지도 차원에서도 학생들과 관계를 맺는다. 생활지도 차원에서의 관계는 개별 학생의 필요와 욕구를 들어 주고 조율하는 과정이다. 이 과정에서 교사와 학생이 친밀한 상호작용을 통해 관계의 밀도를 높여가는 경우도 있지만 그 반대의 경우도 나타난다. 학생들의 인권의식이 이전에 비해 상대적으로 신장됨에 따라 학교 · 교사의 지도 원칙에 따르지 않는 경우들이 늘어나고 있기 때문이다. 특히 최근에는 생활지도 차원에서 학생들의 문제행동에 대한 훈계나 지도를 한 교사가 아동학대로 고발되는 사례가 발생하기도 한다.

그리고 교사들은 학생과의 관계에서도 어려움을 겪는 것으로 나타났다. 첫째, 교사들은 장애를 가진 학생, 특수한 병을 앓고 있는 학생, 가정환경에 문제가 있는 학생, 학습부진 및 학교생활 부적응 학생 등 개별적인 학생의 특성 때문에 어려움을 겪는 것으로 나타났다. 둘째, 교사에게 저항하거나 반항하는 학생들도 교사와의 관계를 어렵게 하고 있었다. 문화적 차이에 따른 학생의 저항, 수업 방해를 통한 학생의 저항, 학생집단의 저항, 교사 지도나 훈계에 대한 저항 등이 주요 현상으로 나타났다. 셋째, 교사들은 복잡한 교실 생활 속에서 비예측적, 즉흥적, 우발적으로 발생하는 문제들로 인해 학생과의 관계에 어려움을 겪고 있었다. 넷째, 아이들을 향한 열정과 가르침에 대한 기대감이 좌절되었을 때, 학생과의 관계에서 심한 어려움을 겪는 것으로 나타났다. 이런 관계의 어려움으로 인해, 좌절감을 느끼게 되는데, 구체적으로 한계, 대항, 당황, 실망의 양상을 보인다(정선미 · 강충열, 2013).

또한 교사들이 가르치는 내용을 잘 모르거나 문제의 답을 모르는 경우, 그리고 수업 중 말실수가 반복되는 경우에도 학생들의 관계가 어려워진다는 점이다(김상현, 2004). 이러한 교사와 학생 간의 관계 갈등은 교권과 학생인권 문제로 발전되기도 한다. 극단적인 경우 법적 다툼으로 이어진다. 이러한 상황에서 교육적 관계를 맺기란 불가능하다. 따라서 교사와 학생의 관계를 재정립해야 한다. 그러기 위해서는 교사들이 학생들과 밀착하여 깊은 관계를 맺을 수 있도록 제도적 여건 개선 및 상호 간 신뢰회복이 필요하다.

> 많은 교사들은 학생들 사이에서 어떤 일이 일어나는지를 잘 모르고 있다. 사건이 벌어지고 나서야 그런 일이 있다는 것을 아는 경우가 허다하다. 학생들의 세계를 잘 모를뿐더러 알 수 있는 방법이 별로 없기 때문이다. 잡무에 시달리느라 시간이 나지도 않을뿐더러 학생들과 깊은 관계를 맺으려고 하지 않는다. 혹여 교사가 학생들에게 다가선다 하더라도 학생들이 쉽게 마음을

열고 다가오는 것도 아니다. 교사와 학생의 관계는 하루 종일 절대 다수의 시간을 같이 보내는 것 같지만 생각하는 것보다 그리 친밀하지 못하다. 다수의 학생들은 교사와 무관하게 학교생활을 한다(엄기호, 2013: 84).

교사 학생 간의 관계의 허약함은 교사들의 교직 불확실성을 높여준다. 동시에 학생들에게는 학교 불신의 근거가 되기도 한다. 이런 점에서도 교사와 학생 간의 교육적 관계 회복, 민주적 관계문화의 구축이 중요하다.

(2) 교사와 동료 교사 관계

교직 생활에서 동료 교사와의 관계는 매우 중요하다. 동료 교사와의 관계가 어떠한가에 따라 교사로서의 삶의 질이 달라질 수 있기 때문이다(조동섭 외, 2009: 59). 따라서 교직에서는 '상호 의존성'(정수현, 2000), '동 학년조직의 운영 원리 공유'(류방란 · 이혜영, 2003), '동료교사와의 협조성과 동조주의'(이순자, 2002)라는 규범과 가치를 '독립성'과 '상호불간섭' 규범 못지않게 중시한다. 교사들과의 관계가 중요함을 강조하는 것이다. 교육활동의 목표를 달성하기 위해서 동료교사와의 협력, 조화, 역할 분담 등이 중요하기 때문이다.

그러나 교사와 동료 교사 사이에 '성장을 위해 서로에게 자극이 되는 만남'이라는 의미에서의 '교육적 만남'은 점차 불가능해지는 경향이 나타나고 있다. 간섭하지 않고 일정한 경계를 유지하려는 규범이 작동되기도 하지만 "수업실천에 창의적으로 도전하여 교사끼리 서로 비평하는 동료성(collegiallity)"을 구축하기가 쉽지 않다. 학교에서 교사들 간에 단절되고 고립되는 현상이 나타나고 있음이 보고된다.

(교사 자신들이 처한 상황을 이해하고 교육현장의 문제를 새롭게 조명할 수 있는 언어를 찾고자 하는 교사들은) 역설적으로 이런 점들 때문에 이들은 학교 안에서 딜레마적인 상황에 처해 있었다. 한편에서 이들은 동료 교사들과의 만남을 통해 서로의 경험을 듣고 나누며 교육과 학생들에 대해 질문하고 토론하고 싶어 했다. 그러나 이들의 이야기를 들어보니 정작 같은 학교에 있는 다른 교사들과의 관계는 단절적인 경우가 많았다. 이들이 교육에 대해

> 하는 얘기가 자신들을 비교육적이고 반교육적인 존재라고 질타하는 '도덕적 공격'이라고 여겼다. 그렇다보니 이들은 지금의 학교교육에 대한 문제의식을 동료들에게 드러내지 않으며 특히 업무와 입시교육에 충실한 다른 교사들 앞에서 자기 자신을 단속하고 있었다.……학교 안에서 고립되어 가고 있었다(엄기호, 2013: 32).

위의 사례처럼, 동료 교사와의 단절은 여러 요인에 인해 나타난다. 동료 교사와의 갈등이 소통 단절로 이어지는 경우가 많다. 교사와 교사 간의 갈등 원인에는 개인적 요인(교육관, 인성의 차이 등), 업무상 요인(직무 한계의 불명확함, 학생지도 방식의 차이, 교육과정 운영의 차이 등), 조직적 요인(업무 배정 갈등, 승진 경쟁, 성별 마찰 등), 그리고 의사소통 요인(소통부족, 오해와 왜곡)으로 다양하게 나타난다(이상철 · 주철안, 2007: 26). 이와 같은 갈등이 원만하게 해결되지 않는 경우, '내가 알아서 독립적으로 해야 한다'는 행동 원리가 더욱 강화되는 것이다.

교사들 간의 단절 원인 중 하나로 '교육활동의 매뉴얼화'를 지적하기도 한다. 학교에는 의사결정을 빠르게 하기 위한 관료주의적 문화가 여전히 존재한다. 교사가 명확한 지침이나 규정에 따라 교육활동을 하도록 매뉴얼이 정해지고, 그 범위 안에서 '안전하게 업무'를 수행한다. 교사들의 책임 소재 여부는 매뉴얼을 따랐는지의 여부에 달려 있기 때문이다. 각종 업무를 수행하는 데에 있어 매뉴얼과 규정에 맞춰 하기 때문에 교사들이 당면한 교육적 문제에 대해 함께 고민하고 토론할 필요성이 줄어드는 것이다(고예진, 2019). 학교에 따라서는 행정업무에 따라 교무실 배치로 인해 소통이 단절되는 경우도 나타난다. 업무 중심 배치로 인해 동교과 교사들보다 동업무 부서의 교사들과 더 많이 접촉하게 되고, 교류가 잦다보니 더 친밀해진다. 따라서 교사들은 자연스럽게 교과 중심, 수업 중심의 문화보다는 업무 중심의 문화를 형성해 간다(김병찬, 2003). 이러한 조건에서는 교사들 간에 교육적 고민이 소통될 여지는 제한될 수밖에 없다.

그리고 SNS나 메신저가 소통 도구로 활용되면서 말이 사라지고, 교사들은 학교에서 무슨 일이 어떻게 돌아가는지 당사자가 아니면 알 수 없는 구조가 되었다. 옆에 동료가 있는데도 말 대신 메신저로 보낸다. 그렇다보니 교사들 사이의 관계는 단절될뿐더러 교사 각자는 학교 전체의 이야기와 단절되어 자신의 개별적인 업무만을 보게 되는 셈이다(엄기호, 2013: 176). '학교에 광장이 사라졌다'고 할 정도로 교사들이 함께 토론하고 대화할 수 있는 여건이 축소되었다. "사적인 문제들이 공적인 이슈들을 다루는 언어로 새롭게 해석되고 사적인 곤란들에 대해서 공공의 해결책을 모색하고 조정하며 합의"(바우만, 2009: 64)하는 공간으로서의 교무실이 점차 협소해지고 있는 것이다. 이러한 공적 공간이 협소해지는 경향은 교사들 간의 세대 차이로 인해 더욱 강화되기도 한다. 실제 'N세대', 'MZ세대' 등으로 표현되는 젊은 세대 교사들은 직업관이나 개인생활과 학교생활의 경계, 워라밸 지향 등에 있어서 선배교사들과 뚜렷한 차이를 보이고 있다(박상완 · 박소영, 2022).

이런 맥락에서 교사들에게는 다음과 같은 바람직한 동료 관계 형성을 위한 태도와 행동 방식이 제안된다(조동섭 외, 2009: 61).

첫째, 교사로서 사명감을 가지고 맡은 업무에 대한 책임감 있고 성실한 처리
둘째, 관용과 동지적 신뢰감을 바탕으로 서로 협력하고 격려하는 분위기 조성
셋째, 동료 교사의 사생활에 간섭하지 않고 다른 교사에 대한 비방 불평 자제
넷째, 성 연령에 따라 파벌을 조성하지 않고 원만한 인간관계 조성
다섯째, 친목 행사 등에서 적극적 참여와 동료 교사와 교류

이와 동시에 교사들이 함께 모여 토론하고 지혜를 모으기 위해 노력해야 한다. 대화의 장을 만들어야 하는 이유 중 하나는 학교의 혼란을 최소화하고 개별 교사의 실패를 예방하기 위해서도 필요하다. 시대 변화에 따라 새로운 제도, 새로운 교육과정, 새로운 교수법 등이 도입되게 되는데, 이런 상황은 학교는 물론 개별교사에게도 커다란 도전이 된다. 이런 도전에 공동 대응하는 차원에서도 대화와 토론이 필요하다. 대화를 통해 교사들 간에 관계도 회복되어야 한다.

(3) 교사와 학부모 관계

교사와 부모는 학생들의 교육받을 권리를 충족시킬 의무를 함께 지는 협력적 관계이다(강인수, 2019: 37). 헌법재판소에서도 교사의 교육권과 부모 교육권의 관계에 대해 '상호 협력관계'로 보고 있다. 이는 교사의 교육권이라 하더라도 학부모 교육권에 의해 제약될 수 있음을 의미한다(조석훈 · 김용, 2007: 327). 이런 점에서 교사와 부모 간에는 상호 긴장하는 관계이기도 하다. 교사와 학부모 관계는 교사의 교직 삶과 교사로서의 존재감 형성에 영향을 미치고, 학부모 입장에서는 학교신뢰도 및 자녀교육 만족도 결정의 중요 요인이 된다.

김기태 · 조평호(2003: 256-258)는 교사 학부모 관계의 성격을 크게 네 가지로 정리한다. 첫째는 학생 교육을 매개로 교육자와 교육의 수혜자로서 인위적으로 형성된 관계이자 학생의 교육 관련 일에 한정되는 부분적인 관계이다. 둘째는 학생이 학교를 졸업한 뒤에는 중단되는 비영구적 관계이다. 셋째, 양자가 상호 선택해서 형성되는 관계가 아니라는 점에서 비선택적 결합 관계이다. 마지막으로는 교사와 학부모 관계는 학생의 교육에 관한 권리와 의무에 기초한 합법적, 공식적 결합관계이다. 이와 비슷하게 송기창 외(2014: 447-448)는 교사와 학부모의 관계를 세 가지로 정리했다. 첫째는 학생을 매개로 하는 직간접적 관계로 교사는 학부모로부터 권한을 위임받아 학생을 교육하고 이를 통해 학부모와 관계를 형성하게 된다. 둘째는 불완전한 정보를 토대로 하는 관계이다. 즉 교사는 학부모에 관한 정보를 충분히 얻을 기회가 없어 아동이 부모로부터 어떻게 교육받고 영향을 받는지 알기 어렵다. 부모 역시 교사로부터 어떻게 지도를 받는지에 대한 정보를 충분히 가지고 있지 못하다. 이로 인해 교사와 학부모 간에는 불신과 오해가 생길 가능성이 높다는 것이다. 셋째는 학급 편성에 따라 일정 기간 동안만 유지되는 관계며, 학년의 진급, 졸업 등에 의해 단절되는 단기적 관계이다. 이로 인해 양자가 자기 책임과 의무를 소홀히 할 가능성이 있다.

이와 같은 관계 성격 때문에 교사와 학부모 양자는 서로 긍정적인 교육적 관계를 맺기 위해 노력해야 한다. 우선 교사의 학부모에 대한 책누를 녕확하세

할 필요가 있다. 학부모에게 학교의 교육 방침, 교육 내용과 방법, 결과 등을 알려주고, 학부모들이 학교 운영에 참여할 수 있는 기회를 제공하며, 이들의 지원과 협조를 구하는 일은 학교와 교사의 핵심 책무가 된다(박병량, 2003: 433). 따라서 이 책무를 제대로 수행할 수 있는 제도가 마련되어야 하고 교사의 직무 윤리가 수립되어야 한다. 학부모가 교육주체로 인정되고, 학교운영 과정에 참여가 보장되는 제도 도입이 필요하고, 동시에 학급차원에서, 또는 개별 교사 차원에서 학부모에게 다양한 정보가 제공되어야 한다. 학부모가 자녀교육과 관련하여 필요한 정보를 요청함에 있어 심리적 불편이 없는 상태가 될 수 있도록 문화적 풍토도 개선되어야 한다.

물론 학부모에게 교육주권자의 지위가 부여되고 주권행사를 위한 제도적 장치가 보장된다고 해서 모든 학부모들이 좋은 학부모(교육시민)의 역할을 하는 것은 아니다. 학부모 중에는 정상의 범위를 넘어서거나 혹은 무관심으로 일관하는 부류도 있다. 이런 문제를 해결하기 위해서는 학부모들이 교육주권을 제대로 행사할 수 있도록 안내하고 조력하는 '학부모 사회화' 과정이 필요하다. 따라서 학부모의 교육적 성장을 위한 학부모 교육 프로그램의 개발 · 운영이 필요하다(오재길, 2019: 34).

교사와 학부모 관계에 영향을 미치는 요인은 다양하다. 박남기 외(2008: 296-297)는 교사와 학부모 간 관계에 영향을 미치는 요인들을 크게 네 가지로 정리하였는데, 첫째는 학부모의 자녀교육에 대한 권리 의식 발달, 둘째는 학부모 단체의 결성에 따른 학부모 세력화, 셋째는 가족형태 다양화에 따른 부모의 자녀 교육 지원 및 학교 지지도 등의 편차, 넷째는 부모의 과거 학교교육 경험 등이 교사와 학부모 관계에 영향을 미친다고 보고 있다. 이들 요인에 더하여 최근에는 '입시 준비(지도) 갈등', '학교폭력 처분 관련 갈등', '생활지도에 대한 아동학대 고발', '교사평가를 통한 학부모의 압박' 등의 문제들이 빈번해지면서 교권을 강화해야 한다는 주장이 제기되는 상황이다.

교사와 학부모 관계에서 주목할 사건은 2023년 7월 이후 전개된 교권회복을 요구하는 교사들의 대규모 시위다. 교사들은 2023년 9월 4일을 '공교육 멈춤의 날'로 정하고, 악성민원인들로부터 교사를 보호할 수 있는 입법을 요구하였다. 2022년~2023년에 벌어진 교사들의 자살 사건으로 인해 촉발된 교사들의 대규모 시위에서 '학부모 집단'이 직접 거명되지는 않았지만, 악성민원인, 교권침해자, 가해자, 진상, 몬스터, 괴물, 악마 등으로 에둘러 호명되었다. 이런 와중에 국회에서는 2023년 9월 21일 일명 '교권보호 4법'(교육활동 보호를 위한 특별법, 초·중등교육법, 유아교육법, 교육기본법)을 통과시켰다. 그 내용을 보면, '교원이 아동학대 신고 당할 정당한 사유가 없는 한 직위해제처분 금지, 교장은 교육활동 침해행위 축소·은폐 금지, 교육감의 교원 보호 공제 사업 가능, 지역교권보호위원회 설치, 교원 아동신고로 조사나 수사를 받을 시 교육감의 의견 제출 의무화, 그리고 정당한 생활지도는 아동학대 범죄로 보지 않음, 학생보호자의 교직원 인권 침해 금지, 부모 등 보호자는 학교 교육활동을 존중해야 함' 등을 포함하고 있다.

이러한 일련의 과정에서 학부모들의 입장을 공식적으로 확인하고 고려하려는 절차는 별도로 없었다. 다만 일부 언론은 사회일반의 학부모 집단에 대한 일방적이고 인상비평식 비난에 교육계가 고민해야 할 중요한 지점이 묻힌다는 점을 지적했다(변진경, 2023). 즉 "학부모와 교사 간 갈등 중 어떤 부분은 학교 기능에 대한 동상이몽에서 기인하기도 한다. 교사는 자신의 역할과 학교의 기능을 '수업전문성'에 초점을 맞추지만 학부모는 점점 돌봄·상담·진로진학 컨설팅 등 더 많은 기능을 학교와 교사에게 요구하고 기대한다. (...) 이 인식의 격차상태에서 '자신은 악성민원인인 줄 모르는 (교사 입장에서) 진상학부모'가 탄생하기도 한다"는 것이다.

요컨대 2023년 교사들의 교권회복 요구로 촉발된 일련의 사태는 여전히 진행형이다. 교권보호 4법과 학부모 교육권과의 다툼 여지, 학교공동체에서 학부모 지위 문제, 학교에서 책임져야 할 교육활동 범위 문제, 교사직무 범위와 책임 한계 문제 등이 쟁점으로 남아 있기 때문이다.

2. 학교문화와 교사-학생의 상호작용

1) 교사문화와 학생문화

학교문화는 다양한 하위문화들을 포괄하고 있는 복합적인 개념이다. 여기서는 학교라는 공간 안에서 상호작용하는 관계에 있지만 이질적인 특성을 보이는 교사와 학생의 문화를 살펴보고자 한다.

(1) 교사문화

교사문화는 교직문화 또는 교원문화 등으로 혼용되어 왔다. 하그리브스(Hargreaves, 1992)는 교사문화를 '특정한 교사집단 혹은 보다 광범위한 교직 사회에서 공유하는 태도, 가치, 신념, 습관 및 행동양식'으로, 황기우(1992)는 '교사 특유의 독특한 생활양식, 규범, 가치관'으로, 정병호(2006)는 '교사가 교직에 종사하게 되면서 교육조직 생활 속에서 나타나게 된 생활양식의 총체, 즉 교사의 가치, 신념, 지식, 관습, 언어, 규범, 제도 등'으로 정의했다.

교사라는 직업 집단은 성, 연령, 학력, 경력 등 개인적 배경 요인과 학교수준, 학교계열, 학교 설립 주체, 학교 소재 지역 등 근무조건 측면에서 다양한 구성을 이루고 있기 때문에 특정 배경 변인에 따른 하위문화를 규정하는 데 어려움이 있을 수 있다.

교사문화를 다룬 선행연구들을 분석·정리하여 교사 집단 전체를 포괄하는 문화적 특성을 제시한 김용정(2009)은 교사문화를 개인주의, 보수주의, 현재주의, 침묵문화, 승진문화, 인간관계중심문화 등으로 제시했다. 구체적인 내용을 살펴보면 다음과 같다.

첫째, 개인주의다. 로티(Lortie, 1975)에 의하면 교사들은 혼자서 독립적으로 일하는 것을 선호하며, 여유시간이 있더라도 동요들과 함께 지내기보다는 혼자 있는 것을 선호한다. 교사들은 교직 수행에 필요한 전문적 기술체계를 발전시키기 위해 동료들과 협동하는 것에 관심을 보이지 않으며, 협동을 하더라도 교사 개개인의 자유를 침해하지 않는 한도 내에서 한다. '닫힌 자기 성(城)에서 혼자 살기'(오영제, 2001)라는 표현에서 보듯, 교사들은 독립적으로 일하는 것을 좋아하고, 교육활동에 대해 간섭 받거나 관여하기를 좋아하지 않는 특징이 있다. 한편 황기후(1992)와 정병호(2006)에 의하면, 우리나라 교사들은 교사의 개별적인 차원에서는 개인주의적인 특성을 보이지만, 조직 전체의 차원에서 볼 때는 관계중심적인 특성을 보인다. 이는 우리나라 교사 문화에 나타나는 개인주의는 서구의 그것과는 다소 다른 맥락에서 해석해야 함을 시사한다.

둘째, 보수주의이다. 로티(Lortie, 1975)에 의하면 교사들은 새로운 교수방법을 모색하고 시도하기보다는 전통적인 방법과 자신이 학생시절에 경험한 방법에 집착하여 미래를 위한 활동에 노력을 기울이지 않는다. 이는 가르치는 일의 목표가 불분명하고 성과도 불확실한 교직 특유의 불확실성에서 기인하는 것으로서 교사들로 하여금 혁신적 변화보다는 보수적 성향을 조장한다.

셋째, 현재주의이다. 로티(Lortie, 1975)에 의하면 현재주의는 능력과 노력의 정도에 부응하지 못하는 교직의 보상체계와 관련이 있다. 교직은 다른 전문직에 비하여 수입이 많지 않고 경력에 따른 변화가 비교적 적기 때문에 노력과 성취 그리고 보상 간의 불일치가 나타난다. 한편 황기우(1992)는 현재주의를 정해진 일과 속에서 모든 업무를 즉각적으로 처리해야 하는 즉시성과 장기적인 목표 없이 이루어지는 교육정책의 잦은 변화에 기인하는 것으로 보았다. 이는 우리나라의 교직사회에 나타나는 현재주의는 서구의 그것과는 다른 맥락의 문화적 의미를 지님을 시사한다.

넷째, 침묵문화이다. 장홍재(1999)는 교사들의 침묵문화가 교육에 대한 위로부터의 국가적인 통제구조와 한국 사회의 학력주의에 연관되어 있다고 보았다. 한편 교사들의 침묵문화는 관리자의 일방적 학교운영 방식과도 얽혀 있다. 즉 교사들의 침묵은 학교장의 일방적 독주를 하는 요인이지만 역으로 학교장의 일방적 지시와 평가는 교사들로 하여금 적극적인 교육활동을 저해하는 요인이 되기도 한다.

다섯째, 승진문화이다. 학교사회의 승진구조는 소수에게만 허용되는 것으로 교사들 간 경쟁을 조장한다. 승진문화는 승진의 문이 좁은 승진제도의 구조적 문제에 의해 교사들에게 형성되는 문화이며, 그로 인해 침묵문화와 보신주의, 관계중심 문화 등을 파생시키는 한국 교사문화의 근원적이고 대표적인 특성이다.

여섯째, 인간관계중심문화이다. 이러한 문화는 두 차원에서 비롯된다. 하나는 학생과의 관계 차원으로 학생들을 수업에 참여시키기 위한 전략에서 비롯된다. 교사들은 학생들과의 인간적인 관계형성을 통해 학생들을 통제하려는 경향을 보인다. 다른 하나는 동료 간, 상 · 하급자 간 관계의 차원으로 교사들은 교육관의 차이나 교육방식의 차이에 따른 갈등을 드러내기보다는 인간적인 친밀감을 우선시하며 동료 사이에서 튀지 않아야 한다고 생각하는 경향을 보인다. 이러한 관계중심문화는 특히 초임교사의 생존전략 선택에 가장 중요한 요인으로 작용한다.

그리고 관료제화된 학교에서 교사들이 채택하는 적응 전략으로서의 문화원리로는 '불만 속의 순응'(류방란 · 이혜영, 2002), '성적 위주 교육현실에 대한 순응적 자세'(오영제, 2001), '느린 변화와 불만 속의 환경 순응성'(오영제, 2010), '의례화와 보여주기'(류방란 · 이혜영, 2002), '행정에 대한 냉소적 형식주의' 등이 언급된다.

(2) 학생문화

조용환(2000)은 학생문화를 교사문화와 상호대립적이면서 동시에 상호보완적인 관계로 바라보았다. 그는 학생문화를 '학교제도의 한 구성원으로서 학생들이 공유하는 학습에 대한 의식, 지식, 가치, 기술, 전략으로 구성되며 그들이 학교 안팎에서 살아가는 모습과 원리를 포함'한다고 정의하였다. 박삼철(2007)은 학생문화를 '특정 학교의 삶 속에서 학생들이 경험하는 충족감과 교사 및 동료 학생과의 관계에서 형성되는 사회 · 정의적 특성'으로 정의하였다.

학생문화에 대한 연구는 대체로 학급문화 속에서 학생들이 지각하는 문화를 탐색한 연구나 학교공동체로서 학생이 지각하는 상대적 문화에 초점을 둔 연구들이 대부분이다. 학생문화와 관련한 국내의 선행 연구를 살펴보면, 한준상

(2001)은 학생문화가 대체로 학업적 성향과 학우에 대한 친화/집착 성향으로 양분화되고 있다고 보았다. 또한 학생문화의 특성을 면학지향문화, 놀이지향문화, 대중지향문화, 나태지향문화 등으로 설명하기도 한다(최외선, 2009). 한편 박삼철(2007)은 '학생들은 역동적 존재로서 학교경영자와 교사들이 문화를 수동적으로 받아들이지 않으며, 학생들은 가정과 또래집단, 지역사회 문화 등을 간직한 채 학교에 오며 교사들과의 갈등 속에서 역동적으로 그들의 문화를 창조해 나가는 특성을 보인다'고 진단하고, 학생문화를 역동적인 측면에서 발전시킬 필요가 있음을 제안한다.

조용환(2009)은 고등학교 학생들의 생활과 문화 연구를 통해, 고등학생들의 말과 행위 속에 함축된 다섯 가지 문화주제를 정리했다.

첫째는 "중요한 건 등수"라고 표현되는 '성적(成績)'이다. 고등학교 학생들의 삶에서 성적은 최고의 가치이자 지상의 목표다. 그들은 성적에 따라서 울고 웃는다. 여기서 성적은 그 자체로 의미를 갖기보다는 다른 학생들과의 상대적 비교에서 내 성적이 높으냐 낮으냐에 따라 달라진다. 상대적 비교가 중요한 것은 이에 따라 좋은 대학을 갈 수 있느냐 없느냐, 좋은 직장을 얻을 수 있느냐 없느냐를 결정하는 잣대가 된다고 믿기 때문이다.

둘째, 고등학생의 삶과 문화에서 가장 빈번하게 등장하는 다른 주제는 "잘 모르겠어요."를 반복하는 '막연(漠然)'이다. 앞날을 위해서 지금 무엇인가 준비를 해야겠는데 무엇을 해야 할지 모르겠고, 어떻게 될지 모르겠고, 과연 잘하고 있는 것인지도 모르겠다는 것이다. 즉 고등학생들의 삶은 불안정과 불확실함 속에서 구성되고 있는 것이다.

셋째, "대학교 가서"라고 표현되는 '유예(猶豫)'이다. 이는 일정한 기간 이후로 지불을 연기하는 조치이다. 고등학생 문화의 맥락에서 지불유예는 지금 한 노력의 대가가 나중에 지급된다는 것을 의미한다. 좋은 대학 가고 좋은 일자리에 취직하면 얼마든지 좋은 일들이 있을 테니까 지금은 힘들더라도 참고 견디며 열심히 공부만 하자는 의미이다. 공부 이외에는 하고 싶은 일들이 있더라도 '하지 말라'는 권유 또는 압력이기도 하다.

넷째, 고등학생의 삶과 문화에 작용하는 또 다른 원리는 "맨날 똑같으니까"라고 표현되는 '무미(無味)'이다. 무미는 '재미없음'과 '의미 없음'의 복합적인 현상이다. 고등학생들 가운데 이른바 그들의 본분인 학업을 재미있어 하는 사람은 흔치 않다. 비록 학업 이외에 재미있는 일들이 있더라도 대학입학 또는 취업 이후로 한껏 유보해야 한다.

다섯째, "저희가 뭘 결정하겠어요."라고 압축하여 표현되는 '소외(疏外)'이다. 소외는 주인이 되지 못하고 '이방인(alien)'이 되는 것이다. 주체가 되지 못하고 객체가 되는 것이다. 고등학생들이 자기 삶의 주인이 되지 못하고, 자기 공부의 주인이 되지 못하는 것이다.

요컨대 한국 사회에서 학생들은 '공부하는 존재'로 규정되고, 이들의 생활과 문화를 특징짓는 가장 기본적인 속성 가운데 하나가 바로 '공부'다. 따라서 학생들의 전형적인 삶은 바로 '공부하는 삶'이 된다.

2) 교사와 학생의 상호작용

> 스승은 영원히 영향을 준다.
> 스승은 자기의 영향이 미치지 않는 곳을 결코 말할 수 없다.
> -헨리 브룩스 애덤스-
> (미국 역사가: 1838~1918)

학생의 행동은 수동성(passivity)과 인내성으로 특징지어진다(Jackson, 1968). 교사의 행동은 권위를 강조하고 성인문화에 젖어 있다. 학생들은 문화화(혹은 사회화) 되어야 할 대상이기 때문에 교사와 학생 간의 관계는 본질적으로 두 개의 문화(청소년 문화와 성인문화) 사이의 관계이다. 여기에는 문화갈등이 내재되어 있으며, 사회변화의 속도가 빠른 사회일수록 문화적 갈등은 커질 가능성이 높다.

(1) 교사-학생관계의 유형

교사와 학생의 인간관계 유형은 아래와 같이 여러 가지 형태로 나타날 수 있다(Cunningham, et al., 1951).

① 교사가 일방적으로 지시 감독하고 학생은 복종하는 지배·복종적 관계

② 교사가 학생들에 대하여 전혀 관심을 갖지 않는 자유방임적 관계

③ 교사와 학생이 서로 협동하는 상호협동적 관계

④ 교사가 학생들의 학습활동을 계획하고 지시하는 교사 중심적 관계

⑤ 학생 스스로가 학습활동을 계획하고 수행하는 학생 중심적 관계

이 중에서 어떤 유형이 지배적인 것으로 되느냐에 결정적인 영향을 미치는 것은 교사 개인의 성격과 행동에 달려 있다. 교사-학생관계에서 교사가 우위에 있으며 주도권을 갖고 있기 때문이다. 이러한 주도권의 원천은 교육조직의 목적에 따른 규칙 · 문화적 전통 · 연령상의 차이 · 지적 능력의 차이 등이 주요한 것들이다.

그런데 중요한 점은 학습효과를 높이는 유능한 교사는 위에 지적한 어느 한 유형에만 집착하기보다 상황의 필요에 따라 여러 유형들을 적절히 활용한다.

(2) 교사 행동양식과 학업성적

학생들의 학업성적은 학급당 학생수나 교사경력, 교사의 직전교육의 장단(길고 짧음)보다는 '교사의 행동양식'에 달려 있다. 정범모 교수는 약 30년 전부터 지금까지 '국제교육성과 비교연구'의 일환으로 학생들의 학업성적에 미치는 요인을 연구한 결과 이러한 결론을 얻었다고 밝혔다. 즉 교사가 잘 알아듣게 설명하느냐, 학생 개개인을 살피느냐, 못 알아듣는 학생을 알아차리고 다시 가르쳐 주느냐, 학습하면서 규율을 세우느냐 등의 교사행동 여부에 따라서 학생들의 교육성과가 좌우된다는 것이다. 정교수는 교육비나 학급당 학생수 등의 다른 조건들은 교사의 이런 행동을 전제로 해야 그 교육적 효율이 나타날 뿐이라고 한다. 아무리 좋은 환경을 갖췄더라도 교사가 시시하게 가르치면 아무 소용이 없다는 것이다.

(3) 교사-학생관계에 대한 비판적 견해

교사-학생관계에 대해 비판적인 견해도 뿌리가 깊다. 일찍부터 윌러(W. Waller, 1932)는 교사-학생관계를 지배-복종관계라고 지적하고, 학생들은 학급의 역할구조 속에 확립되어 있는 "제도화된 지배와 복종"에 대처하기 위한 "전략"을 발전시킨다고 간파하였다. 존 홀트(John Holt, 1964; 1967)도 학교(학급)는 아동들의 자연스런 욕구를 억누르고 있다고 불평했다. 그에 의하면, 학생의 목적은 교사들이 원하는 올바른 정답을 계산함으로써 당황과 고통에서 탈출하려는 일종의 게임행위를 포함한다.

(4) 교사-학생관계와 언어소통

학급 내의 상호작용에 있어서 가장 중요한 매체인 언어에 관한 분석을 한 연구들은 교사-학생관계의 또 다른 독특한 측면을 일깨워주고 있다. 미국에서 학급에서의 언어에 관한 분석은 주로 교사와 소수 민족집단의 아동과의 언어적 상호작용에 집중되었다(Cazden, John, & Hymes, 1972; Cicourel et al., 1974). 언어분석을 하는 사람들은 번슈타인(Bernstein, 1972)에 의해서 명료화된 수업에 있어서의 의사전달 문제에 관한 명제를 긍정하고 있다. 즉 "만약 교사의 문화가 아동의 의식세계 속에 있어야 한다면 아동의 문화도 교사의 의식세계 속에 있어야 한다."(Bernstein, 1972: 149).

메한과 그 동료들은(Mehan, et al., 1976) 번슈타인의 문제의식과 유사한 문제의식을 가지고 학급에서의 의사전달 과정을 상세히 분석하였다. 그들이 내린 결론은 다음과 같다.

학급에서의 상호작용은 학업성취에 대한 요구 외에도 다른 두 가지 유형의 규범적 요구(즉 학생이 준수해야 할 사회적 규칙)를 갖고 있다. 하나는 의사전달의 능력에 대한 요구이고 다른 하나는 학급 상황의 해석 기술에 대한 요구이다. 의사전달의 능력은 특정한 형태로 말하고 행동하는 것이 적절하다는 것을 알고 그렇게 하는 것을 말하며, 해석기술은 분명히 말해지지는 않으나 암암리에 깔려 있는 학급의 규칙을 학생이 체득하는 것을 말한다. 이 연구가 암시하는 것을 번슈타인의 용어로 말하자면, 이 두 가지의 능력은 교사문화의 중요한 부분이지만, 교사는 학생의 능력에 대해 의식하지 못할 수도 있다는 점이다. 앞에서 인용한 번슈타인의 전제가 학교에서 쉽게 이뤄지지 않고 있으며, 오히려 학생은 교사의 문화에 일방적으로 동조해야 하니, 교사는 학생의 능력을 충분히 의식하지 못하고 있는 불평등한 의사전달 상황에 있다.

하그리브스(D. Hargreaves, 1975)는 교사가 교사-학생관계의 상황을 정의하는 데 결정적 영향력을 행사하고 있다는 데 착안하여, 교사가 교실환경을 어떻게 정의하는가를 이해함으로써 교실에서의 학습활동을 분석할 수 있다고 생각하였다. 하그리브스에 의하면, 모든 교사는 두 가지 하위역할을 수행해야 한다. 즉 지도적(또는 훈육적, 교도적) 역할과 교수 · 학습적 역할이다(disciplinarian and instructor).

지도적 역할은 학급을 소집단으로 분류하고 교실규칙을 규정하고 강화하며 교실 내에서의 활동시간과 운동시간을 준수하도록 하며 학생들의 교실에서의 제반활동에 대한 책임이 수반된다. 교수 · 학습자적 역할은 어떻게 학습하는가라는 학습방법과 무엇을 학습하는가라는 학습내용을 결정한다.

이와 같은 교사의 역할을 수행해 나가는 데 있어서 교사의 자아개념은 매우 중요하다. 하그리브스는 이 점에 착안하여 교사의 자아개념을 세 가지 유형으로 전형화하고 있다. 야수조련사적 자아개념(liontamer), 향응제공자적 자아개념(entertainer), 그리고 낭만주의적 자아개념(romantics)이다.

야수조련사적 자아개념을 가진 교사들은, 아이들을 버릇없고 난폭한 존재라고 간주하고 아이들을 세련되고 교양 있는 인간으로 훈련시키는 과정으로 파악한다. 학생들은 교사의 가르침대로 순종해야 한다. 교사는 틀 속으로 아이들을 강제로 맞추어 나가며 요구수준에 도달하도록 조성시키는 전문가이다. 훈련은 엄격하고 종종 검사를 실시한다.

향응제공자적 자아개념을 가진 교사들은 주요 학습동기는 흥미에 있다고 생각한다. 발견학습법이나 다양한 시청각적 교수법을 활용한다. 교사는 많은 시간 동안 학생들이 학습과제에 전념하며, 대부분의 시간을 교실 주변에서 보낸다. 교사와 학생의 관계는 친절하고 비형식적이다.

낭만주의적 자아개념은 다양한 관점으로부터 출발한다. 학생들은 배우고자 하고, 알고 싶은 자연적 경향성을 소유하고 있으며, 학습은 인간조건의 일부를 형성한다. 교사의 역할은 학습을 용이하게 하고 학생들은 그들이 무엇을 배워야 하는가에 대한 선택의 자유가 보장된다. 교육과정은 교사와 학생의 공동참여에 의해 구성되는 것이지 교사에 의해 학생에게 사전에 일방적으로 부과되지는 않는다. 교사와 학생의 관계는 신뢰와 애정을 바탕으로 한 관계이다. 성적 평가나 점수 등급은 크게 중요하지 않고, 더 중요한 것은 학생들이 어떻게 자율적으로 학습하는가 하는 방법이다(최정웅 역, 247-248).

(5) 교사의 기대효과와 전달기제

선생지풍(先生之風)은
산고수장(山高水長)이라.
계곡이 깊어야 물도 생기고
짐승도 깃들 듯이,
선생의 풍모는
높은 산과 길고 깊은 물에
비유된다.

자기충족예언(自己充足豫言 또는 자성예언, self-fulfilling prophecy)은 사회학자 머튼(R. Merton)이 처음 사용한 개념으로서, 어떤 예언이 형성되면 그 예언이 인간행동에 구속력을 가하여 그 예언의 실현을 위한 강력한 수단 기능을 하게 되는 사회심리적 메커니즘을 일컫는 말이다. 이와 같은 자기충족예언적 심리기제의 작용은 학습실험 · 의약치료 · 사업경영 · 국제관계 등에서까지도 실험이나 현상적으로 나타난다고 한다(Rosenthal & Jacobson, 1968: 11-30).

교육연구에서는 로젠탈과 제이콥슨(Rosenthal & Jacobson, 1968)이 한 초등학교에서 실시한 실험연구가 대표적인 것이다. 그들은 '공부 잘하는 학생'이라고 표지를 달아 놓은 학생의 지능은 그 교실 내의 다른 학생들보다도 지능이 향상된 것을 발견하였다. 그런데 실제 이 학생들은 공부를 잘하는 학생들이 아니었고 무선표집을 한 학생들이었을 뿐이었다. 그들의 지능은 확실히 향상되었는데, 이는 교사들이 그들을 총명한 학생들로 생각하고 또 특별히 취급했기 때문이었다. 그들의 실험결과는, 학생의 학업성취에 향상을 보이리라는 교사의 기대가 실제로 학업성취의 향상을 가져왔는데, 이 기대효과는 저학년과 하류계층 학생들에게 더 뚜렷한 것으로 나타났다.

교사기대의 힘이 대부분 점수체제(the grading system)로부터 발생한다(Gordon, 1957). 점수가 학생의 능력을 판정하고 동급학년 동료학생들에 참여여부를 결정하기 때문에, 학생들이 교사의 기대에 대단히 민감하다는 것을 알았다. 교사의 기대에 대한 동조는 동료사회에서의 지위(peer social status)에 영향을 미친다는 것은 대단히 중요한 일이다. 그러나 역설적으로, 학생의 하위문화와 과외활동의 존재가 학업성취의 의미를 재정의하여 수정시킨다. 학생이 하위문화에 사회화되어 감에 따라, 그들은 교사로 하여금 적당한 점수를 확보하도록 조종하는 법을 배운다. 교사가 조언자로 참가하는 과외활동은 활동적인 학생과 그들과의 관계를 특수화하는 경향이 있으며, 점수를 매기는 데 보편적 기준을 수정하게 하는 경향이 있다. 그리하여 학생사회는 교사의 권위를 동화시키고 재정의하며 그리고 학교의 수업효과에 영향을 미치게 된다.

퍼셀(Persell, 1977)도 교사의 대인지각이 성적 격차의 중요한 요인이라고 지적하고, 교사기대의 근원과 그 결과에 대한 분석적인 모형을 제시하고 있다. 이러한 기대차는 교사 자신의 경험, 교육의 구조, 그리고 학생의 가정배경, 용모, 성격, 우열반 소속 등에 따라 유발된다는 것이다.

이와 같이 형성된 기대차는 의식적 · 무의식적으로 학생에게 전달되고, 더 나아가 학급 내 상호작용 및 수업실천, 평가방식 등에 반영되어 결과적으로 학생 간의 학업성취의 격차를 초래하게 된다는 것이다.

> 교사의 임무는
> 독창적인 표현과 지식의 희열을
> 불러일으켜 주는 일이다.
> -알베르트 아인슈타인-
> (미국의 물리학자: 1879~1955)

교사기대를 왜곡시키는 원천을 숙지하는 것 외에도 교사기대가 학생들에게 전달되는 방식들을 알아두고 조심해야 할 필요가 있다. 보다 구체적으로 교사의 기대가 학생에게 전달되는 사회심리학적 기제는 다음의 다섯 가지 형태로 구분될 수 있다(김병성, 1988: 235).

① 학급의 일반적인 대인지각(對人知覺)이나 관계에서 교사의 기대차가 나타난다. 교사는 높은 기대를 하고 있는 학생에게는 낮은 기대를 하는 학생에 비하여 보다 많은 온정을 베푼다는 것이다.

② 학생 행동에 대한 반응에서 더 적극적인 칭찬이나 격려 정도에 따라 교사

의 기대수준이 표출된다.

③ 학생 개개인에게 투입하는 시간량에서의 차이를 들 수 있다.

④ 학생의 반응기회(反應機會)에서의 차이를 들 수 있다.

⑤ 교사는 자기가 지각한 학생의 능력수준에 따라 학습 자료나 그 내용 구성의 난이도 수준을 달리 정한다. 따라서, 교사의 기대수준에 따라 과제부과와 자료준비 및 그 제공의 양에 차이가 나게 된다.

3. 세대 간 소통과 협력의 과제

1) 교육계에서 세대 변화에 주목하는 이유

최근 우리 사회에서 세대 담론은 활발하다. 2000년대 후반 88만 원 세대 담론 등장 이후로 '세대'라는 키워드를 통해 우리 사회의 제반 현상들을 이해하고 대응하려는 움직임이 있다. 교육계도 예외가 아니다. 베이비부머 세대 교직원들이 대거 은퇴하면서 교직 사회에 세대교체 바람이 불고 있다. 더 나아가 밀레니얼 학부모의 출현 등 교육계에서 세대 문제는 피할 수 없는 현안으로 떠오르고 있다. 교육계에서 세대 문제에 관심을 가져야 하는 이유는 다음과 같다(김기수 외, 2020).

(1) 다세대 학교조직(Multi-generational School Organization)

칼 만하임(K. Mannheim)은 세대 개념의 중요성에 특별한 관심을 기울였다. 그는 세대를 '사회 변화의 역동적 과정 속에서 생물학과 역사가 만나는 지점에서 형성되는 사회현상'(함인희, 2019 재인용)이라고 정의한다. 만하임에 의하면, 다양한 세대가 공존하는 것은 사회변화의 원동력이며, 세대 간에 발생하는 갈등과 충돌도 사회변화에 당연히 존재하는 자연스러운 현상이다.

학교는 세대 차이를 생생하게 경험하는 곳이다. 학교만큼 다양한 세대로 구성된 조직을 찾기 어렵다. 교원만 해도 20대에서 60대까지 걸쳐 있다. 배움터 지킴이, 숙직기사 등 교육공무직원까지 포함하면 80대까지 퍼져 있다. 유·초·중·고등학교의 학생을 고려하면, 학교야말로 대표적인 다세대 조직이다. 학부모도 예외가 아니다. 초등학교 학부모의 경우, 대체로 20대에서 50대까지 존재한다. 손자와 손녀의 교육에 관심을 갖는 조부모까지 고려하면, 연령의 폭은 더욱 커진다.

(2) 세대 갈등(Generational Conflict) 요인 증가

세대 갈등을 일으키는 요인은 매우 다양하며 유동적이다. 함인희(2019)는 Harvard Business Review를 인용하여, 조직 내에서 세대 갈등을 유발하는 요인을 다섯 가지로 지적한다. 첫째, 조직의 다세대화이다. 사회변화의 속도가 느리던 때에는 조직 내에서 세대 분화가 두드러지지 않았지만, 사회변화의 속도가 빨라지면서 차별화된 정서를 공유하는 세대가 다층적으로 분화된다. 이것이 조직 내 세대 갈등의 유발 요인이 된다고 본다. 둘째, 세대별 이해관계와 가치의 충돌이다. 각 세대는 서로 이해관계가 다르고, 이상적인 가치와 규범에 대해서도 다른 기준을 가지고 있다. 이로 인한 갈등은 필연적이라고 본다. 셋째, 세대별로 다르게 가지고 있는 고정관념과 편견이다. 각 세대는 합리적인 근거로 뒷받침되지 않는 고정관념과 편견을 가지는 경우가 많다. 이런 고정관념과 편견은 상대방에 대해 오해와 갈등을 유발하는 요인이 된다. 넷째, 미디어의 갈등 조장이다. 미디어가 각 세대를 포착하고 보도하는 방식이 세대 갈등을 조장하기도 한다. 다섯째, 디지털 기기 활용 스킬의 차이이다. 디지털 네이티브는 디지털 기기를 매우 유연하게 자주 활용하는 반면, 기성세대는 그렇지 못하다. 이로 인해 세대 간에 이질적인 경험의 범위가 넓어지고 그것이 갈등의 원인이 되기도 한다.

(3) 세대 공존과 학교 참여를 위한 교육정책 필요

세대 간에 차이가 있더라도 여러 세대가 공존해야 한다. 세대 공존은 세대 간의 차이와 갈등을 슬기롭게 조정하여 유기적인 협력을 이루고 공동의 목표를 추구하는 것을 의미한다. 세대 공존을 위해서는 세대별로 나타나는 독특한 특성을 인정하고, 다른 세대의 정서와 기호, 가치관과 태도, 행동양식 등을 파악하여, 세대 간에 상호 이해를 증진할 필요가 있다. 각 세대별 특성에 대한 이해를 바탕으로, 그에 맞는 공존 방법을 강구해야 한다. 한국의 학생들은 연령을 기준으로 14년(유치원 5세~고3 18세)에 걸쳐 학교에 다닌다. 학부모의 연령대는 이보다 훨씬 넓어서, 30대부터 60대까지 펼쳐져 있다. 매년 새로 들어오고 나가는 학생 세대를 이해하는 것도 중요하지만, 이들의 보호자 또는 후견인으로서 학교에 참여하는 학부모 세대를 이해하는 것도 이에 못지않게 중요하다.

학부모가 학교 구성원들과 원활하게 소통하며, 학교 운영과 교육에 큰 부담 없이 참여할 수 있는 여건을 만드는 것이 중요하다. 이를 위해 학교급별로 차별화된 교육정책 및 학부모 정책이 필요하다.

2) 세대 분류와 특징

세대 개념을 정의하고 분류하는 일은 어렵다. 인간 경험의 다중성을 전형적으로 드러내야 하기 때문이다. 따라서 모두를 만족시키는 세대 개념 정의는 없다. 현재 통용되는 세대 분류와 그에 따른 세대 명칭은 엄정한 사회과학 방법론에 따라 만들어졌다기보다는 대중적 설문조사나 언론 매체 등에서 세대별 특징을 정리하면서 자연스럽게 형성된 것이다.

세대는 사회현상을 바라보고 분석하는 중요한 요인이다. 즉 세대는 인종, 성별, 종교를 비롯해 사회 집단을 이루는 수많은 기준 가운데 하나이다. 세대 분류는 통상 15년에서 16년마다 잘라내어 분류한다. 세대의 특성은 고유하고 확정적이라기보다는 전반적인 경향성으로 이해하는 것이 합리적인 관점이다. 세대별 특성을 이야기할 때는 그 세대에 속하는 개인에게 구체적으로 적용하지는 않는다.[1)] 이 장에서는 학교를 구성하고 있는 세대를 중심으로 널리 통용되는 세대별 명칭과 특징을 살펴본다.[2)]

(1) 베이비붐 세대(1950년대 중반~1960년대 중반)

출생 연도는 한국전쟁 후 태어난 1955년생에서 1964년생을 말한다. 전쟁으로 떨어져 있던 부부들이 전쟁이 끝나자 다시 만나고 미뤄졌던 결혼이 한꺼번에 이루어지면서 출산 붐이 생겨나 베이비붐 세대라는 명칭이 생겼다.

이 세대는 아날로그 시대의 교육을 받았지만, 중장년이 되어서 디지털 시대를 맞이한 세대이다. 중장년이 되어서야 디지털 시대를 맞이하게 되어 디지털 환경을 후천적으로 습득한 세대이다. 전쟁 후 급격한 경제적 발전과 변화를 겪은 세대이기도 하다. 열심히 일하는 게 최고라는 신념으로 직장에서 충성심이 강한 세대이며, 직업적 안정성을 중요하게 여긴다. 또한 처음으로 체계적인 교육을 받으며 치열한 대학 입시를 겪은 세대이기도 하다. 좋은 대학을 나와서 안정적인 직장에 취업하는 것이 최고라는 인식 때문에 자녀 세대에게 이러한 가치관을 드러내기도 한다. 조직문화에 익숙하고 대부분 승진을 목표로 하며 위계질서와 상사와의 관계를 중요하게 생각한다. 따라서 요즘 세대에게는 꼰대 소리를 듣게 된다.

---

1) 세대 담론에서 유의할 점이 있다. 세대 담론은 같은 범주로 분류된 세대들의 공통된 특징에 초점을 맞추기 때문에, 같은 범주로 묶인 세대 내의 개인 간 차이를 중요하게 보지 않는 면이 있다. 실제로는 세대 차이 못지않게 개인 차이도 중요하다.

2) https://www.seoul.co.kr/news/newsView.php?id=20190722004002#csidxd04187eb88ec6929a66e6542e65593f
https://brunch.co.kr/@oder/188
https://bitcons.blog.me/220496519762
http://blog.naver.com/PostView.nhn?blogId=namukorea82&logNo=220426911032
https://gracefreedom.tistory.com/33
https://gracefreedom.tistory.com/34

(2) X세대(1960년대 중반~1980년대 초반)

출생 연도는 주로 1965년생에서 1980년생을 말한다. 명칭의 유래는 소설(X세대 Generation)을 통해 생겨났다. 이 세대는 아날로그 성향이 몸에 익숙한 아날로그 세계의 원주민이지만 디지털 세계로 이주를 한 세대이다.

이 세대는 디지털 시대임에도 그 시대 이전의 아날로그 감성과 흔적이 남아 있는 특성이 있다. 이 세대는 경제성장을 이룬 베이비붐 세대 부모들의 경제적 풍요로움을 누리면서 본격적으로 해외 유학이 시작된 세대이다. 해외 문화와 소비도 본격적으로 수용한 세대이다. 이를 바탕으로 자신들만의 문화와 감성을 이끌며 X세대 아이콘인 '서태지와 아이들'의 인기와 함께 대중문화를 부흥시킨 세대이다. 개성을 중요시하는 X세대는 개인의 삶도 중요하다고 생각하며 워라밸(Work-life balance)을 중시한다. 직장 사무실에서도 칸막이가 있는 형태를 유지하며 팀, 부서, 회사 전체의 이익보다는 개인의 성과를 더 중요하게 생각한다.

(3) 밀레니얼 세대, Y세대(1980년대 초반~1990년대 중반)

출생 연도는 1981년생에서 1996년생을 주로 말한다. 전 세계 노동인구의 절반을 차지하고 있다. 명칭의 유래는 밀레니얼(Millennial), 즉 새천년이 시작된 2000년 즈음 성인이 된 사람들을 의미한다. X세대의 다음 세대여서 'Y세대'라고 불리며, '에코붐 세대' 또는 '에코 세대'로도 불린다. 에코붐 세대는 베이비붐 세대들이 낳은 자식으로서, 전쟁 후 대량 출산 때 태어난 베이비붐 세대들이 2차로 메아리(에코, Echo)처럼 다시 한번 출생 붐을 만들었다고 하여 붙여진 이름이다. 조직에서 중간관리자가 된 1980년대생들은 상사들의 비위를 맞추고, 후배들의 당돌한 질문을 받아가며 이리 치이고 저리 치이는 고달픈 '낀세대'이다. 이 세대는 시간과 장소에 얽매이지 않고 일하는 디지털 유목민이라고 불린다. 디지털 노마드로서 무선 인터넷, 스마트폰, 클라우드 등 디지털 기술을 통해 고정된 사무실에서 일하는 대신 카페, 공공도서관, 협업공간(coworking spaces)에서 일하거나 원격근무 또는 여행을 하며 해외에서 일한다. 밀레니얼 세대는 아날로그와 디지털을 모두 경험한 과도기 세대이다. 아날로그 시대에서부터 컴퓨터와 휴대폰의 발전을 경험하며 자라 온 세대인 만큼 인터넷, SNS 등 디지털 환경에 익숙하고 능숙하며, 상호 협력하는 것에 매우 개방적이다.

이 세대의 가장 큰 특징으로는 대학 진학률이 높다는 점이다. 남들과 경쟁하여 이기고 열심히 노력하면 모든 걸 이뤄낸다고 배우면서 살아왔지만, 2008년 글로벌 금융 위기 이후 사회에 진출하며 고용 감소, 일자리 질 저하 등을 겪었고, 평균 소득이 낮은 상태에서 학자금 대출 부담을 안고 사회생활을 시작하는 세대이다. 따라서 삼포 세대(연애, 결혼, 출산), 오포 세대(삼포 + 취업, 자가 보유), N포 세대(삼포, 오포 등을 모두 포함) 등의 신조어도 등장한다. 선택받기 위해 치열한 경쟁을 뚫어야 하는 세대라서 픽미(Pick me) 세대로도 불린다. 밀레니얼 세대는 워라밸을 가장 강조하는 세대이다. 높은 연봉보다는 조금 낮더라도 워라밸을 지킬 수 있는 직장을 선호하고, 승진에 큰 욕심이 없으며, 입사와 동시에 퇴사를 고민하는 세대이기도 하다. 하지만 밀레니얼 세대는 이전 세대에 비해 외재적 보상에 관심이 많다. 특히 집단 성과에 대한 보상보다 개인의 성과에 따른 보상을 선호하는 것으로 나타났다. 건설적인 비판도 적극 수용하고, 꾸준히 진가를 인정받고, 참여하고 피드백을 들으며 자신이 가치 있는 존재라 느껴야 적극적으로 업무에 임한다. 정치보다 자원봉사에 더 큰 의미를 부여하고, 아동보호, 환경문제, 교육문제 등 사회문제에 관심이 높다. 밀레니얼 세대를 셀피(Selfie) 세대라고 지칭한다. 밀레니얼 세대는 그들을 조직의 일부라고 생각하지만 개인주의에 보다 가치를 두는 편이며 자신을 표현하는 욕구가 강하다. 동그라미재단(2016)에서 밀레니얼 656명을 대상으로 '공익활동'을 주제로 온라인 설문조사하여 발표한 트렌드는 다음과 같다.

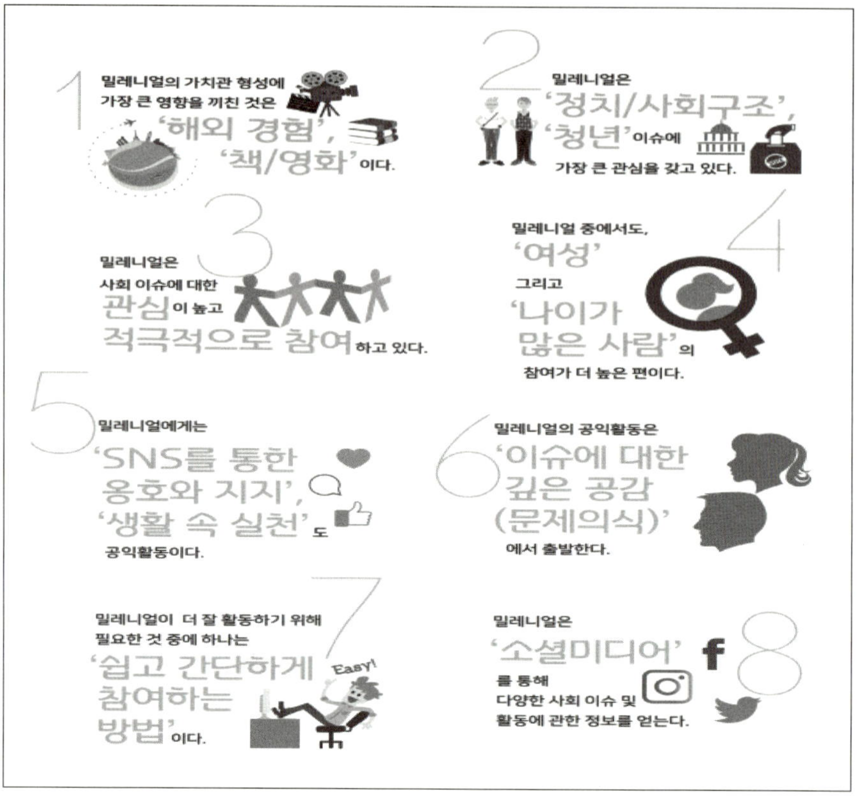

(4) Z세대(1990년대 중후반~2010년대 초반)

출생 연도는 1997년생에서 2012년생을 주로 말한다. 명칭의 유래는 'Z'는 알파벳의 마지막 글자로 '20세기에 태어난 마지막 세대'라는 의미이다. 이 세대는 태어나면서부터 디지털 기기를 접한 디지털 네이티브이다. 어렸을 때부터 디지털 환경에 노출되어 TV나 컴퓨터보다 휴대폰이 더 친숙하다. 글보다는 이미지나 동영상 콘텐츠를 더 선호한다.

이 세대는 태어났을 때부터 휴대폰을 손에 놓은 적이 없는 세대이다. 페이스북, 유튜브, 아이폰의 발전과정을 지켜본 세대이다. 따라서 SNS에 가장 친숙한 세대이고 인스타그램, 스냅챗, 유튜브, 틱톡 등을 가장 많이 사용하는 세대이다. 이런 채널들을 통해 적극적으로 정보를 습득하고 자신의 삶을 불특정 다수의 사람과 전 세계적으로 공유하는 것을 즐긴다.

이 세대는 개인주의적 성향이 가장 강한 세대이다. 타인의 가치관이나 개성을 따라 하려고 하지 않고 '나답게 사는 것'을 중시한다. 밀레니얼 세대가 워라밸을 중시한다면, Z세대는 더 나아가 워라블(Work-life blende)을 추구한다. 워라블은 일과 삶을 적절하게 섞는다는 의미이다. 워라밸은 9시 출근 6시 퇴근을 칼같이 지키며 퇴근 후 취미, 육아, 휴식 등에 전념한다면, 워라블은 퇴근 후 자신의 다른 직업인 '유튜버, 블로거' 등을 한다.

밀레니얼 세대와 Z세대를 합쳐서 MZ세대라고 한다. 이 둘을 합쳐서 부르는 이유는 현재 가장 활발하게 소비활동, 경제활동, 사회활동을 하거나 곧 하게 될 청년층 세대이기 때문이다. 학교 교원 중에서도 MZ세대가 점차적으로 포진하고 있으며, 유치원, 초등학교부터 MZ세대 학부모가 점점 더 많아지고 있다.

(5) 알파 세대(2010년 초반~2020년대 중반)

출생 연도는 2010년생에서 2023년생을 주로 말한다. 명칭의 유래는 21세기 출생자로만 구성된 첫 세대이므로 'A세대'라는 이름을 고려했지만, 그리스어의 첫 알파벳인 '알파'를 따왔다고 한다. 이 세대는 디지털 네이티브 세대로서 태어나면서부터 디지털 기기를 접한 세대이다.

가장 큰 특징은 '기계와 소통하는 세대'라는 것이다. 태어났을 때부터 태블릿, 스마트 워치, 페이스타임(영상통화) 등 전자기기뿐만 아니라 인공지능(AI), 로봇 등 기술적 진보에 익숙한 디지털 네이티브이다. 이 세대는 스마트 기기를 장난감을 대신하여 사용했으며, 글이 위주인 검색엔진(네이버, 구글 등)보다 시각적 자극에 더 민감하여 동영상 위주인 검색엔진(유튜브 등)을 사용한다. 어렸을 때부터 음성인식 기술의 발전으로 기계와 일방적 소통을 학습하는 세대이다.

밀레니얼 세대가 회사의 수직적 구조를 수평적 구조로 바꿔 놓았다면, Z세대와 알파 세대는 앞으로 한 직업에 머무는 것이 아닌 직종을 끊임없이 바꿀 것으로 예상한다. 재택근무, 일과 여행을 병행하는 삶, 조기 은퇴 등에 익숙하며, 일자리나 직업에 얽매이지 않고 고용주에 의존하지 않으며 자유롭게 자신의 삶을 살아가는 것을 택할 것이다. 디지털을 통한 글로벌 문화에 익숙해 다른 세대보다 더 적극적으로 문화적 다양성을 받아들이는 특징이 있다.

3) 밀레니얼 세대 교사의 교육에 대한 인식

최근 우리나라 교직 사회는 세대 교체 중이다. 2021년부터 베이비부머 세대 교사들이 대거 은퇴하면서 밀레니얼 세대 교사들이 그 자리를 채워가고 있다. 스톤-존슨(Stone-Johnson, 2016)에 따르면 X세대 교사들은 대체로 일과 삶의 균형을 추구하며, 자유롭고 융통성이 많으며 팀을 통한 업무 처리 멀티태스킹 등에 강한 면모를 보인다고 한다. 기성세대인 베이비부머 세대 교사들은 권위에 대한 존경을 보이는 태도와 규정대로 업무를 처리하는 경향 그리고 덜 유연한 경향이 있다고 한다. 밀레니얼 세대 교사도 각 세대를 대표하는 '또래 특징(peer personality)'이 나타난다. 밀레니얼 세대 초등교사 연구를 중심으로 이들의 교육에 대한 인식을 정리하면 다음과 같다(정바울 · 김재원, 2018).

(1) 직업 동기

① IMF의 영향과 부모 세대의 권유

밀레니얼 세대 교사들의 교직 선택 동기는 금융 위기의 짙은 그늘과 그에 따른 부모의 안정적 직업을 바라는 것에 영향을 많이 받았다. 밀레니얼 세대 교사들이 교직 선택 당시 많은 우수한 인적 자원들이 교직을 이수하기 위해 교육대학이나 사범대학으로 몰려들었으며 결과적으로 교사가 되기 위한 경쟁이 치열했다. 이러한 현상은 지난 1990년대 후반 우리나라 경제위기 이후 고용불안과 구직의 어려움으로 교직에 대한 선호도가 상대적으로 높아졌기 때문이다.

② 워라밸(work and life balance)과 소확행(소소하지만 확실한 행복)

많은 밀레니얼 세대 교사들이 교직을 희망하지 않았지만 여러 가지 상황적 고려로 인해 교직으로 진입한 사례가 많다. 이 당시 다른 대학을 졸업하고 일반 직장을 다니다가 교직에 만기 입문한 교사들도 많았다. 무한경쟁 체계의 비선호, 다양한 경험을 할 수 있는 시간적 여유, 교직이 주는 안정감 등의 장점을 따져서 교사가 된 사람들도 많았다. 특히 빠른 퇴근 시간과 방학 동안 얻게 되는 시간적 여유가 교직을 선택한 강력한 동기로 꼽을 수 있다. 베이비부머 세대 교사들이 자신의 교육적 이상을 실현하고 더 나아가 사회변화와 사회정의를 추구하는 경향이 있다면, 밀레니얼 교사들은 현실적인 태도를 보이며, 안정, 생존, 워라밸, 소확행 등을 모색하는 경향이 두드러진다.

(2) 직무 인식

① 지속적인 자기 계발

밀레니얼 세대 교사들은 업무와 관련하여 교수 학습 차원에서 잘 가르치는 능력을 가장 중요하다고 인식한다. 이를 위해서 그들은 무엇보다도 지속적인 자기 계발을 강조한다. 이러한 자기 계발이 중요한 이유는 이것이 비단 자신의 성장뿐만 아니라 학생들을 위한 교수 학습 과정에 그대로 스며들게 되기 때문이라고 인식하기 때문이다. 그래서 그들은 퇴근 후 혹은 방학 때 자기 계발을 위해 시간을 투자하기도 하며 대학원이나 전문적 학습 공동체 교과연구회 등에 소속되어 전문성을 계발하고 많은 것을 경험하기 위해 노력한다. 밀레니얼 세대 교사들은 전문성 계발을 위해 좋아하는 것을 더 배우기 위해 교내외 전문적 학습 공동체나 연구회를 협력활동에 적극적으로 참여한다.

② 워라밸의 추구

밀레니얼 세대 교사들은 기성세대 교사들과는 달리 더 많은 일을 떠맡기보다는 개인적 삶과 일 사이의 적절한 균형을 찾으려고 한다. 이들의 업무 스타일은 기성세대 교사들과 차이가 있다. 기성세대 교사들이 일이 끝날 때까지 일한다면, 밀레니얼 세대 교사들은 빨리 집에 갈 수 있도록 일의 성격을 변화시킨다. 이들은 학교 밖에서의 시간을 위해 학교에서 일을 빨리 끝내려고 하며, 학교에 무언가를 더 투자하는 것에 대해 기성세대 교사들과 다른 생각을 가진다. 또한 학교 업무로 인해서 개인적인 생활을 침해받는 것을 꺼린다. 밀레니얼 세대 교사들의 이러한 워라밸이나 개인의 삶과 직업에 대한 구분은 때로 헌신하지 않는 교사처럼 비춰지기도 한다.

(3) 교직 경력 전망

① 승진에 대한 무관심(또는 반감)

베이비부머 세대 교사들은 평생 교직에 재직하다가 교장 승진을 추구하거나 추구하지 않는 양자의 경력 경로를 밟았다. 그런데 밀레니얼 세대 교사들은 보다 다양한 경로의 경력 궤도를 모색한다. 세대 관점에서 본다면 이러한 관리직으로의 승진에 대한 무관심이나 반감은 교장 직무 자체의 근본적인 변화 때문이라기보다는 (물론 교장의 직무가 덜 매력적으로 변화하고 업무가 증가되기도 했지만) 보다 근본적으로는 일과 생활의 균형, 가족과 가정생활에 대한 헌신, 그리고 시간적 여유를 모색하는 세대의 선호에 기인하는 바가 더 크다.

② 이직

베이비부머 세대는 대체로 교직을 평생직장으로 생각하는 경향이 있다. 밀레니얼 세대 교사들은 경력 전망과 관련하여 이직에 대한 생각이 기성세대 교사와 비교하면 보다 열려 있다. 미국의 밀레니얼 세대 교사들과는 달리 한국의 밀레니얼 교사들은 이직에 대한 전망이 낮은 편이다. 이직에 대한 미련이 있지만, 교직에 머물면서 워라밸과 소확행을 통한 만족을 더 모색하는 경향을 보인다고 할 수 있다. 하지만 이직이라는 옵션을 자신과 무관한 것이 아니라 가능한 옵션으로 열어놓고 있다는 측면에서 기성세대 교사들과 거리가 있다.

교사들 대부분은 이직 계획이 없으나 몇몇 교사들은 한번쯤 생각해 볼 문제라고 이야기한다. 이직 생각에 대한 이유로는 아이들과의 세대 차이, 나이 든 교사에 대한 편견, 승진하지 않는 교사의 스트레스, 다양한 경험에 대한 미련, 증가하는 민원과 교권 침해 사례 속에서 혹시 모를 사건에 휘말림 등을 들었다.

4) 밀레니얼 세대 학부모의 특성과 교육에 대한 시선

밀레니얼 세대 학부모는 최근 학부모 층에 대거 합류하고 있다. 1980년대부터 2000년대 초반에 태어나 부모가 된 여성들을 '밀레니얼 맘'이라 부른다. 통계청에서 집계한 2018년 여성 평균 초산 연령이 31세임을 감안하면, 현재 밀레니얼 맘의 대부분은 1980년대생이다. 따라서 학부모로 새롭게 등장한 1980년대생에 관심을 기울일 필요가 있다. 밀레니얼 맘들은 대체로 고학력자이다. 이들은 부모의 절대적인 지원을 받으며 성장했다. 이들이 대학생이거나 막 취업하여 활동하던 2000년대에는 '알파 걸'로 불리기도 했는데, 그것은 엘리트 여성이라는 의미이다. 알파 걸이 결혼해 '슈퍼 맘'이 되었고, 예전과 다른 새 부모 유형이 등장하게 된다. 1980년대생 학부모의 특성과 교육에 대한 시선을 중심으로 정리하면 다음과 같다(김기수 외, 2020).

(1) 일부 극성 엄마들에게 붙은 별명

'맘ㅇ'은 부모들이 자기 자식의 이름이나 거주지 뒤에 엄마를 뜻하는 '맘(Mom)'을 붙이며 SNS 활동을 한 데서 비롯되었다. 이들은 대체로 30대~40대 연령층이다. '맘ㅇ'은 엄마들이 아이를 빌미로 민폐를 끼치거나, 부모 커뮤니티에서 특정한 방향으로 여론을 조성하거나, 몰상식한 행태를 보이는 경우를 빗대어 표현한 말이다.

미국의 유명 사이트 레딧(reddit)만 해도 이기적인 부모들, 미친 부모들, X염색체 2개 등 비슷한 사례가 올라오는 게시판이 여러 개가 있다. 다만 영어권의 표현들과 일본의 '몬스터 페어런트' 등은 성을 국한하지 않지만, 한국에서는 여자를 비하하는 의미로 쓰이고 있다. 이것은 아직도 자녀교육은 엄마의 몫이라는 관념이 널리 퍼져 있기 때문일 것이다.

(2) 학교교육에 대한 인식

1980년대생 초등학교 학부모들은 학교에서 가장 역점을 두어야 할 것으로 '인성지도'와 '공동체 생활'을 꼽는다. 이런 생각은 어머니보다 아버지에게서 더 강하게 나타난다. 이두휴 외(2007)는 한국의 학부모 문화를 결정하는 중요한 요인의 하나로 학력주의를 지목하고, 자녀교육 지원 활동은 학력주의에 순응하는 방법이라고 본다. 그러나 초등학교 학부모, 그중에서도 1980년대생 학부모는 자녀의 학업성취도 중요하게 생각하지만, 자녀의 인성과 공동체 생활을 더 중시한다. 이것은 성적을 가장 중시하는 일반적인 학부모들의 생각과 차이가 있다. 1980년대생 학부모들은 학교의 다른 중요한 역할로 자녀의 창의성을 기르고 잠재력과 재능을 발견하는 것을 들고 있다. 초등학교 수준의 교과 지도는 가정에서도 할 수 있지만, 창의력 신장, 잠재력과 재능 발견 등은 가정에서 하기 어렵기 때문에 학교에서 해 주기 바란다.

1980년대생 학부모들은 자녀가 학교생활을 하면서 겪을 수 있는 부정적인 경험에 대해 걱정한다. 자녀가 학교폭력에 연루되거나, 언어폭력에 시달리거나, 친구 관계가 원만하지 못해서 집단따돌림 같은 걸 겪게 되는 상황을 걱정한다. 1980년대생 학부모들은 학교교육과 자녀교육에 관심이 높다. 그러나 학교 참여와 관련해서는 방관자 같은 태도를 취하며 실제로 잘 참여하지 않는다. 학부모가 학교에 참여할 수 있는 분야는 다양하지만, 늘 인원이 부족한 상황이다. 그래서 학교에 참여하는 소수의 학부모가 여러 분야에 걸쳐 중복으로 참여하는 현상이 나타난다.

1980년대생 학부모 중에는, 학교는 반드시 가야 하는 곳이라고 생각하는 이가 적다. 기본적으로 학교에서 교육을 받는 것은 맞지만, 사교육에도 많이 참여하고 있다. 학교 밖에서 체험학습을 할 수도 있고, 경우에 따라서는 대안학교에 보낼 수도 있다고 생각한다. 최근에 코로나19 상황을 겪으면서 학교는 무조건 가야 한다는 식의 생각을 하지 않게 되었다.

(3) 자녀교육에 대한 인식

예전에는 자녀교육을 거의 어머니가 담당하였다. 학부모 교육열에 대한 이야기는 대부분 어머니의 이야기였다. 이제 1980년대생 학부모 중에서는 자녀교육에 대해 아버지의 관심과 참여가 늘어나고 있다. 아버지가 육아휴직을 내고 자녀교육을 지원하는 경우도 자주 볼 수 있다.

그러나 아버지들은 여전히 학교에 참여하지 않고, 학교에 대한 인식도 최근 학교교육의 변화된 모습보다는 예전의 학교(주로 자신의 학창 시절)를 기반으로 하는 경우가 많다. 자녀교육은 여전히 어머니가 상당히 담당하고 있다. 아버지는 자녀의 교육 성취를 확인하고, 부족한 부분에 압력을 가하는 방식을 취한다. 학부모들은 자녀에게 친근한 멘토가 되고 싶어 한다. 소소한 이야기를 주고받으며 자녀가 좋아하는 것을 잘 하게 하고 힘들어하는 것을 함께 해결하고 싶어 한다. 그러나 실제로는 매니저 또는 플래너의 역할을 담당하고 있다. 자녀의 학습을 미리 설계하고 진행과정을 모니터하고, 상황을 고려하여 실행을 수정하는 일을 계속한다. 사교육에 대해서는 아버지보다 어머니들이 더 긍정적으로 인식한다. 어머니들은 자녀를 사교육에 보내지 않으면 학교 공부를 못 따라갈까 봐 불안해한다. 학부모들은 학교교육을 기준으로 삼고 사교육을 병행하면서 자녀의 공부계획을 짠다. 심지어 초등 저학년 때부터 자녀의 교육적 성공을 위한 '12년 계획'(초등 6년, 중등 6년)을 갖기도 한다. 이 '12년 계획'은 학부모 사이에 공공연히 퍼져 있는 속설에 영향을 많이 받는다.

(4) 소통 방식

1980년대생 학부모들은 예전 학부모들과 달리 교사와의 소통을 어려워하지 않는다. 자녀와 관련하여 사안이 있을 때, 학부모는 교사와 전화 연락을 자연스럽게 한다. 교사와 학부모 사이의 심리적 저항 등 의사소통의 문턱이 예전 학부모들에 비해 매우 낮아졌다.

학부모들이 선호하는 소통 방식은 카톡과 문자, 어플을 선호하는 경향이 뚜렷하다. 이런 경향을 반영하여, 학교에서도 대개 어플을 통해 가정통신문과 주간학습안내 등을 학부모들에게 보내고 있다. 학부모들 사이의 소통 창구는 맘카페가 주를 이룬다. 1980년대생 학부모들은 맘카페와 반모임 등 공동체 성격의 모임에 대해 부담을 느끼고 있어, 점점 줄어들고 있다. 저학년 학부모들은 맘카페와 반모임을 통해 정보를 얻고 있지만, 고학년 어머니들한테 직접 물어보는 방식을 더 선호한다. 젊은 학부모들은 스스로 개인주의 성향이 강하다고 말한다. 예를 들면, 젊은 학부모일수록 반모임 등에서 식사를 하거나 차를 마실 때 금액을 각자 정산하는 방식을 취한다. 1980년대생 학부모의 교육에 대한 인식과 특성을 요약하면 다음과 같다.

<표 10-1> 1980년대생 학부모의 교육에 대한 인식과 특성

구분	주요 내용
학교에 대한 인식	• 학교의 주된 역할은 인성 지도와 공동체 생활 지도 • 학교는 창의력과 잠재력을 기르고 숨어 있는 재능을 발견하는 곳 • 자녀의 학교생활에서 걱정되는 것은 교우관계, 학교폭력, 집단따돌림 • 학부모는 학교에 관심은 많으나 참여는 저조함 • 학교 출석은 경우에 따라 안 할 수도 있음
자녀교육에 대한 인식	• 자녀교육에 대해 아버지의 관심과 참여가 증대하고 있으나, 여전히 자녀교육은 어머니의 몫임 • 학부모는 자녀교육을 위해 멘토 역할을 하고 싶으나, 현실적으로는 매니저 또는 플래너 역할을 하고 있음 • 자녀교육 계획 속에 사교육을 포함시킴
소통 방식	• 교사와 부담감 없이 통화함 • 학교(교사)와의 소통은 주로 카톡, 문자메시지, 어플리케이션을 이용함 • 학부모들 간의 소통은 맘카페나 반모임도 활용하지만 개인적인 소통(대면, 카톡, 전화 등)을 더 선호함

5) 세대 간 협력과 동행을 위한 노력

다세대가 모인 학교에서는 세대 갈등이 불가피하게 일어난다. 세대 갈등은 학교 교육력 저해 요인 중 하나이다. 세대 갈등은 사회적, 문화적, 경제적, 정치적 요인이 복합적으로 작용하여 발생한다. 세대 갈등은 세대 간 오해로 촉발되기도 한다. 세대 간 오해는 세대별 이해가 부족했을 때 발생하기 마련이다.

세대 갈등을 극복하고 세대 협력을 위해서는 다양한 관점에서 경청하고, 이해하고, 공감하려는 의지가 필요하다. 다음은 세대 이해와 격차를 해소하고, 세대 간 협력과 공존을 위한 몇 가지 방안이다.

(1) 세대 간 쌍방향 소통의 장 마련

세대 간 오해에서 이해로 그리고 화해까지 가려면 세대 이해를 위한 기본적인 학습이 선행되어야 한다. 이를 바탕으로 서로 다른 연령대 간의 대화를 위한 쌍방향 소통의 장을 마련하는 것이 중요하다. 통상 세대 간 소통은 기성세대가 시혜적 관점에서 신세대를 이해하기 위한 소통이 많았다. 이제는 신세대도 기성세대를 이해할 수 있도록 다양한 방안을 모색할 필요가 있다. 이를 위해 멘토십 프로그램, 봉사 프로젝트, 학교학습공동체, 교내동아리 등 세대 간 쌍방향 대화의 장을 적극적으로 구안하여 적용할 필요가 있다.

(2) 세대 간 협업 촉진

복잡한 문제를 해결하려면 다양한 관점과 기술을 모으는 것이 중요하다. 세대 간 협업은 서로 다른 세대 간의 격차를 해소하고 각 세대의 장점을 활용할 수 있다. 신세대는 참신한 아이디어와 전문적인 IT기술을 활용하고, 기성세대는 지혜와 경험을 제공할 수 있다. 학교에서 '학교축제' 등과 같은 학교행사를 기획하고 추진할 때 학생과 학부모, 교직원이 포함된 학교축제추진단을 구성하여 역할 분담을 통한 협업을 할 수 있다.

(3) 세대 간 다양한 의견수렴과 조율

세대 간 갈등을 극복하기 위해서는 세대 간 상호존중과 공감을 촉진하는 것이 필수적이다. 이를 실현하기 위하여 하나의 정책이라고 하더라도 세대 간 정책 세분화가 필요하다. 세대별로 필요와 관심이 많이 다르기 때문이다. 세대별 의견이 조율되지 않고, 주도권을 지닌 기성세대 중심의 일방적인 학교 운영이 지속되면 세대 갈등이 발생하게 된다. 따라서 어떠한 사안이 있을 때 학교에서는 학생, 학부모, 교직원 등 교육주체별로 의견수렴을 실시할 것을 제안한다. 이때 각 교육주체의 세대에 따른 의견을 구분하여 짚어보고, 세대별 의견 반영 노력과 동시에 세대 간 조화를 도모할 필요가 있다. 학교에서 세대 간 다양성을 인정하고 조화를 도모하는 일은 결국 민주적인 의사결정체제를 갖추는 것이다. 이는 학교자치의 일상화이자 학교민주주의 내실화와 일맥상통한다.

4. 청소년세대에 대한 문화적 이해와 소통

1) 청소년과 청소년문화

청소년문화는 청소년세대가 공유하는 생활양식 및 사고방식으로, 청소년세대라는 연령집단이나 생애단계 과정에 속하는 사람들이 만들어 내는 정체성체화 과정이고 공통된 의미의 지평(common horizon of meaning)이다(권일남 · 전명순, 2021: 40).

19세기 이전에는 청소년은 성인의 소유물이나 미성숙한 존재로 인식되었다. 그들은 사회의 문화를 주도할 수 있는 주류 세력으로 인정받지 못하였고 특정한 기회가 허용될 때만 자신들의 생각과 행동을 내보일 수 있었다. 그러므로 청소년들이 특정 기회를 부여 받은 제한된 상황에서 만들어 내는 문화는 사회의 주류 문화와는 달랐고 표현 및 전달의 강도가 매우 강하였다. 청소년은, 산업혁명 시대에는 도시지역의 빈민이나 사회계급의 최하층에 속하여 사회질서를 위협하는 저항 집단으로 지각되었고, 근대 이후 국가적 교육제도를 통하여 장기간의 학교교육이 실시된 후부터는 기성세대가 구축한 문화를 받아들이는 대상으로 간주되었다. 즉 집단적 교육과 학습의 과정에 참여하면서 청소년들은 그들의 사고 및 행동에 있어 독자성이나 다양성보다는 기성세대가 부과하는 질서와 규칙을 존중하고 따르는 모습을 보이게 될 가능성이 더 높아졌다.

청소년문화를 조망하는 데 있어서는 청소년을 성장의 관점에서 긍정적으로 보는 관점과 청소년의 부정적 행태에 집중하여 보는 관점이 있다. 전자의 관점에서는 청소년을 미래의 성인으로서 문화를 형성할 수 있는 유연한 재로 보고 그들의 사고 및 행동양식이 가능성 실현을 향해 있다고 여긴다. 반면 후자의 관점에서는 청소년을 사회의 규범과 가치관을 훼손할 위험성이 큰 집단으로 보는데 그러한 시각은 디지털 미디어의 발달과 맞물려 더 강화될 여지가 있다.

청소년문화가 기성세대문화와 어떤 관계성을 가지고 형성되는지에 대한 설명에는 일반체제이론에서 사용되는 항상성(homeostasis)과 변형성(morphogenesis) 개념이 원용되기도 한다(변윤언 · 이광호, 2007). 즉 기성세대문화는 하나의 체제(system)로서 일정한 범주를 유지하려는 항상성을 가지는데, 그 문화 자체도 앞서 존재한 문화에 내재한 항상성을 깨고 변형성과 재방향성이 반영된 새로운 구조로 간주된다. 청소년문화는 그러한 기성세대문화의 항상성을 받아들이는 가치의 내재화도 포함하지만 체제 밖의 새로운 정보를 수용하기 위하여 항상성의 범주를 확장 · 조율하는 변형성과 재방향성(reorientation)도 수반한다. 기성세대문화의 항상성이 확장 및 조율되는 과정에는 문화적 적응 간격(acculturation gap)이라 불리는 시간적 · 공간적 거리가 생길 수밖에 없는데, 그러한 간격을 이어 주는 에너지가 변형성이다.

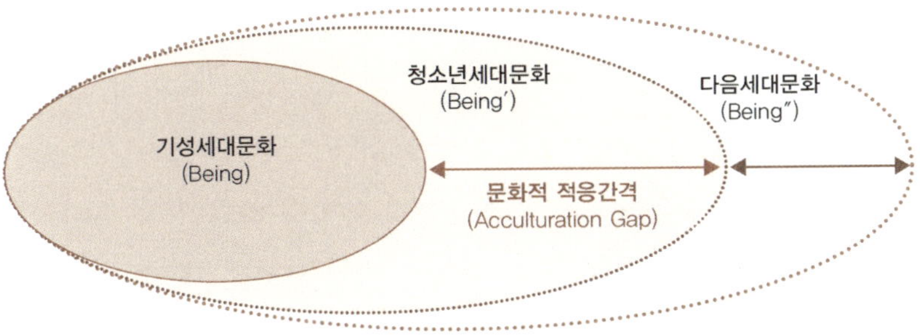

[그림 10-1] 기성세대문화와 청소년문화의 관계

출처: 변윤언, 이광호(2007). p. 29.

그러나 청소년이 형성하는 문화는 그 내부에 정형화된 구조가 구성되고 그것을 기반으로 다음 형태로 변화하는 특성을 보이기보다는 청소년세대 내에서 구성되고 독자적 특성을 유발하는 경향이 우세하다. 청소년문화는 청소년의 생각 · 가치관 · 태도 등이 포함된 생활양식이자 상징체계로 신념 · 행동 · 스타일 · 관심사가 주요 구성요소가 된다.

2) 청소년문화와 하위문화

일반적으로 청소년문화는 사회의 보편문화 혹은 주류문화(main culture)에 대하여 하위문화(subculture)로 인식된다. 청소년들이 일터나 성인사회로부터 격리되어 일정 기간 동안 학생 또는 미성년자로서 공동의 유예기를 보내면서 보여주는 고유의 사고방식, 행동양식, 취향들을 청소년문화 또는 청소년 하위문화로 부른다(최윤진, 2002). 심리학을 기반으로 한 청소년 연구들에서는 청소년문화를 '미숙한 문화'로 간주하는 경향이 있었고, 사회학적 관점에서 노동계층 출신 청소년 행동을 조망한 연구들에서는 청소년문화를 '비행하위문화'로 이미지화하였다. 제2차 세계대전 이후 서구사회에서 전쟁과 인간소외 문제 해결을 기치로 한 저항적 학생운동은 '대항문화' 또는 '반(反)문화'로서 청소년문화의 면모를 각인시켰다. 그리고 1990년대 이후부터는 청소년들이 컴퓨터와 정보통신을 활용하여 주도적으로 새로운 행위양식을 수립하고, 소비문화와 대중문화에서도 영향력을 확대해 가고 있다.

하위문화의 개념은 문화의 의미 속에서 위계성보다는 독립성 및 특수성의 관점에서 규정할 필요가 있다. 한 사회의 문화는 그 사회에 속한 수많은 집단들이 만들어 내는 하위문화가 모여 총체로서 특성을 나타낸다. 하위문화를 만들어 가는 집단과 그 집단이 속한 제 맥락은 전체 문화로부터 영향을 받으면서 분화할 수밖에 없으나 그러한 관계를 주종의 서열적 지위로 보기보다는 기존 문화와는 다르다는 특성에 주목하여 의미를 부여할 필요가 있다.

그에 더하여 청소년문화는 사회변화에 따라 다양한 측면에 영향을 받으므로 하위문화로서의 거시적 청소년문화보다는 구체적이고 개별적인 삶의 방식을 조망해 볼 필요가 있다.

3) 청소년문화의 특성 및 양상

(1) 언어 활용

청소년 언어는 청소년이라는 연령대에 속하는 언어 공동체가 사용한다는 측면에서 연령에 영향을 받는 독특한 속성을 가진 말과 글이다. 언어문화는 언어 표현, 언어활동, 언어 규범 및 예절과 같은 가시화된 언어문화, 그리고 언어 및 언어생활에 관한 인식과 태도와 같은 내재된 언어문화로 구성된다(민병곤 외, 2016). 청소년의 언어문화는 성인 언어와의 차별화 및 성인 언어의 차용, 공적 의사소통 참여와 경험 부족, 언어에 대한 인식과 실천 간의 간극, 성인 언어에 대한 부정적 인식 및 말하기 본보기의 부재를 특성으로 한다(정혜승, 2018: 138-149).

① 성인 언어와의 차별화와 성인 언어의 차용

청소년의 언어문화에는 성인세대와는 다른 언어문화를 추구하려는 경향성과 함께 성인세대의 언어문화를 차용하려는 경향성이 나타난다. 성인세대와 차별화된 언어문화를 추구하려는 청소년들의 시도는 은어, 유행어, 줄임말 · 신조어, 새로운 표기방법 등을 통하여 살펴볼 수 있다.

- 은어는 어떤 계층이나 부류의 사람들이 다른 사람들이 알아듣지 못하도록 자신들끼리만 빈번하게 사용하는 말이다. 청소년들은 부모나 교사들에게 특정 언어의 의미를 숨기기 위하여 은어를 사용하면서 욕구불만을 대체하고 재미와 희열을 느끼며 소속감과 집단의식을 강화한다.
- 유행어는 특정 시기에 모든 집단에서 즐겨 쓰는 말이다. 방송 드라마나 예능 프로그램 등에서 출연자들이 사용한 말을 여러 사람이 전파하면서 대부분의 사람들이 알고 사용하는 경우가 그에 해당한다.

- 줄임말·신조어는 청소년들이 새롭게 만들어 사용하는 말도 많고 그 중 상당 부분이 줄임말에 해당한다는 측면에서 관심을 가질 만하다. 특히 청소년들이 소셜미디어를 일상적으로 사용하면서 온라인 환경에서 정보를 주고받기 유리한 형태로 문자 표현이 변형되고 있다. 줄임말과 신조어의 생성 및 활용은 의사소통을 빠르게 하고 싶어 하는 욕구를 반영하고, 표현과 발음의 편리성을 추구하는 디지털세대의 언어 활용 추세를 보여준다. 2019년 국립국어원 신어 조사에 포함된 줄임말의 예로는 '존모'(존댓말 모드), '피성안'(피부과, 성형외과, 안과), '자만추'(자연스러운 만남을 추구함), '갑분굿'(갑자기 분위기 굿), '만반잘부'(만나서 반갑고 잘 부탁함) 등이 있다. 또 2019년에 조사된 신어 중 전문 분야가 아닌 일반어 302개를 의미 범주별로 예시하면 〈표 10-2〉와 같다.

<표 10-2> 의미 영역에 따른 일반어 신어 유형

의미 영역	수(개)	비율(%)	예
삶	88	29.1	영혼 보내기, 좀비 사슴병, 책캉스, 피미 여행
사회생활	80	26.5	가취관, 남사직, 반프리, 수평어
경제생활	41	13.6	고고단, 깡통 코인, 맘부 격차, 적일많버
식생활	25	8.3	밀저트, 쓸고 라면, 얼죽아, 카페식
주생활	13	4.3	놀세권, 보배, 생존 가전, 커세권
정치와 행정	11	3.6	복붙 법안, 몸또, 트럭 기소, 호모 여의도쿠스
인간	10	3.3	귀족턱, 낯설렘, 대확행, 턱부심
교육	9	3.0	리트투어, 오탈제, 품앗이 등재, 프로 통학러
의생활	9	3.0	근육 패딩, 얼죽코, 완깐, 톤궁예
통신 및 게임	5	1.7	상자깡, 자해계, 최적화 카페, 트래시 태그
문화	4	1.3	뉴능, 등용곡, 스케테인먼트, 프로 사망러
자연	4	1.3	라돈 대리석, 미년, 서우디, 제베리아
동식물	2	0.7	댕냥이, 묘르신
개념	1	0.3	거거익선
전체	302	100	

출처: 남길임 외(2019). pp. 43-44.

- 새로운 표기 방법은 기성세대와 다른 방법으로 말이나 표현을 나타내는 것으로 이른바 '급식체'나 '야민정음' 등으로 불리는 사례에 해당한다. 급식체는 급식을 먹는 사람들이 사용하는 글꼴이라는 뜻으로 학생들이 쓰는 언어를 가리킨다. 급식체는 단어의 초성만 따서 쓰거나(인정 → ㅇㅈ), 앞 글자만 따서 쓰거나(현실에서 웃는 것 → 현웃), 또는 어떤 상황이 발생할 것 같은 분위기를 '~각'(예, 꿀잼각: 매우 재미있을 것 같은 조짐)으로 표현하는 등의 활용 방식을 포함한다.

② 공적 의사소통 참여와 경험 부족

청소년의 언어 활용에 있어서 주목할 만한 측면 한 가지는 그들이 공적인 의사소통에 적극적으로 참여하지 않는다는 것이다. 그들은 교실 수업에서 질문이나 발표보다는 토의에 더 많이 참여하는 편인데, 그러한 토의는 대부분 또래 간 사적 대화와 유사한 것으로 나타났다(민병곤 외, 2016). 같은 조사에서 청소년들은 질문을 하는 데 매우 낮은 참여를 보였다. 그 이유로 절반 정도는 흥미가 없거나 질문 내용을 결정하기 어렵다는 점을, 나머지 절반 정도는 타인 앞에서 말하는 것이 싫거나 창피를 당할 수 있다는 점을 들었다. 즉 청소년들이 교실에서 자유롭게 질문할 수 있는 분위기나 여건이 조성되어 있지 않고 그들 또한 질문에 소극적인 방식으로 대응한다는 것이다. 또 수업 시간 외의 장면에서 질문을 포함한 발표나 토의 등에 얼마나 참여하는지 살펴본 결과 '전혀 하지 않는다'는 비율이 절반에 가까워 공적 영역에서 언어활동이 매우 부진하였다.

③ 언어에 대한 인식과 실천 간의 간극

청소년들의 언어 활용에 대하여 이야기할 때 보통 은어, 신조어, 욕설, 비속어 등의 과다 사용 현상을 우선 주목하고 문제시한다. 그러나 청소년을 대상으로 한 언어와 언어 활용에 대한 인식 조사 결과를 보면 우려할 만한 상태는 아닌 것으로 나타나 인식과 실천 간의 간극을 보여준다.

조사에서 청소년의 70%는 욕설이나 비속어를 일상적으로 사용한다고 응답하였지만, 친한 사이라도 욕설이나 비속어의 사용은 바람직하지 않고 어른이 되어서는 그러한 언어를 사용하지 않을 것이라고 인식하였다(민병곤 외, 2016). 그러한 간극은 높임법에 대한 실천과 인식에서도 마찬가지로 관찰되었다. 청소년의 40% 정도가 부모에게, 33%가 발표 상황에서 높임말을 사용하였으나, 높임말을 긍정적으로 평가하였고 상대방을 배려하는 언어 예절을 잘 보존해야 한다는 인식은 높았다.

④ 성인 언어에 대한 부정적 인식 및 말하기 본보기의 부재

청소년들 중에는 부모 및 성인과 상호작용하는 과정에서 욕설이나 비속어 사용, 대화에서의 공감 부재 등을 경험하면서 성인의 언어에서 본받을 점을 찾기 어려워한다. 그러한 인식은 온라인상에서도 다르지 않아 청소년들은 성인들이 사용하는 일부 언어를 '꼰대체', '아재체', '아지미체' 등으로 부른다. 그러한 성인의 언어에는 아랫사람을 무시하거나 훈계하는 표현이 많고, 반말이나 비속어가 다수 포함되어 있으며, 맞춤법이나 띄어쓰기에 오류가 많고, 특정 부호나 이모티콘이 반복적으로 사용되는 측면이 있다고 지적된다.

청소년들은 성인의 언어를 다소 부정적으로 인식하는 가운데 자신들의 언어 활용에 모범이 될 만한 사람이 없다고 생각하는 비율이 높았다. 본보기가 있다고 생각하는 경우에도 그 대상을 부모나 친구보다는 연예인을 포함한 방송인으로 간주하는 비율도 높았다(민병곤 외, 2016).

(2) 학교폭력

청소년이 또래 사이에서 나타내는 행동들 중 최근으로 올수록 많은 우려를 받는 측면이 학교폭력이다. 학교폭력은 학교 안팎에서 학생을 대상으로 행해지는 신체·정신 또는 재산상의 피해를 주는 행위를 가리킨다. 구체적으로는 상해, 폭행, 감금, 협박, 약취·유인, 명예훼손·모욕, 공갈, 강요·강제적인 심부름 및 성폭력, 따돌림, 사이버 따돌림, 정보통신망을 이용한 음란·폭력 정보 등에 의한 피해를 수반하는 행위 등이다(학교폭력예방 및 대책에 관한 법률 제2조). 폭력적 행동은 대부분 따돌림에서 시작되어 확대되고 신체 폭행, 위협 및 협박, 괴롭힘, 사이버폭력, 성폭력, 금품갈취, 언어폭력 등의 부정적 행동으로 나타난다. 따돌림은 2명 이상의 학생들이 특정인이나 특정 집단의 학생들을 대상으로 지속적이거나 반복적으로 신체적 또는 심리적 공격을 가하여 고통을 느끼도록 하는 행위이다. 또 사이버 따돌림은 인터넷, 휴대전화 등 정보통신기기를 이용하여 특정 학생들을 대상으로 지속적, 반복적으로 심리적 공격을 가하거나, 특정 학생과 관련된 개인정보 또는 허위사실을 유포하여 고통을 느끼도록 하는 모든 행위이다.

학교폭력 문제는 발생 당시에도 주목을 받지만 당사자나 보호자가 대중의 관심을 받는 지위를 가지게 될 때 더 크게 조명되기도 한다. 예컨대 고위 공직에 임명된 인사가 과거 자녀의 학교폭력 가해 사실이 밝혀져 사임한 사례도 있고, 학창시절 또래에게 폭력을 행사하고 제대로 처분을 받지 않은 연예인들이 피해자들의 적극적인 제보로 활동을 중단하기도 하였다.

학교폭력 문제에 효과적으로 대처하기 위한 제도적 틀로서 2004년 제정·시행된 「학교폭력의 예방 및 대책에 관한 법률」(제정 2004.1.29., 시행 2004.7.30.)은 학교폭력의 증가와 폭력 양상의 범죄화 추세에 따라 학교폭력의 예방과 대책을 강화하는 내용으로 10여 차례 개정되어 왔다. 학교폭력도 폭력에 속하지만 형법을 적용하여 사법적 처벌을 하지 않고 행정적으로 처리하려는 이유는 학교폭력이 다음과 같은 특성을 가지고 있기 때문이다(정재준, 2023).

- 저연령화: 학교폭력을 경험하는 학생들의 학교급과 연령이 낮아지고 있다. 2022년 1차 학교폭력 실태조사 결과에서도 초등학생의 학교폭력 피해 응답률(3.8%), 가해 응답률(1.3%), 그리고 목격 응답률(7.3%)이 모두 중·고등학생에 비하여 높게 나타났다.
- 가해자와 피해자 구분 불분명: 학교폭력은 교실에서 가장 많이 일어나는 것으로 조사된다. 학생들은 장시간 교실에 머무르면서 상호작용하므로 가해자와 피해자가 바뀌기도 하고 피해자가 가해를 유발하기도 하여 양자 간의 구분이 불분명할 수 있다.

- 집단화 · 조직화: 학교폭력이 학생 개인 간에 일어나는 경우도 있지만 다수의 가해자가 한 명의 피해자를 상대로 일으키는 경우도 많다. 학생들이 집단을 형성하여 조직의 형태를 갖추고 폭력을 행사하는 경우가 그에 속한다.
- 지속성: 학교폭력은 일시적으로 일어나는 사건에 그치지 않고 그 속에서 가해학생은 다시 가해자가 되고 피해학생은 또 피해자가 될 가능성이 높다. 학교폭력이 이렇게 지속될 수 있으므로 피해자는 가해자와 같은 공간에 있는 동안은 계속 불안감을 느낄 수밖에 없다.
- 가해자의 죄의식 · 죄책감 미약: 학교폭력 가해학생은 자신이 저지른 폭력에 대하여 죄의식이나 죄책감을 거의 느끼지 못하거나 대수롭지 않게 여기고 피해학생도 자신과 비슷한 행동을 한다고 여기는 경향이 있다.
- 피해의 장기화: 학교폭력은 일반 폭력과 달리 또래에게 쉽게 알려지고 그 소문이 급속도로 확산된다. 그러므로 피해학생은 그로 인하여 장기간 정신적 고통까지 겪게 된다.

교육부에서는 2023년 4월 12일 「학교폭력 근절 종합대책(안)」을 발표하였다(敎育부, 2023). 대책 수립의 근거로 교육부는 다음과 같은 자료를 제시하였다. 첫째, 초 · 중 · 고 학생들의 학교폭력 피해경험 응답률이 2012년 「학교폭력근절 종합대책」 이후 감소하다가 2017년부터 다시 증가하였고, 2020년에는 코로나19로 감소하였으나 2022년에는 코로나19 발생 이전보다 높아졌다. 둘째, 학교폭력 유형이 다변화되어 신체폭력 비율은 2013년 66.9%에서 2021년 35.9%로 감소하였고, 사이버폭력은 2013년 5.4%에서 2021년 11.8%로 증가하였으며, 언어폭력도 2013년 5.5%에서 2021년 25.9%로 증가하였다. 셋째, 학교폭력 발생 건수는 2013년 17,749건에서 증가하여 2017년에는 31,240건, 2019년 이후에는 40,000건 이상으로 증가하였다(2020년에는 코로나19 발생으로 25,903건). 넷째, 학교폭력 조치 결정 이후에도 가해학생의 행정심판 청구 및 행정심판 제기 건수가 최근 3년간 증가하여 행정심판은 2020년 480건에서 2022년 889건, 행정소송은 2020년 111건에서 2022년 265건이었다.

교육부의 2023 학교폭력 근절 종합대책은 일방 · 지속적 학교폭력에는 무관용 원칙, 학교폭력 피해학생 중심의 보호조치 강화, 현장의 학교폭력 대응력 제고 및 인성교육 강화를 기본 방향으로 한다(교육부, 2023). 가해학생과 피해학생에 대한 주요 내용은 다음과 같다. 첫째, 학교폭력 조치사항 기록·관리를 강화하고, 학교폭력 2차 가해를 원천 차단하며, 가해학생 조치사항을 대입 전형에 반영한다. 둘째, 피해학생에게 가해학생과의 분리요청권을 부여하여 학교장이 긴급조치로 출석정지나 학급교체를 할 수 있도록 하고, 가해학생이 조치에 불복할 경우 피해학생을 보호하기 위한 제도를 마련하며, 피해학생에 대한 맞춤지원을 실시한다.

<표 10-3> 2023 학교폭력 근절 종합대책의 가해 및 피해학생 관련 내용

방향	내용	세부 내용
중대한 학교폭력 엄정 대처: '학교폭력 시 불이익' 인식 확립	학교폭력 조치사항 기록·관리 강화	• 출석정지·학급교체·전학 조치의 학생부 기록 보존기간을 대학 졸업 시까지 연장 • 학생부 '학교폭력 조치 상황란' 신설하여 기재 일원화 • 가해학생의 심의 전 자퇴 불가
	학교폭력 2차 가해 차단	• 피해학생과 신고자에 대한 '접촉·협박·보복행위 금지(2호)' 의무화 • 위반 시 6호 이상 처분을 가중 • 조치사항 신속이행 원칙 준수
	가해학생 조치사항 대입 수시·정시 반영	• 학생부 위주 전형과 수능·논술·실기/실적 위주 전형에서 학교폭력 조치사항 반영 • 자퇴한 가해학생의 학교폭력 조치사항도 신설되는 '학교폭력 조치 사항란'에 기록 및 대입 반영
피해학생에 대한 빈틈없는 보호	사안 발생 시 초기 보호 체계 강화	• 분리기간 7일 이내로 연장 • 가해학생 대상 긴급조치에 학교교체(7호) 추가, '심의 결정 시'까지 출석정지 가능 • 피해학생에게 분리요청권 부여
	가해학생의 조치 불복 시 피해학생 보호제도 마련	• 가해학생의 불복사실과 심판·소송참가가 가능함을 통지하여 진술권 보장 • 집행정지로 학교폭력 조치 보류 시 피해학생이 가해학생 분리요청권 행사
	다중 안전망을 통한 피해학생 맞춤지원	• 1단계는 학교폭력 책임교사, 2단계는 교육청 피해회복·관계개선 지원단에서 전담지원관 지정하여 법률·의료서비스 및 전문지원기관 매칭 • 피해학생 전문지원기관 확대 및 유관기관 연계하여 통합지원 • 피해학생의 법적 대응 지원 • 심리·의료 지원 • 사후 지원

경찰청(2022)이 집계한 최근 5년간의 학교폭력에 따른 검거 인원을 살펴보면 2017년 14,000명에서 2018년 13,367명으로 소폭 감소하였으나, 2019년 13,584명으로 다시 증가세를 보였다. 2020년에는 코로나19 감염병 발생에 따른 온라인 수업 적용으로 학생 간 접촉이 감소하면서 11,331명으로 감소하였으나, 2021년에는 11,968명으로 다시 증가 추세로 변화되었다. 2019~2021년 학교폭력 유형별 검거 현황을 보면 폭행 · 상해나 금품갈취 등 전통적 의미의 물리적 폭력은 줄어든 반면, 모욕 · 명예훼손이나 강요 등 정서적 폭력의 비중은 증가하였다.

한국교육개발원이 2022년 우리나라 성인(만19~74세) 4,000명을 대상으로 실시한 국민여론조사에서 전체 응답자의 57.0%가 초 · 중 · 고등학교의 학교폭력이 심각한 편(평균 3.65)이라고 보았다. 각 학교급에 대해서는 초등학교 3.32, 중학교 3.75, 고등학교 3.79의 응답 평균을 보여 상급학교로 올라갈수록 심각하다고 보았다. 학교폭력의 원인으로는 가정교육의 부재 33.9%, 학교의 학생지도 부족 26.6%, 폭력적 대중매체 17.1%, 개인주의적 사회 분위기에 의한 영향 14.7%, 경쟁적 교육제도 4.8% 순으로 인식하였고, 가해학생에 대한 처벌이 중시되어야 한다는 응답은 57.7%였다.

학교폭력 피해 경험은 청소년에게 즉각적으로 영향을 주기도 하지만 장기적으로도 여러 가지 문제를 유발할 수 있다. 학교폭력 피해의 영향으로 우선 주목하는 문제는 심리 · 정서적 어려움으로 우울, 외로움과 두려움, 정서조절 곤란 등을 포함한다. 아동 및 청소년의 학교폭력 피해 경험은 이후 두통이나 복통 등 신체적 증상이 있지만 그것을 설명할 신체적 원인이 없는 신체화(somatization) 증상과 관련지어 설명되기도 한다(Pennebaker & Watson, 1991; 박애리 외, 2023 재인용). 그리고 학교폭력 피해 경험에 따른 장기적 영향 중 중요한 것이 자살에 대한 생각과 행동의 증가이다.

학교 현장에서도 학교폭력 사안 처리에 어려움을 겪고 있으며, 학교폭력 책임교사 보직 기피 현상이 발생하고 있는 것이 현실이다(국민일보, 2023.5.16.).

생각을 키우는 자료 1

2022년 2차 학교폭력 실태조사 결과

교육부에서는 「학교폭력예방 및 대책에 관한 법률」에 근거하여 2012년부터 초·중·고등학교 학생을 대상으로 연2회 학교폭력 실태를 조사하여 그 결과를 발표하고 있다. 2022년 1차 조사에는 전국 16개 시도교육청(17개 중 1개 교육청은 자체 조사 실시)의 초(4~6학년)·중·고등학생 321만 명(전체의 82.9%)이 참여하였는데 그 결과 중 주요 내용을 살펴보면 다음과 같다(교육부, 2022).

① 피해 경험: 학생들이 학교폭력으로 피해를 경험했다고 응답한 전체 비율은 1.7%로 전년도 1차 조사 결과보다는 0.6%, 2019년 1차 조사 결과보다는 0.1% 증가하였다. 피해 응답률은 초등학생 3.8%, 중학생 0.9%, 고등학생 0.3%였고, 전년도보다 모두 증가하였다.

② 피해 유형: 학생들이 경험한 전체 피해 유형(복수응답)은 언어폭력 41.8%, 신체폭력 14.6%, 집단따돌림 13.3%, 사이버폭력 9.6%, 스토킹 5.7%, 금품갈취 5.4%, 강요 5.3%, 성폭력 4.3% 순으로 나타났다. 언어폭력 다음으로 초등학교와 중학교에서는 신체폭력이 각각 14.6%와 15.5%로 나타났고, 고등학교에서는 집단따돌림이 15.4%로 나타났다.

③ 가해자 유형: 학교폭력을 경험한 경우 가해자가 누구였는가에 대한 전체 응답(복수응답)을 보면 '같은 학교 같은 반' 45.8%, '같은 학교 같은 학년' 29.7%, '같은 학교 다른 학년' 5.6%, '다른 학교 학생' 5.6%, '잘 모르는 사람' 3.8%, 기타 6.7% 순이었다. 중학교와 고등학교에서는 '같은 학교 다른 학년'보다 '다른 학교 학생'에 대한 응답 비율이 더 높았다.

④ 피해 장소: 학교폭력 피해를 경험한 장소에 대한 전체 응답은 '학교 안' 61.8%, '학교 밖' 34.3%로 나타났다. '학교 안'은 다시 교실 안 26.6%, 복도·계단 16.1%, 운동장·강당 등 9.2%, 화장실 4.1%, 특별실 등 2.9%, 급식실·매점 등 2.5%, 기숙사 0.4% 순이었다. 그리고 '학교 밖'은 놀이터 11.1%, 사이버공간 8.5%, 학원·학원주변 5.7%, 집·집근처 5.2%, 학교밖 체험 3.2%, PC·노래방 등 0.6% 순이었다. 고등학생의 경우 '학교 안' 장소로 화장실, 특별실, 급식실·매점 등, 기숙사 등의 응답 비율이 초·중학생에 비하여 높았다. 그리고 '학교 밖' 장소로 중·고등학생들은 사이버공간에 대하여 각각 13.3%와 12.5%로 가장 높게 응답하였다.

⑤ 피해사실을 알린 사람: 학교폭력 피해사실을 알리거나 신고한 전체 비율은 90.8%였고, 미신고 비율은 초등학교 10.1%, 중학교 7.0%, 고등학교 5.0% 순이었다. 폭력 피해사실을 알린 대상으로는 보호자나 친척 38.1%, 학교 선생님 28.1%, 친구·선후배 15.4%, 학교상담실 선생님 4.0%, 117신고센터 2.1%, 학교전담경찰관 1.4%, 학교밖 기관 1.0% 순이었다.

⑥ 피해 미신고 이유: 학교폭력 피해를 신고하지 않은 이유로는 '별 일이 아니라고 생각해서' 30.4%, '스스로 해결하려고' 21.1%, '이야기해도 소용이 없을 것 같아서' 17.3%, '선생님이나 부모님의 야단이나 걱정 때문에' 14.4%, '더 괴롭힘을 당할 것 같아서' 14.0%, '어디에 도움을 요청할지 몰라서' 2.8%로 나타났다. 고등학생들의 경우 '이야기해도 소용이 없을 것 같아서'가 27.1%로 '별 일이 아니라고 생각해서' 29.0% 다음으로 높았다.

⑦ 가해 경험: 다른 학생에게 학교폭력을 가했다고 응답한 전체 비율은 0.6%였고, 초등학교 1.3%, 중학교 0.3.%, 고등학교 0.1%로 나타났다. 이는 피해 응답 비율에 비하여 모두 낮게 나타났다.

⑧ 가해 유형: 다른 학생에게 가한 학교폭력 유형에 대한 전체 응답(복수응답) 비율은 언어폭력 46.2%, 신체폭력 18.9%, 따돌림 9.4%, 사이버폭력 7.7%, 강요 6.0%, 스토킹 4.4%, 금품갈취 4.1%, 성폭력 3.4% 순이었다.

⑨ 가해 이유: 다른 학생에게 폭력을 가한 이유에 대한 전체 응답(복수응답)은 '장난이나 특별한 이유 없이' 34.5%, '상대방이 먼저 괴롭혀서' 22.1%, '오해와 갈등으로' 12.2%, '화풀이 또는 스트레스 때문에' 9.4%, '상대방의 행동이 마음에 안 들어서' 8.9%, '강해 보이려고' 4.9%, '다른 친구가 하니까' 3.8%, '선배나 친구가 시켜서' 2.9%, '보호자나 선생님의 관심을 받고 싶어서' 1.6%였다. 중학생과 고등학생은 '오해와 갈등으로'에 각각 19.6%와 19.2%로 답하여 '장난이나 특별한 이유 없이' 다음으로 높게 응답하였다.

⑩ 목격 경험과 목격 후 행동: 학교폭력을 목격한 비율은 전체 3.8%였고, 초등학교 7.3%, 중학교 2.9%, 고등학교 0.8%로 나타났다. 학교폭력을 목격한 후 행동에 대한 전체 응답은 '피해를 받은 친구를 위로하고 도와주었다' 32.2%, '아무것도 하지 못했다' 29.3%, '때리거나 괴롭히는 친구를 말렸다' 20.7%, '가족 · 선생님 · SPO 등 주위에 알리거나 신고했다' 16.%, '나도 같이 피해 학생을 괴롭혔다' 0.9%로 나타났다. 중학생과 고등학생은 모두 '아무것도 하지 못했다'에 33.6%와 35.7%로 가장 높게 응답하였다.

(3) 여가

여가는 개인의 모든 신체적 · 정신적 활동으로 자발적이며, 자유로운 참여를 통하여 휴식, 기분전환 및 자기개발을 도모하고, 자아성취를 위하여 활동하는 시간을 가리킨다(소난영, 2019). 여가활동은 다양한 기준에 의하여 분류될 수 있다. 예컨대 참여 유형에 따라서는 관람, 야외오락, 참여활동, 장비를 이용한 스포츠, 휴양활동으로 구분하기도 하고(Epperson, 1977; 김영훈, 2008 재인용), 참여도에 따라서는 준여가(학습, 종교, 조직, 신체회복 활동), 수동적 여가(TV시청, 음악감상, 영화관람, 독서, 신문구독 등), 완전 여가(오락, 관람, 스포츠와 사교활동, 능동적 여가 및 휴양 등)로 구분하기도 한다(Szali, 1972; 방석진, 2000 재인용).

여가활동은 휴식과 즐거움을 만들어 내는 원천으로 삶의 질을 결정하는 중요한 변수이며 정신적 · 신체적 건강에도 영향을 미친다. 많은 시간을 학교에서 학업을 수행하면서 보내는 청소년에게 여가 활용은 정서불안이나 우울감 및 스트레스 해소, 자아존중감 및 정체성 형성, 대인관계능력 향상 등에 긍정적으로 작용한다. 여가 시간을 활용한 활동이 청소년의 발달에 매우 중요한 의미를 가지는 데 비하여 우리나라의 청소년들은 여가 시간을 충분히 활용하지 못하고 있는 것이 현실이다.

한국청소년정책연구원(2022)의 아동청소년 인권실태조사 영역 중 여가 · 놀이 및 문화 · 예술활동, 통계청(2022)의 사회조사 중 청소년 문화 활동, 여성가족부(2021)의 청소년종합실태조사 내용을 중심으로 청소년의 여가와 사회참여에 대한 실태 및 인식을 살펴보면 다음과 같다.

① 여가활동 시간

초(4~6학년) · 중 · 고등학교 학생들은 평일에 활용할 수 있는 여가 시간에 대하여 1-2시간 23.5%, 2-3시간 23.3%, 3-4시간 17.1%, 5시간 이상 14.7%, 1시간 미만 11.4%의 응답을 보였다. 학교급별로는 초등학생과 중학생은 2-3시간에 각각 21.7%와 24.9%가, 고등학생은 1-2시간에 30.0%가 응답하였다. 학교급이 올라갈수록 평일 여가 시간이 5시간 이상인 비율은 초등학생이 20.6%인 반면 중학생은 13.5%, 고등학생은 10.0%였다. 특히 고등학생의 경우 2시간 미만이 45.2%를 나타냈다.

② 문화활동

13~19세 청소년이 문화활동으로 지난 1년 동안 공연 · 전시 및 스포츠를 관람한 적 있는가에 대한 통계청 조사에서 33.5%가 관람하였다고 응답하였다.

관람 분야(복수응답)는 영화 78.7%, 스포츠 16.6%, 미술관 12.2%, 박물관 11.4%, 연극 · 마당극 · 뮤지컬 9.8%, 음악회 · 연주회 · 콘서트 6.6%, 무용 1.3% 순으로 나타났다.

③ 여가 · 문화 · 활동시설 이용 경험

초(4~6학년) · 중 · 고등학생이 공공도서관, 청소년시설, 체육시설, 문화 예술 공간을 이용한 빈도를 조사한 결과를 살펴보면 다음과 같다.

- 공공도서관 이용에 대해서는 '한 번도 없음' 33.9%, '일 년에 1-2회 정도' 29.3%, '2-3개월에 1-2회 정도' 16.6%, '한 달에 1-2회 정도' 11.3%, '1주일에 1-2회 이상' 8.8% 순으로 나타났다. 중학생과 고등학생은 '한 번도 없음' 응답률이 각각 37.3%와 43.5%로 전체 평균보다 높았고, 초등학생은 '1주일에 1-2회 정도' 응답률이 15.6%로 중학생이나 고등학생에 비하여 큰 차이가 있었다.
- 청소년시설 이용에 대해서는 '한 번도 없음' 80.1%, '일 년에 1-2회 정도' 12.9%, '2-3개월에 1-2회 정도' 3.1%, '한 달에 1-2회 정도' 2.1%, '1주일에 1-2회 이상' 1.8% 순으로 나타났다. '한 번도 없음' 응답률은 초등학생 75.3%, 중학생 81.9%, 고등학생 83.1%로 학교급이 올라갈수록 높았다.
- 체육시설 이용에 대해서는 '한 번도 없음' 37.1%, '일 년에 1-2회 정도' 24.8%, '1주일에 1-2회 이상' 15.2%, '2-3개월에 1-2회 정도' 12.7%, '한 달에 1-2회 정도' 10.1% 순으로 나타났다. '한 번도 없음' 응답률은 초등학생 21.8%, 중학생 38.6%, 고등학생 50.1%로 학교급이 올라갈수록 높았으나, 초등학생은 '1주일에 1-2회 이상' 응답률이 25.4%로 '일 년에 1-2회 정도' 26.6% 다음으로 높았다.
- 문화 예술 공간 이용에 대해서는 '일 년에 1-2회 정도' 34,4%, '2-3개월에 1-2회 정도' 25.4%, '한 번도 없음' 25.1%, '한 달에 1-2회 정도' 12.9%, '1주일에 1-2회 이상' 2.2% 순으로 나타났다. 학교급별로는 '한 번도 없음'에 중학생과 고등학생의 응답률이 각각 29.0%와 27.5%로 전체 평균보다 높

았고, 초등학생은 '일 년에 1-2회 정도'에 대한 응답률이 43.3%로 가장 높았다.

④ 여가 · 문화 · 활동시설 이용 만족도

초(4~6학년) · 중 · 고등학생이 공공도서관, 청소년시설, 체육시설, 문화 예술 공간을 이용한 경험에 대한 만족도는 '만족하는 편이다' 68.0%, '매우 만족한다' 27.9%, '만족하지 않는 편이다' 3.6%, '전혀 만족하지 않는다' 0.6%로 나타났다. 학교급별로 보면, 초등학생의 '매우 만족한다' 응답률은 39.6%로 중학생 22.8%, 고등학생 19.6%보다 높았고, 고등학생의 '만족하는 편이다' 응답률은 75.5%로 중학생 73.5%, 초등학생 56.5%보다 높았다.

⑤ 여가생활 만족도

13~19세 청소년의 2021년 여가생활에 대하여 통계청이 만족도를 조사한 결과는 '만족'(매우 만족 + 약간 만족) 47.9%, '보통' 37.4%, '불만족'(매우 불만족 + 약간 불만족) 14.6%로 나타났다. 이러한 결과는 타 연령대에 비하여 수치가 높고 2019년 조사 결과에 비하여 '만족'이 43.3%에서 47.9%로 상승한 것으로 코로나19 감염병에 따른 원격수업 적용 등으로 여가 시간이 증가한 측면과 관련되는 것으로 분석되었다.

⑥ 동아리 참여율

9~18세 아동 · 청소년이 청소년단체 · 동아리, 인터넷을 통한 사이버 단체나 동아리, 기타 단체나 동아리에 자발적으로 참여하는 정도에 대하여 여성가족부에서 2020년 조사한 결과는 청소년단체 · 동아리 10.9%, 기타 단체나 동아리 8.5%, 인터넷을 통한 사이버 단체나 동아리 5.4% 순으로 나타났다. 9~12세의 경우 청소년단체 · 동아리 참여율이 11.8%로 가장 높은 반면 인터넷을 통한 사이버 단체나 동아리 참여율은 2.7%로 낮았다. 반면 13~18세의 중 · 고등학생들은 청소년단체 · 동아리 10.4%, 기타 단체나 동아리 9.8%, 인터넷을 통한 사이

버 단체나 동아리 7.1%를 보여 초등학생보다 다양한 단체에 참여하였다.

청소년의 여가활동에 대하여 경기 지역 초·중·고등학생 663명을 대상으로 한 연구(손진희·김지민, 2020) 결과를 통하여 여가활동의 구체적 내용과 양상을 살펴보면 다음과 같다.

① 여가활동 유형과 장소

청소년들이 여가 시간에 주로 하는 활동은 컴퓨터·게임·핸드폰 24.0%, 친구 만나기 17.9%, TV 시청 11.4%, 운동 8.9%, 수면 7.9%, 독서·음악 감상 7.2%, 영화·연극 관람 6.7% 등의 순이었고 봉사활동은 1.7%로 가장 낮게 나타났다. 이는 청소년들이 주로 도구를 가지고 고립된 상태로 개인 활동 중심의 여가를 보낸다는 것을 의미한다.

청소년들의 여가활동 장소로는 집 41.9%, PC방·노래방 15.0%, 기타 12.3%, 공원 및 길거리 12.2%, 스포츠 시설 7.1%, 학교 5.7%, 학원 3.5%, 청소년시설 1.3%, 문화시설 1.0% 순으로 나타났다. 즉 청소년들은 집에서 여가 시간을 보내는 경우가 가장 많았고 다양한 활동을 지원하기 위해 운영되는 청소년시설은 거의 활용하지 않았으며, 출입에 안전 및 보호 조치가 요구되는 PC방·노래방은 일정 수준으로 활용하였다.

② 여가활동의 어려움

청소년들은 여가활동의 어려움에 대하여 '비용 부담' 29.9%, '시설·장소 부족' 29.0%, '시간 부족' 21.2%, '어려운 점 없음' 13.2%, '함께 할 친구(지도교사) 없음' 6.4% 등의 순으로 인식하였다.

③ 여가 시간에 청소년활동에 참여하지 않는 이유

여가 시간에 청소년활동에 참여하지 않는 이유에 대해서는 '시설·프로그램 정보 없음' 30.1%, '참여 방법 모름' 21.3%, '필요를 못 느낌' 11.8%, '비용 부담' 8.8%, '재미없음' 7.5%, '같이 할 친구 없음' 5.7%, '공부 방해' 4.7%, '내용이 맘에 안 듦' 4.6%, '용기가 없음' 4.1% 순으로 나타났다. 청소년들이 청소년활동에 대한 정보를 접하지 못하거나 참여 방법을 모른다는 응답이 높은 것은 활동을 제공하는 시설과 프로그램이 부족하고 홍보가 충분히 이루어지지 않는다는 측면과 관련이 있다.

청소년들이 여가를 충분히 활용하지 못하는 주된 이유로는 입시 중심 학업 수행에 따른 시간 부족, 여가활동에 소요되는 비용의 문제, 여가시설이나 프로그램에 대한 정보 부족, 다양한 선택을 제공하는 여가시설의 미흡 등이 꼽힌다. 청소년들이 여가를 건전하게 활용하면서 현재의 삶을 의미 있게 꾸려 갈 수 있도록 가정, 학교, 지역사회 및 국가 차원의 노력이 필요하다. 즉 가정에서는 가족 여가를 다양화하여 청소년이 여가의 가치를 내면화하고 내용 및 방식을 습득하도록 할 필요가 있고, 학교에서는 청소년이 스스로 활동을 창안하고 주도적으로 전개해 나갈 수 있는 동아리활동 등을 장려하는 것이 필요하다. 또 지역사회와 국가에서는 여가의 중요성에 대한 사회적 인식을 제고하고 다양한 여가시설을 확충하며 여가 프로그램의 개발·보급 및 관련 정보에 대한 홍보를 할 필요가 있다.

(4) 디지털 매체 활용

오늘날 청소년들은 디지털 매체 속에서 태어나 성장하는 세대라고 할 수 있다. 디지털 매체는 청소년들이 정체성과 세계관을 형성하고 지식과 기술 및 태도를 습득하는 데 큰 영향을 미친다. 컴퓨터와 스마트폰 등의 기기 보급과 인터넷 접속을 기반으로 하는 디지털 세계는 청소년들의 생활방식을 급속하게 변화시키고 있다.

2022년 인터넷실태조사(최문실 외, 2022) 결과를 살펴보면, 우리나라 전체 가구(21,369,000) 중 가구 내 인터넷 접속이 가능한 비율은 99.96%에 이른다. 전체 가구의 81.0%가 컴퓨터(데스크탑, 노트북, 태블릿 등)를, 98.6%가 스마트폰을, 63.5%가 스마트TV를 보유하고 있다. 만3세 이상 인구의 인터넷 이용률(최근 1개월 이내 1회 이상 인터넷을 이용한 사람의 비율)은 93.0%였고, 연령별로 보면 30대 99.9%, 20대

99.8%, 40대 99.6%, 10대 99.5% 순으로 나타났다. 직업별 이용률은 사무직 99.9%, 전문/관리직 99.8%, 학생 99.3%, 서비스/판매직 97.8% 순이었다. 인터넷 이용 빈도는 '하루 1회 이상'에서 30대 98.3%, 20대 98.2%, 40대 98.0%, 10대 96.7% 순으로 나타났고, 주 평균 이용 시간에서는 20대 33.4시간, 30대 30.1시간, 40대 25.2시간, 10대 24.3시간으로 나타났다. 인터넷 이용 목적은 여가활동 99.1%, 커뮤니케이션 97.9%, 자료 및 정보획득 97.7% 순으로 나타났고, 10대들은 여가활동, 커뮤니케이션, 자료 및 정보획득, 교육·학습을 우선시하였다.

스마트폰은 휴대형 정보통신기기 중 활용도가 매우 높은 매체에 속한다. 우리나라 만6세 이상 인구의 98.3%가 스마트폰을 보유하고 있는데, 10대 청소년의 보유율도 99.9%에 이른다. 스마트폰 이용자의 주 평균 이용시간은 13.0시간(1일 평균 1.8시간)이고 10대 청소년들의 경우 14.1시간으로 20대 17.2시간, 30대 15.7시간보다는 낮으나 전체 평균보다 높다.

만12세 이상 스마트폰 이용자가 주로 이용하는 애플리케이션은 '채팅·SNS 등 커뮤니케이션' 76.3%, '사진 및 동영상' 52.5%, '음악·미디어·전자책·독서·웹툰' 51.6%, '뉴스·날씨·정보' 42.5%, '게임' 15.8% 순이었다. 만6세 이상 인터넷 이용자의 인스턴트메신저 이용률은 98.5%였고, 연령별로 볼 때 10대 청소년의 이용률은 96.3%로 20~60대에 비해서는 낮은 편이었다. 인스턴트메신저의 기능은 '대화하기' 100%, '사진·동영상·일정·업무용 파일 등 공유' 82.4%, '음성 및 영상통화' 63.5%, '구매하기' 38.3%, '택배 배송정보 확인' 35.9%, '지도 및 위치 공유' 35.3%, '게임' 30.2% 등 순으로 이용하였다.

만6세 이상 인터넷 이용자의 SNS 이용률은 69.7%였고, 그 중 10대의 이용률은 69.5%로 20대 96.0%, 30대 92.0%, 40대 78.0%보다는 낮게 나타났다. SNS 이용자의 주 평균 이용 빈도는 21.0회(1일 평균 3.0회)였고, 주 평균 이용시간은 62.4분이었으며, 10대와 20대가 가장 많이 이용하는 SNS서비스는 '인스타그램'이었다. SNS를 이용하는 이유로는 '친교·교제를 위해서' 64.4%, '타인이 게시한 콘텐츠를 살펴보기 위해서' 48.0%, '취미 등 개인적 관심사·정보나 지식 등을 공유하기 위해서' 38.1%, '정보나 지식 등을 검색하기 위해서' 21.5% 순으로 조사되었다.

스마트폰 이용과 관련해서는 과의존에 대한 우려가 적지 않다. 과학기술정보통신부와 한국지능정보사회진흥원(2022)이 스마트폰 과의존 실태를 조사한 결과를 보면, 2022년 우리나라 스마트폰 전체 이용자 중 23.6%가 과의존 위험군에 속하였다. 대상별 비율을 보면 청소년이 40.1%로 유아동 26.7%나 성인 22.7%에 비하여 높았다. 학교급별로는 중학생이 45.4%로 가장 취약하였고 그 다음이 초등학생 37.6%, 고등학생 36.6% 순이었으며, 부모가 맞벌이인 경우가 42.3%로 외벌이인 경우 36.8%에 비해 위험이 더 높았다.

청소년의 디지털 매체 이용과 관련해서는 주로 지적되는 문제들이 있다. 콘텐츠 생산 및 창안보다는 소비활동에 치우친 소셜미디어 활용, 온라인상 저작물에 대한 창작자의 저작권 존중 의식 미흡, 온라인상 개인정보 노출에 대한 심각성 간과, 온라인게임에 대한 과몰입 및 중독, 오락 및 여가활동 중심의 온라인 커뮤니티 활동, 사이버공간에서의 괴롭힘과 따돌림 등 폭력 양상 변화 등이 그것이다.

청소년들이 디지털 매체를 제대로 이해하고 적절하게 사용하도록 하기 위하여 다양한 미디어 교육 방법이 제안되고 있고 디지털 세계를 살아가는 시민으로서 시민성을 갖추어야 한다는 논의가 활발하게 전개되고 있다.

카츠(Roberta Katz)와 동료들(2021)은 디지털 세상에서 일상의 문화를 구축해 온 18~25세 미국과 영국 청년들을 연구하여 그들 세대의 존재 방식, 가치, 세계관의 특징을 다음과 같이 정리하였다. 현재 초·중·고등학교 연령에 속하는 청소년들은 연구 대상자들보다 한층 더 일찍 디지털 세상을 경험하면서 살아가고 있으므로 특성의 상당 부분을 공유하고 있을 것으로 보인다.

- 스스로의 의지로 타인을 돌본다.

  어려서부터 온라인에서 질문의 답을 찾고 많은 사람들과 대화하며, 네트워크 속에서 도구 사용법을 익힌다. 개인 주체로서의 자기 의존적 가치관을 가지고 있는 동시에 온·오프라인에서 타인의 고통을 접하면서 다양성 옹호 및 타인 삶에 대한 긍정적 영향을 행사하려는 공동체 중심적 성향을 보인다.

- 정체성 공동체에 공을 들인다.

여러 공동체를 접하면서 미립자로 구성되는 정체성을 발견·수용하면서 관련 공동체의 일원이 되고, 소속된 공동체를 존중한다. 공동체를 옹호하는 사람들을 깊이 이해하고, 다양한 정체성을 지닌 사람들을 보호하고 돌봐야 한다고 생각한다.

- 타인을 포용하려고 노력한다.

온·오프라인에서 경험한 것들을 통하여 '누구나 자신의 정체성을 스스로 규정할 수 있어야 하고 사회에서 공정한 대우를 받을 권리가 있다'는 존재의 자유 윤리를 확산시킨다. 젠더와 섹슈얼리티 문제, 백인 특권과 편견 및 인종차별 철폐, 소수의 정체성 보호 등 타인을 존중하는 데 관심과 의무감을 가진다.

- 진정성을 중시한다.

과장과 가식이 많은 온·오프라인 광고의 홍수 속에서 성장하여 사람, 상품, 인간관계에서 진정성을 찾고자 한다. 특히 자신들이 중시하는 영역에서 상대의 진실성을 기대하며 신뢰를 손상시키는 거짓과 왜곡에 대해서는 망설임 없이 고발하고 문화적 전유 행위를 규탄한다.

- 힘을 합쳐 일하고 사교적이다.

집단 활동이 개성을 해치기보다는 다양한 기술과 의견을 모아 더 나은 결과를 내는 기회라고 인식하므로 혼자 일하기보다는 협업하는 것을 선호한다. 이메일, 문자, 소셜미디어를 통해 여러 사람과 연결된 상태로 온·오프라인을 자유롭게 넘나들며 교류한다.

- 합의된 권위를 지향한다.

자기 의존성을 가지고 합의된 권위를 지향하므로 조직에서도 리더가 없는 상태를 선호한다. 리더가 존재하더라도 분산되고 임시적인 유연한 리더십, 즉 리더가 권위적 존재가 아니라 집단의 목표 달성을 위한 조력자로 간주되는 상태를 지향한다. 전문가에 대해서도 유사한 관점을 적용하여 교사나 교수를 가이드로 간주하고, 부모는 조력자나 조언자 또는 협력자로 인식한다.

- 유연한 조립식 구조를 선호한다.

파편화와 조립성을 특성으로 하는 디지털 기술 속에서 성장하면서 다수의 공동체에 속하여 미립자 정체성을 보유하고 있다. 유연한 협업 그룹 단위로 일을 하고, 가족 형태의 가변성을 인정하며, 참여 정치를 실천하고 유연한 영적 실천과 공동체에 관심을 가지는 등 단기적이고 유연한 사회구조를 지향한다.

- 환멸을 느끼는 과거를 뒤로하고 현재에 집중한다.

이전 세대로부터 망가진 사회제도와 여러 가지 난제들(기후위기, 인종차별, 불의, 총기 폭력, 여성 및 동성애 혐오 문제 등)을 물려받았다고 생각하여 과거에서 교훈을 얻으려고 하지 않는다. 디지털 도구에 쏟아지는 데이터들을 처리하면서 당장 의미 있는 것에 집중하고 효율적으로 일하고자 한다. 일과 휴식시간이 모호하지만 자신을 돌보는 데 소홀할 만큼 일에 몰두하진 않는다.

- 밈(meme)을 통해 웃으면서 유대를 가진다.

밈을 활용하여 개인적 감정을 배출하고 자신들을 이해하고 위로해 줄 타인에게 압박감, 좌절, 역설을 자기비하 방식으로 표현한다. 태그를 달아 상대의 흥미나 관심사 등에 대한 이해를 표함으로써 유대를 강화한다.

- 인류를 위해 투쟁한다.

변화를 만들어 내기 위하여 새로운 기술을 받아들이고 유연성과 자기 의존성 및 가치를 함양하면서 생활 전반에 걸쳐 상호 모순적 측면이 있거나 해결 방법이 불투명한 일들을 처리해 나간다.

토론해 봅시다

1) 교사와 학생 간의 관계에서 교육적으로 바람직하지 못한 사례를 제시하고 어떻게 고치는 것이 좋을까에 대해 토론해 보자. (경험했던 사례 중심)

2) 세대 간 소통의 어려움 혹은 잘 해결해 나간 경험 사례를 서로 교환해 보자.

3) 학생들 입장에서 어떤 교사를 선호하는지, 그리고 학생들 사이에서는 어떤 학생들이 폭넓게 인정되고 있는지 토론해 보자.

제11장

공교육 이슈와 대응

이 장은 우리 교육계에서 이슈로 떠올라 있는 주제 중에서 특히 관심 가져야 할 주제 4가지를 선정하여 살펴본다. 대안교육, 다문화 교육, 교육복지, 페미니즘이다.

> 만일 지금 당신이 배우고 있지 않다면 당신은 이미 죽어가고 있는 중이다.
> 모든 사람에게서, 그리고 모든 사물과 상황으로부터 끊임없이 배워야 한다.
> 당신에게 패배한 사람에게서, 당신이 싫어하는 사람에게서,
> 그리고 심지어 당신이 적으로 생각하는 사람들에게서도 배워야 한다.
>
> –라이언 홀리데이, 『에고라는 적』에서

주요 개념

대안교육, 다문화주의, 교육복지정책, 페미니즘

주요 질문

- 대안교육은 공교육의 미래에 어떤 방향성을 제시해 주는가?
- 교육복지 정책의 쟁점과 그것의 미래 지향적 해결 방향은 무엇일까?

1. 대안교육

1) 대안교육의 의미와 문제의식

대안교육(代案教育, alternative education)은 기존의 제도교육 한계를 극복하기 위해 시도되는 일련의 실험적 교육을 통칭하는 말이다. 따라서 대안교육의 의미 범주에는 '현재의 학교가 안고 있는 문제를 해결하는 다양한 교육방법'(김영화, 2001: 7)에서부터 '교육의 방법이나 틀을 바꾸는 것을 넘어서서 우리 삶의 방식을 근본적으로 바꾸는 교육'(고병헌, 2000: 48-49)까지를 아우른다. 이런 점에서 대안교육은 교육이념, 교육목적, 기관 운영, 교육과정, 교육방식, 학교 구성원의 존재 규정에 있어서 기존의 틀을 넘어서는 교육을 망라한다.

근대의 학교는 제도적 틀로 구성되고 관리된다. 즉 학교는 각종 법률, 규정, 지침 등에 근거하여 운영된다. 학교 규모가 확대되고 학교 조직이 전문화될수록 제도적 관리는 강화돼 왔다. 학교의 제도적 관리가 강화되면서 나타난 문제 중에 하나는, 학습자에 대한 억압과 이들 삶의 왜곡 문제다. 학교교육에서는 개별 학습자의 요구에 집중하기보다는 조직의 필요를 우선하는 경향이 강하다. 또한 기존 교육제도의 바탕을 이루는 지배적 이념을 강화한다.

실제로 학교에서는 업적주의(meritocracy) 이념에 기반한 성적관리 중심으로 운영된다. 따라서 학교는 학생 개개인의 능력이나 사유형식 그 자체에 대해서는 크게 주목하지 않는다. 그것보다는 학생들의 학업성취 수준을 평가하고 그 결과를 수치화하는 것에 관심을 집중한다. 이로 인해 학생들의 경쟁은 격화되고, 학습동기가 천박해지는 증상이 나타난다(이종각, 2002). 즉 입시를 염두에 둔 선행학습, 학교와 학원에서의 반복학습, 시험범위 내에서만 학습하기, 문제풀이 많이 하기, 학생생활기록부에 기록될 수 있는 활동에만 관심 두기 등이 심화되는 경향이 나타난다.

대안교육은 근대 제도교육의 보다 근원적인 문제를 제기하기도 한다. 즉 제도교육을 통해 육성하고자 하는 인간상(人間像)은 어떤 인간상인가? 학교교육에서 강조하고 삶의 형식은 어떤 삶인가? 학교교육에서는 어떤 가치를 강조하는가? 학교에서의 경쟁을 통해 어떤 교육적 가치가 훼손되고 있는가? 학교교육은 모든 학생의 존엄과 비범함을 확장하고 있는가? 등의 질문을 통해 근대교육의 한계를 넘어서는 새로운 교육의 필요성이 제기된 것이다.

대안교육이 제도보다는 인간을, 집단보다는 개인을, 교사보다는 학습자를 우선시하는 논리를 강조하는 것은 이와 같은 맥락에서 이해할 수 있다. 이념적으로는 공동체 가치와 개인 자율성의 조화, 기관운영에서의 자치와 참여, 교육내용 면에서의 통합 교육과정(삶을 사는 교육), 교육방법 면에서 체험 등 학습자 주도성을 신장하는 교수학습 방법 등을 중시하는 것을 특징으로 한다. 특히 대안교육은 다양한 특성을 보이고 있지만, 몇 가지 중요한 공통점을 가지고 있다. 그 중 가장 중요한 것으로 보이는 네 가지 특성을 정리하면 다음과 같다(양희규, 2008: 304).

첫째, '비폭력 문화'의 추구다. 우리 문화에 깊이 들어 있는 권위주의나 폭력성에서 벗어나 교사와 학생, 학생과 학생 사이에 수용과 존중의 문화를 만들고자 한다.

둘째, '학생 중심의 문화' 추구이다. 학교나 교사가 일방적으로 주도하는 문화가 아니라 학생의 선택과 책임이 존중되는 문화를 일구고자 한다.

셋째, '자기발견의 교육'이다. 입시 중심의 교육을 탈피하여 개개인의 적성과 능력을 중시하는 자기발견의 교육을 추구한다. 이것은 물론 신체, 정서, 의지, 이성의 능력을 골고루 성숙시키고자 하는 전인교육의 토대 위에서 이루어지고 있다.

넷째, '수업보다 학습을 중시하는 교육'을 하려고 한다. 몇 시간 수업을 했는가가 중요한 것이 아니라 무엇을 배웠는가가 중요하다는 것이다.

2) 대안교육의 역사적 전개

(1) 대안교육 수요 증가와 특례학교로의 제도화 과정

국내에서 대안교육에 대한 관심이 대중적으로 대두되기 시작한 것은 1990년대 중반 무렵이다. 1990년 중반 일부 학자들과 교육운동가들인 대안교육의 가능성을 이론적 · 실천적 차원에서 모색했고, 언론 매체들을 교육현장의 다양한 실천 사례들을 발굴 · 소개하기 시작했다. 이러한 노력들은 점차 하나의 흐름을 이루게 되었고, 일각에서는 새로운 실천 사례를 기존의 획일적이고 억압적인 학교교육에 대한 '대안'으로 인식하는 경향이 나타났다.

특히 1990년 중반에 접어들면서는 대안교육에 대한 수요가 급증하였다. 그 이유를 보면, 첫째로는 '탈학교', '학업중단', '학교 밖' 등의 수식어가 붙는 청소년들의 급증이다. 90년대 중반에 들어 학업중단 학생들에 대한 사회적 관심이 높아지고, 그들에 대한 정책적 대응도 다각도로 논의되기 시작하였다. 특히 1996년 말에는 교육인적자원부가 당시 급증하던 학교 중도탈락자 대책 일환으로 대안학교 설립 계획을 논의하기 시작하여, 1998년에는 교육복지 차원에서 중도탈락자 구제를 목적으로 하는 '대안교육 특성화고등학교' 제도를 도입하였다. 이를 계기로 대안교육에 대한 관심이 더욱 확산되었다.

둘째는 기존 학교교육의 획일성을 거부하고 개인의 소질과 개성을 중시하는 교육을 찾는 사람들이 증가하면서 대안교육의 수요가 증폭되었다. 이러한 대안교육의 수요 증가는, 우리 공교육이 학생과 학부모의 다양한 교육적 욕구를 충족시키는 데 한계를 드러내고 있음을 방증하는 것이다. 실제로 일각에서는 제도권 교육의 틀 속에서 고통을 겪고 있는 자녀들을 해방시키는 차원에서 대안교육을 선택하는 경향이 확산되었다.

셋째는 학습권 사상과 학부모의 자녀교육권에 대한 의식 확산과 관련이 있다. 대안교육은 '교육시킬 권리(교육권)'에 대비되는 학습활동의 자유, 학습기회의 보장, 교육 선택의 권리 등을 내용으로 한 학습권 사상에 기반하고 있다(강태중, 2002: 35). 특히 제도교육의 한계와 관련하여 학습권 사상이 확산되면서 학생의 학습권에 바탕을 두고 있는 대안교육에 대한 사회적 관심이 확산되었다. 특히 학부모들 중에서 대안학교를 자녀들의 필요와 관심을 충족시킬 수 있는 이상적인 학교로 상정하고, 이들 학교에 많은 관심을 기울이기 시작하였다. 대안교육이 교육열 발산을 위한 새로운 대상으로 부각되기 시작한 것이다(김경근, 2008: 46).

대안교육의 제도화 과정을 살펴보자. 1998년 「초·중등교육법 시행령」 제91조에 의해 도입된 '대안교육 특성화고등학교' 제도가 도입됨에 따라, 인가 받지 않고 운영되던 학교가 정규고등학교로 설립·인가되었다. 그리고 2002년에는 대안교육 제도화가 중학교 단계로 확대되었다(초·중등교육법 시행령 제76조). 의무교육 단계인 중학교 단계에서도 기존 학교교육에서 곤란을 겪는 학생들에게 예외적인 교육을 받을 수 있는 '특성화중학교' 제도가 도입된 것이다. 2022년 12월 현재 특성화학교는 모두 44개교(고교 25개교, 중학교 19개교)가 설립·운영 중에 있다.

대안교육 특성화학교의 도입 이후 기존 제도교육의 경직성이 완화되기는 했지만, 단위학교 자율성이 전면적으로 허용되는 것이 아니었다. 이런 문제를 보완하는 차원에서, 2005년에는 특성화학교보다 자율권이 대폭 확대된 학교가 도입되었다. 바로 '각종학교 형태의 대안학교(초·중등교육법 제60조의3)'다. 이 '대안학교'는 '학업을 중단하거나 개인적 특성에 맞는 교육을 받으려는 학생을 대상으로 현장 실습 등 체험 위주의 교육, 인성 위주의 교육 또는 개인의 소질·적성 위주의 교육 등 다양한 교육을 하는 각종학교'다. '대안학교'는 대통령령인 「대안학교의 설립·운영에 관한 규정」에 따라 초·중·고 통합 운영이 가능하며, 설립기준, 교육과정, 수업연한, 학력인정 등에 있어서 폭넓은 자율권이 인정된다. 교육과정의 경우 "국어 및 사회(중학교와 고등학교 과정의 사회 교과는 국사 또는 역사를 포함)를 교육부장관이 정한 수업시간 수의 100분의 50 이상"을 운영한다면, 다른 교과에 대해서 단위학교의 자율권을 전적으로 인정하고 있다. 이들 대안학교는 2021년 3월 현재 50개교가 설립·운영 중에 있다.

<표 11-1> 대안교육 특성화고등학교[25교 : 공립4교/사립21교, 2022년 12월 현재]

지역	학교명	설립주체	지정년도	소재지
부산	지구촌고등학교	사립	'02	연제구
대구	달구벌고등학교	사립	'03	동구
인천	산마을고등학교	사립	'00	강화군
광주	동명고등학교	사립	'99	광산구
경기	두레자연고등학교	사립	'99	화성시
	경기대명고등학교	공립	'02	수원시
	이우고등학교	사립	'03	성남시
	한겨레고등학교	사립	'06	안성시
강원	전인고등학교	사립	'05	춘천시
	팔렬고등학교	사립	'06	홍천군
	현천고등학교	공립	'14	횡성군
충북	양업고등학교	사립	'98	청원군

지역	학교명	설립주체	지정년도	소재지
충남	한마음고등학교	사립	'03	천안시
	공동체비전고등학교	사립	'03	서천군
전북	세인고등학교	사립	'99	완주군
	푸른꿈고등학교	사립	'99	무주군
	지평선고등학교	사립	'09	김제시
전남	영산성지고등학교	사립	'98	영광군
	한빛고등학교	사립	'98	담양군
	한울고등학교	공립	'12	곡성군
경북	경주화랑고등학교	사립	'98	경주시
경남	간디고등학교	사립	'98	산청군
	원경고등학교	사립	'98	합천군
	지리산고등학교	사립	'04	산청군
	태봉고등학교	공립	'10	창원시

<표 11-2> 대안교육 특성화중학교[19교 : 공립5교/사립14교, 2022년 12월 현재]

시도	학교명(과정)	설립구분	지정연도	소재지
대구	한울안중학교	사립	'18	달성군
	가창중학교	사립	'18	달성군
광주	평동중학교	공립	'14	광주시
	살레시오여자중학교	사립	'22	광주시
경기	두레자연중학교	사립	'03	화성시
	이우중학교	사립	'03	성남시
	헌산중학교	사립	'03	용인시
	중앙기독중학교	사립	'06	수원시
	한겨레중학교	사립	'06	안성시

시도	학교명(과정)	설립구분	지정연도	소재지
강원	팔렬중학교	사립	'11	홍천군
	가정중학교	공립	'17	춘천시
전북	전북동화중학교	공립	'09	정읍시
	지평선중학교	사립	'02	김제시
전남	용정중학교	사립	'03	보성군
	성지송학중학교	사립	'02	영광군
	청람중학교	공립	'13	강진군
	나산실용예술중학교	공립	'18	함평군
경남	상주중학교	사립	'15	남해군
	대병중학교	사립	'21	합천군

<표 11-3> 대안학교(각종학교) [50교 : 공립21교/사립29교. 2021년 3월 현재]

시도	학교명(과정)	설립 구분	인가 연도	소재지
서울	서울실용음악고등학교(고)	사립	'08	중구 신당동
	여명학교(고)	사립	'10	중구 남산동
	지구촌학교(초)	사립	'12	구로 오류동
	서울다솜관광고등학교(고)	공립	'12	종로 숭인동
부산	송정중학교(중)	공립	'19	강서구 송정동
대구	대구해올중고등학교 (중 · 고 통합)	공립	'18	대구 달서구
인천	인천청담고등학교(고)	사립	'11	연수 동춘동
	인천해밀학교 (중 · 고 통합)	공립	'12	남동 구월동
	인천한누리학교 (초 · 중 · 고 통합)	공립	'12	남동 논현동
광주	월광기독학교(초)	사립	'14	서구 화정동
대전	새소리음악고등학교(고)	사립	'11	서구 도마동
	새소리음악중학교(중)	사립	'16	서구 도마동
울산	울산고운중학교	공립	'21	울주군 두서면
경기	티엘비유글로벌학교 (초 · 중 통합)	사립	'08	고양시 덕양구
	화요일아침예술학교(고)	사립	'11	연천군 전곡읍
	쉐마기독학교 (초 · 중 · 고 통합)	사립	'11	양주시 은현면
	새나래학교 (중 · 고 통합)	사립	'11	용인시 (휴교 중)
	경기새울학교(중)	공립	'13	이천시 율면
	광성드림학교 (초 · 중 · 고 통합)	사립	'14	고양시 일산구
	하늘꿈중고등학교 (중 · 고 통합)	사립	'15	성남시 수정구
	중앙예닮학교(중 · 고 통합)	사립	'18	용인시 수지구
	노비따스음악중고등학교 (중 · 고 통합)	사립	'19	가평군 설악면
	군서미래국제학교	공립	'21	시흥시 정왕동

시도	학교명(과정)	설립 구분	인가 연도	소재지
강원	해밀학교(중)	사립	'18	홍천군 남면
	노천초등학교(초)	공립	'19	홍천군 동면
충북	글로벌선진학교 (중 · 고 통합)	사립	'10	음성군 원남면
	한국폴리텍다솜고등학교 (고)	사립	'12	제천시 강제동
	다다예술학교 (초 · 중 통합)	사립	'17	청주시 상당구
	은여울중학교	공립	'17	진천군 문백면
	은여울고등학교	공립	'21	진천군 문백면
충남	여해학교(중)	공립	'13	아산시 염치읍
	드림학교(고)	사립	'18	천안시 충절로
	충남다사랑학교(고)	공립	'19	아산시 둔포면
전남	월광기독학교(중 · 고)	사립	'18	함평군 대동면
	성요셉상호문화고등학교 (고)	사립	'18	강진군 강진읍
	이음학교	공립	'20	광양시 광양읍
	송강고등학교	공립	'21	담양군 봉산면
경북	한동글로벌학교 (초 · 중 · 고 통합)	사립	'11	포항시 북구
	글로벌선진학교문경 (중 · 고 통합)	사립	'12	문경시 영순면
	산자연중학교(중)	사립	'13	영천시 화북면
	나무와중학교(중)	사립	'13	영천시 대창면
	링컨중고등학교 (중 · 고 통합)	사립	'17	김천시 대덕면
	대경문화예술고등학교(고)	사립	'17	경산시 자인면
경남	경남꿈키움중학교(중)	공립	'14	진주시 이반성면
	지리산중학교(중)	사립	'14	하동군 (휴교 중)
	경남고성음악고등학교(고)	공립	'17	고성군 하일면
	밀양영화고등학교(고)	공립	'17	밀양시 상남면
	금곡무지개고등학교(고)	공립	'20	김해시 한림면
	거창연극고등학교(고)	공립	'20	거창군 위천면
	남해보물섬고등학교	공립	'21	남해군 창선면

(2) 제도학교에서의 대안교육 프로그램 도입 및 위탁교육

1990년 후반에 '학교 붕괴론'이 제기되었다. 학교붕괴론은 수업윤리, 생활윤리, 관계윤리의 무너짐을 이르는 말이다. 이런 담론의 등장은 1990년대 중반 '탈학교 현상'의 연장이자 학교제도 자체에 대한 문제제기가 광범위하게 확산되고 있음을 방증하는 것이다. 학교붕괴론은 역설적으로 '학교체제를 질적으로 전환해야 한다'는 요구이기도 하다. 문제는 학교를 어떻게 재구조화하고, 어떤 내용을 어떤 방법으로 가르칠 것인가에 대한 의미 있는 참조체제가 극히 미약했다. 이런 상황에서 실험적 실천을 통해 가능성이 입증된 대안학교 프로그램이 소개되기 시작했고, 제도학교 차원에서 이들 프로그램을 도입하는 사례가 증가하기 시작했다. 특히 대안교육에서 강조하는 내용들, 즉 '상호돌봄을 통한 공동체 지향', '전인적 성장', '자연 친화성', '개성과 실험정신의 존중', '체험과 노작교육' 등은 학교체제 전환의 단서가 되었다. 따라서 제도학교에서는 교과 통합 운영, 예체능 교과 강화, 마을연계 교과 개설, 사회참여 및 주제학습 프로젝트 도입, 체험학습 및 노작 프로그램 운영 등이 시도되기 시작한 것이다.

그리고 2013년 6월에는 「학교 내 대안교실」 정책이 도입되었다. 대안교실이란 "다양하고 특별한 교육적 수요를 충족시킬 수 있도록 일반학급과 구분하여 대안교육 프로그램을 편성 · 운영하는 학급"(교육과학기술부, 2013)이다. 학교생활에 흥미를 느끼지 못하거나 실제로 자신에게 필요한 도움을 받지 못하는 소외된 학생들을 위해 정규교과 교실과는 달리 운영되는 학습단위를 별도로 제도화한 것이다. 실제 대안교실에서는 학생들의 요구를 반영하여 흥미를 고취하고 자기성찰 및 자기발견 기회를 제공할 수 있는 프로그램(치유중점, 공동체 체험중점, 학습 · 자기개발 중점, 진로 · 직업 중점 프로그램) 위주로 운영되고 있다.

대안교육 위탁교육기관의 운영 현황을 분석해 보면, 2018년 기준 총 229개 기관에서 총 3,558명을 위탁하고 있는 것으로 나타났다. 예정 인원까지를 고려하면 2만여 명이 넘는 수치다. 기관유형으로는 평생교육시설이 가장 많고, 다음으로는 직업전문학원이 많았다. 이들 위탁교육기관의 중점 프로그램은 진로탐색이 145개로 가장 많은 것으로 나타났다(김성기, 2020).

<표 11-4> 학교 내 대안교실 운영 프로그램 유형과 내용

유형	내용
치유 중점	• 예술치료: 미술치료, 음악치료 등 • 연극치료: 상황극, 역할극 등 • 신체활동을 통한 치료: 댄스, 명상, 숲 치료 등 • 전문가 치료 및 상담치료
공동체 체험 중점	• 또래관련: 캠프, 뒤뜰 야영 등 • 교사관련: 사제동행(등산, 영화관람 등) • 학부모관련: 부모-자녀 관계증진 프로그램, 부모-자녀 동반 캠프 등
학습 · 자기개발 중점	• 기초교육 신장 및 수준별 수업 • 교사 및 또래 학습 멘토링 • 문화 · 예술 및 창작활동 프로그램
진로 · 직업 중점	• 진로상담: 진로검사를 활용한 상담 및 자기발견 • 직업탐방: 경찰서, 기업체, 방송국 등 탐방 • 직업체험: 바리스타, 제과 · 제빵반, 목공예반 등 • 창업체험: 기업가 정신, 창업 교육 등

출처: 학업중단예방 및 대안교육지원센터(https://www.gotoschool.re.kr)

(3) 미(비)인가 대안학교와 「대안교육기관 등록제」 도입

미(비)인가 대안학교는 특정한 교육신념 등을 이유로 국가로부터 공식적인 학교로의 인가를 받지 않은 상태에서 학생을 교육하는 대안적 교육기관을 의미한다. 이들 미(비)인가 대안학교는 고등학교 과정부터 의무 교육단계인 초등학교와 중학교 과정까지 운영되고 있어 취학의무 이행 측면에서는 비합법성 문제가 제기되기도 한다.

2019년 기준으로 교육부가 파악하고 있는 미인가 대안교육시설은 전국에 총 273개가 있고, 경기에 96개, 서울에 63개, 인천에 14개 등 173개(63%)가 수도권에 소재한 것으로 나타났다. 미인가 대안교육시설의 시설 유형을 살펴보면, 종교단체를 포함한 비영리법인 등의 민간단체가 58.1%로 가장 많았다. 다음으로는 청소년시설이 11.1%로 많았고, 미등록이라고 응답한 시설도 9.8%로 세 번째로 많은 것으로 나타났다(오해섭 외, 2019). 2020년에 교육부는 미인가 대안교육시설에 다니는 학생이 약 1만 5,000여 명일 것으로 추산하였고, 모든 미인가 시설이 실태조사에 응답한 결과가 아니기 때문에 정확한 학생 수를 파악하기 어렵다고 설명하였다(이덕난, 2020).

문제는 미(비)인가 대안학교에 대해 문제제기가 지속된다는 점이다. 즉 미(비)인가 대안학교 참여 아동의 안전과 교육을 받을 권리 보장 미비 문제, 의무교육 대상 아동의 의무교육 불이행 등 법적 문제, 학력 미인정에 따른 아동의 이중적 학습 부담 문제, 교육활동에 대한 사회적 검증 문제, 그리고 미인가 시설의 재정 · 시설 · 종사자 · 관리 부실 등에 대한 우려가 제기되는 것이다(이덕난, 2020). 이에 정부는 미(비)인가 대안학교에 법적 근거를 마련하고 학생을 보호할 목적으로 '대안교육기관 등록제'를 도입하였다. 즉 「대안교육기관에 관한 법률」(2021. 1. 12)을 제정하여, 법적 지위가 불안정하였던 미인가 대안교육시설을 대안교육기관으로 등록할 수 있는 법적 근거를 마련한 것이다. 정부에서는 대안교육기관 등록제 도입을 통해 미(비)인가 대안학교에 재학 중인 학생들의 안전과 평등하게 교육받을 권리를 보장하겠다는 것이다. 이 법률에는 국가와 지자체가 대안교육기관 관련 시책을 수립해 시행해야 한다는 근거를 비롯해 설립자 · 교원의 자격을 담고 있다.

그러나 대안교육기관이 법령이나 학칙을 위반한 경우 교육감이 시정명령을 내릴 수 있다는 규정, 시정명령을 이행하지 않으면 과태료가 부과된다는 내용을 포함하고 있다. 이런 점에서 일부 미(비)인가 대안학교들은 등록제도가 대안교육의 고유성과 다양성을 훼손할 것이라고 우려한다. 또한 등록제 시행 이후 등록하지 않는 대안교육기관에 대해서는 법적 제재를 가할 것이란 염려도 제기한다. 특히 일각에서는 등록한 대안교육기관에 대한 국가의 실질적인 지원 규정이 없다는 점을 들어 법률의 실효성에 의문을 제기하기도 한다. 이처럼 미(비)인가 대안교육과 관련한 국가의 교육권(지도감독권), 학생 · 학부모의 학습할 자유와 지원 요구권, 학력 인정 여부 등과 관련한 긴장관계는 향후에도 지속될 전망이다.

(4) 홈스쿨링과 국가 책임의 문제

학교제도의 틀을 벗어나려는 또 다른 움직임으로는 '재택학교교육' 또는 '가정학교교육'으로 이름할 수 있는 '홈스쿨링(home schooling)'이 있다. 홈스쿨링은 공교육이 가지고 있는 '학교'라는 공간의 한계, '수업시간'이라는 시간의 한계를 뛰어넘는 교육방법으로 시간과 장소의 제한이 없다. 우리 사회에서도 오래전부터 종교적인 이유로 홈스쿨링을 하는 가정들이 꽤 있었지만 사회적인 관심을 끌지는 않았다. 그러나 최근 홈스쿨링을 선택하는 가정들의 경우는 종교적인 배경을 갖고 있는 경우가 여전히 많긴 하지만 그보다도 학교교육에 대한 문제의식에서 출발하는 경우들도 점차 증가하는 추세다. 이처럼 홈스쿨링이 증가하는 배경에는 ① 자녀의 개별 특성을 반영하는 교육을 하겠다는 자발적 의지의 발현, ② 학교에서의 불안정한 상황(학교폭력이나 관계 갈등)에 노출시키지 않겠다는 안전의 욕구, ③ 종교적 신념 등의 요인이 중층적으로 결합돼 있다고 볼 수 있다.

현재 운영 중인 홈스쿨링 형태는 매우 다양하다. 가정에서 부모가 학교의 교육내용을 그대로 가르치는 방식이 있는가 하면, 이와 달리 자녀의 관심과 흥미에 따라 교육내용을 자유롭게 선정하여 가르치는 경우도 있다. 그리고 홈스쿨링 가정끼리 연합하여 주된 학습은 각자 하되 부분적으로 공동교육과정을 운영하는 형식도 있다. 최근에는 홈스쿨링 코디네이터의 조력(이를테면, 교육과정 구성, 평가 등)을 받기도 한다.

그런데 홈스쿨링은 실정법과 긴장관계에 놓인다. 「초중등교육법」 제68조 제1항에는 '취학의무'가 규정돼 있다. 즉 보호자는 학령아동을 초등학교 및 중학교에 취학시켜야 한다고 명시돼 있다. 따라서 교육의 자유를 이유로 홈스쿨링을 선택하는 경우 '취학의무 위반'이라는 현실적인 문제에 직면한다. 이런 문제 때문에, 초·중등교육법상의 '취학유예제도'를 활용하거나 '정원외관리제'(미인정 장기 결석으로 인해 관리 열외 대상으로 분류되는 것)를 이용하여 홈스쿨링을 하지만 부정적으로 낙인 되는 시선은 여전하다. 예컨대, 중산층이 자기들만의 리그를 만드는 이기적인 행태로 비난받거나 자녀를 방치하는 책임감 없는 부모들로 오인되기도 한다.

홈스쿨링 참여 학생이 증가하는 상황에서는 새로운 질문이 제기된다. 의무교육단계에 있는 학생들은 반드시 학교에서만 교육을 받아야 하는가? 의무교육단계의 학생이 홈스쿨링을 한다고 국가의 보호로부터 면제되는 것이 타당한가? 홈스쿨링 학생이 안전하게 보호받을 권리를 주장하는 경우, 그 범위와 내용은 어떻게 설정할 것인가? 학교에 취학하는 학생과 홈스쿨링 학생의 지원에 차이를 두는 것은 타당한가? 그렇다면 지원의 차이는 어떤 수준에서 결정되어야 하는가? 이러한 질문은 의무교육의 의미, 교육할 자유의 범위와 한계, 국가 책임의 범위 등에 대해 기존과는 다른 차원의 해석을 주문한다는 점에서 많은 것을 시사한다.

3) 대안교육의 성과와 과제

대안교육은 기존의 지배적인 교육관념과는 질적으로 다른 질문을 제기한다. 배움의 장소가 반드시 제도교육기관이어야 하는가? 학교에서의 가르침은 교육 본질에 부합하는가? 학교교육은 존재론적 질문을 추궁하는가? 학교교육을 받으면 삶의 기술이 함양되는가? 학교교육과정은 특정한 능력만을 특권화하는 것이 아닌가? 학교규율은 정당한가? 교사와 학생 관계는 민주적인가? 왜 학교는 반드시 가야만 하는가? 학교 이외에서의 배움은 왜 인정되지 않는가?

대안교육에 담겨 있는 이러한 질문들은 새로운 교육과 학교에 대한 풍부한 상상력을 자극하는 기폭제 구실을 했다. 기존 학교교육의 변화를 촉진하는 촉매제로서의 긍정적 기능도 평가할 만하다. 고정된 틀에 매이지 않은 자유로운 실천은 학교개혁의 선행지수로서 학교교육의 내용과 형식에 새로운 돌파구가 되는 단서를 제시해 주었다. 또한 대안교육 존재 자체는 구태의연한 학교교육의 변화를 위한 압력이 되기도 하였다(이종태, 2001: 108). 이런 맥락에서 대안교육에서의 실험적 실천은 교육영역에서의 크리티컬 매스(Critical Mass = 결정적 규모, '바람직한 결과를 얻기 위한 충분한 양') 역할로 평가되기도 한다(조한혜정, 2011: 15). 불론 대안교육에 대한 사회 일반의 시각은 다양하다. 기존 제도학교에 적응하지 못한 학생들을 위한 교육, 교육본질 회복을 위한 교육, 특정한 학생들에게 특별한 혜택을 제공하는 '엘리트 교육'으로 보는 시각이 공존한다.

어떤 관점에서 대안교육을 평가하든, 지난 20여 년간의 대안교육 역사는 한국 공교육의 변화를 추동하는 역할을 해 왔다고 할 수 있다. 이를테면, 학생의 흥미와 필요에 기반한 학교교육과정 편성, 학생주도성을 전제한 교육학습모델 개발, 자율적 주체로서의 학생관과 이에 기반한 학생자치활동, 학교구성원의 전면적 참여에 의한 학교운영 모델 개발, 그리고 학교와 가정 그리고 지역사회가 연결되는 학습생태계 구축 등 현재 공교육에서 추진하는 혁신정책의 출발점이 바로 대안학교라 해도 과언이 아니다.

이런 점에서 다수의 일반 제도학교는 '학생참여 수업 운영(학생주도성 함양)', '학생자치활동(창의성과 실험정신 함양)', '학교 구성원의 학교운영 참여(공동체성)', '교직 사회의 협력적 학습문화(교사성장 시스템)', '보편가치의 강조(실존적 질문의 자극)' 등과 관련한 실제적인 참조체제로 대안학교를 살펴볼 필요가 있다.

물론 대안교육이 모든 면에서 앞서 있다고 볼 수 없다. 대안교육 미래가 낙관적인 것만도 아니다. 학력주의 관행 속에서는 학력인정을 받지 못하는 대안교육기관이 지속적으로 확장되리라고 기대하긴 쉽지 않다. 또 대안교육계 내부의 역량문제도 간과할 수 없다. 지향하는 가치나 이념을 현실화할 수 있는 교육과정 구성 및 교육과정 운영에 필요한 물적 조건의 구비에 있어 미흡함이 크다. 이에 더하여 대안교육과정을 담당한 전문교사의 양성과 충원을 위한 체제가 확고히 수립되지 못한 것도 또 다른 한계요인이다. 특히 대안교육을 '부적응 학생들을 위한 교육'으로 보는 한정적 인식, 그리고 이런 인식에 근거하여 제한적 · 부분적인 인정(허용)과 지원에 초점을 맞춘 정책 틀 또한 넘어야 할 과제다.

따라서 대안교육이 기존 학교교육과 상호보완 및 협력관계를 유지할 수 있기 위해서는 대안교육 운영 주체의 안정적 재정 확보, 대안교육 이념 및 가치의 교육과정화, 전문성을 갖춘 교사 양성 및 임용 등의 과제가 해결되어야 한다. 특히 공적 지원체제의 확립, 그리고 다양한 학교의 출현을 촉진하기 위해서는 규제가 꼭 필요한 사항만을 규제하는 네거티브 정책[1] 기반이 동시 추진되어야 한다.

2. 다문화 사회와 교육

1) 인구 이동과 사회 변화

통계청이 2021년 한 해 동안 일상적으로 거주하던 국가를 떠나 90일을 초과하여 우리나라를 출입한 내외국인 규모를 집계한 결과 그 규모는 총 887,000명이었고, 그 중 입국자는 410,000명(전년 대비 39% 감소), 출국자는 476,000명(전년 대비 15% 감소)이었다. 입국자와 출국자 모두 외국인이 각각 221,000명과 253,000명으로 내국인보다 많았다. 외국인의 입국 시 체류자격을 비율로 살펴보면 취업이 30.4%로 가장 많았고, 유학 및 일반연수가 28.8%, 재외동포 15.1%, 그리고 영주 및 결혼이민이 13.6% 순이었다([그림 11-1] 참조).

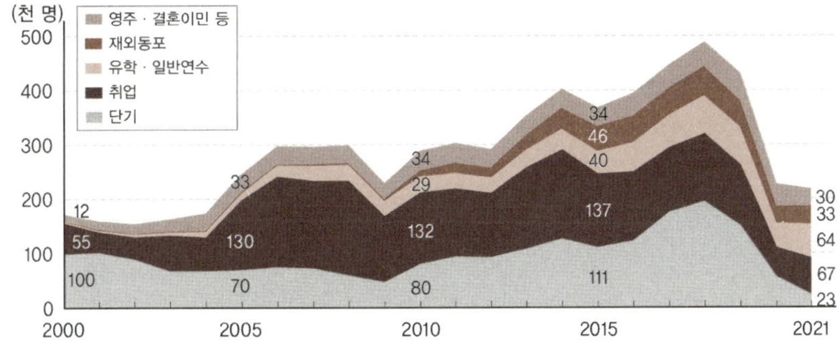

[그림 11-1] 외국인 입국 체류자격별 추이(2000~2021년)

출처: 통계청(2022). p. 13.

1) 허용된 것 외에는 모두 금지하는 것이 포지티브(닫힌) 규제이고, 금지된 것 외에는 모두 허용하는 네거티브(열린) 규제이다. 우리나라 법 전통은 포지티브(닫힌) 규제이나 차츰 네거티브(열린) 규제로 전환하는 경향이다.

우리나라에서는 1990년대 중반 이후 외국인 유입이 급격하게 늘어나면서 국내에 장기적으로 체류하거나 한국 국적을 취득하는 사람들이 주목을 받기 시작하였다. 2021년 말 기준 국내 장기체류외국인[2] 수는 2019년 1,731,803명에 비하여 다소 감소한 1,569,836명(인구 대비 3.04%)으로 집계되었고, 결혼이민자 수는 168,611명으로 2020년 168,594명, 2019년 166,025명에 비하여 큰 변화가 없었다(법무부, 2022).

교통 및 통신의 발달과 자본 및 노동의 세계화에 따라 국가 간의 장벽을 넘어 특정 사회에 체류하거나 해당 사회의 구성원이 되어 거주하는 인구가 늘어나고 있다. 사람들이 국제적으로 이동하는 데 있어서 주목할 점은 그들이 속해 있던 사회에서 통용되던 생활양식 즉 문화를 내재화한 상태로 특정 사회로 들어간다는 측면이다. 그 결과 하나의 사회에 두 개 이상의 문화가 존재하는 상황이 초래된다. 우리나라는 단일민족에 의한 단일문화를 자랑해 왔으나 점차 다양한 민족 집단과 문화 및 종교가 유입되면서 다문화의 도전을 받고 있다.

2) 다문화 사회와 다문화주의

다문화 사회는 다민족으로 구성된 사회 또는 다른 지역에서 이주해 온 인종에 의해 이루어진 다인종사회이며 대부분의 국가나 집단들이 그러한 범주에 포함된다(Kymlicka, 1996). 다문화 사회는 시민으로서 누릴 수 있는 정치적 · 경제적 · 사회적 · 문화적 권리를 각자 향유하며 인간으로서 인종, 종교, 문화, 언어 등에 의해 차별받지 않고 평등하게 살아갈 수 있는 통합된 공동체사회이다(김학태, 2015). 즉 문화의 다양성이 전제되어 있고, 특정한 문화가 지배문화로서 우위를 갖기보다는 이질적 문화들이 상호 의존하면서 조화롭게 공존하는 모습이 가정되는 사회이다. 우리나라 문화에 속하게 된 소수자 입장에서 다문화 사회를 개념화해 보면 여성결혼이민자 증가에 따른 문화적 지형의 변화, 소수 이주

2) 91일 이상 국내에 체류하기 위하여 외국인등록을 한 외국인(취업, 연수, 유학 등)과 거소신고를 한 외국국적동포가 포함됨.

민들의 문화적 다양성과 정체성에 대한 인정과 존중, 그리고 다양한 소수자 집단의 문화적 세력 표출에 대한 이해와 수용을 의미한다(전영평, 2008). 다문화 사회는 사람들이 국경을 넘어 이동하는 현실에 합리적으로 대응하기 위한 방안이자 결과물로 간주되는데, 교통과 통신수단 등 기술의 진보가 사람들의 이동 속도와 수준을 가속화시키고 있다(김수진, 2018). 우리나라가 다문화 사회로 진입하게 된 주요 요인으로는 외국인 노동자, 외국인 배우자, 북한이탈주민, 그리고 이민 2세의 증가를 꼽을 수 있다(이용재, 2011).

다문화 사회에서 구성원의 통합을 위한 이념으로 그 필요성이 부각되는 개념이 다문화주의(multiculturalism)이다. 다문화주의의 이념과 정책이 구체적으로 반영되는 사회가 다문화 사회라고 할 수 있다. 다문화주의는 체계적인 이론이나 운동이라기보다는 특정 사회에서 지배적 문화의 억압으로 인하여 실현되지 못한 다양한 문화적 차이에 대한 인식 또는 그 차이를 열린 마음으로 인정하고 포용할 수 있는 감수성 배양 및 그 목적을 달성하기 위한 일련의 전략과 행위이다(정상준, 1995). 즉 주류사회의 전통이나 관습 및 문화에 기반을 둔 다수집단의 정체성, 그리고 그에 포함되지 않는 소수집단의 정체성 간에 평화로운 공존을 추구하는 것으로 다양성과 차이에 대한 포용을 특징으로 한다. 특정 국가에서 다문화주의를 하나의 이념으로 채택할 경우 국가정책의 방향 전환이 수반되는데, 그 유형은 자유주의적 다문화주의, 조합적(corporate) 다문화주의, 급진적 다문화주의로 구분될 수 있다.

- 자유주의적 다문화주의에서는 소수집단의 존재와 문화적 다양성을 허용하지만, 시민생활과 공적생활에서는 주류사회의 문화와 언어 및 관습을 따르도록 요구한다. 공적생활에서는 보편주의적 근대 시민의 가치 및 규범이 강조된다. 차별을 금지하고 사회 참여 기회를 평등하게 부여하면 주류사회와 소수집단 간에 차별과 불평등 구조가 해소될 것으로 가정한다. 국가에서는 소수집단의 사회 참여를 위한 공용어 교육이나 사회제도 교육에 주력하면서 소수집단 공동체가 주류사회에 적응하도록 지원한다.
- 조합적(corporate) 다문화주의에서는 주류집단과 소수집단 간 차별 금지에

그치지 않고 경쟁에서 불리한 소수집단의 사회 참여를 실질적으로 돕고 결과의 평등을 도모하기 위하여 재정적·법률적 장치를 강구한다. 그러므로 공적 영역에서도 문화적 다양성을 존중하고 소수집단이 처할 수 있는 구조적 불이익을 방지하기 위하여 다문화방송, 문서의 다국어 표기, 다언어 및 다문화 교육 등을 실시한다.

- 급진적 다문화주의에서는 주류집단과 소수집단의 문화적 공존을 넘어 소수집단이 자결(自決)을 표방하고 자체 공동체를 지향하는 경향이 강하게 나타난다. 소수집단의 자결 요구는 복지 및 교육 등의 생활부문 정책결정권에서부터 공동체의 분리 독립에 이르기까지 다양한 범위에 이른다.

3) 다문화 사회의 문제와 교육

다문화 사회에서는 다양한 인종집단이 공존하므로 집단 간 욕구 충돌 가능성이 높다. 사회의 주류집단 입장에서는 소수집단의 유입으로 인하여 노동시장에서의 경쟁 심화나 전통 문화의 계승 약화 등을 우려한다. 그들은 또 사회의 기존 생활양식이 소수집단 사이에서 존중되기를 바라는 동시에 소수집단이 주류사회에 동화되기를 바란다. 반면 소수집단 입장에서 보면 특정 사회로 이주하는 데 초국경적 경험(transnational experience)이 수반되므로 정치적, 인종적, 민족적, 계층적 배경으로 인하여 중심부에서 배제되어 주변화된 약자(minority in periphery)가 되기 쉽다(김진희, 2014). 그러므로 그들은 주류사회의 구성원들과 동등한 자격이 있는 개인으로 대접받으며 성취하고자 하는 동화 욕구와 자신들의 문화적 정체성을 인정받고자 하는 보존 욕구를 동시에 가진다.

<표 11-5> 다문화 사회에서 집단 간 욕구의 상충

구분	기존 시민	새로운 이주자
동화 욕구	이주자들에게 심정적 유대감과 주류사회에 신속히 적응 · 동화하도록 정착을 도우려는 인간적인 동정과 노력을 보임.	기존 시민으로부터 자신들의 인종과 문화에 관계없이 한 개인으로서 인정받기를 원하며, 주류집단에 참여하고 성취하기를 원함.
보존 욕구	이주자들이 새롭게 선택한 주류사회의 규칙과 관습, 생활양식을 존중하고 적응해 줄 것을 기대함.	소수집단의 일원으로서 자신들의 문화적 정체성을 인정받기 원하고, 자신들의 문화와 전통을 유지하기 원함.

출처: 강휘원(2006). p. 13.

이러한 욕구의 충돌로 인하여 문화적 갈등과 문제가 야기될 소지가 상존한다고 볼 수 있는데, 우리나라를 다문화 사회로 변화시키는 이주집단별 대표적 문제는 다음과 같이 예시할 수 있다(강휘원, 2006: 15-22).

- 외국인 노동자

  우리나라의 이주노동자들은 근로조건이 열악한 중소업체에서 상대적으로 낮은 임금을 받으며 일하는 경우가 많고, 초과노동과 폭행 및 임금체불을 겪기도 하며, 산업연수생 송출업체로부터 예치금을 환불받지 못하고 강제출국을 당하기도 한다. 종교나 피부색에 의한 차별과 언어 장애를 겪기도 하고, 범죄행위를 증가시킨다는 우려를 받기도 하며, 여성 노동자들의 경우 유흥업소로 유입되기도 한다.

- 국제결혼에 의한 외국인 배우자

  국제결혼을 통하여 이주해 온 배우자(주로 여성)들은 자신들의 문화적 배경이 등한시되는 가운데 언어와 생활관습, 역할 기대와 관계형성 방식, 가치관 등에 있어서 주류사회에 동화되어야 한다는 압력을 받는다. 한국어를 습득해야 하고, 국제결혼에 대한 편견과 외모에 대한 차별을 극복해야 하며, 결혼생활 과정에서 배우자에 대한 신뢰를 상실하는 경우가 적지 않다. 특히 자녀가 출생할 경우 다문화 가정의 구성원으로 성장하도록 양육 및 교육시켜야 하는 측면에 많은 어려움을 가질 수 있다.

- 북한이탈주민

  북한을 이탈하여 남한에 들어온 사람들은 주변 사람들이 가지고 있는 북한 사람에 대한 고정관념을 완화시켜야 하는 부담을 가지고 있고, 언어 구사 및 소통 방식이 달라 위축되기 쉬우며, 직업 경력이 단절된 상태에서 구직에 어려움을 겪는다. 직장생활을 하는 경우에도 직무 수행에 필요한 기술을 지속적으로 습득해야 하고 경쟁적이거나 개인주의적 경향이 다소 강한 조직문화에 적응해야 한다.

정부에서는 2012년부터 3년 주기로 우리나라의 특성을 반영한 다문화수용성 지표를 활용하여 성인과 청소년의 다문화수용성 수준을 조사하고 있다(김이선 외, 2022). 다문화수용성은 3개 요소와 8개 하위요소, 즉 다양성(문화개방성, 국민 정체성, 고정관념 및 차별), 관계성(일방적 동화기대, 거부 · 회피 정서, 상호교류 행동의지), 보편성(이중적 평가, 세계시민 행동의지)으로 측정한다. 2021년 조사 결과 성인의 다문화수용성은 52.27점, 청소년은 71.39점이었고, 혈통적 배경이 다른 이주민을 국민으로 인정하는 태도가 축소되는 양상을 보였다.

교육 측면에서 우리 사회의 다문화를 조망할 때는 국제결혼 가정에서 출생하였거나, 외국에서 태어나 부모와 함께 중도 입국하였거나 또는 외국인 가정의 구성원으로 생활하는 아동 · 청소년을 주목하게 된다. 다문화 가정 자녀 또는 학생들이 발달 과정에서 겪는 문제들에 관심을 가질 필요가 있다. 그 이유는 그들의 학교생활과 학업에 대한 적응 또는 부적응이 이후 삶의 과정 전반에 영향을 미칠 수 있고, 사회에 대한 적응이나 부적응과 연결될 소지가 크기 때문이다.

우리나라에서 초 · 중등 교육기관(각종학교 포함)에 재학하고 있는 다문화 가정 학생 수는 지속적으로 증가하는 추세이며, 2022년 현재 전체 학생 수(5,326,956명) 대비 3.17%를 차지하는 수준이다.

<표 11-6> 연도별 다문화 학생 수

구분	2017	2018	2019	2020	2021	2022
초등학교	82,733	93,027	103,881	107,694	111,371	111,640
중학교	15,945	18,068	21,693	26,773	33,950	39,714
고등학교	10,334	10,688	11,234	12,478	14,308	16,744
각종학교	375	429	417	433	429	547
계	109,387	122,212	137,225	147,378	160,058	168,645

출처: 한국교육개발원(2022). 2022년 간추린 교육통계.

위의 다문화 학생들 중 국제결혼 가정에서 출생한 경우는 74.73%(126,029명), 외국에서 태어나 부모와 함께 중도에 입국하여 생활하는 경우는 5.9%(9,938명), 그리고 외국인 가정의 자녀인 경우는 19.38%(32,678명)이다.

다문화 가정의 학생들은 학습부진, 또래관계 형성의 어려움, 사회적 편견과 차별 등을 경험하면서 학교생활에 제대로 적응하기 어려워하고 고학년으로 올라갈수록 중도탈락률이 높아지는 양상을 보인다(한진상, 2009). 특히 다문화 학생의 중도탈락률(학업중단율)은 2017년 기준으로 중학생이 1.47%, 고등학생이 2.11%로 중학생 전체 0.7%, 고등학생 전체 1.5%에 비하여 높게 나타났다(김나영, 2021).

여성가족부에서 3년 주기로 실시하는 전국 다문화가족 실태조사(2021년) 결과를 통하여 다문화 가정 초·중등학생들의 학교생활과 학업에 대한 인식의 일부를 살펴보면 다음과 같다.

- 다문화 학생들의 학교생활 적응도에 대한 인식은 5점 만점에 4.23점이었으나 2015년 4.48점과 2018년 4.34점에 비하여 낮아졌다. 학교생활에 잘 적응하지 못한다고 응답한 집단을 대상으로 그 이유를 물은 결과 '학교공부가 어려워서' 56.2%, '친구들과 잘 어울리지 못해서' 55.4%, '부모님의 관심이나 경제적 지원이 부족해서' 6.5%, '한국어를 잘하지 못해서' 6.5%, '외모가 다르기 때문에' 2.7% 등으로 나타났다.
- 다문화 학생들의 학업성적에 대한 인식은 5점 만점에 3.32점으로 나타났

고, '보통' 55.2%, '우수한 편' 35%, '매우 우수' 35%, '못하는 편' 9.6%, '매우 못함' 9.6%였다. 이를 일반 청소년에 대한 조사 결과와 비교하면 다문화 학생들이 '보통', '못하는 편', '매우 못함' 에 대해 더 높게 응답하였고 '우수한 편'에 대해서는 낮게 인식하였다.

- 다문화 학생 중 사교육을 이용하는 비율은 66%였고 주당 평균 8.97시간을 활용하였다. 이를 2020년 청소년 종합실태조사 결과와 비교해 보면 일반 청소년은 77.8%가 사교육을 이용하였고 주당 평균 참여 시간도 9.07시간이었다.
- 학교폭력을 경험한 다문화 초·중등학생의 비율은 2015년 5.0%, 2018년 8.2%, 2021년 2.3%로 나타났는데, 2021년의 낮은 결과는 코로나19 지속에 따른 등교일수 감소의 영향으로 추정되었다. 학생들이 경험한 폭력의 유형은 '집단따돌림' 49.1%, '말로 하는 협박이나 욕설' 43.7%, '채팅·SNS·이메일·휴대전화 등을 통한 욕설과 비방' 8.3%, '손·발·도구로 맞거나 특정 장소에 갇힘' 7.4%, '성적인 부끄러움을 갖게 하는 행동이나 강제로 몸을 만지는 행위' 6.5%, '돈 또는 물건을 빼앗김' 4.3% 등이었다.

다문화 가정의 학생들이 우리 사회의 건강한 구성원으로 성장하도록 기반을 강화하고 요구되는 지원을 확대할 필요가 있다. 정부에서는 다문화 가족과 학생을 지원하기 위하여 관련 법률을 정비하고, 다문화 가족의 장기 정착, 결혼이민자의 다양한 사회 참여 확대, 다문화 가정 자녀의 안정적 성장 지원과 역량 강화, 다문화수용성 제고, 협력적 다문화 가족 정책 운영을 위한 추진체계 강화 등에 관심을 기울이고 있다(여성가족부, 2022).

교육부에서도 2006년 「다문화 가정 자녀의 교육지원 대책」 수립을 시작으로 초·중등교육법 시행령을 개정하여 다문화 가정 학생의 교육권을 보장하고 다문화교육을 지원하기 위한 여러 정책과 사업들을 실행하였으며 중앙과 지역에 다문화교육센터 운영을 추진하였다. 구체적으로는 다문화 가정 자녀의 취학 및 재학률을 높이기 위하여 공교육 진입 과정을 개선하여 관리하고, 한국어교육 및 학교 적응을 지원하며, 교수·학습에 사용되는 교재의 종류를 언어적 배경과 학습 수준을 고려하여 세분화하여 보급하는 노력을 하였다. 그리고 다문화 가정 학생들이 몸담고 생활하는 학교의 구성원들이 다문화에 대한 수용성을 높이도록 다문화교육 정책학교 및 연구학교를 지정·운영하고 범교육과정적 주제 활동에 다문화교육을 포함시키도록 권고하였다. 향후에는 그러한 노력을 강화하는 동시에 다문화 가정 학생들의 학력을 실질적으로 보완 및 향상시키기 위한 방안들을 적용하고 현지 교원과 예비 교원의 다문화 이해와 학생 지도 역량을 높이는 과제들을 추진할 것으로 보인다.

3. 교육복지

1) 교육복지에 대한 관점과 개념

(1) 교육복지에 대한 관점

교육복지 영역은 독자적 학문 분야로는 정립되어 있지 못하며 해당 영역을 어떻게 볼 것인가에 대해서는 여러 관점이 존재한다. 교육복지를 무엇으로 정의하는가에 따라 교육복지의 성격과 범위가 규명되고 그에 근거하여 정책 및 사업 등 실천의 방법까지 도출될 수 있기 때문이다.

교육복지가 무엇인가를 이해하기 위해서는 교육, 교육복지, 복지 간의 관계에 대한 설명을 살펴볼 필요가 있는데, 다음과 같은 세 가지 관점으로 대별된다(김인희, 2006).

① 교육이 인간다운 삶의 조건을 구현한다는 점에서 그 자체가 복지와 같은 목적을 지닌다고 보는 관점이다. 이 관점에서는 교육과 복지가 상위-하위 개념의 관계에 있지 않으며 교육이 그 내재적 가치를 충분히 실현함으로써 복지의 목적도 동시에 실현할 수 있다고 간주한다.

② 교육복지를 사회복지의 일부로 보는 관점이다. 이 관점에서는 교육복지가 사회복지의 하위개념으로 위치하며, 교육을 받는 사람을 대상으로 하는 사회복지로 이해된다. 즉 교육복지 자체가 사회복지 활동으로서 수단적 기능이 중시되며, 사회복지의 개념과 틀에 의하여 그 영역과 과제가 설정된다.

③ 교육을 사회복지의 구성요소이자 복지사회 구현 수단으로 간주하고 교육복지를 사회복지적 방법을 통한 교육지원 활동으로 보는 관점이다. 이 관점에서는 교육이 사회복지의 하위영역에 위치하고, 본래 사회복지의 이념을 내포하고 있으므로 그 목적을 달성할 수 있도록 사회복지적 방법을 통한 지원 활동(교육복지)이 당연시된다.

위와 같은 관점들 중 ②와 ③에서는 복지가 교육의 상위개념이므로 복지의 목적 달성과 교육의 가치 구현이 상충될 때는 교육이 그 자체보다는 복지를 위한 수단으로서 의미를 가질 수 있다(이혜영, 2002). 또 관점 ③에서는 교육복지를 교육과는 다른 차원의 복지적 활동으로 간주하므로 교육복지에서 교육 본연의 활동이 배제될 우려도 있다.

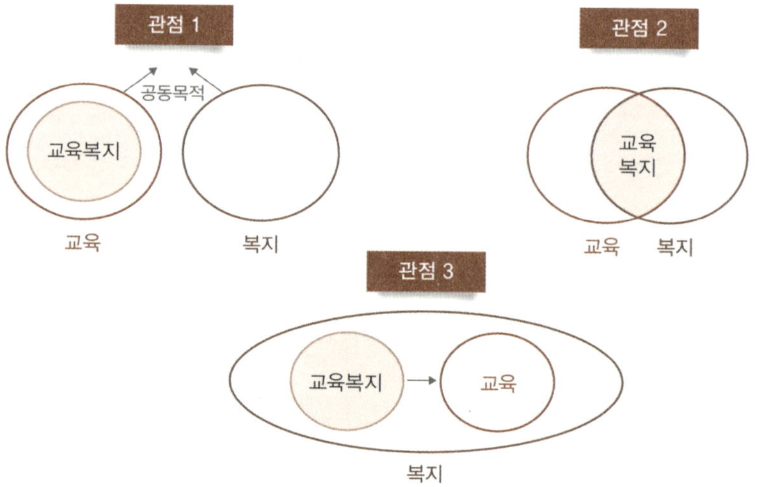

[그림 11-2] 교육, 교육복지, 복지의 관계

출처: 김인희(2006). p. 293.

(2) 교육복지의 개념

교육복지에 대한 정의는 교육이 추구하는 본질적 가치와 관련지어 시도할 필요가 있다. 교육 자체에 삶의 질 향상이라는 복지적 가치가 내재해 있고 그것이 교육의 본질을 이룬다면, 교육이 정상적인 기능을 수행하여 그 가치를 실현할 수 있는 방안을 마련함으로써 궁극적으로 교육과 복지의 공동 목적이 달성되도록 할 수 있을 것이다.

교육복지의 개념 및 의미를 밝히기 위해서는 교육복지와 밀접하게 관련되어 있는 교육정의(教育正義), 교육소외, 그리고 교육불평등 및 교육격차에 대하여 이해할 필요가 있다.

① 교육복지와 교육정의(教育正義)

제도로서의 교육은 정의로움을 전제로 하고, 교육에서의 정의로움은 교육적 가치 즉 교육기회의 정의로운 배분을 의미하며, 정의로움은 교육기회 배분의 동기가 투자가 아닌 복지에 기반할 때 성립한다(이돈희, 1999). 즉 교육복지는 교육정의를 실현하려는 노력의 일부이다. 여기서 교육기회는 학습자 누구나 자신의 능력을 최대한 발휘하면서 성장할 수 있도록 교육의 양적 측면뿐 아니라 교육의 목적, 내용, 방법, 환경, 조직 등 질적 측면에서 보편적으로 요구되는 유의미한 경험을 포함한다. 그리고 교육기회의 배분에 있어서는 평등의 조건을 충족해야 하고, 복지적 동기에 의한 교육은 학습자의 삶의 질 향상을 목적으로 한다.

② 교육복지와 교육소외(教育疎外)

교육복지를 교육정의 실현을 위한 노력으로 보는 경우 교육복지가 요구되는 상태, 즉 개인이 삶의 질 향상을 위해 필요로 하는 교육기회를 갖지 못하는 상태가 발생할 수 있다. 개인이 자신에게 필요한 학습경험을 갖지 못하여 잠재능력 개발과 성장을 도모하지 못하고 결국 삶의 질 향상을 꾀할 수 없는 상태가 곧 교육소외에 해당한다. 교육소외는 교육기회의 유의미성 여부와 교육기회 배분 상태에 따라 〈표 11-7〉과 같이 세분될 수 있다. ㉠ 교육기회에 전혀 접근할 수 없는 경우(교육기회의 접근 제한), ㉡ 교육기회에는 접근하였으나 유의미성을 결정짓는 제 조건이 개인의 교육적 요구와 맞지 않는 경우(교육 부적응), ㉢ 교육조건은 개인에게 적합하나 학습의 양이 교육적 요구 충족에 불충분한 경우(교육기회 공급 불충분)가 그것이다. 교육복지는 교육소외를 해소하기 위한 노력을 가리키거나 또는 교육소외가 극복되어 개인이 유의미한 교육기회를 누리를 상태를 가리킨다.

<표 11-7> 교육소외 현상의 유형 구분과 특징

<table>
<tr><th colspan="3">유형 구분</th><th>현상의 특징</th></tr>
<tr><td colspan="3">교육기회의 접근 제한</td><td>교육기회에 접근하지 못함.</td></tr>
<tr><td rowspan="4">교육 부적응</td><td colspan="2">교육내용 부적응</td><td>교육을 받고 있으나 교육내용과 학습자의 교육적 필요가 맞지 않음.</td></tr>
<tr><td colspan="2">교육방법 부적응</td><td>교육을 받고 있으나 교육방법이 부적합하여 효과적 학습을 저해함.</td></tr>
<tr><td rowspan="2">교육환경 부적응</td><td>물리적 환경</td><td>교육장소의 물리적 환경이 부적합하여 효과적 학습을 저해함.</td></tr>
<tr><td>심리 · 문화적 환경</td><td>교육장소의 심리적 · 문화적 환경이 부적합하여 효과적 학습을 저해함.</td></tr>
<tr><td colspan="3">교육기회 공급 불충분</td><td>교육의 질적 조건은 적합하나 교육자원 부족 등으로 학습자의 교육적 필요를 양적으로 충족시키지 못함.</td></tr>
</table>

출처: 김인희(2006). p. 297. 부분 수정.

③ 교육복지와 교육불평등 및 교육격차

교육복지를 정의하는 데 있어서는 교육소외와 긴밀하게 관련되어 있지만 개념이 동일하지는 않은 교육불평등과 교육격차에 대해서도 살펴볼 필요가 있다.

교육불평등은 교육소외를 일으키는 주요 원인으로 간주되나, 모든 교육소외가 교육불평등에서 기인하지는 않는다. 그것은 교육불평등이 해소되었는데도 교육소외 현상이 계속 남아 있는 경우를 보면 알 수 있다. 교육소외는 교육기회 확보의 절대성과 관련되는 반면 교육불평등은 교육기회 배분 및 교육운영

과정에 적용되는 원칙 및 기준의 공정성과 관련되기 때문이다.

교육격차는 교육여건의 차이로 인하여 발생하는 교육의 양적 · 질적 차이를 가리키거나 개인, 집단, 학교, 계층, 지역 간에 나타나는 학업성취 등 교육결과 및 교육여건, 교육내용 등의 격차를 의미하는 용어이다. 교육격차에 관심을 가지는 주된 이유는, 교육격차가 교육불평등과 교육소외 문제가 반영되어 일어나기 쉽다는 데 있다. 즉 교육기회가 평등하게 배분되지 않거나 교육운영 방식이 공정하지 않아 교육격차가 발생한다면 그 격차의 원인이 되는 교육불평등과 교육소외를 해소하기 위한 노력이 필요하다. 교육불평등과 교육소외를 발생시키는 조건이 지속된다면 교육격차가 더 확대될 것이기 때문이다. 반면 교육격차가 모든 상황에서 문제시되는 것은 아니어서 교육소외를 해소하려는 적극적 대응책으로 복지적 동기에서 교육기회를 차등적으로 제공하는 경우 그 정당성이 인정되기도 한다.

④ 교육복지에 대한 개념 정의

교육복지에 대한 개념 정의는 여러 연구자들에 의하여 다양하게 시도되어 왔다. 윤정일(1990)은 교육복지를 “교육소외, 결손집단에 대하여 교육기회를 확충함과 동시에, 정상적인 학생집단에 대하여는 잠재능력을 최대한으로 계발할 수 있는 기회를 제공하고, 나아가 모든 국민의 교육적 요구에 부응하여 평생교육 기회를 제공함으로써 모든 개인으로 하여금 교육적 욕구를 충족시키고 자아를 실현케 하며, 사회전체가 학습하는 사회로 발전토록 하는 교육서비스와 제도”로 보았다. 그의 정의는 교육복지의 지향점과 과제에 대한 종합적 정보를 제공하지만 교육복지의 개념이 관통해야 하는 의미는 담지 못하고 있다.

이혜영 외(2006)는 교육복지를 “모든 국민에게 일정 수준의 교육을 받을 수 있는 기회를 제공하며, 개인 및 사회경제적 요인으로 인해 발생하는 교육 소외 · 부적응 · 불평등 현상을 해소하여 모든 국민이 각자의 교육적 요구에 맞는 교육을 받음으로써 잠재능력을 최대한 계발할 수 있도록 제반 지원을 제공하는 것”으로 개념화하였다. 그들의 정의는 교육복지의 범위를 다소 제한하고 교육복지의 속성을 파악할 수 있는 근거를 제공하지만 교육복지의 본질적 성격을 명료하게 나타내는 데는 미흡하다.

김인희(2006)는 교육복지를 "교육소외를 극복하여 정상적인 교육과 학습이 이루어지는 상태 또는 교육소외를 극복하기 위한 의도된 노력의 총체"로 정의하였다. 그의 교육복지 개념은 교육소외 현상을 전제로 하고 있으며, 개인이 정상적인 교육기회를 통하여 자신의 능력을 최대한 개발할 수 있는 지점에 근접하도록 노력해야 할 필요성을 강조하고 있다.

김정원 외(2010)는 교육복지를 "개인이 처한 조건에 관계없이 일정한 수준에 도달할 수 있도록 하고 필요한 교육을 통해 잠재력을 발휘할 수 있도록 하는 노력"으로 정의하였다. 그들은 교육복지의 개념을 교육 또는 복지와의 관계를 통하여 설명하고자 할 경우 일반적인 교육정책과 교육복지정책을 구분하기 어렵다는 점을 지적하고 교육에서 형평성을 추구하는 개념으로 정의함으로써 교육, 복지 등과의 구분을 꾀하였다.

한편 위와 같은 교육과 복지의 영역 및 내용에 의한 접근 외에도 교육복지의 대상 및 목적에 대한 관점을 통하여 교육복지를 개념화하고자 하는 시도도 있다. 그러한 접근은 ㉠ 교육의 형평성을 추구하기 위하여 모든 국민을 대상으로 최소한의 교육수준(혹은 절대적 수준)을 보장해야 한다는 입장과 ㉡ 교육소외 및 교육불평등에 처한 교육취약집단을 대상으로 상대적 격차를 최소화해야 한다는 입장으로 구분된다(이희현 외, 2019).

2) 교육복지정책 및 사업

(1) 교육복지 관련 법령

교육기회, 교육평등, 교육소외 등과 관련된 여러 가지 문제들은 교육복지에 대한 요구를 만들어 낸다. 그러한 문제들을 해결하기 위하여 정부나 지방자치단체에서는 정책을 통하여 바람직한 상태를 설정하고 그것을 달성할 수단을 동원하게 된다. 정책을 통하여 교육복지를 실현하려는 우선적 근거는 「헌법」

과 「교육기본법」이다. 「헌법」 제31조 제1항은 '모든 국민은 능력에 따라 균등하게 교육을 받을 권리를 가진다'고 규정하고 있다. 「교육기본법」에서는 제2조에 홍익인간의 교육이념을 명시하고 있고, 제3조에는 국민의 평생학습과 능력 및 적성에 따른 학습권을 밝히고 있다. 그리고 제4조(교육의 기회균등 등)에서는 국민이 교육에서 성별, 종교, 신념, 인종, 사회적 신분, 경제적 지위 또는 신체적 조건 등을 이유로 차별 받지 않아야 하고, 국가와 지방자치단체가 평등한 학습을 위하여 교육여건 격차를 최소화하는 시책을 마련하도록 하고 있다.

교육복지정책의 수립과 실천에는 〈표 11-8〉과 같이 「헌법」과 「교육기본법」을 우선적 근거로 하여 학교교육, 일반복지, 청소년 관련 법령 및 기타 법령들이 관계되므로 정책사업의 중복이나 충돌이 발생할 수 있다.

<표 11-8> 교육복지 관련 법령 예시

영역	기본법	대표 법령
학교교육	교육기본법	유아교육법, 초·중등교육법, 고등교육법, 평생교육법, 학교급식법, 학교보건법, 학교폭력예방 및 대책에 관한 법률, 장애인 등에 대한 특수교육법, 도서·벽지 교육진흥법, 학점인정 등에 관한 법률, 지방교육자치에 관한 법률, 지방교육재정교부금법, 교육공무원법, 고등학교 이하 각급 학교 설립·운영 규정, 장학금규정, 재외국민의 교육지원 등에 관한 법률
일반복지	사회보장기본법	영유아보육법, 국민기초생활보장법, 사회복지사업법, 아동복지법, 한부모가족지원법, 장애인복지법
청소년	청소년기본법	청소년보호법, 청소년복지지원법, 청소년활동진흥법, 아동·청소년의 성보호에 관한 법률, 학교밖 청소년 지원에 관한 법률
기타		북한이탈주민의 보호 및 정착지원에 관한 법률, 농림어업인 삶의 질 향상 및 농어촌지역 개발촉진에 관한 특별법, 농업·농촌 및 식품산업 기본법, 근로기준법, 정신건강증진 및 정신질환자 복지서비스 지원에 관한 법률, 국민체육진흥법, 보건의료기본법, 이러닝(전자학습)산업 발전 및 이러닝 활용 촉진에 관한 법률, 도로교통법

출처: 장덕호 외(2020). p. 84. 내용 부분 수정 및 재조직.

(2) 교육복지정책의 도입과 전개

우리나라에서 교육복지라는 용어가 공식적으로 정부문서에 사용된 것은 노태우 정부 시기 교육정책자문회의가 1991년 2월에 대통령에게 보고한 「교육발전의 기본구상」이었다. 당시 구상에서는 장애아 · 학교 중도탈락자 · 저소득층 자녀 · 비진학자 · 학습부진아에 대한 대책, 쾌적한 교육환경 조성, 그리고 교육복지법 제정 계획을 담았다.

> 교육복지란, 첫째, 교육소외, 결손집단에 대하여 교육기회를 확충함과 동시에 예방 · 치료 · 보상활동을 통하여 교육의 질적 평등을 보장하고, 둘째, 정상적 학생집단에 대하여는 잠재능력을 최대한으로 계발할 수 있는 기회를 제공하고 전인교육이 가능토록 교육여건을 계속적으로 개선해 주는 것을 말하며, 셋째, 더 나아가 모든 국민의 교육적 요구를 충족시키고 자아를 실현케 하며 사회전체가 학습하는 사회로 발전하는 과정과 그 결과를 말한다.
>
> 출처: 교육정책자문회의(1991). p. 84.

그러나 교육복지라는 용어를 정책적으로 사용한 출발점은 '모든 국민이 자아실현을 극대화할 수 있는 교육복지 국가를 지향'한다고 밝힌 5.31교육개혁안이라고 볼 수 있다. 물론 당시의 교육복지 개념은 다소 선언적이고 국가경쟁력을 높이기 위한 인력양성 측면에서 접근한 것이었다. 김영삼 정부 당시 교육부에서는 「교육복지 종합대책 1997-2001」(1996)을 수립하였는데, 주요 내용으로는 특수교육 발전방안, 학교중도탈락자 예방대책, 학습부진아 교육지원대책, 귀국학생 교육대책 등이 포함되었다.

여러 정부를 거치면서 중앙정부 차원의 교육복지정책은 대상과 내용, 추진과정 등에 영향을 받게 되었는데, 최근까지 가장 두드러진 변화는 소득계층 간, 지역 간 교육격차 해소에 초점을 두었던 선별복지 중심의 관점이 보편복지로 전환된 점이다(김민희, 2018).

(3) 정부 시기별 교육복지정책 및 사업

① 노무현 정부

노무현 정부 시기에는 외환위기 이후 사회적 양극화가 심각한 사회문제로 대두되면서 2004년 10월 당시 교육과학기술부에서 「교육복지 종합계획(2004-2009)」을 발표하였다. 계획에서는 국민기초교육수준 보장, 교육부적응 및 불평등 해소, 복지친화적 교육환경 조성 등의 3대 정책 목표와 모든 국민의 교육기회 보장, 기초학력 성취, 학교부적응 치유, 교육여건 불평등 해소, 밝고 건강한 교육환경 구축의 5대 영역 및 정책과제를 제시하였다. 노무현 정부의 교육복지정책들은 대상 면에서 저소득층 학생뿐 아니라 교육 부적응 및 소외자까지 포괄하였고, 교육급 면에서는 유아교육부터 평생교육까지 주목하였다. 그러나 실제 주요 사업들은 취약계층 특히 저소득층에 집중되었고, 각기 다른 법적 근거에 의하여 기획되어 사업 간, 부처 간 연계가 부족한 측면이 있었다(이근영 외, 2014). 주요 정책으로는 도시 저소득층 교육복지투자우선지역사업(2003), 만3-4세아 유아교육비 지원(2004), 중학교 무상교육 지원(2004), 저소득층 학생 대상 정부장학금 지급(2005), 방과후학교 확대 개편 및 확산(2006) 등을 들 수 있다.

② 이명박 정부

이명박 정부는 2008년 미국 투자은행(Lehman Brothers) 파산에 따른 소득 격차와 교육격차에 대한 우려가 높은 상황에서 한국교육개발원(2008)의 「교육복지 마스터 플랜 연구」를 기반으로 「2008-2012 이명박 정부 교육복지 대책」을 수립하였다. 이명박 대통령은 취임사에서 '형편이 어려워도 공부할 수 있어야 하고 교육복지로 가난의 대물림을 끊겠다.'고 발표하였다. 이명박 정부의 교육복지 대책은 실질적 교육격차 해소, 국민이 피부로 느끼고 공감하는 정책, 지역·학교·학생의 특성을 고려한 맞춤형 복지를 전략으로 하여 5개 국정과제와 16개 추진과제로 구성되었다. 교육복지 대책은 저소득 및 소외계층의 교육기회 확대, 학력격차 해소를 위한 지원 체계화, 교육복지 사각지대 보완, 교육복지 수요가 높은 사업에 대한 투자 및 지원 확대를 특징으로 하였다. 주요 정책은 유아학비 지원 확대, 중학교 무상교육 확대, 직업계 고교 장학금 확대, 저소득층 대학생 국가장학지원 확충, 농산어촌 연중돌봄학교, Wee 프로젝트 시행 등이었다.

③ 박근혜 정부

박근혜 정부에서는 교육복지정책 추진을 위한 종합계획을 발표하지 않았고, 대통령 업무보고 자료 「행복교육, 창의인재 양성: 2013 국정과제 실천계획」에서 고른 교육기회 보장을 강조하였다(이희현, 2019). 박근혜 정부는 방과후돌봄서비스 확대와 관련해서는 유아와 초등학생을 정책대상으로 하였고, 교육비 걱정 없는 유·초·중등교육 실현과 대학 교육비 부담 경감과 관련해서는 유아, 고등학생, 대학생을 정책대상으로 하였다. 또 장애·다문화·탈북학생 등 교육지원 강화도 추진하여 장애학생, 다문화학생, 탈북학생을 정책대상으로 하였다. 특히 고등학교 무상교육의 단계적 실시, 대학교육비 부담 경감, 방과후돌봄서비스 확대 등은 중점 추진과제로 설정되었다.

④ 문재인 정부

문재인 정부는 국가 비전을 '국민의 나라 정의로운 대한민국'으로 설정하였고, 평등한 기회, 공정한 과정, 정의로운 결과를 핵심 가치로 지향함으로써 교육복지가 추구하는 가치와 접점을 넓게 공유하였다. 문재인 정부의 100대 국정과제와 487개 실천과제는 위계상 20대 국정전략, 그리고 5대 국정목표와 연결되었다. 교육 분야의 국정과제는 총 6개이고 실천과제는 30개였다. 실질적인 교육복지정책은 정부 출범 직전에 발표된 「경제사회 양극화에 대응한 교육복지 정책의 방향과 과제」(2017)에서 제시되었다. 교육복지의 강조점은 실질적 교육기회 보장과 교육결과의 평등실현, 양극화로 인한 교육격차에 대한 대응과 교육복지정책 추진 기반 구축 등이었다.

<표 11-9> 문재인 정부의 교육복지정책 추진과제

영역	핵심과제
저소득층에 대한 실질적 교육기회 보장 확대	저소득층 학생들의 교육비 부담 경감
	저소득층에게 질 높은 교육서비스 제공 확대
	사회적 배려대상자 입학 전형 확대
	잠재력 있는 저소득층 장학지원 확대
취약계층별 맞춤형 지원 강화	장애학생 교육 지원
	다문화학생 교육 지원
	탈북학생 교육 지원
	학업중단(위기)학생 교육 지원
	농산어촌학생 교육 지원
	비문해 성인 교육 지원
성장단계별 학습결손 예방 내실화	유아교육 내실화를 통한 학습결손 예방
	기초학력 보장 지원체계 강화
	학교급별 특화된 학습결손 예방 추진
	취약계층 진로 · 직업교육 지원 강화
수요자 중심의 종합적 · 체계적 지원기반 구축	교원의 취약계층 교육역량 강화
	수요자 중심의 종합 지원체계 구축
	지역사회 자원을 활용한 교육기부 활성화
	균형적인 교육복지 재정 투자
	안정적인 지원을 위한 법령 · 제도 정비

출처: 교육부(2017). pp. 16-41. 요약.

(4) 교육지방자치단체의 교육복지정책 및 사업

「지방교육자치에 관한 법률」에 의하면 교육지방자치단체는 교육, 과학, 기술, 체육 및 그밖의 학예에 관한 사무를 담당하는데, 구체적으로는 국가의 행정사무 중 시 · 도에 위임하여 시행하는 17개의 사무를 관장한다. 현재 고등학교 이하 학교교육에 관한 사무는 중앙정부와 교육청이 공동 주체가 되도록 관련 법률들에 중복적으로 규정되어 중앙과 지방 간의 충돌을 야기하는 원인으로도 작용한다(나원희 외, 2022). 중앙과 지방의 사무에 대한 공동 주체 규정 상황은 교육복지에 있어서도 예산을 포함한 관련 권한을 누가 어떻게 가져야 하는지 불분명하게 만드는 요인으로 작용한다.

시 · 도교육청에서는 자체 교육복지사업을 시행하기 위한 근거로 관련 조례를 제정하여 활용한다. 예컨대 「경기도교육청 교육복지 운영 · 지원에 관한 조례」 제8조에서 규정한 교육복지사업사업을 살펴보면 다음과 같다.

제8조(교육복지사업) 교육감은 교육복지를 위하여 다음 각 호에 해당하는 사업을 예산의 범위 내에서 지원하여야 한다.

1. 교육과정이나 학습 기회 보장을 위한 사업
2. 친환경 무상급식 사업
3. 공교육비 부담 경감을 위한 사업
4. 유치원 교육을 위한 사업
5. 특수교육을 위한 사업
6. 학교의 돌봄기능 확대를 위한 사업
7. 학생의 건강관리 증진을 위한 사업
8. 학교부적응 및 소외계층 학생을 위한 사업
9. 취약계층 학생의 교육비 사업
10. 농 · 산어촌 지역 교육여건 개선을 위한 사업
11. 다문화, 북한이탈, 다자녀 학생 지원 사업
12. 기초생활수급자 가정, 차상위 계층 가정, 한부모 가정 등 취약계층 여학생의 위생용품 지원을 위한 사업
13. 그 밖에 교육감이 교육복지와 관련하여 필요하다고 인정하는 사업

시 · 도교육청의 교육복지정책사업을 예산 구조를 기반으로 하여 구분해 보면 4개의 단위사업과 14개의 세부사업으로 대별될 수 있다.

<표 11-10> 시 · 도교육청의 교육복지정책사업

단위사업	세부사업	내용
학비지원	교육비 지원	• 의무교육 및 무상교육 대상 외 재학(원)하는 저소득층가정 자녀 및 사회적배려대상자 학비 지원 • 기타 교육비 지원
	교육급여 지원	• 국민기초생활보장법 제12조에 따른 교육급여 지원
방과후학교 및 돌봄교실	방과후학교 운영	• 방과후학교 운영 제 경비 • 방과후학교지원센터 운영
	방과후자유수강권 지원	• 방과후자유수강권 지원 경비
	돌봄교실 운영	• 돌봄교실운영 지원
농어촌학교 교육여건 개선	농어촌학교교육 활성화	• 농어촌 우수고 육성 지원 사업 • 농어촌 전원학교(돌봄학교 포함) 및 작은학교 육성 사업 • 농어촌 적정규모학교 육성 교육여건개선 경비 • 통합운영학교 프로그램 지원 • 소규모학교군 구성 운영 등
	기숙형학교 운영	• 기숙형학교 교육여건개선 경비 • 기숙형학교 기숙사 운영 경비
교육복지 지원	교육복지우선지원	• 교육복지우선지원사업 경비
	급식비 지원	• 저소득층가정자녀 중식비 지원 등 학생에게 지원되는 급식비 지원금 • 저소득층가정자녀 학기중 중식지원비 지원 • 특수학생 급식비 지원 • 저소득층가정자녀 학기중 토 · 공휴일 지원 등
	정보화 지원	• 저소득층가정자녀 인터넷통신비 지원(유해사이트 차단경비 포함) • 저소득층가정자녀 PC 지원 • 저소득층가정자녀 IT교육 참가학생 경비 지원
	누리과정 지원	• 3~5세 누리과정 지원 경비(유아학비 · 보육료, 방과후과정반비 등) • 3~5세 누리과정 업무지원을 위한 제반 경비
	교과서 지원	• 의무교육대상자(초 · 중 · 특수) 교과서 지급 경비 • 무상교육 고등학생 교과서 지원비 • 특수교육대상자(유치원, 고등학교 과정) 교과서 지원비 • 초등학교 영어 교과용 도서 구입 • 재량활동운영 교재 보급
	다문화 및 북한이탈주민 등 자녀교육 지원	• 다문화가정학생 등 특별반 운영지원 경비 • 북한이탈학생지원 관련 운영 경비
	기타 교육복지 지원	• 기타 교육복지 지원 사업비

출처: 서울특별시교육청(2022)의 자료를 나원희 외(2022)에서 재인용. 제시 방식 부분 수정.

교육복지지원 정책사업은 2020년 결산 기준으로 볼 때 77조 7,055억 원 규모로 2016년 60조 419억 원에 비하여 5년 동안 약 7.7% 상승하였고, 교육재정 전체 세출 결산액 증가율(6.7%)에 비하여 1%p 높은 수치에 해당하였다. 이는 전체 재정 지출 증가율에 비하여 교육복지 재정지출을 더 높은 비율로 늘려왔다는 것을 의미한다. 교육복지를 위한 지출에서 '누리과정 지원'이 약 46.5%로 가장 큰 비중을 차지하였고, 그 다음이 '급식비 지원' 18/8%, '방과후 등 교육지원' 15.6%, '교육비 지원' 9.0% 순이었다.

교육복지정책사업 중 가장 큰 폭으로 증가한 단위사업은 '방과후 등 교육지원'(23.6%)이었고, 그 중에서도 세부사업 '방과후학교 운영'에 재정이 집중되었다. 반면 '주5일제수업운영 관련 경비', '저소득층자녀 방과후자유수강권 지원'은 각각 −57.2%와 −21.2%로 감소하였다. '급식비 지원' 단위사업에서는 저소득층과 특수학생 대상의 '학기중 급식비 지원'과 '토 · 공휴일 중식비 지원'이 모두 지속적으로 증가하였다.

2016년~2020년 교육복지정책사업의 재정지출에서 주목할 만한 점은 저소득층가정자녀 학비지원, 교육급여 지원, 방과후자유수강권 지원, 농어촌학교교육활성화 등의 세부사업 재정지출이 모두 큰 폭으로 감소하였다는 점이다.

(5) 교육복지정책 및 사업의 주요 특징

① 중앙정부의 교육복지정책 기획과 배분

우리나라의 교육복지정책은 중앙정부에서 마련하는 교육복지정책에 대한 의존도가 매우 높다고 할 수 있다. 우리나라의 교육복지정책이 중앙정부 차원의 기획에 의존하는 배경에는 교육복지재정의 절대적 부분이 중앙정부에서 배분하는 재원으로 충당되는 구조가 존재한다. 즉 중앙정부의 국가시책사업을 위한 특별부금이 지방자치단체의 국가시책사업이나 시 · 도교육감의 정책사업과 엮여 단위학교로 전달되는 것이다.

② 교육복지정책의 프로젝트화

우리나라의 교육복지정책은 중앙정부가 주도하는 프로젝트 방식으로 추진되어 왔다. 그 주된 원인은 위에서 기술한 바와 같이 교육복지재정이 중앙정부의 특별교부금에 의존하는 측면과 관련이 있다. 교육복지정책이 프로젝트 방식으로 추진됨으로써 다음과 같은 문제점을 가지고 있다.

첫째, 중앙정부 주도가 주도하여 교육복지정책 및 사업을 기획함으로써 교육 현장 구성원들이 사업의 필요성에 대하여 공감하거나 사업 참여에 대한 동기를 갖기 어려워 맞춤형 복지 실현이 저해된다.

둘째, 중앙정부에서 교육복지정책 및 사업을 주도함으로써 시·도교육청이나 교육지원청에서는 전달되는 사업을 관리하거나 학교에 다시 전달하는 소극적 역할을 담당하게 되는 측면이 있다. 그리고 단위학교에서도 학교장이 리더십을 발휘할 수 있는 여지가 제한되기 쉽다.

셋째, 교육복지정책 및 사업에 있어서도 관료적 행정 관행으로 대표되는 감사 우려, 책임 회피, 부서 할거주의 등으로 정책 및 사업의 원활한 추진이 저해되고 획일화되는 면이 있다.

넷째, 다수의 교육복지사업이 특별교부금에 의한 시책사업으로 추진되어 사업이 안정적으로 지속될 것이라는 기대를 주기 어렵다. 그러한 상황은 학교 현장의 구성원들이 사업의 장기적 추진을 위해 기반을 구축하거나 자체 연구를 통해 사업 효과를 높이려는 노력을 약화시킬 수 있다.

3) 교육복지정책의 성과와 과제[3)]

(1) 교육복지 정책의 성과

① 교육평등 및 정의로운 교육을 위한 학교의 역할과 기능에 대한 인식 확산에 기여

교육복지 정책 추진 초기에는 학교가 사회적으로 취약한 학생들을 특별히 지원해야 하는가에 대하여 회의가 있었다. 학교에서 학생을 볼 때는 학습과 그것을 수행하는 능력 외에 다른 기준을 적용하는 것이 합당하지 않다는 통념이 강하였다. 그럼에도 불구하고 교육복지정책을 통하여 모든 학생들이 평등하고 정의롭게 학습하도록 지원할 수 있다는 인식이 확산되면서 학교 현장에서도 관련 정책들을 수용하고 실천하려는 계기를 만들었다.

② 교육복지 정책의 확장과 무상교육을 위한 재정 지원 확대

기 정착된 초등학교 의무무상교육에 더하여 3~5세 유아의 무상교육, 중학교 의무무상교육 완성, 무상급식, 고등학교 무상교육이 추진되었다. 이러한 정책들은 학교교육이 공교육으로서 모든 학생에게 보편적 복지로서 의미를 가지도록 해 주었고, 학교교육의 공공성과 보편성에 대한 인식 확산이 교육복지의 확대에 원동력으로도 작용하였다.

③ 교육복지정책 대상의 다변화

기존에는 교육복지정책의 대상이 소득을 중심으로 한 저소득층이었다면, 점차 사회적 취약계층의 범위가 특수교육대상, 다문화 가정 자녀, 탈북청소년 등 신취약계층에 대한 지원 등으로 다변화되었다.

④ 교육복지 내용의 다양화 및 확대

초기의 저소득층 지원이 현금(현물)성 지원(수업료, 학비 등 교육급여, 교육비)에 치중되었다면, 교육복지 개념의 확산과 교육복지우선지원사업 등이 도입되면서

3) 김성식(2023)의 내용을 요약 제시함.

학습, 문화, 심리 · 정서, 복지 등으로 지원 내용이 확장되었다. 최근에는 유치원생에 대한 지원을 통한 조기개입 필요성이 높아지고 있고, 교육격차와 교육불평등 해소를 위한 방안으로서 사회자본(구성원 간 신뢰와 관계) 증대를 시도하고 있으며, 돌봄과 교육복지를 통합적으로 운영하려는 시도로 이어지고 있다.

⑤ 학교교육을 위한 지역연계 협력의 중요성에 대한 인식 제고

학교는 오랫동안 지역사회와 구분된 채 고립되어 운영된 면이 있었다. 교육소외와 취약성은 학교만의 힘으로 해결하기 어렵고, 가정과 지역이 함께 노력해야 하므로, 학교 자체도 지역 연계성의 필요성을 인식하여 지역 자원을 연계 활용하고자 노력하고 있다. 이와 관련하여 지역사회교육전문가나 교육복지사가 학교와 교육청에 배치되어 교육복지 업무를 지원하고 지역의 자원을 연계하고자 시도하는 측면도 의미 있는 부분이다.

(2) 교육복지정책의 과제

① 교육복지 운영 파라다임 변화 필요

현재까지 활용된 교육복지 모델은 부족한 점을 채워주는 결핍 지향적 지원 모델에 가까웠다고 할 수 있다. 취약계층의 경우 가정에서 부모의 지원이 부족하기 때문에 학교에서 학습, 문화, 관계, 보건, 돌봄 등 부족한 영역을 보충해 준다는 의미가 강하였다. 이런 접근은 나름대로 의미가 있지만 교육을 통한 삶의 질 향상이라는 교육복지의 의미나 교육소외의 해소와 같은 필요성에 비추어 보면 충분하지 않다. 그러한 측면에서 교육복지의 파라다임이 성장을 지원하는 방향으로 나아가야 한다. 즉 부족함을 채워야 다음 단계로 나아갈 수 있다는 인식을 극복할 필요가 있고, 교육취약계층의 장점을 발견하여 충분히 성장하도록 지원해 주어야 한다. 이는 교육 목표를 달성하기 위해서는 교육경험이 학습자에게 유의미해야 한다는 원리와도 관련된다. 그러므로 학교에서는 학생들의 교육적 필요를 정확히 파악하고 학습경험을 어떻게 제공할 것인가를 우선 고민해야 한다.

② 사회 · 경제적 취약성 위주의 대상 선정 방식 개선

교육복지정책의 대상 선정에 있어 사회 · 경제적 취약성 자체보다는 부모의 사회 · 경제적 배경에 의하여 발생되는 교육소외, 즉 유의미한 학습경험으로부터의 배제에 초점을 둘 필요가 있다. 그것은, 교육복지 지원이 개별 학생의 교육소외 또는 교육취약성에 대한 진단에 따라 맞춤형으로 실시되어야 한다는 것을 의미한다. 그 방식이 교육복지의 의미 실현에도 더 부합하고, 교육지원에 따른 낙인 효과를 완화시킬 수 있으며, 새로운 사각지대 발생에 대한 대처 역량 확보에도 유리할 것이다. 단, 그러한 진단과 판단은 고도의 전문성을 필요로 하므로 판단을 지원하는 체계도 구축되어야 한다.

③ 교육복지 운영을 사업 중심에서 학생 중심의 통합지원체제로 전환

다수의 교육복지사업이 프로그램을 개설하고 참가자를 모집하는 방식으로 운영되어 개별 학생이 여러 프로그램에 중복 참여해야 하는 문제가 있었다. 그 결과 교육복지 지원과 서비스 공급은 경쟁적으로 이루어지는데 개별 학생은 충분한 지원을 받지 못하는 모순적 상황이 나타나기도 하였다. 최근에는 다수의 교육청에서 단위학교 교육복지통합지원팀을 도입하고 있다. 즉 학교 구성원과 사업 담당자들이 함께 개별 학생의 문제를 분석하고 그 문제 해결에 필요한 교육경험과 지원을 통합하여 제공하는 방식이다. 학생 중심의 통합지원체제가 실현되기 위해서는 지역에서 참여 대상에 대한 사업 간 경쟁 대신 개별 맞춤형 지원을 위하여 협업할 수 있어야 한다. 그리고 개별 학생에 대한 지원과 단위학교에 대한 지원 간에 균형을 확보해야 한다. 교육복지는 개별 학생을 대상으로 하지만 교육소외나 교육격차가 학교교육을 통해서 발생하기 때문이다.

4. 페미니즘

페미니즘(feminism)은 '여성주의'라고 번역되기도 하지만, 최근의 사회적 담론에서는 그냥 페미니즘이라고 한다. 페미니즘은 단지 여성이라는 이유로 사회적으로 불이익을 받고 있다는 믿음을 반영하고 있다. 페미니즘의 시각에서는 기존 사회구조가 남성 중심적인 사고와 제도와 문화를 가지고 있다고 본다. 이런 사회구조는 가부장제의 전통으로 유지되고 있으며 역사적으로 뿌리가 깊다. 가부장제 사회에서는 제도와 관행을 통해 여성을 차별하거나 불평등하게 취급하면서도 그것을 당연시한다.

페미니즘은 생물학적인 성으로 인해 발생하는 모든 차별을 부정하고, 불평등하게 부여된 여성의 지위와 역할에 변화를 일으키려고 한다. 페미니즘은 사회현상을 보는 특정 관점이나 담론에 머물지 않고 사회적 실천으로 나타난다. 페미니즘을 "성차별주의와 그에 근거한 착취와 억압을 끝내려는 운동"(벨 훅스, 2010)으로 정의한 벨 훅스의 말은 이런 점을 잘 보여준다. 페미니즘은 여성의 성 해방 운동과 가부장제 이데올로기에 대한 저항처럼 사회 운동으로 나타나기도 했다. 이 때문에 페미니즘은 여성들의 권리를 회복하기 위한 운동으로 인식되는 경향이 있다.

그렇지만 페미니즘은 사회 운동 차원에 머물지 않고, 사회현상을 보는 새로운 시각, 기존의 세계관과는 다른 인식, 사회정의를 추구하는 새로운 방법론을 제공한다. 페미니즘은 지식의 형성 과정, 권력의 작동 지형과 역사를 파악하는 데 결정적인 도움을 주는 학문이자 실천으로 인식되고 있다(정희진, 2017: 11). 페미니즘은 이론과 실제가 통합되어 있다. 즉 학문이자 실천으로 인식되고 있다. 기존의 성차별적인 전통과 여성의 종속적인 지위에 변화를 일으키려는 운동가들과 지성인들의 노력이 어우러져 페미니즘을 형성하고 발전시켰다.

페미니즘은 사람들이 주장하는 내용에 따라 여러 갈래로 나누어진다. 예를 들면, 자유주의 페미니즘, 급진주의 페미니즘, 사회주의 페미니즘, 포스트 식민주의 페미니즘, 포스트모던 페미니즘 등이 있다(이혜정 외, 2020). 이런 페미니즘의 갈래는 시간이 흐름에 따라 여러 갈래로 분화되어 왔으며, 지역과 사회적 조건에 따라 페미니즘의 여러 갈래들이 서로 중첩되거나 충돌하는 양상으로 나타나기도 한다.

- 자유주의 페미니즘: 이것은 서구에서 가장 초기에 등장한 페미니즘이다. 19세기경에 등장하여 1960~1980년대에 널리 퍼졌다. 이들의 핵심 주장은 '여성도 남성과 동등한 인간'이라는 것이다. 점차 시간이 지나면서 자유주의 페미니즘에 근본적인 의문이 제기되었다. 그것은 자유주의 페미니즘이 추구하는 이성, 자율성, 합리성, 자유 같은 근대적 가치들이 여성들에게 좋은 것인가 하는 의문이다. 여성이 남성과 같아지려고 하는 것이 옳은가 하는 의문도 생겼다. 자유주의 페미니즘은 여성의 기본권을 확보하는 데 상당히 기여했지만, 이성적이고 자율적인 인간상을 바람직한 인간상으로 추구한 것은 기존의 남성주의 인간관을 그대로 따른 것이라는 한계가 있었다.
- 급진주의 페미니즘: 급진주의 페미니즘은 과거 자유주의 페미니즘이 드러내지 못했던 여성의 성생활(sexuality) 문제를 본격적으로 드러내고, 여성해방을 위해 기존의 가부장적 질서를 해체해야 한다고 주장했다. 급진주의 페미니즘 안에는 두 진영이 서로 다른 목소리를 낸다. 급진주의 자유의지론과 급진주의 문화 페미니스트가 있는데, 이들은 포르노, 성매매, 계약모 등 성 관련 주요 문제들에 대해 다른 입장을 취한다. 예를 들면, 포르노를 근절할 것인지 활용할 것인지, 성매매를 근절할 것인지 노동으로 인정할 것인지, 계약모를 반대할 것인지 찬성할 것인지, 페미니즘 진영에 레즈비언들을 수용할 것인지 배제할 것인지 등에 대해 서로 대립적인 입장을 견지한다.
- 사회주의 페미니즘: 기존 페미니즘은 가부장제가 여성을 억압한다고 봤지만, 사회주의 페미니즘은 그에 더하여 자본주의가 여성을 억압하는 문

제를 분석했다. 사회주의 페미니즘에서는 여성의 불평등한 노동문제를 제기하면서 성별 임금격차를 시정하고, 가사노동에 임금을 줘야 한다는 등의 주장을 제기한다. 이들은 국내뿐 아니라 세계적으로 벌어지고 있는 여성의 노동 착취에 대한 문제를 제기한다. 예를 들면, 여성은 남성과 동등한 일을 하더라도 남성의 68% 정도밖에 안 되는 임금을 받는 현실 등을 고발한다.

- 포스트 식민주의 페미니즘: 포스트 식민주의 페미니즘은 과거 제국주의 시대에 식민 지배를 했던 국가들이 지금도 과거 식민 지배를 받았던 국가들의 자원을 다방면에 걸쳐서 착취하고 있다는 문제를 지적한다. 예를 들면 서유럽의 다국적 기업들이 소유한 공장에서 개발도상국 여성들이 열악한 노동 환경에서 일하는 문제를 지적한다. 자본주의가 팽창하면서 여성의 노동문제는 국내의 문제에 한정되지 않고 초국가적으로 얽혀 있다.
- 포스트모던 페미니즘: 포스트모더니즘은 근대적인 이항대립, 즉 남성과 여성, 이성과 감성, 주체와 객체 같은 근대적 사유체계에 저항한다. 포스트모던 페미니즘에서는 여성의 성 정체성이 고정된 것이 아니라, 시대와 장소와 상황에 따라 변한다고 본다. 이들은 남성을 능동적으로, 여성을 수동적으로 규정하는 이분법적인 사고를 거부한다. 남성과 여성의 성별 분업도 당연히 거부한다. 그리고 특정 사회에서 통용되는 사회적 담론이 개인의 성적 행동을 규제하는 상황을 주목한다. 생물학적인 성(sex)과 사회문화적인 성(gender) 사이에 필연적인 연관성이 없다고 주장하기도 한다. 그렇지만 포스트모던 페미니즘은 여성의 정체성의 모호성, 변화성, 개별성을 강조하는 대신 여성들 간의 공통성을 간과함으로써, 정치적 행동을 위한 연합을 어렵게 한다는 비판을 받기도 한다.

교육 영역에서 페미니즘은 매우 민감한 사안이다. 교육은 사회의 현상과 문제를 반영하게 되는데, 사회적으로 개인과 집단별로 페미니즘에 대한 인식의 차이가 클 뿐만 아니라, 페미니즘이 갖가지 사회적 관행이나 종교적 신념 등과 충돌하는 경우가 많기 때문이다.

학교에서 페미니즘이 주요 사안으로 등장하는 국면은 세 가지로 정리할 수 있다. 첫째, 페미니즘은 학교의 규율과 관련된다. 모든 학교는 질서를 유지하기 위한 규율을 가지고 있다. 예를 들면, 학생들의 용모(화장, 문신, 두발염색, 피어싱 등), 복장(신체노출, 장신구 등), 언행(비어, 속어, 신조어 등), 가방, 시간관리(지각, 외출, 결석 등) 등에 대해 일정한 제한을 가한다. 페미니즘의 시각에서 이런 규율이 적용되는 방식을 살펴보면 성차별적인 요소가 발견될 수 있다. 국내 대학들이 설치하고 있는 성중립 화장실(일명 '모두의 화장실')[4] 설치는 성소수자들도 화장실을 마음 놓고 이용할 수 있게 편의성을 높인 것이다.

둘째, 페미니즘은 학교의 교육 내용과 관련된다. 학교는 오래 전부터 성교육을 해 왔고, 최근에는 성희롱·성폭력 예방 교육을 하고 있다. 일부 교과의 내용 속에도 특정한 성인식(性認識)이 반영된 부분이 있다. 페미니즘의 시각에서 교육 내용들을 살펴보면 성차별적인 요소가 발견될 수 있다. '2022 개정 교육과정'을 만들기 위한 공청회에서 '성평등'과 '양성평등'[5] 중 어느 용어를 사용해야 하는지에 대한 의견 충돌로 인해 공청회가 파행된 적이 있다. 이것은 성인식의 차이가 매우 민감한 사회문제임을 보여주는 사례다.

셋째, 페미니즘은 교육의 방법(학교의 행사, 관행, 전통 등을 포함하는 넓은 의미의 방법)과 관련된다. 남성에게 적극적인 행동을, 여성에게 소극적인 행동을 기대하는 것은 성차별적이다. 어떤 말과 행동에 대해 '남성적'이라거나 '여성적'이라는 식으로 구분하는 경우도 성차별적이다.

한국 사회가 급격히 변화하면서 여러 분야에서 문화충격이 일어나고 있다. 그러면서 각종 차별과 혐오현상이 발생하고 있다. 그 대상은 주로 여성, 성소

---

4) '모두의 화장실'이란 성별이나 연령, 장애 여부, 성 정체성과 관계없이 이용할 수 있도록 만든 화장실이다. 성공회대에 설치된 '모두의 화장실'은 넓은 공간에 좌변기, 세면대, 기저귀 교환대, 샤워기 등이 구비되어 있다. 누군가 화장실을 쓰고 있으면 문이 열리지 않는다. 다른 사람과 화장실 안에서 마주칠 일이 없다(헤럴드경제. 2023.03.21. 11:37).
http://biz.heraldcorp.com/view.php?ud=20230321000466

5) '양성평등'은 남성과 여성의 두 가지 성을 전제하지만, '성평등'은 '성적지향 및 성별정체성'이 양성으로 제한되지 않는다는 의미가 담겨 있다. 이런 의견충돌은 성소수자에 대한 한국 사회의 대립적인 시각을 보여주는 사례다.

수자, 외국인(노동자, 이민자) 등이다. 2016년 5월에 강남역 인근 상가 화장실에서 여성 피살사건이 발생해 사회에 큰 충격을 주었다. 이것은 여성혐오의 대표적인 사례로 꼽힌다. 미국에서는 2017년 10월에 미투운동(me too movement) 전개되면서 성희롱이나 성폭행 사례를 SNS에 올려 사회에 고발하기 시작했다. 한국에서는 2018년에 미투운동이 본격화되었다. 검사, 도지사, 시장, 군 장교, 연예인, 기업인 등에 대한 고발이 이어져 사회적으로 큰 충격을 주었다. 이것은 학교 안의 성희롱 · 성폭력을 고발하는 스쿨미투운동으로 이어졌고, 이를 계기로 교육계에도 큰 파동이 일어났다.

한국 사회는 성소수자 문제에 대해 극단적인 태도를 보이는 경우가 많다. 이 때문에 성소수자들은 대부분 공통된 경험을 한다. 그들은 '비합법적(불법적) 존재'나 '비인간적 존재'로 취급되는 경우가 많다. 일상적인 삶이 왜곡되고 무시되며 다층적인 폭력과 비극을 경험한다(강남순, 2021: 208). 그러나 성소수자의 인권을 보호하기 위한 제도나 정책은 거의 만들어지지 않았다. 성소수자 차별 문제를 포함한 포괄적 차별금지법을 제정하려던 시도는 2007년부터 2021년까지 수차례 계속되었지만, 그 때마다 심한 반대에 부딪쳐 좌절되었다. 학교에서 페미니즘 교육을 하는 것에 대한 저항도 심하다.

이제는 페미니즘을 포함하여 성소수자 문제에 대해 지혜롭게 대응할 필요가 있다. 범사회적으로 성인지감수성을 높이기 위한 노력이 요구된다. 학교도 아동 청소년의 건강한 성장을 돕기 위해 성인지감수성 교육을 해야 한다. 교사교육에는 성인지감수성 교육이 일부 포함되어 있긴 하지만, 대상을 훨씬 더 확대하고 내용도 더 강화할 필요가 있다.

토론해 봅시다

1) 대안교육이 기존 학교교육을 얼마나 대체할 수 있을 것인가? 학생과 학부모의 대안교육에 대한 요구는 어떻게 변할 것인가? 이에 대해 토론해 보자.

2) 한국 사회에는 다문화감수성, 성인지감수성 등을 높여야 한다는 목소리가 있다. 왜 이런 요구가 제기되는가? 이런 감수성은 어떻게 높일 수 있는가? 이에 대해 토론해 보자.

제4부

더 좋은 공교육 질서를 향한 시도들

12장 교육주체 간 교육시선의 격차와 민주적 대응방향

13장 학교의 공동체성 강화

14장 공교육의 미래 구상과 지배구조 개선

> * 국민 눈 높이에 맞는 교육
>
> '국민 눈 높이에 맞는 정치,' '국민 눈 높이에 맞는(맞지 않는) 발언' 이러한 말은 자주 쓰지만, '국민 눈 높이에 맞는 교육'이란 말은 거의 하지 않는다. 그만큼 국민의 교육 눈높이에 대한 무관심과 무반응, 부정적이고 하대적 시각을 가졌다는 말이 될 텐데. 이것부터 고쳐야 하지 않을까? 우리가 가야 할 길은 국민의 눈높이에 맞는 교육을 통해 국민을 위한 교육으로 가야 하는 것 아닐까?

'인식이 모든 것'이란 말이 있다. 그리고 인식도 입장에 따라 달라질 수 있음을 확인한다. 입장을 바꿔 생각해 보면 우리의 인식도 달라질 수 있다. 그리고 우리 사회의 교육에 대해, 입장에 따라, 서로 다른 인식이 엄연히 존재하고 있다는 것도 인식하고 있다. 그렇지만 교육주체들 각각의 입장에서의 인식이 공평하게 소통되거나 공평한 사회적 담론으로 이어지지는 않고 있다. 학문의 목적으로 말해지는 진리탐구나 객관적 지식의 확보는 공평한 소통과 담론을 거쳐야만 가능한 목적일 것이다. 그렇다면 우리는 교육주체 사이에 공평한 담론을 하고 있는가를 수시로 점검할 필요가 있다.

제12장

교육주체 간 교육시선의 격차와 민주적 대응방향

번슈타인(Bernstein, 1972: 149)은 "만약 교사의 문화가 아동의 의식세계 속에 있어야 한다면, 아동의 문화도 교사의 의식세계 속에 있어야 한다"고 상호성을 강조했다. 번슈타인의 상호성 강조 정신은 교사-학부모 사이에도 적용되어야 한다. 교사에게는 학부모 문화가, 학부모에게는 교사문화가 그들의 의식세계 속에 있어야 한다. 지금의 많은 갈등은 이 상호성의 결핍과 관련이 깊다. 가칭 '교육공동체의 날' 같은 행사를 통해 상호 기대와 문화를 이해할 계기를 제공하는 것도 좋을 것 같다.

인식에도 균형(중용) 갖추기가 중요하다. 교육자도 학생도, 학부모도 모두 교육주체로 인정한다면, 교육문제에 대한 인식의 균형을 갖추기 위해서는, 모두의 인식과 논리가 교육논의의 장에 들어와야 한다. 이 장에서는 교사, 학생, 학부모가 어떻게 서로 다른 인식을 하고 있으며, 이런 인식의 차이가 갖는 교육적 의미를 살펴본다. 교육문제에 대한 인식의 중용을 확보하려면, 국가 입장에서의 교육인식, 교육자 입장에서의 교육인식, 학생-학부모 입장에서의 교육인식이 균형을 갖출 필요가 있다.

주요 개념

교육주체, 학부모, 인식격차(디카플링)

주요 질문

- 교육주체 간의 인식 격차가 큰 이유는 무엇일까?
- 인식격차 문제를 해소하기 위해 할 수 있는 일은 어떤 것들이 있을까?

1. 교사가 생각하는 학부모

1) 학부모에 대한 사회의 주류 인식

> 아직은 그 어떤 기술로도 훌륭한 인간 교사의 필요성을 대체하거나 없앨 수 없다. ~ 그 대신 교직은 팀워크를 통해 학생의 의미 있는 학습을 보장하는 협력적 직업이 되어야 한다 (유네스코한국위원회, 2022a: 166).

우리나라는 원조를 받다가 원조하는 나라로 바뀐 세계 유일의 국가다. 또한 1964년 유엔무역개발회의(UNCTAD) 설립 이래, 개발도상국에서 선진국으로 지위를 변경한(2001년도) 첫 번째 나라이기도 하다. 우리나라가 급성장한 이유는 다양하나 교육이 지대한 영향을 끼쳤다는 사실은 대부분 동의한다. 그러면 우리 교육의 성장 동력원은 무엇이었을까? 김태종 외(2007)는 한국 교육의 성장 동력원으로 학부모 교육열을 지목한다. 이렇듯 우리 교육에서 학부모의 공헌이 지대함에도 불구하고 우리는 학부모의 영향력을 과소평가해 왔다. 오히려 우리는 학부모에 대해 무시했고(disregard), 무지했고(ignorant), 문제시(problematic)해 온 경향이 높았다(이종각, 2014).

학부모에 대한 부정적 인식은 우리 사회 곳곳에서 확산되고 공유되고 있다. 교육당국은 물론이고 학자들, 언론까지 합세한 것이 사실이다. 하나의 예로 오재길 외(2016)는 공익광고협의회에서 광고한 '부모의 모습편'[1]에서 당대 우리 사회의 학부모에 대한 부정적 시각을 보여주는 단면을 읽고 있다. 광고 내용은 학교와 사회에서 교육의 병폐를 학부모에게 전가하고 있다. 이런 인식과 풍토

---

1) 부모는 멀리 보라 하고
학부모는 앞만 보라 합니다.
부모는 함께 가라 하고
학부모는 앞서가라 합니다.
부모는 꿈을 꾸라 하고
학부모는 꿈꿀 시간을 주지 않습니다.
당신은 부모입니까 학부모입니까
부모의 모습으로 돌아가는 길
참된 교육의 시작입니다.
- 한국방송광고공사/공익광고협의회(부모의 모습편)

는 학부모를 '계몽의 대상', '교육열 억제 대상'으로 삼는다. 최근에는 학부모를 교육의 동반자로 바라보는 경향이 있지만, 여전히 '동원의 대상', '교육의 대상', '단순 참여의 대상'으로 보는 인식도 존재한다.

김주후 외(2007)에 의하면 그동안 사회의 주류적 인식은 학부모를 교육 모순의 주된 '조장자'로 규정하는 경향이 강했다. 따라서 학부모의 모습은 '이기적'이고 '맹목적'이며, 다른 한편으로는 '힘센 가해자'이거나 공교육을 무력화시키는 집단으로 묘사되기도 한다. 학부모에 대한 이러한 부정적 인식기류는 교육정책에는 물론이고 학교 운영 전반에서 학부모가 소외되는 현상을 초래한다.

2) 학부모를 바라보는 교사의 시선 추이

학부모를 바라보는 인식은 다양하다. 국가평생교육진흥원(2018)에서는 학부모의 정체성을 다섯 가지로 제시하고 있다. 첫째, 학부모는 최초의 담임이자 평생담임이다. 둘째, 성인학습자로서의 학부모이다. 셋째, 학부모는 교육열의 담지자이다. 넷째, 학부모는 원천교육권자이다. 다섯째, 학부모는 교육시민이다. 그러나 학부모에 대한 이 다섯 가지 정체성은 현행 교사가 학부모를 바라보는 인식과는 동떨어져 있다. 교사가 학부모를 바라보는 시선은 시대적 상황에 따라 변화되어왔다. 크게 세 가지 관점으로 분류할 수 있다.

첫째, 학부모를 교육재정의 후원자로 바라보는 관점이다. 학부모기구는 권위적 학교 운영 시기(1945년~1995년)에 후원회, 사친회, 기성회, 육성회로 변천한다(오재길 외, 2016). 50년 동안 학부모의 정체성은 변함없이 학교재정 후원자의 모습이 강하다. 한국교육은 1945년 일본으로부터 해방 후 양적으로 급속히 팽창한다. 그 당시 열악한 국가교육재정으로는 학교교육의 양적 팽창을 감당하기 어려웠다. 베이비붐 세대와 겹쳐 학교 교실은 과밀학급이었다. 국가에서는 부족한 교육재정을 메꾸기 위해 학부모에게 의무적인 각종 공과금을 부과한다. 이 당시 학교교육에서 학부모의 역할과 지위는 학교의 부족한 재정을 후원하는 사람들이자 국가로부터 강압적으로 동원되는 대상자였다.

둘째, 학부모를 학교교육의 봉사자, 지원자, 보조자로 바라보는 관점이다. 학부모는 의무적인 각종 공과금 외에도 다양한 형태의 자원봉사 형식으로 학교교육을 지원하였다. 학부모들은 학부모회 회비를 조성하고 교직원 격려, 학교 청소 등으로 학교를 지원했다. 특히 학부모회 임원들은 학교봉사는 물론이고 발전기금이나 물품을 기부하는 관행이 존재했다. 대개 학부모회 임원은 학생 임원의 어머니였다. 학부모 임원 활동이 가능하지 않거나 부담을 느낀 가정에서는 자녀가 학생 임원선거에 나가지 못하도록 종용하기도 했다.

셋째, 학부모를 학교교육의 파트너로 바라보는 관점이다. 이러한 인식의 배경에는 학교에 민주적 거버넌스 도입으로 볼 수 있는 학교운영위원회와 학부모회가 1996년부터 조직되어 운영되고 있는 점이 크다. 이 당시 학부모회는 법적 성격상 임의단체로서 기본적으로 그 조직과 운영이 자율적이었다. 교육부에서 제시한 학부모회 규약을 보면 "학교교육 발전을 위한 지원활동과 회원 상호 간의 친목을 도모함을 목적"으로 하고 있다. 2012년 학교운영지원비에 대한 법원의 판결 이후 예시된 학부모회 규약에서는 '교원 연구비의 지원'이나 '학생 복리 증진 사업비' 부담 등의 내용이 사라져 학부모회의 경제적 후원 기능은 공식적으로 폐지되었다(류방란 외, 2015). 학부모회는 학부모회 조례[2)]에 의하여 법적 지위를 부여받았고, 학부모는 법률적·제도적으로 학교교육에 참여하는 상황에 이르렀다. 따라서 학부모는 학교운영의 파트너로서 지위가 격상되고 있다. 특히 교육자치와 학교자치를 추진·강화하는 시대를 맞이하여 교육거버넌스 구축의 핵심 주체로서 학부모의 역할과 위상이 높아지고 있으며, 학부모의 다양한 역할이 증대되고 있다.

이처럼 학교에서 학부모를 바라보는 교사의 인식은 변화되고 있다. 그러나 교사 개인별로 학부모 정체성을 규정하고 바라보는 시선은 여러 관점이 혼재되어 있다. 최근 들어 교사의 학부모에 대한 부정적 인식은 오히려 심화되는

---

2) 경기도교육청은 2013년부터 「경기도교육청 학교 학부모회 설치·운영에 관한 조례」를 제정하여 시행하고 있으며, 그 후로 전라북도교육청(2015), 서울특별시교육청(2016), 인천광역시교육청, 광주광역시교육청(2017), 부산광역시교육청(2018), 제주특별자치도교육청, 전라남도교육청, 세종특별시교육청(2019) 등 14개 지자체에서 학부모회 조례를 제정하여 시행하고 있다.

경향이 있다. 증가하는 민원 때문에 교사들이 학부모를 연상했을 때 악성 민원인을 먼저 떠올리거나 자기 자식만을 위하는 이기적 모습 등을 떠올리기도 한다.

3) 교사의 학부모 민원에 대한 공포

교사노조연맹의 2023년 교사 설문조사 결과, 교사 10명 중 8명 이상은 최근 1년 사이 사직이나 이직을 고민한 적이 있는 것으로 나타났다.[3] 교권침해로 정신과 치료 · 상담을 받은 적 있다고 응답한 교사는 26%를 넘었다. 교직사회 담임기피 현상에 대해선 97%(1만1128명)가 공감했다. 그 원인으로는 학부모 민원을 감당하기 부담스럽다(32.98%)는 응답이 가장 많았다. 이어 무고성 아동학대 고소 위험(32.41%) 등이다. 조사 결과 응답자 중 68.36%(7778명)가 교직에 만족하지 못하고 있다.

최근 일본은 학부모의 악성민원으로 학교가 블랙 직장의 대명사가 되어 교사 부족 현상에 시달리고 있다. 우리 교육의 모습도 일본의 모습과 비슷하다.

3) 교사노조연맹은 2023년 5월 10일 교육현장 인식조사 결과를 공개했다. 유 · 초 · 중 · 고 1만 1377명을 대상으로 설문한 결과다. 이번 조사는 4월 20일부터 28일까지 온라인으로 진행했다. 표본오차는 95%, 신뢰수준은 ±0.9%포인트다(신아영 기자. '교사 87% 교편 내려놓을 고민한 적 있다'. 이데일리).

〈일본의 학부모 민원 동향〉

일본에서는 자녀에 대한 과잉보호로 학교에 자주 불평이나 불만을 넣는 학부모를 뜻하는 '몬스터 페어런트'가 오래전부터 사회 문제로 떠오르고 있다. 일본 한 온라인 매체가 다룬 퇴직 교사 인터뷰에서는 "아이가 성격이 예민해서 담임이 바뀌면 안 되니, 내년에도 우리 아이의 담임을 맡아달라"는 요구부터 "아이에게 훈계하지 말라"며 학교를 찾아오는 부모 등 몬스터 페어런트는 다양한 양상으로 나타나고 있다. 지난달에는 도쿄의 유명 명문 사립학교에서 몬스터 페어런트가 지속해서 학교에 담임 교체를 요구, 교사가 징계 발령 이후 자진 퇴직하는 사태가 발생했고, 이에 다른 학부모들이 퇴직 철회 서명을 받았던 일이 보도되기도 했다.

실제로 이러한 영향으로 공립학교 교원의 정신질환 휴직자도 급속도로 증가하는 추세다. 문부과학성이 지난해 발표한 '2021년도 공립학교 교직원 인사행정상황조사'에 따르면 2021년 정신질환으로 휴직한 교사는 5897명으로 조사 이래 역대 최대를 기록한 것으로 나타났다. 정신질환으로 한 달 이상 병가를 낸 사람을 합치면 1만944명으로 처음으로 1만 명을 넘어섰다. 해당 이유로 휴직한 교사가 1990년도에는 1017명이었던 것에 비하면 5배 가까이 증가한 것이다. 현직이 줄어들고 있다는 것을 고려하면 정신적 스트레스를 받는 사람이 빠르게 늘고 있다는 뜻이다(아시아경제. 전진영 기자. "교감인데도 수업들어갑니다"... 日 교원부족에 '담임'없는 반 급증).

교사들은 대표적인 악성민원으로 아동학대 무고를 든다. 가정에서 일어나는 아동학대 근절을 위해 2014년 마련된 「아동학대처벌법」이 교사의 교육권(생활지도권)을 과도하게 침해하고 있다고 지적한다. 즉 교사의 학생생활지도에 불만을 가진 학생과 학부모들이 아동학대라며 무분별하게 교사를 대상으로 소송을 제기하고 있다는 것이다. 소송에 휩싸인 교사들은 소송 대응만으로도 정상적인 학교생활이 불가능하고, 무죄로 판명 난 이후에도 학생생활지도나 교육활동에 상당한 위축을 겪는다. 교사들은 아동학대는 엄벌이 당연하지만, 교사의 정당한 교육활동 및 생활지도는 아동학대 행위와는 구별해야 한다고 목소리를 높이고 있다. 황봄이(2023)에 의하면 교사 대상 아동학대 신고 건에 대한 경찰 종결 및 불기소 처분의 비율은 53.9%로 전체 대상에 비해 3.6배나 높아 실제로 교사들이 분별없는 신고로 고통받고 있다고 주장한다. 최근 학교에서는 아동학대를 비롯하여 교권침해, 학교폭력 등의 문제가 심각하게 증폭되고 있다. 더구나 이러한 문제를 교육적으로 해결하기보다는 사법적 관점에서 처리하려는 법화(法化) 현상이 우세해짐에 따라 학교교육의 기능 부전을 일으킨다.

4) 학부모 민원이 증가하는 이유와 대응

민원이 증대하는 현상은 우리 사회변화의 하나의 단면이다. 시민들의 권리 의식이 증대하고 적극적인 발언과 행동이 많아짐에 따라 과거에 보지 못했던 새로운 현상이 나타나고 있다. 대표적인 예가 권위적이고 가부장제 문화가 흔들리면서 갑질 신고와 미투 운동이 분출되고 있다. 국민권익위원회[4]는 2017년 민원 · 신고는 2011년 100만 건에 비해 약 17배인 1,700만 건의 민원과 신고가 접수 · 처리되고 있다고 발표했다. 이는 비약적으로 증가한 수치다. 이러한 사회변화의 파고를 학교라고 피할 수 없다.

학부모 민원이 증대하는 원인은 구조적 문제에서 기인한 측면도 있다. 기본적으로 우리 교육에서 학부모의 교육적 요구나 의견을 수렴하고 반영하는 제도적 장치가 미흡하다. 즉 학부모 민원처리 시스템이 존재하지 않는다. 소통기구의 발달로 소통의 과잉 시대를 살고 있으면서도 관계의 결핍을 느끼고 살아가는 우리 사회의 단면이 학교와 학부모 사이에도 보인다.

또한 학부모의 요구와 수준은 점점 개별화되고 전문화되어 가고 있다. 하지만 학교의 대응은 일괄적이고 표준화로 일관하고 있다. 학부모 민원에 대한 대응 역시 국민신문고 형식으로 학부모 민원을 처리하고 있지만, 경직된 형식의 국민신문고 대응 방식으로는 한계가 있다. 민원을 제기한 학부모들이 만족하기 어려운 상황이다. 학부모들은 교육 관련 정보 서비스에 대한 접근 기회도 부족하다. 이에 학부모는 학교에 대해 호의적인 생각을 보이긴 어렵다. 김주후 외(2007)는 학부모들에게 학교는 '성마르고 까칠한 학교', '불손하고 자폐적인 학

4) 국민권익위원회, 권익위 "지난해 민원 · 신고 1700만 건…10년 전보다 17배↑". 대한민국 정책브리핑. 정책뉴스(2022.03.07.).

교', '권위적이고 방어적인 학교'로 이미지화된다. 이런 상황에서는 학부모가 교육주체가 아닌 불만이나 고충을 토로하는 민원 제기자가 될 수밖에 없다. 2023년도 학부모 민원으로 추정되는 서이초 교사의 사망 사건은 여러 차례의 대규모 집회와 더불어 5개 교원단체[5]가 교권강화를 위한 공동요구안을 제시했다. 주요 내용은 다음과 같다.

〈5개 교원단체 국회 입법 요구안〉

아동학대 신고로부터 정상적 교육활동 보호

- 아동학대 처벌 관련 법 개정
- 정당한 교육활동 및 학생지도활동 아동학대 범죄로부터 책임 면제
- 교육활동사례판단위원회(가칭) 설치
- 유아교육법에 따른 유치원 교원에게노 위의 모든 내용 준용

교육활동침해학생 대처방안 및 지원제도

- 교육활동침해학생 분리 법제화
- 교육활동침해학생 분리 유아교육에도 준용

학교민원관리시스템 구축 법제화

- 학교민원처리 조항 신설, 학교장 직무 명시
- 학교민원처리 관련 조항 유아교육에도 준용

교육활동 보호를 위한 교원지위법 개정

- 보호자의 의무 명시
- 교육활동 침해에 대한 법 · 제도적 강력한 대응
- 교육활동 침해 피해교원에 대한 지원 강화
- 교육활동보호에 관한 학부모 안내 및 교육 의무화
- 교원의 사생활보호조치 의무화
- 교육활동 침해에 대한 교원보호
- 아동학대 신고 후 즉시분리(담임교체, 직위해제 등) 조치에 대한 기준 마련

5) 교사노동조합연맹, 새로운학교네크워크, 실천교육교사모임, 전국교직원노동조합, 좋은교사운동

국회 교육위원회 전체회의에서 '교권 보호 4법'이 가결되었다. 교육현장에서 교권 하락의 주요 원인으로 지적된 '무분별한 아동학대 신고, 일부 학부모의 악성 민원, 교육활동 침해 학생 조치' 등이다. 의결된 주요 내용은 다음과 같다.

〈교권 보호 4법, 교육의 전체회의 의결 내용〉

1. 교원 대상의 무분별한 아동학대 신고로부터 보호
   - 교원의 정당한 생활지도는 아동복지법에 따른 아동학대(신체적 학대 · 정서적 학대 · 방임) 금지행위로 보지 않음(초 · 중등교육법, 유아교육법)
   - 교원의 정당한 생활지도에 대해 아동학대범죄로 신고되어 조사 · 수사가 진행되는 경우 교육감의 신속한 의견 제출 의무화(교원지위법)
   - 교원이 아동학대범죄로 신고된 경우 정당한 사유 없이 직위해제 처분 제한(교원지위법)
2. 학부모의 악성 민원으로부터 교원의 교육활동 보호
   - 학부모의 악성 민원을 교육활동 침해유형으로 신설(교원지위법)
     ※ ① 목적이 정당하지 아니한 민원을 반복적 제기하는 행위
     ② 교원의 법적 의무가 아닌 일을 지속적으로 강요하는 행위
   - 학부모가 교육활동 침해활동을 할 경우, "서면사과 및 재발방지 서약", "특별교육 · 심리치료 행위"를 조치하고, 미이수 시 300만 원 이하 과태료 부과(교원지위법)
   - 학교장에게 민원 처리에 대한 책임 부여(초 · 중등교육법, 유아교육법)
   - 교원의 개인정보가 관계 법률에 따라 보호될 수 있도록 학교와 학교의 장에게 필요한 조치를 하도록 함(초 · 중등교육법, 유아교육법)
3. 보호자의 권리와 책임 간의 균형을 위한 의무 부여
   - 학교의 정당한 교육활동에 협조하고 존중할 의무(교육기본법)
   - 교직원 또는 다른 학생의 인권 침해행위 금지, 교원의 정당한 지도에 대한 존중 및 지원, 학생 지도에 대한 보호자의 적극 협력 의무(초 · 중등교육법, 유아교육법)
4. 피해 교원의 확실한 보호 및 가해학생 조치 강화(교원지위법)
   - 학교장의 교육활동 침해행위 축소 · 은폐 금지, 위반 시 징계 조치
   - 공무방해 · 무고 · 업무 방해 및 그 밖의 법률에서 형사처벌 대상으로 규정하는 범죄를 교육활동 침해행위로 추가
   - 교육활동 침해학생과 교원을 즉시 분리하고, 분리 조치된 학생에 대해서는 별도의 교육방법을 마련 · 운영
   - 교원치유지원센터를 교육활동보호센터로 확대 · 개편

- 출석정지 이상 조치 대상자를 특별교육 의무 이수 대상자로 확대하고, 전학조치 대상자는 특별교육 이수 또는 심리치료 전 전학을 선행조치하도록 규정
- 교육활동 관련 분쟁 · 소송으로부터 교원을 보호하기 위한 공제사업 실시 및 학교안전공제회 등에 위탁 근거 마련
- 교권보호위원회 회의는 비공개를 원칙으로 하고, 관련 업무 관계자에게 비밀누설 금지 의무를 부과하며, 위반 시 1년 이하 징역 또는 1천만 원 이하 벌금 부과
- 교육활동 침해행위 시 피해교원 요청이 없더라도 관할청에서 형사고발 가능

5. 정부의 책무성 및 행정지원체제 강화(교원지위법)
   - 학교교권보호위원회 폐지 및 교육지원청 지역교권보호위원회로 이관
   - 교육부장관은 5년마다 교육활동 보호 종합계획 수립
   - 교육감은 종합계획에 따라 매년 시행계획 수립 · 시행
6. 유아생활지도 권한 명시(유아교육법)
   - 유치원 원장 · 교원의 생활지도 권한 명시

출처: 교육부 보도자료(2023.09.15).

5) 교사와 학부모를 위한 노력

학부모와 교사는 학생을 사이에 두고 마주 보는 관계다. 학생의 성장이라는 목표는 동일하다. 하지만 학생을 바라보는 관점과 교육방식에 따라 갈등과 긴장, 오해가 발생하기도 한다. 서로의 입장 차가 존재하지만, 교사와 학부모는 마땅히 소통해야 한다. 또한 교사와 학부모 간 상호이해의 폭과 깊이를 넓혀야 한다. 이를 위한 노력을 제안하면 다음과 같다.

먼저, 학부모에 대한 부정적 인식에서 벗어나야 한다. 학교장부터 학부모가 학교교육의 동반자이자 공동주인이라는 인식을 가져야 한다. 이를 위해 학교장 자격연수부터 학부모에 대한 정체성, 학부모와 함께하는 교육리더십, 학부모 학교참여 활성화 우수사례 등 학부모 관련 이해 연수를 실시해야 한다. 이후 교감자격연수, 1급정교사자격연수 등으로 확대한다. 현행 학부모교육의 주된 주제는 교육정책 설명과 홍보, 자녀교육, 상담, 자녀이해, 입시 등이다. 이런 주제들도 학부모에게 유용하지만, 학부모 교육권 등 학부모 권리 증진에 관한

사항도 교육하여 학부모의 자율역량을 강화하는 토대를 마련해야 한다. 또한 기능적 요소를 강조한 학부모교육을 넘어 삶의 문제를 고민하는 연수로 주제를 확장할 필요가 있다. 즉 시대가 변해도 본질적 가치이자 교육의 기본 바탕이 되는 인간애, 공동체 의식, 역지사지의 자세 등 인문주의적 주제로 넓히는 것이다. 교육부와 교육청에서는 학부모에 대한 인식이 개선될 수 있도록 방송, 신문, SNS 등 다양한 매체를 통하여 홍보할 필요가 있다.

둘째, 학부모 민원처리 시스템을 구축해야 한다. 학교에서는 학부모의 악성 민원으로 인하여 학교 교육력이 떨어지는 경우가 종종 있다. 현재 우리나라 학교에서는 학부모 민원처리 시스템이 공식적으로 존재하지 않는다. 다른 공공기관에는 민원처리 시스템이 존재한다. 부당한 업무처리나 요구사항이 있을 때 민원실에서 일정 기간 안에 반드시 회신하고 있다. 학교도 엄연히 공교육을 담당하는 공공기관임에도 민원처리 시스템이 없다는 점은 시정해야 한다. 이에 학부모가 민원을 제기하고자 할 때 청와대 국민신문고, 권익위원회, 감사원, 언론, 교육청, 교육지원청, 학교와 학급까지 단일 통로가 없어 대부분 학교에 직접 찾아와 따지거나 전화로 항의를 하는 상황이다. 민원 대응 역시 각각 다를 수밖에 없다. 이에 학부모 등의 민원제기 시스템을 제도화하고, 민원을 체계적으로 대응할 수 있도록 제도화해야 한다. 한편 학부모 민원은 일차적으로 학부모회에서 받아주는 구조를 만들어 내는 방안도 생각해 볼 수 있다. 학부모 민원의 대부분은 오해 또는 정보 부족에서 발생하는 경우가 많기 때문이다. 학부모회와 학교와의 소통이 원활한 상황이면 이런 유형의 학부모 민원은 학부모회에서 충분히 처리할 수 있다. 또한 학부모회에서 민원 당사자인 학부모와 학교 사이의 징검다리 역할을 담당하는 것도 시범적으로 도입할 필요가 있다. 이를 위한 학부모회 임원의 역량 제고는 필수적이다. 학부모회 구성원의 역량 제고를 위해서는 체계적인 학부모교육 프로그램을 마련해야 한다. 학부모 리더 양성을 위하여 기초, 기본, 심화 등 학부모 전문가 과정까지 마련하여 운영할 필요가 있다. 더 나아가 초등저학년, 고학년, 중학교, 고등학교 등 생애주기별 학부모교육 프로그램을 기획하고 운영하는 것이 필요하다.

셋째, 학교교육에서 학부모 교육권을 존중하는 풍토를 조성해야 한다. 흔히 들 교육의 3주체로서 교사, 학생, 학부모를 든다. 학생의 교육권은 헌법에서 보장하는 교육권으로서 우선순위가 가장 빠르다. 다음 순위는 학부모 교육권으로써 국가와 학교의 교육권보다 우선한다.[6] 학부모 교육권은 크게 보면 참여권, 요구권, 선택권으로 나눌 수 있다. 국가와 학교의 교육권은 학부모로부터 위임받은 것이다. 이종각(2014)은 학부모 교육권은 원천교육권[7]으로 본다. 우리 교육에서 학부모의 교육권은 충분히 발현되는 상황이 아니다. 학부모의 모든 교육권을 보장했을 때 다른 학부모의 교육권을 침해할 우려가 있어 많이 제한하고 있다. 따라서 법률로 규정된 학부모 교육권과 실제 교육현장에서 실행되는 학부모 교육권과 차이가 난다. 학부모가 학교교육에서 수동적, 종속적 주체가 되는 원인은 학교의 교육권이 학부모 교육권보다 우선한다는 착각 속에서 기인한다. 교사에게는 교권이 있다. 엄밀히 말하면 교권은 교육권이라기보다는 교육과정과 수업, 평가 등 교육 전문성을 보장받을 직무상의 권한으로 볼 수 있다. 현행 학부모 교육권은 코로나19로 인하여 강제 소환된 미래교육과 교육자치와 학교자치의 흐름 속에서 교육 거버넌스 구축 요구가 증대됨에 따라 점점 확장되는 추세이다. 학부모는 단순히 자녀의 재학에 따른 한시적인 위임자를 넘어, 교육시민이요 학교교육의 공동주인이자 학생교육의 공동책임자로서 인식해야 할 필요가 있다.

넷째, 교직원들이 학부모 존재에 대하여 제대로 알 수 있도록 교원양성기관에 학부모 관련 교육과정을 포함해야 한다. 현재 신규교사들은 학부모가 어떤 존재인지 배우지 못한 채 교직에 들어온다. 따라서 교사들은 주관적인 경험과 선배교사들의 조언을 통해 학부모 관련 사안별로 닥치는 대로 헤쳐 나간다. 이를 해결하기 위해서는 교원양성기관(교, 사대 등)에서 학부모 관련 교육과정이

6) 학부모 교육권과 국가의 교육권이 서로 충돌할 때 헌법재판소는 학부모 교육권이 우선한다고 명시하면서도 '법익형량'에 따라 해결해야 한다고 판결했다. 헌법재판소(2000.4.27.). 98헌가16등, 판례집 12-1, 427,450-450.
7) 교육권의 원천소유자라는 말이며, 국가나 교원의 교육권은 학부모의 원전교육권으로부터 파생되고 위임되어진 교육권이라는 사상을 담은 말이다.

포함되어야 한다. 특히 신규교사들은 학부모와 소통하는 방법에 대하여 고충을 토로하기도 한다. 또한 교육부와 교육청의 각종 교사연수에도 학부모에 관한 사항을 반영할 필요가 있다.

다섯째, 학부모에게 검증된 교육정보를 제공해야 한다. 학부모들은 검증된 교육정보가 아니라 학부모들 사이에 퍼져 있는 소문(맘카페 등)에 의해 교육에 대한 의사결정을 내리는 경우가 많다. 특히 학부모들의 관심을 끄는 소문은 입시와 관련된 정보들에 예민하다. 김병욱 국회의원의 발표[8]에 의하면 사교육이 이뤄지는 근본 원인 1위로 '진학 준비'(40.3%), 이어 '불안 심리'(33.2%)이지만, 초등학교 교원 · 학부모 · 학생만 따로 떼놓고 보면 '불안 심리'(39.2%)가 가장 높았다. 그는 "예측 가능하고 투명한 입시정책을 수립해 학부모나 학생들이 정보 부족으로 불안에 시달리는 일이 없도록 해야 한다."고 말했다. 학부모들은 입시에 유리한 정보를 축적하고 있는 사교육기관이나 관련 업체들의 영업전략에 의해 좌지우지될 수밖에 없다. 이는 공교육기관인 학교에서 학부모들에게 유용한 진로, 진학 정보를 학부모들에게 제대로 제공하지 않기 때문이다. 따라서 학교정보공시와 학교알리미 수준의 정보제공이 아니라, 자녀교육지원 행위에 도움을 주는 검증된 교육정보를 상시 제공할 필요가 있다. 또한 학부모의 교육정보 요구에 부응하는 시스템을 갖추고 학부모들 사이에 퍼져 있는 잘못된 교육정보를 바로잡는 노력도 해야 한다.

마지막으로, 학교와 학부모 사이에는 다양한 방식으로 소통하며 학부모회를 활성화해야 한다. ICT의 발달로 소통의 홍수 속에 살고 있지만, 소통의 목마름을 호소하는 경우가 많다. 즉 학교에서는 홈페이지와 어플을 통해 가정통신문, 주간학습안내 등 각종 정보를 게시하고 알려주고 있다. 그러나 한 방향이라는 한계가 있다. 온 · 오프라인에서 쌍방향 소통이 이뤄지도록 노력해야 한다. 특히 디지털 문화에 익숙한 학부모들이 주류를 이루고 있고, 코로나19로 인해 온라인 정보망을 통한 소통의 필요성이 급증하고 있다. 학부모와 원활하게 소

8) 국회 김병욱 의원이 교육부에서 제출받은 '공교육 정상화 모니터링 결과'를 2017년 10월 1일에 발표했다. 교육부가 교원 4545명, 학부모 3707명, 학생 2149명 등 총 1만 401명을 대상으로 2016년 6월 온라인으로 조사한 내용을 분석한 자료다.

통하기 위한 온라인 기반 소통기제를 개발하고 활용할 필요가 있다. 그리고 평소에 교사와 소통하거나 학교에 참여하기 어려운 학부모에게 소통과 참여를 돕기 위한 장치가 필요하다. 학부모회를 활성화하는 방안은 학교별로 다양한 방식이 있을 수 있다. 학부모회를 활성화하기 위하여 학부모회 전용공간 확보와 더불어 컴퓨터, 프린터 등 사무집기와 회의용 가구 등 학부모들이 협의할 수 있도록 여러 시설을 갖출 필요가 있다. 또한 온라인 학부모 학교참여를 운영할 수 있도록 학부모 상주실의 디지털 환경구축이 필요하다. 이와 더불어 학부모회 예산 증액은 물론이고 예산 사용의 자율성을 확대해야 한다. 또한 학부모의 동아리를 적극 조직 운영하여 학부모 학교참여 활성화를 도모할 필요가 있다.

2. 학생과 학부모 관점에서 공교육 보기

학교는 사회적 기능 일부를 분담하고 있다. 학교가 사회로부터 교육 임무를 위임받았다는 사실은 학교교육의 공공성을 확립했다는 의미인 동시에 학교가 교육 당사자인 학부모와 학생의 요구와 감독을 수용해야 함을 의미한다.

> 이 나무
> 이 나무는 나와 비슷하다.
> 친구랑 있는 걸 좋아하고
> 노는 것도 좋아한다.
> 바람이 불면 춤을 추는 것도 같다.
> 근데 정확히 맞는 건
> 학교 가기 싫어 그 자리만 서 있는 거다.
> -(초등 5학년)-

1) 학생과 학부모가 바라는 공교육

교육은 개별 주체들 혹은 집단 간의 긴밀한 상호작용을 통해 이루어진다. 교육의 주체들이 어떠한 마음의 눈으로 서로를 바라보고, 서로에게 어떤 기대를 하고 있는가를 아는 것은 교육이라는 행위가 잘 이루어지기 위해 반드시 전제되어야 한다. 공교육 역시 마찬가지다. 교육계 내부에서 바라본 내부자 관점이 아닌 외부자 관점, 즉 학부모와 학생의 관점에서 교육 보기라는 관점 전환(이종각, 2016)이 필요하다.

(1) 학교 불만족–학습동기 유인과 책무성이 요구되는 교육

우리 국민이 학교교육에 대해 만족도가 낮다는 사실은 어제오늘의 일이 아니다. 최근 한국교육개발원 등 공적 차원에서 시행한 학교교육 만족도 조사 결과 역시 국민 절반이 초·중·고 교육에 불만족하고 있었다.[9] 구체적 내용으로 학부모 98%가 사교육을 시키고 있다고 응답했고 사교육을 시키는 가장 큰 이유로 못 믿을 학교교육을 지목했다(임소현, 2019).

경기도교육연구원에서 진행한 공교육 강화를 위한 학부모 역할 연구(2021)에 따르면 학부모들은 공교육 전반에 대해 부정적으로 인식하고 있을 뿐 아니라 학교를 불친절하고 자신의 책임을 회피하는 듯한 모습으로 인식했다. 주입식 진도 나가기에 여전히 매몰되어 있는 학교 수업방식도 불만의 큰 요인이었다. 코로나 국면은 가정에서 학교의 모습을 적나라하게 확인하는 기회가 되었다. 공교육에 대한 실망감과 불만은 사교육 의존도를 높였고 다시 공교육에 대한 인식을 악화시키는 악순환으로 이어졌다. 학생들의 경우 학교교육에 대한 인식에서 초등학생은 대체로 긍정적이었으나 학교급이 올라갈수록 학생들은 학교를 부정적으로 인식하였다. 학생들은 자신이 생각하는 꿈과 별로 관련이 없어 보이는 교육을 받고 있다고 생각하였고 이것이 학교교육에 대한 불만족의 주를 이루었다.

교육 개혁의 방향에 관한 학생·학부모·교원 및 교육정책전문가들의 인식 조사 연구(2019)에서도 학부모들은 학교교육이 지역사회나 우리나라 문제에 관심을 갖게 하는 교육이 아님을 지적하면서 현실과 유리된 교육내용에 상당한

9) 2019년 한국교육개발원 교육여론조사 결과 교육 전반에 대한 평가 5점 만점에서 초등학교 3.09점, 중학교 2.82점, 고등학교 2.49점을 받았다. 학교 교사의 자질과 능력에 대한 신뢰는 2.79점이었다. 교육여론조사 결과를 일상생활에서의 평점인 별점에 비춰 본다면 소비자가 외면할 점수다.

불만이 있었고, 역시 중등교육으로 올라갈수록 불만은 더욱 깊어졌다. 학생 인식에서는 고등학생들의 부정적 인식이 매우 높았다. 고등학생들은 학교에서 성적으로 인해 동등하게 존중받고 있지 않다고 생각하였고, 실제 생활에 도움을 주지 않는 주입식 교육과 획일적 경쟁교육으로 인해 배우는 기쁨을 느끼지 못한다고 응답했다.

이는 세계 최고의 학업성취 수준과 세계 최저 수준의 행복감이 동시에 존재하는 한국교육의 모순적 상황(OECD, 2018)을 보여주는 결과다. 동시에 학교교육이 학생들에게 학습 동기를 전혀 유발해 내지 못하는 학교교육 위기 상황으로 진단된다.

배움의 즐거움을 통한 학습 동기 유발은 평생학습 사회를 살아가기 위해 필요한 자기 주도적 미래 학습에 필수 요소이다. 학습 동기가 유발되지 않은 상태에서 이루어진 수동적 학습 경험, 강요된 배움 포화 그리고 내용 없는 치열한 줄 세우기 경쟁은 학생들이 배움 자체를 즐거움이 아닌 혐오자극으로 인식하게 만든다. 토플러가 말한 21세기 문맹, 즉 배우지 못하는 자, 배운 것을 버리지 못하는 자, 새롭게 배우지 못하는 자가 되는 길이다. 결국 학교교육은 국가 차원의 인재 양성을 목표로 하는 공교육 취지와도 맞지 않는 결과를 초래하였고, 우리는 이미 '공부의 배신', '노력의 배신'이라는 일상어가 존재하는 시대를 마주하고 있다.

학교교육에 대한 불만족은 자녀가 학교교육을 거부하는 경우 우리 국민의 50.6%가 꼭 정규학교를 졸업해야 하는 것은 아니므로 다른 대안을 찾겠다(임소현 외, 2021)는 응답으로 나타났다. 이는 현재 학업 중단 숙려제가 무색할 정도로 학교교육을 떠나고 있는 공교육 위기로 귀결되고 있다. 과거 1999~2001년까지 국민여론조사에서 정규학교는 꼭 다니게 하겠다(김양분 외, 2001)는 응답이 가장 높았던 것과 비교하면 대단히 큰 변화다.

학교 민주화를 통해 학교 변화를 시도했던 학부모 학교 참여 경험 역시 불만족이다. 학부모들은 스스로 거수기나 자원봉사자 역할에 그치고 있었다고 자조하며 학교 참여를 회피하거나 학교의 이율배반적 모습에 반감이 있었다. 빈면 성과도 있었다. 그간의 학부모 학교 참여 경험을 통해 학부모들은 입시제도 개혁이 선행되지 않는 상태에서 추진되는 자유학기제, 고교학점제 같은 개혁 정책들이 오히려 불안감을 유발하고 교육양극화를 불러온다고 인식했다. 또한 학부모가 교육의 핵심 주체라는 스스로의 자각도 일어나 교육 개혁이 학부모들의 적극적인 참여 없이 성공할 수 없다는 인식(김기수 외, 2021)을 보였다.

공교육에 대한 불만과 위기는 고스란히 학생과 학부모의 몫이 되었다. 현재 우리의 일상어에는 초 4병, 중 2병, 대 2병이라는 말이 존재한다.[10] 이는 우리나라 학생들 대부분이 병리적 징후와 함께 학창 시절을 보내고 있다는 사실을 표현한다.

공교육에 대한 불만족과 회의감은 오히려 자녀교육 이해 당사자인 학부모들에게 교육상황에 대한 자각과 교육개혁 참여에 대한 괄목할 만한 인식 성장으로 이어졌고 그 바람은 학교상을 통해 투영되고 있다.

(2) 정상(正常)교육 – 배움의 동기와 진로를 찾고, 인격적 성숙이 이루어지는 교육

최근 자녀의 성공에 대한 학부모 인식을 주목해 볼 만하다. 2015~2018까지 줄곧 1위를 차지했던 좋은 직장 취업보다는 '자녀가 하고 싶은 일이나 좋아하는 일을 하게 되었다' 또는 '자녀가 인격을 갖춘 사람으로 컸다'가 우선순위로 자리했다(권순형, 2022). 이는 자녀교육 이해 당사자인 학부모가 자녀의 존엄을 생각하고 그들의 삶에 충실한 교육과 학생들이 살아갈 세상을 염두에 둔다는 점에서 시사하는 바가 크다.

역할 기대란 집단이나 조직, 또는 다른 개인이 어떤 역할을 어떻게 수행해 주기를 바라는 것이며 일정한 가치와 상(像)으로 표현된다. 그간 학부모들의 인식 변화는 바라는 학교 상으로 잘 드러난다.

---

10) '초 4병', 학교폭력이 저연령화 되면서 초등학교 4학년 시기의 아이들이 학교폭력의 능동적 행위 주체로 등장하고 있는 현상을 드러낸 일상어이다. 두 담임까지 마련하게 된 '중 2병', 자신의 길을 상실하고 꿈 줄이기에 돌입한 백만 휴학생 시대를 일컫는 일상어가 '대 2병'이다. 이러한 일상어를 통해 대한민국 미래세대 모두가 아프고 분노에 차 있음이 감지된다(김현정, 2022: 187).

최근 이루어진 국민여론조사와 연구를 종합해 본 결과 학부모와 학생이 바라는 공교육상 혹은 학교에 바라는 교육내용은 공교육 정신에 충실한 교육, 학생 개개인의 삶과 일치하는 교육이었다. 이는 그간 우리 교육이 인격적 성장과 국민의 행복 추구라는 공교육 정신에서 얼마나 멀어져 왔는가를 여실히 보여준다.

국가교육회의가 발표한 2022 개정 교육과정을 위한 국민참여 설문(2021) 결과 우리 교육이 지향하는 중요한 가치로 개인과 사회 공동의 행복 추구가 가장 우선순위를 차지하였고, 이어서 자기 정체성을 바탕으로 한 자기 주도적 학습, 책임 있는 시민으로 성장과 학습에 대한 지속적인 흥미와 동기 순으로 나타났다. 교육이 지향하는 가치는 보다 강화되어야 할 교육 영역에 반영되어 삶의 가치를 발견하고 스스로의 삶을 가꾸어 갈 수 있는 인성교육과 인문학적 소양교육의 요구가 각각 높게 나타났다. 이밖에 학생들의 삶과 직접 관련된 진로·직업교육, 인공지능·소프트웨어 교육 그리고 생태전환교육이 뒤를 이었다.

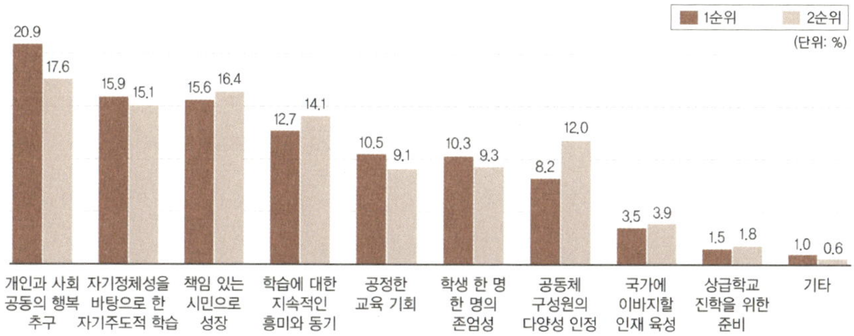

[그림 12-1] 우리나라 교육이 지향하는 가장 중요한 가치

출처: 국가교육회의(2021).

교육 개혁 방향에 관한 인식 조사 역시 공감·소통·협력 능력에 중점을 두었고 학생의 꿈과 개성을 존중하는 교육 그리고 인간 존엄을 강조하였다(이영희 외, 2019).

한국교육개발원 교육여론조사(2021)는 학생들이 살아갈 실제 삶의 모습이 보다 반영된 결과를 보였다. 중등 관련 교육정책으로 창의성과 융합적 사고를 키워주는 학교 공간 혁신이 향후 지속적으로 강조해야 할 내용이었다. 평생 · 직업교육정책으로 생애 단계별 맞춤형 진로교육 강화와 중등 직업교육 강화를 통한 고졸 취업 활성화 요구가 있었다. 자녀의 학교 선택 시 중요 고려 요소 역시 앞선 국가교육회의 발표와 같이 초 · 중학교는 인성교육과 교육 프로그램의 특성이, 고등학교는 진로 지도와 교원의 질적 수준이 우선순위를 차지했다. 또한 초 · 중 · 고등학교에서 가장 역점을 두고 길러주기를 바라는 사항은 사회성, 인간관계, 창의성, 도덕성, 기본생활 습관이었다. 이와 관련하여 현재보다 더 중시해야 할 과목도 초 · 중학교는 사회, 고등학교는 교양교육(철학, 진로와 직업, 환경)이 강화되어야 한다고 보았다. 더 강화해야 할 교육내용도 맥을 같이해 초등학교는 인성교육과 창의성교육, 중학교는 인성교육과 민주시민교육, 고등학교는 진로교육과 인성교육이었다. 다음 해 진행한 교육여론조사에서는 지속적으로 강조되어야 할 교육정책으로 코로나 여파를 반영한 유 · 초 · 중등학교 온종일 돌봄 정책 확대와 기초학력 보장, 다양한 학교 유형의 고교체제 개편 요구가 있었고 그 외에는 대체로 전년도 결과와 같은 맥락에 있었다. 조사 결과는 공교육이 학생 개인의 고유한 내적 능력과 다양성을 인정하고 개별 역량을 기르고 행복하게 함께 살아가는 가치와 방법에 소홀하였는지를 숙고하게 한다. 이에 따라 초 · 중등학교에서 학교가 잘하고 있다고 평가받기 위한 우선 과제로 특색 있고 다양한 교육과정을 운영하여 학생을 위한 맞춤형 상담 및 학생지도, 수업내용과 방법의 질 개선을 요구했다. 이밖에 초 · 중 · 고등학교에서 민주시민교육, 창의성교육, 비판적 사고력과 문제해결 능력, 개인별 학습지원 시스템 구축과 학생주도의 교육과정 강화가 중요하다고 보았다.

경기도교육연구원에서 진행한 공교육 강화를 위한 학부모 역할 연구(2021)도 희망적 미래교육을 위해 공교육 신뢰가 바탕이 되어야 하며 초등학생의 경우 자발적으로 참여할 수 있는 교육 활동, 중학생의 경우 다양한 꿈과 재능 지원, 고등학생의 경우 학생의 주도성이 보장되어야 한다고 보았다. 또한 청소년들의 정치나 사회참여에 관한 접근성이 높아짐에 따라 건전한 방식의 정치참여와 사회참여를 배우고 실천하는 공간으로 학교교육을 바라보았다(김위정, 2021). 나아가 배움과 삶이 일치하는 수업을 위해 실제 삶의 경험이 학생들과 관련된 학교 경험의 모든 측면과 밀접하게 연계되어야 한다고 보았고, 수업의 네 가지 원리로 배움과 삶이 일치하는 수업, 놀이를 통한 적극적이고 도전적인 수업, 의미화를 통해 몰입을 경험하는 수업, 능동적인 생산자로 역할을 하는 창의적 수업을 제시하였다(정재엽 외, 2021).

미래교육체제 탐색을 위한 조사 결과 보고서(2020) 역시도 위 연구들과 맥락을 같이 한다. 학교가 우선시해야 할 역할로 학부모들은 공동체 속 배려와 존중을 배우는 곳, 자신의 삶을 주도적으로 살아갈 힘을 길러주는 곳이 되어야 한다고 답했다. 학생의 경우 자신에게 맞는 진로를 설계하도록 돕는 곳, 행복한 삶의 의미를 배울 수 있도록 돕는 곳으로 보았다.

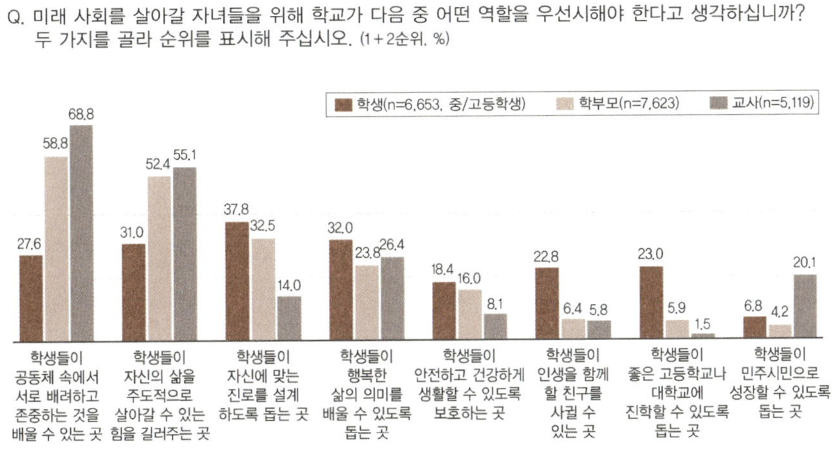

[그림 12-2] 학교가 우선시해야 하는 역할

출처: 국가교육회의(2020).

이상의 연구 결과는 자녀교육 이해 당사자들의 처지에 대한 깊은 공감과 이해에서 비롯되었다고 판단된다. 학교폭력의 양상은 저연령화되고 혀를 내두를 정도로 잔혹해지고 있으며 한 학생이 가해와 피해를 중복 경험하고 있다. 일반 청소년들의 스트레스 수준과 생활 만족도 역시 일탈로 인해 수감되어 있는 청소년과 크게 다를 바가 없으며(박영신, 2015), 교육부와 질병관리청(2023)이 발표한 2022년 학생 건강검사 및 청소년건강행태조사 결과에 따르면 청소년 우울감 경험률이 높아지고 있다. 학생 개개인이 존중받으며 자신의 능력을 찾아 삶을 주도적으로 가꾸어 가며, 더불어 행복한 공동체로 향하는 경험을 주는 장으로서의 공교육상은 참으로 많은 희생 위에 모색되고 있다.

2) 학생과 학부모가 바라는 교사상

2010년 맥킨지 보고서는 한국 교사들을 OECD 국가 중 가장 우수한 교사 집단으로 소개했다. 싱가포르는 상위 30%, 핀란드는 상위 20%, 한국은 상위 5%가 교단에 선다. 그러나 한국 교사들은 TALIS-OECD 국제 비교 조사에서 교사효능감 최하위를 기록했다(OECD, 2009). 교사가 교사로서의 쓸모를 스스로 인식하는 교사효능감이 이러한 상황이라면 교사가 상황정의한 교직 전문성에 대해 새로운 인식과 정체성 확립(이종각, 2016)이 필요하다.

역할 수행을 맡은 교사가 역할의 의미를 어떻게 이해하고 받아들이느냐(강선희, 2010)에 따라 교사 스스로 갖는 교사효능감은 크게 달라질 수 있다. 교사가 학부모와 학생이 바라는 역할 기대를 잘 이해하여 학부모 · 학생 문맹[11](이종각, 2016)에 빠지지 않도록 하는 것은 교사 자신의 효능감을 높이는 주요한 방법이다.

(1) 교사에 대한 불만족 – 학생과 학부모에 대한 문맹, 불통(不通) 교사

세계 최고 수준의 자질을 갖춘 교사, 사회적인 대우도 최고 수준인데 이러한 교사들이 과연 제 몫을 다하고 있을까 하는 질문을 던지면 많은 학부모들이 고개를 젓는다(지성배, 2016). 경영자 중심의 경영학을 수요자 중심의 경영학으로

11) 학부모 · 학생 문맹은 교사가 성공적인 학부모-교사 동반자 관계 형성 방법을 학습할 필요가 있음을 시사한다. 교사가 학부모의 관점에서 자신의 역할과 행동, 위상을 볼 수 있다면 훨씬 더 좋은 교사가 되고, 훨씬 더 학부모에게 수용되는 교육을 할 수 있을 것이다(이종각, 2016).

전환시킨 피터 드러커식의 전환처럼, 교육의 영역에서도 5 · 31 교육 대개혁을 통해 수요자 중심 교육과 학교교육의 책무성을 표방한 지 오래다. 그러나 최근까지도 교육 현장은 교권 추락, 교사에 대한 학생과 학부모의 신뢰 부족 등 다양한 문제와 갈등이 발생하고 있으며, 이러한 문제와 갈등은 교사, 학생, 학부모가 기대하는 교사의 역할이 다름에서 기인한다고 해도 과언이 아니다(강성빈, 2009).

교사에 대한 학부모의 불신은 교사 역할 수행에 대한 기대와 실제 인식 간 불일치 상황에서 비롯된다. 현실에서 학부모는 교사가 학부모와의 소통을 거부한다고 생각하고 있으며(김기수, 2021) 학부모가 인식하는 교사는 학생을 잘 알지 못하는 교사, 학생에게 실질적인 도움이 안 되는 교사, 학부모가 도움은 주되 간섭은 하지 않기를 바라는 교사이다(황성희, 2022).

교사를 신뢰하지 못하는 학부모는 자녀의 학교생활을 불안한 심정으로 지켜보게 되고, 자녀의 성장을 돕는 데 교사와 협력할 수 없게 된다. 학부모가 교사를 신뢰하는 것은 학부모 본인을 위해서 뿐만 아니라 학생의 성장이라는 교육의 본질적 목적을 달성하는 데 중요한 기반이다(김대현, 2020).

교사는 자신의 행동이 학생에게 미치는 영향에 대해 인식할 필요가 있다. 우리나라 학생들은 OECD 회원국 가운데 교사의 수업 및 학습지도 행태 등에 대해 가장 부정적인 반응을 보였다. 교사들이 모든 학생의 공부에 관심을 보이느냐는 물음에 우리나라 학생들은 31%가 '그렇다'고 답했고, 이는 포르투갈(83%), 영국(75%), 호주(72%)보다 매우 낮았으며 OECD 회원국 평균(56%)에도 크게 못 미쳤다(OECD, 2002).[12] 학생은 학습을 도와주는 일을 중요하게 생각하였고, 교과에 대한 능력이 부족한 교사를 매우 부정적으로 인식했다(서경혜 · 유신

12) 지성배(2006)의 연구에서 인용한 북한 이탈 청소년은 학교에 다닐 이유가 없다며 다음과 같이 말한다. "학교에서 더 이상 배울 것이 없을 것 같습니다. 저는 적어도 북한의 학교 문화도 있었으면 좋겠는데 여긴 학교 선생님도 전부 근로자 같고… 수업 시간에는 아이들이 절반 가깝게 자고 있는데도 선생님은 묵인한 상태로 수업을 진행하고 있고… 교무실 찾아가서 선생님께 무슨 질문을 할라치면 "너는 학원도 안 다니니?"라고 합니다. 그러면서 학원에서 해결하라 하고, 또한 수업 시간이 끝나면 퇴근하기 바쁜 선생님 뒷모습만 바라보는 상황이 계속되니까 학교에서 더 이상 뭘 배우겠습니까."

형, 2004; 지봉환, 2009).

고등학생의 학업생활과 문화 연구(2009)는 학생들이 싫어하는 교사로 권위주의적인 선생님, 가식적인 선생님, 상처받게 말을 하는 선생님, 자기감정대로 하는 선생님, 공부 못한다고 무시하는 선생님, 편애하고 차별하는 선생님, 너무 물러서 애들 분위기가 이상해져도 어떻게 못 바꾸는 선생님 등을 지적했다. 대부분 교사와 학생 간의 상호작용 장면에서 드러나는 문제로 교사의 언어의 질과 의사소통 능력의 중요성을 알아볼 수 있다.

(2) 바라는 교사상 – 통(通) 하는 교사

학부모의 학교에 대한 인식은 가장 일선에서 학부모가 접하는 교사를 떼어 놓고 설명하기 어렵다. 그간의 연구들은 학부모가 기대하는 교사의 모습으로 학생의 특성을 잘 파악하고 눈높이를 맞추는 교사, 전문적 지식과 실력을 갖춘 교사, 수평적 · 동반자적 관계에서 학부모와 소통하는 교사였다. 학생이 바라는 교사상은 개별 학생에게 애정 어린 관심을 가지고 친밀하게 상호작용하는 교사와 함께 교사의 가르치는 능력 역시 중요한 교사상으로 생각했다. 학생 자신의 정서적 요구와 반응을 고려한 교사의 의사소통 능력과 수업 능력은 학생들이 생각한 중요한 교사 역량이다.

2020년 국가교육회의 대국민 여론조사 결과 역시 학부모와 학생이 바라는 교사상과 맥을 같이 한다. 우리나라 사람들이 생각하는 이상적인 교사상과 교사들이 생각하는 미래 교사에게 필요한 역량이 학생에 대한 '이해'와 '소통'으로 일치했다(최원형, 2020).

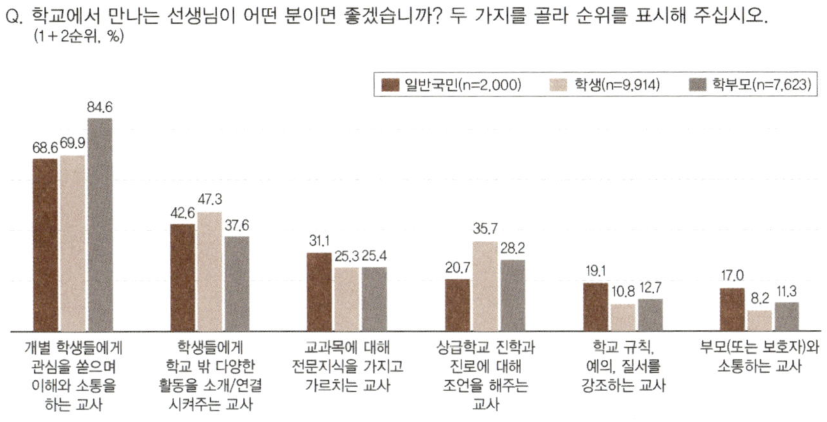

[그림 12-3] 바라는 교사상

출처: 국가교육회의(2020).

또한 좋은 교사가 갖추어야 할 중요한 자질로 학생을 진심으로 이해하고 학생의 시각에서 현상을 이해하고자 노력하는 태도, 전문적인 지식을 바탕으로 한 훌륭한 교수 기술, 그리고 미래사회에 능동적으로 대처할 수 있는 능력(김회용, 2007)이 필요하다고 보았다. 교원능력개발평가 문항에 대한 동료교원, 학생, 학부모의 응답을 분석한 결과 역시 공통적으로 학생들을 애정과 사랑으로 대하고 열정적인 태도를 가진 선생님에 대한 요구가 높은 것으로 나타났다(박지혜, 라종민, 2016; 이기마, 2017).

이를 통해 교육 이해 당사자이며 실수요자인 학부모와 학생이 공통으로 원하는 교사상은 애정 어린 관심과 사랑으로 개별 학생을 이해하고 소통하는 교사의 모습이다. 학부모와 학생이 공통으로 원하는 교사상은 교사가 그간의 내부자 관점에서 벗어나 외부자 관점에서 학부모와 학생의 처지를 이해할 수 있어야 한다는 중요한 사실을 말해 주며, 교사 역시도 이에 동의하고 있다. 한편으로는 지금까지 우리 교육에서 서로에 대한 깊은 공감과 이해와 소통이 얼마나 없었는지를 역설해 주는 대목이다.

이밖에 미래형 수업 및 평가 방안(2021)에 따르면 교육 주체들은 인간 존엄이라는 인식하에 학생이 선택하는 교육과정을 중심으로 교사와 학생이 상호작용하며 삶에 기반을 둔 지속 가능한 교육이 이루어져야 한다고 보았다. 이를 위해 평가계획 단계에서부터 학생이 참여하여 지식과 역량을 균형 있게 평가하고 학생의 성장을 지원하는 맞춤형 시스템으로 평가가 운영되어야 한다고 인식하였다.

개별 학생의 적성과 자질을 개발하고 성취해 나가는 다품종소량생산 시대의 교육적 요구는 개별 학생의 수월성에 기반하는 것이 진정한 평등교육이라는 사실을 보여주고 있다. 이는 교육의 어원인 '이끌어 내다'를 의미하는 에듀케레(educere)의 실현임을 의미한다. 학생을 중심으로 교사와 학부모가 공동의 목표를 향해 나아갈 때 교육을 통한 개별 학생의 교육적 성취가 가능하다. 또한 교사의 역할 수행에 있어 결정적 요인인 교사효능감이 향상되어 교사 스스로 일상적 일터에서의 뿌듯함과 만족감이 높아지리라 판단된다. 교사-학부모, 교사-학생 간 쌍방향 의사소통 증진을 위해 학부모와 학생의 입장을 이해하는 교육공동체의 이해와 소통 역량 증진 교육이 교원양성 기관에서 필수적으로 이루어져야 하며 이에 따른 제도적 장치 역시 마련되어야 한다.

3. 교육주체 간의 인식격차에 대한 이해와 민주적 대응 방안 모색

> "교육을 구체화하고 변화시키기 위해서는 모든 목소리에 귀 기울여야 한다"
> (유네스코한국위원회, 2020: 머릿말)

학교교육의 3주체인 교사, 학생, 학부모 사이에 교육상황, 학교모습, 서로의 행동 등에 대한 인식이 매우 다르며 그 격차가 크다는 것을 확인했다. 앞에서 본 바처럼 직접 대비시켜 놓고 보니 예상보다 인식격차(decoupling)가 심하다. 이런 디카플링 상황에서 학교혁신이나 공교육 정상화가 잘 이루어질 것 같지 않다. 그렇다면 이 격차를 더 이상 방치할 것이 아니라 이 문제의 심각성을 인식하고 대응책을 모색해야 한다. 먼저 디카플링이 어떤 교육적 의미가 있는지를 살펴보자. 그리고 어떻게 대처해 나가는 것이 민주적일지 논의해 보자.

1) 교육3주체가 서로 '을'로 인식하며 피해의식을 느끼고 있다

교육현장에서는 교사, 학생, 학부모를 교육3주체라고 말하고 있다[13]. 교육3주체 모두가 고통스러워하고 힘들어하며 피해의식이 있다는 점은 우리 교육의 어둡고도 무거운 모습이다. 관련 글 하나를 인용한다.

> 오히려 현실은 교육의 3주체로 호명되는 학부모, 학생, 교사 스스로가 자신들을 '을'로 규정하고 있다. 학부모는 "자녀를 볼모로 두었다"고 스스로를 '을'로 부른다. 교사 역시 "목소리 큰 학부모, 민원인 학부모, 진상 학부모에 치이고 휘둘리고 여기에 학교장까지 합세해 자신들의 처지를 '을'로 규정한다. 이러한 어른들 틈새에서 학생들은 스스로를 '을 중의 슈퍼 을'이라고 주장하고 있다(김현정, 2022: 192).

교실붕괴나 잠자는 학생 등의 학교현장의 문제 사태가 학생이나 학부모 입장에서는 어떻게 보일 수 있을까? 어떤 학생들은 떠나고 싶어도 떠날 수가 없어서 할 수 없이 등교하여 잠만 잔다고 말할지도 모른다. 학부모 역시 이런 학교보다 다른 학교에 보내고 싶어도 그렇게 할 수가 없는 제도이기 때문에 어쩔 수 없이 꾹꾹 참고 있다고 말할지도 모른다.

2015교육여론조사(2016.2 발표)에서 '자녀가 학교에 다니는 것을 거부하면 어떻게 하겠느냐?'는 물음에 학부모들의 응답은 '다른 대안을 찾겠다' 56.8%, '정규학교는 꼭 다니게 하겠다' 37.3% 순으로 조사됐다. 이 조사 결과는 초창기 교육여론조사(1999~2000년)에서 '정규학교는 꼭 다니게 하겠다'는 응답이 가장 높

---

13) 교육부와 교육청의 교육정책 문서에서는 학생, 학부모, 교원을 학교의 3주체나 교육의 3주체로 표현하는 경우가 흔히 있다. 학부모 외에도 교육의 주체로 학생과 교원이 있고, 학교의 설립 및 운영 주체로 국가, 지자체, 사학법인이 있다(「교육기본법」 제11조~제17조).
그리고 필자는 국가 단위 분석에서는 교육주체를 이와 다르게 규정한다. 즉 (공)교육주체에 대해 공급주체로 국가, 실행주체로 교육자, 수요주체로 학생·학부모를 꼽는다.

게 나타났던 것과 비교하면, 15년 사이에 크게 달라진 것이다(연합뉴스, 2016.02.11.). 2018년 총선 때 지방자치단체의 이슈를 파악하기 위해, 지난 4년간의 빅데이터를 분석한 결과에서도 민심은 교육문제로 향해 있는 것으로 나타났다. 즉 주민, 의회, 언론 모두 교육문제를 가장 많이 언급했다(DongA.com 2018.4.24.).

교사가 교직을 그만둘까 생각해 봤듯이, 학생도 학교를 그만둘까 생각해 본 사람이 얼마나 될까? 전학 가고 싶거나 다른 곳에 가서 공부하고 싶다고 생각하는 학생은 얼마나 많을까? 학부모도 내 자녀가 학교에 가서 저렇게 지낼 바에는 다른 방법이 있으면 좋겠다, 라고 생각하는 사람이 많을 것 같다. 학원 같은 곳에서는 적게 발생하는 일들이 국민의 막대한 세금으로 운영하는 공교육 기관(학교)에서는 왜 많이 발생할까? 학부모의 교육권 침해 사례는 왜 통계가 한 번도 잡힌 적이 없을까?

우리는 위와 같은 질문에 대한 통계를 가지고 있지 않다. 즉 팩트 체크가 안 되어 있다. 통계가 없다고 사실도 없는 것이 아니라는 것도 안다. 그러나 통계가 없음으로 사실이 없는 것처럼 취급된다. 잠자는 학생의 학습권 보장을 위한 정책 제안은 하지 않는 한 가지 이유이다.

교육민원의 증가도 큰 틀에서 보면 민주화, 수평화, 개방화 과정에서 새 시스템과 뉴노말(new normal)을 정립해 가는 과정의 진통이다. '가만있지 않는 학부모'도 증가할 것이고, '똑똑해지고 깐깐한 학부모'도 증가할 것이고, '참여하는 학부모'도 증가할 것은 변화의 대세이며, 국가 차원에서 보면 환영할 일이다. 이런 학부모의 증가는 민원을 증가시킬 것은 틀림없어 보인다.

학교나 학부모(학생 포함) 모두 갈등이나 민원 사건이 발생하기 전과 발생하더라고 커지기 전에 소통할 수 있는 개방적 참여 분위기와 절차를 제도화할 필요가 있다.

2) 디카플링의 방치는 상호불신을 키우고 학교의 탄력성을 잃게 한다

앨빈 토플러가 지적한 바대로 현재의 학교제도는 산업사회의 필요에 최적화된 제도이다. 공교육체제로 확립된 학교제도는 국가관료제도로 운영되는 공룡화된 거대 시스템이다. 그것은 대량생산용으로 규격화·표준화·획일화된 제도이다. 우리가 가진 학교 중심의 법적 체제, 공교육 중심의 교육담론체제, 일반인뿐만 아니라 정치가와 언론인까지 '공교육은 곧 학교교육'이라는 고정관념, 교육전문직단체(교총, 전교조)의 공고함 등은 학교의 변화를 어렵게 하는 공교육의 생태계를 구성하고 있다. 이런 요소들로 단단히 결합된 학교는 조직 자체의 보호는 잘 하고 있으나 변화 탄력성은 잃고 있다.

어쨌든 학교는 외부 환경변화에 대한 탄력성과 수요자 불만족에 대한 탄력성 모두 매우 낮은 상태이다. 즉 비탄력적 학교제도는 외부로부터의 혁신될 필요에만 둔감한 것이 아니라, 자체(율)적인 혁신능력도 결여되어 있다. 학교교육개혁을 위한 역대 정부의 수많은 노력이 성과를 거두지 못한 주요 원인 중의 하나는 바로 이 '탄력성 잃은 시스템'이라는 점이다.

구조란 결국 구성원들의 존재방식과 연결되어 있기 때문에, 구성원의 존재방식에 적절한 긴장과 균형을 보장해야, 즉 구조적으로 탄력성을 보장해야 수업내용과 방법 등을 개선할 자체 동력도 확보될 것이다.

3) 각 주체별 인식의 형평성 있는 반영은 교육민주주의의 필수 절차이고 요소이다

국민들은 저마다 교육과 얽혀 있는 상황이 다른 만큼 이해(利害)관계도 복잡한 상황 속에서 공교육을 직접 체험하며 느끼고 나름대로의 평가를 한다. 교육에 대한 인식도 요구도 다르고 다양하다. 그렇다면 공정한 공교육 질서를 수립하기 위해서 어느 교육주체의 체험을 반영해야 하는가?

이 질문에 대한 답은 주요 당사자(즉 교육주체)의 체험을 공평하게 반영하는 것이다. 교육(사회)학 연구는 교육3주체의 교육 체험과 평가, 기대를 공평하게 반영하는 것이 원칙적으로 바람직하다. 그러나 이렇게 하지 않은 경우가 많다.

각 교육주체들의 관점과 판단이 학교 내 담론이나 사회 담론에서 얼마나 공평하게 반영되고 있는지는 민주사회에서 매우 중요한 사안이다. 교육주체 각각의 입장을 반영하는 인식과 담론들이 공평하게 수렴되지 않는다면 민주적이라고 말할 수 없다. 학교의 교육상황에 대한 객관적 정보와 지식의 확보는 3주체 간의 입장이 골고루 반영된 공평한 담론을 거치는 것이 바람직하다. 그러나 아직까지 학교 내 담론은 공평한 담론 상황이 아니다. 학생 의견을 공식적으로 접수하고, 그에 대한 학교의 공식적 답신 절차는 거의 없다. 학부모의 의견과 요구에 대해서도 마찬가지이다. 교육공동체라고 교육계가 주장해 온 지 오랜 시간이 지났지만, 학교는 아직까지도 공평한 소통이 이루어지는 공동체가 아니다.

교육주체 간 담론상황이 공평하지 못한 것은 단위학교에서만의 문제가 아니다. 학교운영을 위한 학교 내 담론에서나, 학교 밖에서의 사회 담론에서의 교육문제를 취급할 때나 여러 주체 간(구성원 간)의 인식이 공평하게 소통되고 반영될 수 있는 체제(시스템)를 구축하는 것이 바람직하다. 학교 안이든 밖이든 교육담론 형성은 각 교육주체들의 인식을 공평하게 반영해야 하며, 특히 학생과 학부모 의견이 과소 반영되고 있는 문제점을 해결해야 한다. 언론이나 정치권 그리고 각종 공개토론회 등에서의 교육담론도 학생과 학부모의 의견과 인식이 형평성 있게 다루어지지 않는 문제도 해결해야 한다. 교육민주주의로 가는 길인 동시에 학교의 변혁탄력성을 회복하는 길이기도 하다. 교육문제에 대한 인식의 균형을 갖추기 위해서는 모든 교육주체의 인식과 논리가 모두 교육논의 장에 들어와야 한다. 인식에도 민주성이 필요하다면, 국가입장에서의 교육인식, 교육자 입장에서의 교육인식, 학생 · 학부모 입장에서의 교육인식이 교육학 연구에서 그리고 교육정책 논의에서, 또 학교운영에 관한 논의에서 균형을 갖출 필요가 있다.

그러나 현실은 학생 · 학부모 입장에서의 교육상황 판단과 인식이 가장 적게 반영되거나 여전히 무시되고 있다. 일부 극성(?) 학부모의 요구가 과하다고 하여 대다수의 정상적인 학부모의 판단과 요구가 무시되거나 과소 반영되고 있는 사실에 눈 감아서는 안 된다. 학교와 교육행정 단위들은 대다수 정상적인 학부모의 판단과 요구를 수렴할 절차를 마련해야 한다. 교육(사회) 연구에서도 학교교육 3주체의 입장과 인식을 균형 있게 반영하여 연구의 민주성을 높일 필요가 있다. 학생과 학부모가 교육수요자라는 이유로 불이익을 받아서는 안 된다. 학생과 학부모는 교육의 혜택을 최종적으로 받아야 할 권리를 가진 국민들이다.

생각을 키우는 자료 1

교육사회학의 민주성

'학문에도 민주성이 있을까?'라는 질문을 던진다(이종각, 2023: 1150). 최근 유네스코가 발간한 한 보고서에 지식민주주의 개념이 등장했다. 아직 생성 중에 있는 개념이다. 버드 홀과 라제쉬 탠든(Budd Hall & Rajesh Tandon)은 지식민주주의를 '모든 지식체계에 대한 문호개방'으로 핵심을 정리한다. 이들은 지식 관행과 문화의 다양성 또는 지식민주주의를 인정하는 것이 더 이상 문화적 정의 실현의 문제만이 아니라 인간과 지구의 생존의 문제라고 주장한다.

지식민주주의는 지식체계와 문화의 다양성을 인정한다는 것을 의미한다. 이는 다양한 언어, 문화, 관습의 성장과 전파를 증진해야 한다는 포함한다. 생물다양성이 중요하듯이, 지식체계의 다양성도 중요하다. 지식민주주의는 우리 사회에서 변두리로 밀려난 사람들의 지식의 인식론적 특권을 인정한다. 나아가 지식민주주의는 지식이 사적인 이익을 위해서가 아니라 더 넓은 공공의 이익을 위해서 사용될 수 있어야 한다는 것을 의미한다(유네스코한국위원회, 2020: 21).

필자는 민주적 학문(지식)에 대해 다른 측면을 보완하고 싶다. 반영의 측면과 기여의 측면에서 지식의 민주성을 살펴볼 수 있다. 반영의 측면에서 보면, 특정 주체에 관심이 쏠려 있고 그 주체의 입장을 주로 반영하는 지식생산이라면 민주성은 높다고 볼 수 없다. 각 주체들의 입장과 요구를 고르게 반영하는 학문이 민주성이 높은 학문이라고 볼 수 있다. 학문의 기여의 측면에서 보면, 교육3주체가 역할에 맞게 교육에 공평하게 참여하고 혜택을 보는 데 기여하는 학문이라면 민주성 높은 학문이라는 답이 가능해 보인다. 교육학은 교육자의 입장을 더 많이 반영하고 있다는 점, 그리고 교사에 대한 기여를 위한 지식생산에 치중한다는 점에서 교육3주체에 대한 지식 민주성이 제한되어 있다. 국민과 학생, 학부모 입장을 제대로 반영하고 전달하는 교육연구가 보완된다면 교육(사회)학의 민주성도 향상될 수 있다고 생각한다.

4) 책무성 구조에 합당한 민주적 주체 관계 형성하기

교육3주체 간의 관계에 대한 원리적, 법적 사항을 확인해 보자. 학부모의 교육권은 자연권으로 인정받을 만큼 기본권에 해당한다. 우리 「헌법」에는 제31조 제1항에서 국민의 교육권을 명시하고 있다. 그리고 교육권은 헌법재판소의 2007헌마1456 판결에 따라 자유권적 성격과 사회권적 성격으로 분류된다. 사회권적 성격은 국민이 능력에 따라 교육을 받을 수 있는 환경조건의 정비를 국가에 적극적으로 요구할 수 있는 권리를 말한다.

국가는 국민에 대한 교육책무성이 있으며, 그것을 교육정책과 학교를 통하여 수행한다. 교육의 책무성 논의는 공교육의 운영 원리를 반영하고 있다. 책무성의 기본 전제는 정치조직이론과 경제학에서 자주 활용되는 '주인-대리인이론(principal-agent theory)'에서 출발한다(박선형, 2013). 주인-대리인이론은 책무를 이행해야 하는 행위자(대리인)와 책무수행을 요구하는 주인을 설정하고 있다. 주인은 자기이익 실현을 위하여 대리인에게 직무수행을 위한 권한을 위임하는 것을 전제로 한다(박소영 · 신하영, 2019). 교사의 교육권은 자연법적으로는 학부모에 속하는 자녀교육권을 신탁(信託) 받은 것이고, 실정법상으로는 공교육의 책임이 있는 국가의 위임을 받은 것이다.[14)]

국가와 학교는 국민주권시대를 맞아 국민 혹은 시민으로부터 더 많은 책무성을 요구받게 된다. 국민주권시대에는 (교육)민주주의가 성숙해 가고 (교육)시민의 힘이 증가하기 때문이다. 학부모는 학교가 합당하게 대우해야 할 제1의 클라이언트(client)이다(김주후 외, 2007: 80). 학교는 국가의 교육적 역할을 최종적으로 (학생과 학부모에게) 전달하는 구조인 만큼, 국가의 국민에 대한 교육책무성 구조의 최종단계이다.

이런 관점에서 보면, 학교란 국가가 헌법에 명시된 국민의 교육권을 실현하고, 국민에 대한 교육책무성을 수행하기 위해 설립 · 운영하는 기관이다. 학부

---

14) 교사의 가르칠 권리는 헌법상의 권리로 인정받지 못하고 있다. 즉 교육에서 교사의 가르치는 권리는 자연법적으로는 학부모의 자녀교육권을 신탁 받은 것이고, 실정법상으로는 국가의 위임에 의한 직무상의 권리라고 보고 있다(최종길, 엄기형, 2014).

모는 국민 중에서 '교육에 활성화되어 있는 국민'이다. 학부모는 학교를 잘 사용할 권리가 있으며, 그렇게 함으로써 국가의 교육책무성 수행이 완성된다. 따라서 정부에서 제공하는 교육정책과 학교교육은 바로 학부모와 학생들이 잘 사용(활용)할 수 있게 만들고 시행해야 한다.

5) 소통 없이는 교육공동체라 할 수 없다: 교육주체 간 소통 회복의 과제

'인식이 모든 것'이란 말이 있다. 학교교육 3주체 사이에 각각 처해 있는 입장과 경험에 따라 서로 다른 인식이 엄연히 강력하게 존재하며, 그 인식 차이가 매우 크고 상충되는 부분도 있다는 것을 확인했다. 이런 서로 다른 인식 상황임에도 불구하고 무소통 상태로 방치된다면 불신과 갈등만 일으킬 것이고, 학교조직은 활기를 잃을 것이다. 학교가 3주체로 이루어진 공동체라고 하면서 무소통 상태 혹은 소통결핍 상태로 공존해 오고 있다. 그러나 이것은 공동체답다고 말할 수 없다.

어느 주체도 상대에게 이런 무소통의 공존 상태를 요구하지는 않았음에도 불구하고 이렇게밖에 공존할 수 없다면 이는 '제도에 의해 강요된 공존 상태'라고 규정할 수 있다. 의무교육제도, 학력제도, 입학제도, 학생회제도, 학부모회제도, 학운위제도 등등의 여러 제도가 마련되어 있고 그에 따른 행동을 하지만 교육주체 중 어느 누구도 (거의) 선택이 없이 제도라는 외부세력에 의해 형성되어진 것이 학교공동체라는 이름으로 엮어진(만나진) 관계이다. 한국의 학교공동체는 수동성이 매우 높은 공동체이며, '가두리'적 성격이 강한 조직(공동체)이다. 이런 조직에 활기를 불어넣고 공동체성을 회복할 수 있는 방법을 찾아야 할 것이다.

> 추천도서: 이종각(2021). 학부모 역할 증가와 민주적 교육발전의 길 그리고 학부모 학문전략-교육시민에 대한 지원 전략-. 교육사회학연구 31권 4호, pp. 1-32.

생각을 키우는 자료 2

수요자 존중이 없는 교육의 역습?

국민을 존중하지 않는 권력은 오래 갈 수 없다. 학생과 학부모를 존중하지 않는 공교육권력도 마찬가지이다.

교실붕괴나 교권침해의 증가를 수요자중심 교육 때문인 것으로 주장하는 이가 많다. 수요자중심교육은 곧 신자유주의적 교육이라고 강력하게 비난해 온 경향이 높다. 그러나 그들은 다른 곳에서는 수요자가 존중되는데, 왜 유독 교육과 학교에서는 수요자 존중이 없어야 하는지를 설명해 주어야 한다. 오히려 교실붕괴도 교권붕괴도 수요자 존중이 없는 학교문화 때문에 발생한 만성병 아닐까라는 질문이 생긴다. 역설적으로 수요자 존중문화가 학교에서 피어나야 교실붕괴나 교권침해 문제도 해결될 수 있는 것 아닐까? 사교육기관에는 별로 없는 교실붕괴가 왜 공교육기관에는 거의 모든 교실에서 나타나는지를 어떻게 설명할 수 있는가?

정치는 국민을 존중해야 하고, 국민은 정치의 수요자이고, 그러니까 정치는 수요자 중심 정치가 된다. 그럼 이런 정치는 신자유주의적 정치이기 때문에 배척되어야 하는가? 마찬가지로 교육도 수요자를 존중하는 교육이 되어야 하는 것 아닌가? 오히려 수요자 존중이 없으니까 교육은 학생 · 학부모의 요구에 무관심하고, 학생 · 학부모의 공교육에 대한 불신이 치솟아도 교육은 개선되는 모습을 보이지 않는다. 정부의 문서가 내려오면 따라만 하는 (진정성 없는) 실적주의 교육행정과 학교운영을 하고 있다. 그러나 교육행정도 학교운영도 학생 · 학부모의 교육민심을 반영하는 데에는 인색하다. 학교운영과 교육행정은 '교육민심(에 대한) 탄력성'이 아주 낮다. 학교의 자율적 혁신을 기대하기 어려워 보인다.

토론해 봅시다

1) "'내 새끼 지상주의'의 파탄, 공교육과 그가 죽었다"
(김훈, 중앙일보, 2023. 8. 4). https://www.joongang.co.kr25182441
위 칼럼을 읽고 학부모 입장에서 이 주장을 옹호하거나 혹은 반박해 보자.

2) 최근에 발생한 (언론 보도 기준) 학부모 민원은 어떤 것이 있고, 학교에서는 어떻게 대응했는지에 대해 비판적이면서도 생산적인 토론을 해보자.

제13장

학교의 공동체성 강화

이 장에서는 우리나라 학교의 매우 취약한 지점인 공동체성과 관련한 논의를 한다. 교육기관에서 공동체란 무엇이며, 어떻게 조성할 수 있을까를 다룬다.

> 공동체는 동일한 정체성으로 유지되는 집단이 아니라 타자의 목소리,
> 특히 다수성에 의해 억압 받는 고통의 목소리에 귀를 기울이며 그에 응답하는
> 끊임없는 과정, 서로에게 감응하며 '우리'를 끊임없이 다시 써가는 과정의 이름이다.
>
> 김태선(2021). 팬데믹 시대의 목소리를 함께 듣는 일. 창비. 192호(봄호). p. 52.

주요 개념

학교공동체, 전문적 학습공동체, 마을교육공동체

주요 질문

학교공동체를 어떻게 조성할 수 있는가?

1. 학교 재구성 필요성

school(스쿨)이란 말은 희랍어 '스콜레(schole)', 라틴어 '스콜라(schola)'에 기원을 두고 있다. '여가'를 뜻한다. 그러나 현실의 학교는 어원처럼 한가로운 여가 공간이 아니다. 근대적 교육제도가 확립되면서 학교는 보편화, 도구화, 대형화되었다. 국가발전이라는 목적을 효율적으로 달성하기 위한 차원에서 학교교육의 내용과 방법은 표준화된 방식을 따르게 되었다. 따라서 실제의 학교는 법과 규정의 체계에 의해 운영되고, 학교 안의 지식, 언어, 문화 등은 관료제를 바탕으로 형성되어 각 교육주체들의 행위를 규제한다. 이를테면 교육부-교육청-학교로 이어지는 관료제 라인을 통해 학교 운영의 세세한 방침이 전달된다. 이런 상황에서 교사들은 학교운영과 교육활동의 집단적 주체가 아니라 지시받고 통제받는 수동적 대상이 된다. 학생, 학부모의 주체성도 매우 제한적인 범위 내에서만 인정된다. 그렇다보니 학교에는 긴장과 갈등이 일상적이다. 주체 간에 교육적 · 일상적 마찰이 끊이질 않는다. '행정업무 때문에 수업하고 학생들 만날 시간이 없다'는 교사들의 하소연, '학생생활기록부의 기록이 내 삶을 말해준다. 일일이 체크하고 따질 수밖에 없다'는 학생들의 한탄, '학교가 너무 권위적이고 일방적'이라는 보호자들의 항변이 반복된다.

학생들의 학교에 대한 인식도 천차만별이다. 일부 학생들은 학교를 '공부하는 곳'으로 인식한다. 즉 학교는 '진학을 준비해야 하는 곳'이자 '미래에 필요한 것을 배우는 공간'으로 인식한다. 따라서 이들 학생들에게는 '공부'나 '수업'의 가치가 중시된다. 그러나 학교를 달리 인식하는 학생들도 있다. 이들 부류 학생들에게는 학교가 '쉬는 곳', '잠자는 곳', '따뜻한 밥 먹는 곳'이다. 공부보다는 생활과 삶의 맥락에서 학교를 인식한다. 따라서 이들에게 공부, 수업, 성적의 가치는 부차적인 것이 된다. 학교에는 이렇게 필요와 기대가 서로 다른 부류의 학생들이 섞여 있다. 부류가 다른 학생들 사이에는 묵인, 경계, 무관심 등의 규범이 작동하기도 하지만 심한 경우에는 괴롭힘과 따돌림 또는 물리적 폭력이 발생하기도 한다. 이런 점에서 학교는 '화해 불가능한 대립'이 일상화된 곳이다.

그리고 교사들은 필요가 서로 다른 학생들을 아우르면서 수업지도와 생활지도를 하게 된다. 그러자니 교사에게 학생은 그 자체로 심각한 스트레스 요인이 되기도 한다. 교사들은 때때로 사랑이나 인내만으로 학생들을 통제하기 어려운 현실을 마주하게 된다. 일부 교사는 학생 지도와 통제의 어려움으로 인해 좌절감과 스트레스 그리고 감정적 소진을 호소하기도 한다(손준종, 2017). 이런 점에서 보자면, 학교는 혼돈의 공간이기도 하다.

학교는 교육이라는 목적과 기능만을 지닌 일원적 통합체가 아니다. 다양한 목적과 기능을 동시에 지향하는 다원적이고 복합적인 실체다. 또한 학교는 완전체가 아니다. 정교하게 설계되고 운영되는 것처럼 보이지만, 학교태(學校態, schooling)에는 기능상의 문제는 물론 구성원 간의 관계 문제 등이 상존한다. 1990년대 중반 이후에 등장한 '학교붕괴론', 2000년대 초의 화제가 되었던 '늙은 아버지를 닮은 학교론'(문지원, 2000), 2000년대 중반의 '죽음의 트라이앵글론', 2010년대 초반의 '교육 불가능론' 등은 현실의 학교가 안고 있는 다중 맹점의 단면들을 잘 보여 준다.

■ **'학교붕괴론'**

학교교육이 학생들로부터 외면당하고, 학교 규범이 무너진 1990년대 중반 이후 학교 상황을 설명하는 세론(世論). 구체적으로 '교사의 지도에 아랑곳하지 않고 학생들이 잡담을 하거나, 자리에서 일어나 교실 안을 돌아다니거나, 교실 밖으로 나간다거나, 교사에게 물건을 던지고 폭언을 하는 등 난폭한 행동으로 수업이 제대로 진행되지 못하는 상황'을 의미함. 학교붕괴론은 이후에 '학교해체론'(학교는 해체하라. 제도 학교는 무용하다)이나 '탈학교론'(학교를 벗어나야 제대로 된 배움이 가능하다) 등으로 이어짐.

■ **'늙은 아버지 닮은 학교론'**

아버지와 같은 권위와 전통을 내세우며 존경받던 학교가 이제는 무능하고 늙은 권위에 지나지 않는다고 보는 비판적 관점. '늙은 아버지 닮은 학교론'은 학교가 시대변화와 학생들의 요구에 제대로 조응하지 못하는 지체 문제를 지적함.

■ **'교육 불가능론'**

한국의 사회경제적 토대의 변화(승자독식 구조, 과잉경쟁 구조)로 인해 학교에서의 진정한 교육이 불가능해졌다는 자조(自嘲)와 성찰(省察)의 교육담론. '교육 불가능론'은 2011년 교육잡지 〈오늘의 교육〉을 중심으로 논쟁이 표면화됨.

이런 점에서 학교의 한계를 극복하고, 교육주체들이 함께 참여하고 성장할 수 있는 학교로의 전환이 필요하다. 특히 학교의 공동체성 심화를 통해 관계문화의 회복 및 학교운영 구조의 개선 등을 함께 고민할 필요가 있다. 이 장에서는 공동체의 의미, 학교와 관련한 공동체 논의의 흐름, 그리고 학교를 중심으로 한 교육공동체 확장 시도 등을 살펴본다.

2. 학교공동체의 이해

1) 학교공동체의 일반적 의미

학교란 교육을 의도적, 계획적, 전문적으로 실행하는 교육기관이다. 따라서 학교에는 명확한 의도와 계획을 담은 교육목적, 교육과정, 교육방법, 평가방법에 관한 전문적인 구상과 그 실천이 요구된다(정범모, 2000: 131). 따라서 학교는 제도적 틀을 갖추고 그에 합당한 기능과 역할을 수행한다. 그러나 학교운영에는 다양한 구성요소, 행위자, 그리고 환경이 서로 영향을 끼치며 작용한다. 학교에서만 볼 수 있는 독특한 문화적 문법이 형성되는 것이다. 이런 점에서 학교는 사회학적 탐구 대상이다.

'학교공동체'라는 용어에는 두 가지 의미가 담겨 있다. 하나는 '학교는 공동체 조직이다'라는 규정이다. 발생론적으로나 의미론적으로 이 규정은 타당하다. 학자들이 말하는 공동체이론이 이를 뒷받침한다. 퇴니스(1957)에 따르면, 공동체는 관계의 공동체, 공유의 공동체, 결속의 공동체 등 세 가지 형태로 존재한다고 한다. 서지오바니(Sergiovanni, 1994)는 이를 친족의 공동체, 공간의 공동체, 의식의 공동체로 개념화한다. 친족 공동체(community by kindship)는 가족이나 동아리와 같이 구성원들 간의 관계가 매우 끈끈한 모임체에서 발견되는 존재의 통합성을 특성으로 한다, 그리고 공간 공동체(community of place)는 공통의 공간을 공유함으로써 구성된다. 의식의 공동체(community of mind)는 공동의 목적, 공유가치, 존재와 행위에 대한 공유관념에 따라 구성원들이 상호 결속함으로써 성립되게 된다. '우리(we)'라는 정체성은 의식공동체를 강화하는 핵심 요소가 된다. 이런 점에서 공동체는 특정 목적과 공유된 가치 · 신념, 구성원 간의 유기적 관계, 그리고 구성원의 행동을 규율하는 규범체계로 구성된다. 특히 공동체는 구성원들 간에 '우리 감정(we feeling)'을 갖게 하고, 이를 통해 사회적 관계의 질을 높여 간다. 따라서 인간적 존중, 돌봄, 상호 신뢰, 환대 등과 같은 정서가 지배하는 것이 일반적이다.

그렇다면 학교는 공동체의 일반적 특성을 갖고 있는 조직인가? 학교는 독자적 기구, 규범, 행동 양식을 갖고 있다. 구성원은 유기적 관계(organic relation)를 맺으며 서로의 정체성 형성에 관여한다. 특히 학교구성원들은 서로를 '교육가족'의 구성원으로 인정한다. 동지적 감정(we-feeling)이 충만하다. 특히 공동체에서의 통제는 외적 통제보다는 교육의 목적, 규범, 가치 등에 의한 내적 통계에 의존하는 경향이 더 강하다. 이런 점에서 볼 때, '학교는 공동체다'라는 명제가 성립 가능하다. 실제로 학교는 다양한 형태의 공동체 이름으로 표현된다. 이를테면 돌봄의 공동체, 학습공동체, 전문공동체, 협동공동체, 참여공동체, 탐구공동체 등으로 불린다(Sergiovanni, 1994). 전문공동체로서의 학교, 학습자 공동체로서의 학교, 리더 공동체로서의 학교로 구분하는 경우(노종희, 1998)도 있다. 어떤 이름으로 표현되든, 학교는 교육활동의 성공적 수행을 위해 그에 걸맞은 규범과 행위 준칙, 독특한 의례(ritual), 구성원 간의 동지적 감정과 유대감, 자율적인 참여, 관계의 망을 통해 경험을 공유하는 삶(일상) 등이 서로 공동체적 연합 형식을 이룬다. 이런 맥락에서 볼 때, 학교는 공동체다.

그러나 '학교공동체'라는 말의 쓰임에는 또 다른 의미가 있다. 바로 '학교는 공동체 조직이 되어야 한다'는 당위나 기대를 반영한다. 이 말은 학교가 공동체 조직이 되어야 하지만 현실적으로 그렇지 못하다는 진단, 장차 학교의 재구성(deschooling) 방향은 '공동체성 회복에 두어야 한다'는 내용까지를 포함하는 것이다.

2) 학교의 관료제적 성격

현대 학교는 높은 수준에서 제도화되고 전문화되었다. 학교의 조직 또한 각종 업무조직과 학급 조직으로 분할되어, 선형적으로는 이해할 수 없는 복잡성을 띤다. 마치 계란 판 구조를 연상시킨다(정용주, 2018: 53). 이러한 복잡한 학교 구조는 관료제로 연결된다. 호이와 미스켈(Hoy & Miskel, 1987: 110-113)은 베버의 관료제 특징으로 ① 분업과 전문화, ② 몰감정적 성향, ③ 권위의 계층화, ④ 규칙과 규정에 따른 업무체계, ⑤ 경력증서를 들고 있다.

학교 조직이 관료화되어 가는 이유는 학교 규모가 커짐에 따라 권한의 우선화 현상이 생기기 때문이다. 학교조직의 관료화를 촉진하는 근거로 ① 학교규모의 대형화 추세, ② 학교조직과 기능의 복잡화, ③ 행정업무의 계속적 증가, ④ 상급기관의 단위학교에 대한 압력 증가와 학교의 획일화 경향, ⑤ 학교정책 수립, 그리고 학교가 달성해야 할 책무성 평가에 학부모와 지역사회 참여의 증가를 들고 있다(주삼환, 1985: 250-252).

특히 관료화된 학교에서는 법과 규정 체계에 의해 업무가 수행되고, 구성원들은 자격조건에 따라 위계화 된다. 따라서 공식적 업무에서는 감정적인 요소가 배제되고, 구성원 사이 인격적 관계는 상실된다. 특히 관료제가 지배하는 학교에서 행정은 정치를 대체한다. 공적 문제를 해결하기 위해 서로 협력하고 논쟁하는 교사의 참여적 행위로써의 정치는 실종되고, 의사결정은 행정에 의해 이루어진다(정용주, 2018: 47). 또한 행정계통 상의 공문서 그 자체로 권위가 부여되고, 여기에 적힌 언어는 들은 해석의 여지가 없는 지시, 규칙, 규정이 된다. 학교로 들어온 상담, 돌봄, 인권, 성교육 담론 등이 지시, 규정의 언어로 굳어진 것은 좋은 본보기다. 이런 과정에서 형식주의, 절차주의, 문서주의 등 부정적인 현상들이 강화된다. 제도의 취지와 그것이 운용되고 있는 현실 사이에 불일치가 나타나는 것이다.

이런 문제들로 인해 최근에 학교조직을 혁신하려는 사람들은 관료제를 대체하는 운영 원리의 하나로 협력적 거버넌스를 강조한다. 학교운영 과정에 구성원의 적극적인 참여를 제도적으로 보장하고, 이들 제도를 민주적으로 운영하자는 것이다. 독단이 지배하거나 부당한 절차에 의한 일방적 결정은 권위를 갖기 어렵거니와 구성원의 자발성을 유인하기도 어렵다. 따라서 학교운영에 관여하는 각 구성원의 관점, 관심, 의견, 열정, 도전정신, 책임감 등이 종합적으로 응결되는 결정체로서의 거버넌스가 필요하다는 것이다. '집단적 협의주의(deliberativism)'문화(이돈희, 2022: 83)를 구축하자는 것이다.

학교구성원 다수가 의사결정 과정에 참여하는 것 그 자체가 절대적 선은 아니다. 다수의 참여가 강조되는 것은, 소수에 의한 결정보다 다수의 숙의 과정에서 결정한 결과가 질적으로 더 타당할 것이라는 믿음 때문이다. 협력적 거버넌스 구축은 결정 결과의 질적 타당성을 높이기 위한 필요조건이라면, 충분조건은 바로 '자율성(autonomy)'과 '동료성(collegiality)'의 회복이다. 자율성(autonomy)은 구성원 스스로 교육이상을 설정하고 그 틀에서 판단하고 책임의 범우를 설정하는 상태를 의미한다. 이 자율성이 보장될 때, 교사는 독립적 존재로 역할하게 된다. 그리고 동료성(collegiality)은 전문가 집단 내에서 발휘되는 가치 연대, 비판적 지지, 정의적 타협 등의 정서를 의미한다. 따라서 자율적인 존재로서의 개게 구성원이 책임감을 갖고 의사결정 과정에 참여하되, 동료성을 발휘하는 '숙의의 기술'이 필요하다.

당대 학교의 공동체성은 극히 미약하다. 조직의 구조적 특징, 운영 원칙, 행위 규범, 생활 양식, 구성원 간의 관계성 등이 형식적 · 기계적 · 계약적이다. 이로 인해 학교의 존재감은 이전과 상당히 다르다. 따라서 학교혁신은 단기대책이되 장기과제가 되어야 한다. 그리고 그 방향은 학교의 공동체적 재구성이다.

- **관료제(M. Weber)**
  관료제는 합리적 의사결정과 조직의 능률을 극대화한다. 분업과 전문화는 전문가를 산출하며, 몰감정적 전문가는 사실에 근거하여 기술적으로 올바르고 합리적인 결정을 한다.

- **관료제의 장단점**
  관료제로 인해 학교조직은 능률성 · 안정성 · 신뢰성 · 예측성 · 신속성 등의 장점을 갖춘다. 반면에 동조과잉, 목표대치(goal replacement), 인격적 관계 상실, 변동에 대한 저항 등 역기능 또는 병리적 현상을 야기한다.

모두에게 동등한 성원권이 인정되고 사태에 대한 의미가 충분히 공유되는 조건에서는 각자가 자기 존재감이 드러나는 방식으로 공동체에 기여한다.

3) 전문적 학습공동체로서의 학교

교원의 전문성은 학교성패의 핵심 관건이다. 교원의 전문성 신장은 그들 자신의 전문성과 자율성을 고양하는 문제로 국한되는 과제가 아니다. 교원의 전문성 신장은 교육 본질 회복의 주요 조건이다. 또한 학생들의 학습에서의 성공은 물론 인성 함양, 진로 발견, 관계 증진을 위해서도 교원의 전문성은 절대적이다. 동시에 학교와 학부모의 밀도 있는 관계의 증진을 위해서도 교원 전문성은 중요하다. 이런 맥락에서 학교가 전문적 학습공동체(PLC, Professional Learning Community)로 전환되어야 한다는 주장은 설득력이 있다. 실제로 2010년 초반부터 각 시 · 도교육청에서는 전문적 학습공동체 구축을 위한 정책들을 추진하는 상황이다.

전문적 학습공동체가 교사 전문성 개발을 위한 대안적 접근으로서 주목받게 된 것은 교사학습에 대한 관점의 변화와 관련이 있다. 하그리브스(Hargreaves, 2000)는 교사 전문성의 변천 과정을 전문성 이전 시대(Pre-Professional Age), 자율적 전문성의 시대(Age of Autonomous Professional), 협업적 전문성의 시대(Age of Collegical Professional), 그리고 포스트모던 전문성의 시대(Age of Post-Professional or Postmodern Professional)로 구분하고, 시대의 흐름에 따라 교사의 전문성 및 학습에 대한 개념이 어떻게 변화되었는지 논의하였다. 그는 전문성 이전 시대 교사의 학습은 도제식 학습으로 특징지었고, 자율적 전문성 시대 교사의 학습은 개인주의적 집으로, 그리고 협업적 전문성 시대 교사의 학습은 협력학습으로 특징지었다. 포스트모던적 시대는 탈전문화의 위기로 특징짓고 교사전문성을 학부모 및 지역사회 공동체와 보다 개방적이고 상호교류적인 관계를 발전시킬 수 있는 방향으로 재개념화해야 한다고 역설했다. 장차 학교가 사회공동체를 부흥시킬 수 있는 중심지 역할을 하기 위해서는 협동적 상호 교류를 통해 전문능력을 개발할 수 있는 학습공동체 형성이 필요하다는 것이다(Fullan & Hargreaves, 2013).

그렇다면 전문적 학습공동체란 무엇인가? 전문적 학습공동체는 교사의 학습과 전문성 개발을 목적으로 교사 상호 간의 역동적 관계 속에서 이루어지는 자발적인 학습모임을 의미한다. 즉 교사들이 그들의 실천을 공동으로 반성하고 교사들의 실천과 학생들의 학습결과에 대한 증거 자료를 함께 검토해서 궁극적으로 수업개선과 학생들의 학습 증진을 위해서 협력하는 집단이다(McLaughlin & Tabert, 2006; Sergiovanni & Starratt, 2007). 서경혜(2009)는 "교사학습공동체는 교사 전문성 신장과 학생들이 학습증진을 위해 협력적으로 배우고 탐구하고 실천하는 교사 집단으로, 가치와 규범의 공유, 교사와 학생의 학습에 중점, 구성원 간의 협력을 특징으로 한다."고 하였다.

듀포와 이커(DuFour & Eaker, 1998), 듀포(DuFour, 2004)는 전문적 학습공동체의 특성을 다음과 같이 규정한다.

첫째, 미션, 비전, 가치의 공유를 특징으로 한다.

둘째, 공동탐구 특징으로 한다. 즉 구성원들이 함께 교육현상에 대해 문제제기하고, 새로운 방법을 모색하고, 이 방법들을 검증해 보고, 그 결과를 방성하는 등 공동으로 교육현상 및 실천을 탐구한다.

셋째, 공동의 목적을 공유하는 협력적 팀으로 구성·운영된다.

넷째, 실천 및 실험 지향적이다. 전문적 학습공동체는 가설을 세우고 이를 실천을 통해 검증하는 일을 기꺼이 한다.

다섯째, 현실에 안주하지 않고 지속적인 개선을 추구한다.

여섯째, 결과지향적이다. 즉 전문적 학습공동체는 공동체의 효과를 의도보다 결과에 기초해서 평가한다. 지속적인 개선 추구, 결과에 기초한 효과 평가 등을 전문적 학습공동체의 특징으로 제시하였다. 호드(Hord, 2004)도 전문적 학습공동체가 지원적 고유 리더십 발휘, 공유된 가치와 비전, 협력적 학습과 적용, 개인 실천의 공유, 지원적 환경 조성 등의 속성을 지니는 것으로 보았다.

즉 전문적 학습공동체 구성원은 리더십을 공유하고 지원적 리더십을 발휘하며, 학생들이 학습에 대한 헌신, 학교의 비전, 교육의 가치 등을 공유한다는 것이다, 또한 협력적으로 학습하여 공동으로 문제를 해결하면서 서로의 교육실천을 관찰하고 이에 대해 함께 논의하면서 교육개선을 추구한다는 것이다. 전문적 학습공동체 사례 연구에서도 그 특징을 '자발적 활동의지', '수평적 상호작용', '수업사례 및 아이디어 공유', '공유를 통한 반성', '공동수업 설계', '협력', '전문가의 도움', '지속적 연구', '생산결과의 활용' 등을 규명하였다(이승호 외, 2015). 전문적 학습공동체의 순환관계를 도식화하면 [그림 13-1]과 같다.

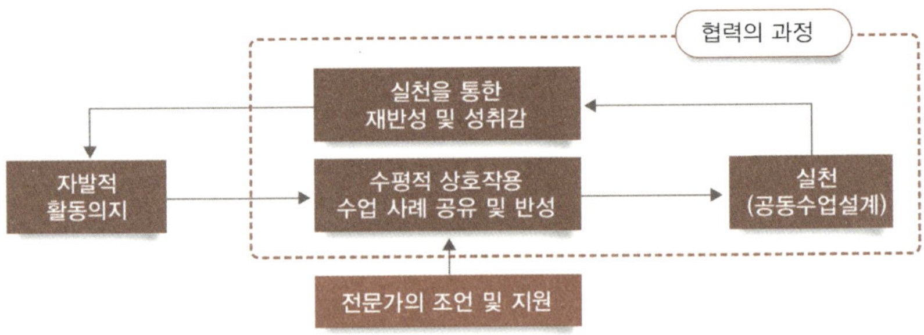

[그림 13-1] 전문적 학습공동체의 속성 간 순환관계

출처: 이승호 외(2015). p. 94.

전문적 발달단계를 구체적으로 살펴보자. 전문적 학습공동체는 제도적 차원에서 일시에 형성한다고 해서 만들어지는 것은 아니다. 장기간에 걸쳐 이루어지는 점진적인 과정을 거쳐 발달한다. 듀포(DuFour, 2004)는 전문적 학습공동체 형성과정을 착수, 발전, 유지 3단계로 설명한다. 착수이전 단계는 개별 교사가 훈련이나 제도적 지원이나 평가를 받지 않는 상태에서 개별적으로 교실에서 실험을 하는 단계다. 이 착수단계는 전문적 학습공동체의 원칙을 실천에 옮기려는 노력을 하는 단계이다. 이 단계에서는 학교 내에 미치는 영향력을 크지 않은 상태다. 발전단계에서는 전문적 학습공동체의 원칙들이 실행됨에 따라 구성원들의 생각과 실천이 변화하고 학교 구조 또한 새롭게 변화한다. 그리고 유지단계에서는 전문적 학습공동체의 원칙들이 학교문화에 깊이 투영되어 학교의 일상 속에서 추진력으로 작용하게 된다.

허프만과 힙(Huffman & Hipp, 2003)은 전문적 학습공동체의 형성 및 발전과정을 착수, 실행, 제도화의 3단계로 설명한다. 〈표 13-1〉에서 착수단계는 교직원 간 지원적 리더십을 발휘하고 공동의 가치와 규범을 수립하며 서로 대화하고 정보를 공유한다. 또한 교육실천을 서로 관찰하고 격려하면서 배려의 관계를 형성한다. 실행단계는 권력·권위·책임을 공유하고 학생에 초점을 두며 서로 협력하고 공동으로 문제를 해결한다. 서로의 실천에 대한 피드백을 제공하며 서로 신뢰하고 존중한다. 제도화 단계에서는 의사결정을 공유하고 지식·기술·전략을 공유하고 함께 적용한다. 또한 학생의 학업 및 교육실천을 공동으로 분석하고 변화 유지를 위하여 공동의 노력을 기울인다.

<표 13-1> 허프만과 힙의 전문적 학습공동체의 속성 및 발전 단계

구분	착수단계	실행단계	제도화 단계
지원적인 공유리더십	교직원 간의 지원적인 리더십	권력과 권위 및 책임의 공유	의사결정의 공유
가치와 비전의 공유	공동의 가치와 규범수립	학생에 초점 학생에 대한 높은 기대	공동의 비전 아래 가르치고 배움
집단학습과 적용	대화 정보의 공유	협력 협력적 문제해결	지식, 기술, 전략의 공유 및 적용
실천의 공유	서로의 교육실천에 대한 관찰과 격려	새로운 실천의 결과 공유 피드백 제공	학생의 학업 및 교육실천을 공동으로 분석
지원적인 환경	배려의 관계	신뢰와 존중 인정과 칭찬	위험을 간수함 변화 유지를 위한 공동의 노력

출처: Huffman, J. B., & Hipp, K. K.(2003). 서경혜(2015). p. 192 재인용.

우리나라에서 전문적 학습공동체는 공식적 혹은 비공식적인 수업 연구회 등의 형태로 교사들의 자생적인 모임으로 출현하여 그가 확대되어 왔고 최근에는 시·도교육청 단위의 정책으로 확대되어 진행되고 있다(정바울·이승호, 2017). 이러한 현상은 미국의 전문적 학습공동체의 진행과정 흡사하다. 즉 미국의 경우 초기에 전문적 학습공동체에 대한 접근이 주로 단위 학교 혹은 학교 안에서 교사 공동체 중심으로 실천이 이루어지다가, 점차 교육청을 중심으로 한 대규모 교육개혁으로의 접근으로 변화되어 제도와 되어가는 특징을 보이고 있다(Harris & Johns, 2017).

경기도교육청은 전국 시 · 도교육청 중에서 가장 먼저 전문적 학습공동체 정책을 시행하였다. 경기도교육청은 전문적 학습공동체 정책을 학교혁신과 학교문화 개선의 핵심 관문으로 삼은 것이다. 즉 공동연구 공동실천을 통해 수업이 개선됨은 물론 이를 통해 분업적인 학교조직을 역동적이고 협업적인 실천조직으로 전환할 수 있다고 본 것이다. 또한 폐쇄적인 학교문화를 개방과 협력, 공유의 학교문화로 바꾸어 집단 지성의 조직 역량을 갖출 수 있도록 하겠다는 것이다(경기도교육청, 2015). 이를 위해 전문적 학습공동체를 활성화하기 위한 제도적 지원(연구회 지원, 관련 연수실시, 학점화, 성과 공유를 위한 네트워크 구축 등) 및 학교 구성원 간 수평적 의사소통 구조를 제도화하는 등의 후속 과제를 추진하고 있다.

실제 전문적 학습공동체의 효과를 분석한 연구들의 상당수는 전문적 학습공동체가 교사의 심리 및 행동의 변화, 즉 교사의 효능감, 만족도, 몰입은 물론 실천지식 습득, 정체성 형성, 나아가 교수 · 학습방법에도 긍정적인 영향을 미치고 있음이 보고되고 있다(강호수 외, 2018; 김효정 외, 2013). 동시에 학교가 전문적 학습공동체로 활성화를 되기 위해서는 '학습시간의 확보(정례화)', '적절한 학습 공간 확보', '친밀한 관계 형성', '예산운영의 자율성', '부담 없는 활동으로부터 단계적 도입', '교사 공동체 리더의 역량 강화', '인센티브 제공' 등의 의견들이 제시되고 있다(정바울 · 이승호, 2017).

3. 학교공동체의 확장: 마을교육공동체[1)]

2010년 이후 교육혁신 정책의 일환으로 마을교육공동체 구축에 대한 관심과 실천적 움직임이 활발하다. 이는 사회적으로 추진되는 '도시재생 사업'이나 '친환경 마을 사업'이나 경제 · 복지 · 생태분야 커먼즈(commons) 논의가 확산되면서 탄력을 받고 있다. 특히 기초자치단체들의 적극적인 참여로 민 · 관 · 학 · 정 협의체계가 구축되면서 풀뿌리 교육자치의 모델로 발전하고 있다.

사람들의 삶터인 '마을공동체'가 지니는 함의는 중층적이다. 공동체적 관점에서 보자면, 마을은 상호부조와 연대적 삶이 구성되는 공간이다. 그리고 정치적 관점에서는 다원화된 자치가 발생하는 공간이사, 사회 및 정치의 연계가 구축되는 로컬 거버넌스(local governance)의 장이다. 경제적 관점에서는 마을의 호혜 경제적 기능을 바탕으로 대안 경제적 질서가 확립되는 장(나종석, 2013)이다. 이런 마을은 교육적으로 큰 의미가 있다. 제도학교가 교육을 독점하기 전까지 일과 놀이와 배움이 통합적으로 행해지던 곳이 바로 마을이다. 아주 오랜 세월 동안 마을은 학교였다.

> 근대교육은 청소년들을 삶의 현장에서부터 격리 수용하는 데서 출발했다. 그래서 교육이라는 활동은 지역 사회에서부터 떨어져 나와 별도의 공간에서 자기 완결적인 구조를 갖게 된 것이다. 다시 말해 교육에 관련된 모든 요소들을 가족이나 지역 사회에서 분리하여 한 곳으로 집결시켜 독점하는 것이다(김찬호, 2001: 255).

학교의 교육독점이 낳은 문제 중 하나는 일, 놀이, 학습이 분리되었다는 점이고, 다른 하나는 학습을 단지 교사의 지식 전달 행위로 축소했다는 점이다. 이러한 학교교육의 편협함을 극복하기 위한 방안으로 지역사회의 자원을 활용하여 삶과 연결된 교육을 하자는 주장이 제기되는 것이다. 따라서 마을교육공동체는 "학생들에게 그 지역에 대한 다양한 내용을 실천적 방법으로 학습시킴

1) 일부 교육청에서는 '지역교육연계', '지역교육협력'이란 표현을 사용한다.

으로써 그들의 학습역량과 정의적 발달을 도모하고, 그 결과가 다시 지역사회로 환원하는 선순환적 구조의 지역공동체"를 시도하는 것이다. 이를 위해 '마을을 통한 교육, 마을에 관한 교육, 마을을 위한 교육'이라는 세 가지 유형의 실천을 강조한다(서용선 외, 2015). 마을이 아이들을 함께 키우고, 마을을 아이들의 배움터로 만들고, 마을 속에서 삶의 감각을 익히면서 민주시민으로 성장하는 역동을 만들어 내자는 것이다.

현재 추진되고 있는 다양한 마을교육공동체 정책 중 핵심은 「혁신교육지구」 사업이다. 이 사업은 그동안 일부 지역사회에서 산발적으로 실천되어 온 마을교육공동체를 전국적으로 활성화시키는 촉매제가 되는데, 2021년 10월 현재 226개의 기초자치단체 중에 190개의 지역에서 시행하고 있다. 이 혁신교육지구 사업의 목적은 ① 지방자치단체와의 협력교육 시스템 구축, ② 지역사회 기반 마을교육공동체 조성, ③ 지역사회와 연계한 교육과정 다양화 · 특성화, ④ 공교육 혁신을 통한 지역 주민의 공교육에 대한 신뢰감 제고 등이다. 초창기 혁신교육지구 사업도 주로 교육경비 활용에 중점을 두었지만, 점차 성숙되면서 일반자치단체와 교육청 간의 교육적 이해를 공유하고, 지역의 교육 인프라를 개발하고, 학교와 지역사회의 연계를 모색하는 교육협력사업으로 진화하고 있다(양병찬, 2022).

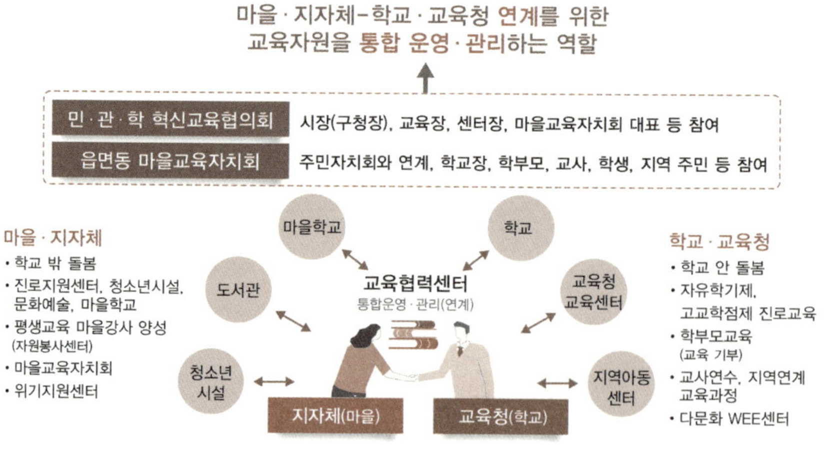

[그림 13-2] 지역교육협력제제 구축

출처: 양병찬(2021).

현재 각 지자체가 추진하는 「혁신교육지구」 사업 성패의 관건은 교육청과 지자체의 협력적 · 유기적 거버넌스 체제 구축이다. 이는 교육행정기관과 일반 자치단체 간에 실제적 협력 구조를 어떻게 만들 것인가의 문제로 연결된다.

마을교육공동체는 교육의 주체인 주민과 학교, 학생, 지자체, 지역의 각 기관들이 네트워크를 연결되고, 그 속에서 교육과 돌봄망을 구축하는 것이다. 이 네트워크에서 학생들은 다양한 마을자원을 활용하여 학습, 놀이, 구체 세계와의 연결을 경험하고, 마을 주민들은 교육주체로서 갖추어야 할 자치역량을 키워가게 된다. 이런 점에서 마을교육공동체가 지향하는 궁극적인 목표는 시민공동체로의 확장이다. 이 네트워크가 장기적으로는 지역민의 평생교육, 민주시민교육, 학교교육, 아동돌봄, 노인돌봄 등과 결합하면서 명실상부한 서로돌봄의 마을생태계로 발전하는 것이다.

4. 학교의 미래 전환 방향

학교교육의 목적, 학교의 사회적 역할, 학교 혁신과 재구조화 등과 관련한 질문들은 지속되고 반복된다. 이러한 질문들은 학교 안팎의 환경 변화와 맞물려 전환과 관련한 '경우의 수'를 상상하고 실천하게 한다. 일각에서는 '학교(공간) 없는 학교'를 상상하는가 하면, 또 다른 한편에서는 '인간적 밀착을 강조하는 학교'를 강조하기도 한다. 전자가 디지털 기술을 적극 활용하는 학교 형식이라면, 후자는 공동체성과 삶의 교감 공간으로서의 학교 역할을 중시하는 것이다.

그렇다면, 우리는 어떤 방향에서 학교 전환을 고민해야 하는가? 특히 초중등교육단계에서의 학교는 어떤 공간으로 기능해야 하는가? 우리가 기대하는 학교기능 수행을 위해서는 무엇을 어떻게 재구성해야 하는가? 이러한 질문과 관련하여 UNESCO가 2021년에 발표한 보고서는 많은 점을 시사한다.

UNESCO는 2021년 11월 20일 '우리의 미래를 함께 다시 생각하기 - 교육을 위한 새로운 사회계약(Reimagining our futures together: A new social contract for education)' 보고서를 발표하였다. 이 보고서에서 주목할 것은, 교육을 기존의 '공공재' 개념을 넘어 '공동재(common good)'로 규정한다. 즉 교육을 '모두의 경험이고, 모두가 이용 가능하고, 모두가 함께 관리 · 통제하는 공유자원'으로 보아야 한다는 것이다. 이러한 개념의 전환은 '교육의 목적이 개인들의 경쟁적 성공보다 모두의 이로움에 맞춰져야 한다는 점', 그리고 '교육정책 결정과 운영이 전 사회적 참여에 의해 진행되어야 한다는 점'을 강조하는 것이다.

이처럼 교육을 공동재(common good)로 상정한다면, 학교의 기능과 역할도 이전과는 달라져야 한다. 이런 관점에서 최근 일각에서는 학교 커먼즈(commons), 즉 공동체적 학교를 새로운 비전으로 제시한다.[2] 사회운동 그룹이나 생태 · 환경 분야에서 논의되는 형태의 커먼즈는 아니라 하더라도, 학교 구성원과 지역민들이 함께 만들어가는 공동체적인 학교로의 전환이 필요하다는 견해다. 그리고 공동체적 학교로 전환하기 위해서는 학교구성원 모두가 참여 주체로 인정되고, 함께 참여할 수 있는 제도의 구축 등이 강조된다. 이런 점에서 본다면, 공동체적 학교란 참여와 공유에 기반하는 공영(共營)의 학교라 할 수 있다.

기존의 학교를 공동체적 학교로 전환하는 일은 그리 간단치 않다. 공동체적 면모를 갖추고 있는 일부 대안학교 사례들은 학교가 전환 과정에서 해결해야 할 과제가 무엇인지 잘 보여준다. 우선은 학교 비전을 구체화하고 이를 구성원이 내면화하는 노력이 지속되어야 한다. 구성원 간 비전 공유가 낮아지는 경우 주체성도 느슨해지고 실천의 구체성도 떨어지기 때문이다. 이와 동시에 숙의 문화의 정착, 새로운 교육과정을 개발할 수 있는 역량 제고, 자율적이고 체계적인 관리시스템의 정착, 공동체 규범에 대한 자기 구속성 강화, 마을과의 네트워크 구축, 참여적 학부모문화 정착 등의 과제가 해결되어야 한다.

2) 교육커먼즈와 학교 커먼즈 의미와 실현 가능성을 살피는 논의로는 경기도교육연구원이 진행했던 제25회 경기교육포럼 "교육커먼즈, 교육공공성의 새로운 관점"(2019. 9. 26.)이 있다.

커먼즈(commons)란 '공유와 협동, 호혜성과 사회문화적 변화에 기반한 새로운 사회적 실천과 가능성의 공간(Thomas Allan, 2016)으로 정의된다. 커먼즈란 단순히 공유자원이나 공간과 같은 물질만을 의미하는 것이 아니다. 구성원 모두가 서로를 주체로 인정하고, 공동체 안에서 함께 살아가는 관계를 복원하고, 이런 과정을 통해 공적 가치를 더 드높이기 위한 노력을 의미한다.

토론해 봅시다

현재의 학교가 학습공동체로서 부족한 증거를 제시하고 그것을 개선할 방안에 대해 토론해 보자.

제14장

공교육의 미래 구상과 지배구조 개선

공교육에 대한 비판과 대안적 아이디어들이 있다. 미래교육에 대한 전망과 요구도 있다. 이런 것들을 종합적으로 검토하며 공교육의 미래를 구상해 본다. 다양한 배경에서 나오는 교육에 대한 주장들을 누가 어떻게 처리하여 결정하는가에 대한 논의도 살펴본다. 이러한 논의를 통해 공교육의 지배구조를 개선하고, 바람직한 교육을 위한 새로운 길을 모색해 보자.

주요 개념

공교육의 미래, 교육 거버넌스, 교육 민주화, 학교교육 제4의 길

주요 질문

- 한국의 공교육 시스템은 어떤 문제점을 안고 있는가?
- 공교육의 미래 발전방향은 무엇인가?

1. 공교육의 미래 구상

한국에서 국가주의 교육이 운영되고 학교교육 인구가 급격히 팽창하던 1970년대에, 일리치(I. Illich)와 라이머(E. Reimer)와 같은 탈학교론자들은 학교를 대체할 교육체제를 구상했다. 그들이 구상한 것은 사회의 각종 교육자원을 조직화하여 교육 네트워크와 같은 시스템으로 운영하는 것이다. 이 시스템은 4가지 요소로 구성된다(김용 역, 2013: 166). ① 교육 대상(educational object): 정보 · 기록 · 메시지 · 도서관 등. ② 기능 모델(skill models): 습득해야 할 기능을 실연하여 보여주는 것. 기능을 막 습득한 사람이 최적이다. 보수는 공비(公費)로 한다. ③ 학습 동료(fellow learners): 학습 경험을 함께 할 동년배. 동료를 찾는 광고, 게시판, 컴퓨터 등을 이용하며 공영으로 한다. ④ 광의의 교육자(educators-at-large): 학습장애 진단과 학습자원 이용을 돕는 전문가로서 세 종류가 있다. 네트워크 관리자(학습자원 네트워크를 구축 · 운영), 교육 조언자(교육 프로그램 작성, 학습 조언, 교육 문제 진단 및 해결책 안내), 참된 지도자(학습 내용에 고유한 전문가). 이 시스템에 드는 재원은 기본적으로 공비다. 평생학습 비용을 모든 사람들에게 균등하게 배분하여 개인별 교육구좌에 넣어둔다. 지급액을 초과할 경우는 사적 부담으로 한다. 보호 감독 비용이 들지 않기 때문에 학교교육보다 비용이 적게 든다.

학습 네트워크의 아이디어는 매우 혁신적이다. 그것은 21세기에 들어와서 미래교육을 구상할 때도 자주 언급되는 아이디어다. 그러나 그것은 성인 학습자에게는 적절할 수 있지만, 아이들에게는 적용하기 어려운 난점이 있다. 아이들은 안전한 보호와 친절한 안내가 필요하고, 일상생활과 스케줄에 대한 관리도 필요하다. 이들이 구상한 학습 네트워크로 학교를 대체하기에는 아이들의 생활지도와 보호의 측면에서 미흡한 점이 있다.

학교가 많은 비판을 받음에도 불구하고 여전히 살아남는 이유에 대해, 휴버만(Huberman)은 다음과 같은 것을 든다(김용 역, 2013: 172). 첫째, 사회가 스스로 영속화하려면 학교에 의한 사회화가 필요하다. 둘째, 학교는 소수의 성인이 다수의 아동을 관리할 수 있는 효율적이며 유효한 사회적 투자다. 셋째, 학교는 아동 보육, 아동의 사회적 선별, 실용적 지식 전수, 아동의 안전과 정신적 안정, 노동으로부터 해방 등을 한데 모아 효과적으로 수행한다. 학교 외에 이런 기능을 하는 기관이 없다.

영국의 교육부 산하 미래연구소인 퓨처 랩(Future Lab)에서는, 영국이 미래에 어떤 교육제도를 갖게 될 것인지 예측하기 위한 시나리오를 제시한 적이 있다(Future Lab, 2009; 김기수 외, 2018: 21 재인용). 이 시나리오는 개인, 가정, 기업, 사회 등 책임의 소재가 어디에 있는가에 따라 6가지로 달라진다.

첫째, 개인의 가치가 가장 강조되는 '자기 신뢰 사회(trust yourself)'에서는 '개인적 선택(the informed choice)' 시나리오와 '독립적 소비자(the independent consumer)' 시나리오가 도출되었다. 개인적 선택 시나리오는 개인이 욕구에 따라 학습의 방향을 선택하고 공급자는 여기에 맞추어 서비스를 제공한다. 학력 인증이 중요해지고, 국가의 역할은 줄어드는 시장주의 시나리오다. 독립적 소비자 시나리오는 개인화된 교육과 넓은 선택이 특징이다. 교육자치의 수준이 높아서, 교육과정과 평가, 장학 등의 영역에서 국가의 역할이 없다.

둘째, '충성 중심 사회(loyalty points)'에서는 '발견(discovery)' 시나리오와 '진단(diagnosis)' 시나리오가 도출되었다. 발견 시나리오에서는 개별 학습자가 자신과 유사한 우선순위, 욕구, 중점을 갖고 있는 공동체를 활용하여 자신이 원하는 교육과정을 구성할 수 있다. 지역사회의 대학은 지역에 필요한 인재 양성을 가장 중요한 역할로 삼는다. 진단 시나리오에서는 개별 학습자가 자신의 학습을 특정 조직의 요구와 관련지어 학습을 진행한다. 기업은 개인의 재능과 잠재력을 발견하여 키워주고, 사회적 협약을 이행하는 데 최선을 다하도록 돕는다.

셋째, '연결 우선 사회(only connect)'에서는 '통합적 경험(the integrated experience)' 시나리오와 '서비스 및 시민성(the service & citizenship)' 시나리오가 도출되었다. 통합적 경험 시나리오에서는 배움과 삶의 통합을 중시한다. 여러 교과에 걸친 협업수업이 이루어지고 팀 성과를 바탕으로 평가가 이루어진다. 교육은 여러 교육기관에 걸쳐 자유롭게 이루어질 수 있고, 학습은 평생에 걸친 지속적 과정으로 여겨진다. 서비스 및 시민성 시나리오에서는 시민사회의 유지와 지원을 교육의 중요한 역할로 상정한다. 교육의 목적은 학습자가 속한 사회와 공동체에서 필요한 기술과 자질을 갖추게 돕는 것이다.

영국의 이 시나리오가 가진 특징은 학습자가 중심에 있다는 것이다. 기존의 교육제도와 정책이 교육을 공급하는 국가, 학교, 교사가 중심에 서서 기획하고 운영하는 데 반해, 미래의 교육은 학습자가 중심에 서서 선택하고 구성한다. 미래의 학습자는 역사상 유래 없는 주체성과 능동성을 발휘하는 존재로 예측된다. 그러면서 협업과 팀워크, 공동체를 위한 시민성도 함께 강조된다.

탈학교론자들의 '교육 네트워크'와 퓨처 랩의 '미래교육 시나리오'는 모두 기존의 학교체제를 대체하기 위한 교육체제에 대한 구상이다. 그러나 위에서 휴버만이 지적한 것처럼, 학교가 많은 비판을 받으면서도 유지되는 이유는 학교가 아동의 사회화와 보호와 교육과정 제공 기능을 발휘하기 때문이다. 어떤 새로운 교육체제가 학교를 대체하려면, 학교가 담당했던 이런 기능을 학교보다 더 잘 담당하거나, 과거 학교가 담당했던 기능을 담당할 다른 기관들이 생겨서 그 기능들이 그 기관들로 모두 분산되거나, 여전히 학교에 남겨진 어떤 기능을 학교보다 더 잘 담당할 수 있어야 할 것이다.

현재로서는 다른 기관이나 네트워크가 학교를 대체하기를 기대하기는 어려울 것 같다. 그보다는 학교의 기능을 다원화하거나, 학교 안팎으로 촘촘한 학습 네트워크를 구성하여 학교가 그 플랫폼 기능을 하거나, 학교가 맡고 있는 일부 기능(예를 들면, 건강, 안전, 보살핌, 급식 등)을 다른 기관이 담당하도록, 혹은 학교와 협업하도록 재구조화하는 것이 나을 것 같다.

한국의 공교육은 공동체성을 기반으로 발전해 가야 한다. 공교육에서 '공'의 주체는 국가로 한정되지 않는다. 국가도 지자체도 시민공동체도 공의 주체가 될 수 있다. 이제는 '공'에 대한 국가의 독점적 지위를 약화시키고, 지자체와 시민공동체의 공적 지위를 높여야 한다. 그러기 위해서는 학부모와 시민사회가 성숙해야 한다. 교육공동체는 구성원들의 협력적 관계 속에서 제 기능을 발휘할 수 있다. 학생, 학부모, 교직원 등 교육주체들이 교육공동체의 동등한 구성원이라는 의식을 공유할 필요가 있다. 각 주체들의 관심사와 지향하는 바가 다르기 마련이지만, 그 다름을 인정하면서 서로 협력하는 길을 만들어내야 한다. 교육공동체의 구성원은 매년 주기적으로 조금씩 바뀐다. 교육공동체의 경계선도 늘 유동적이다. 그러면서도 어느 정도 항상성을 갖는 까닭은 그것이 교육을 위한 공동체이기 때문이다. 교육에는 본래 공적인 성격이 들어 있다. 학교의 공동체성이 성장해야 한다.

2. 거버넌스의 구축과 활용

1) 거버넌스 개념의 다양성

거버넌스는 우리말로 '협치(協治)', '지배구조'로 번역되곤 한다. 어떤 이는 '신공공관리론', '국정관리론' 이라고도 한다. 최근에는 우리말 번역이 아닌 거버넌스 용어를 그대로 사용하는 경향이다. 이는 차터 스쿨(Charter School) 명칭 사용과 비슷한 경우다. 차터 스쿨은 일종의 미국의 자율형 공립학교이다. 우리나라에 처음 소개했을 때 '헌장 학교'로 불렀다. 헌장 학교는 차터(Charter) 스쿨이라는 용어를 단순히 우리말로 번역한 것이나 널리 쓰이지 못했다. 최근에는 차터 스쿨 명칭을 그대로 사용하고 있다. 거버넌스도 이와 비슷한 양상이다.

거버넌스(governance)의 등장은 1980년 이후 정부의 사회문제 해결에 대한 반성에서 시작되었다.[1] 사회문제를 효율적으로 해결하기 위해서 계층제적 관료제의 강화를 축으로 하는 전통적인 행정학에 대한 다양한 대안들이 제시되는데, 바로 거버넌스가 그런 논의 중의 하나다.

일반적으로 거버넌스란 '정부의 역할, 운영체제, 사회문제 해결방식의 변화'

1) 거버넌스(governance)는 steer(키를 잡다, 조종하다)를 뜻하는 그리스어 kubernáo에서 나온 말로, 이를 비유적 의미로 최초로 사용한 이는 고대 그리스 철학자 플라톤(Platon, B.C.427~B.C.347)이다.

등을 이야기하지만 명확한 학문적 합의가 이루어진 개념은 아니다. 거버넌스의 개념을 살펴보면 개념 자체가 불분명하고 모호한 면도 있으며, 거버넌스의 범위와 수준도 다양함을 알 수 있다. 라미경(2009)에 의하면 거버넌스의 범위와 수준은 국가 차원을 넘어서 전 인류를 포함하며, 한편으로는 지자체 내 소집단까지를 포함하는 등 매우 광범위하고 다차원적으로 보고 있다.

2) 거버넌스와 거버먼트

거버넌스의 여러 개념 속에서 공통으로 발견되는 지점은 정부(government)와는 차이가 있다는 것이다. 정부는 제도적 장치를 통해 국정을 운영하는 통치(governing) 행위를 담당한다. 권한을 독점하고 행사하는 단위가 정부이다.

거버넌스는 기존의 국가 중심의 배타적이고 독점적인 통치를 지양하는 새로운 파라다임으로 자리를 잡아 가고 있다. 이종각(2009)에 의하면 거버넌스라는 용어는 정부에 대한 의미의 변화, 또는 공적인 업무의 수행 방법의 변화를 내포하고 있다. 그래서 '거버먼트에서 거버넌스로(from government to governance)'라고 표현하기도 한다.

거버넌스와 거버먼트를 비교할 때 가장 큰 차이는 거버넌스는 민간 영역과 시민기구 등 다양한 구성원들의 네트워크를 강조한다는 점이다. 네트워크의 강조는 정부의 기존 역할의 변화는 물론이고 사회의 역할 분담에 대한 변화도 수반한다. 즉 정부는 중앙집권적인 하향적 정책 수행이 아닌 전체 네트워크를 관리하고 조정하게 된다. 거버넌스는 민간 영역과 시민기구 등 네트워크에 참여한 구성원들의 자율성과 권한을 더 많이 부여한다. 네트워크를 강조하는 거버넌스에는 자기조향능력(self-steering capacity), 공동규제(co-regulation), 공동조향(co-steering)이 강조된다(이종각, 2009).

3) 교육 거버넌스와 적용

교육 분야에서 거버넌스라는 말을 처음 사용한 학자는 서지오바니(Thomasi Sergiovanni, 1994)이다. 즉 '교육 거버넌스' 용어가 만들어진 것이다. 그는 거버넌스 개념을 교육정책에 관한 의사결정뿐만 아니라 교육 프로그램 및 활동을 만들어내는 과정, 교과과정 및 교육활동을 실천해 내는 과정, 이를 평가하는 과정 등 모든 교육 국면에서 행위자 간의 협력적 관계와 참여를 바탕으로 교육 거버넌스를 실현시킬 수 있다고 본다. 쿠퍼(Cooper, 2004)는 '교육활동이 전개되는 다양한 장면에서 누가 어떤 수단과 방법을 동원하여 무슨 과정을 거쳐 교육(기관)을 통제하는지에 관한 의사결정을 내리고 정책을 개발하는 과정'을 교육 거버넌스라고 정의한다.

교육 거버넌스는 교육정책, 교육행정, 교육과정 등 모든 교육적 장면에서 적용되고 있다. 따라서 거버넌스를 수식하는 다양한 용어와 함께 끊임없이 파생되고 활용되고 있다. 대표적으로 '지역교육 거버넌스'를 들 수 있다. 지역교육 거버넌스는 단순히 중앙정부로부터의 자율성을 확보하는 차원 이상의 의미를 갖는다. 이는 지방정부와 지역의 기업, 학계, NGO, 언론 등 지역사회 구성원들 간 협력적 네트워크 구축을 의미한다. 예를 들면, 혁신교육지구 사업도 '지역교육 거버넌스'를 활용한다고 볼 수 있다. 혁신교육지구 사업에서 지역교육 거버넌스를 구축하기 위한 움직임은 지역교육청과 지자체, 지역주민이 참여하는 지역혁신교육협의체, 지자체의 타 부서와의 연결고리를 가진 교육협력팀, 교육청과 지자체와 단위학교를 연결하는 혁신교육지구 전담팀의 역할에서 찾을 수 있다. 앞으로 지역교육 거버넌스는 좀 더 작은 단위인 학교를 중심으로 하는 학생생활권역 중심의 '마을교육 거버넌스'로 가야 할 것이다.

'단위학교 거버넌스'는 학교의 운영 체제를 뜻한다. 현행 단위학교 거버넌스의 구조는 교육청과 교원 중심에서 교원, 학부모, 지역사회로 확대되고 있으며, 나아가 학생들의 참여를 보장하는 방향으로 나아가고 있다(조윤정 외, 2015). 단위학교 거버넌스를 대표하는 제도는 학교운영위원회를 들 수 있다.

학교운영위원회는 1995년 교육개혁위원회에서 교육개혁 방안의 하나로 만들어진 제도이다. 학교운영위원회 이전에는 학교장 중심의 학교운영 체제라 할 수 있다. 학교운영위원회를 통하여 학교운영에 소외되어 왔던 교사와 학부모, 지역사회 인사들까지 동참하여, 학교운영에 관한 자문과 건의는 물론이고 중요한 정책 결정에도 능동적으로 참여하게 된다.

'교육과정 거버넌스'는 교육주체들이 일정한 권한을 가지고 교육과정의 수립과 운영, 평가 과정에 참여하는 권한 배분 체계를 말한다. 교육과정 거버넌스가 작동되는 대표적인 사례로서 교육과정심의위원회를 들 수 있다. 이는 국가와 시 · 도교육청, 교육지원청, 단위학교까지 펼쳐져 있다. 즉 국가수준 교육과정에서부터 학교 교육과정까지 다양한 구성원들의 의견을 수렴하고 조율하는 교육과정심의위원회가 교육과정 수준별로 작동한다.

이제 교육 거버넌스 개념은 일국의 차원을 넘어서고 있다. '글로벌 거버넌스'는 유네스코(UNESCO)와 오이씨디(OECD)와 같은 국제 조직이 각국의 교육에 직접적 영향력을 행사하는 것은 아니지만 일국에 간접적으로 영향을 주는 체제를 말한다(성열관, 2014).

4) 새로운 교육 거버넌스 구축 방법과 과제

(1) 새로운 교육 거버넌스 구축 방법

교육 거버넌스를 제대로 구축하려면 몇 가지 짚어볼 점이 있다. 우리나라 교육계에서 1980년대의 교육민주화 투쟁을 거치면서 1990년대에 이르러서는 교원단체의 영향력이 커졌다. 또한 최근의 교육자치, 학교자치의 담론이 활성화되면서 교육부의 권한이 시 · 도교육청, 교육지원청과 학교로 내려오고 있다. 이에 단위학교 내에서도 학교장 중심에서 교사와 함께하는 모습이 보인다. 그러나 교육민주화, 교육자치와 학교자치의 흐름은 교직원까지이고, 학생과 학부모에까지 도달하지 못하고 있는 실정이다. 교육 거버넌스를 올바로 구축하려면 교육권한 분배와 정보 공유, 공식적이고 실질적인 의사소통기제 등 교육주체 간 역할은 다르겠지만 대우는 동등해야 한다. 이에 현 교육권력 구조 상황에 비추어 볼 때 교육주체 중에서 가장 취약 집단인 학생과 학부모에게 실질적인 권한위임(empowerment)을 하는 것이 교육 거버넌스 구축의 핵심이라 할 수 있다. 이를 위해 교육주체를 존중하지 않아도 불이익이 없는 체제와 문화에 대한 개선책이 필요하며, 이를 개선할 수 있는 제도적 장치가 필요하다.

이러한 측면에서 현행 시행되고 있는 교육감주민직선제는 학부모의 교육적 지위를 향상하는 조치라 볼 수 있다. 다만 교육 거버넌스의 한 축을 담당해야 할 학생의 지위와 역할에 대해서도 더 고민해야 할 필요가 있다. 즉 일정 연령 이상의 학생에게 교육감선거권을 부여하는 방안은 교육 거버넌스 구축 측면에서는 긍정적으로 작용할 것이다. 실질적이고 새로운 교육 거버넌스 구축을 위한 학생과 학부모를 임파워링시키는 방안을 제안하면 다음과 같다(이종각, 2014).

첫째, 공식적 소통 통로와 소통 기회의 제도화이다. 교육 현안 및 교육정책 방안에 대해 학부모 및 시민단체에 공식적이고 공개적인 발언권과 기회를 주고 대정부 비판뿐만 아니라 학부모들 상호 간 토론의 장 그리고 협상의 장을 만들어 줄 필요가 있다. 학부모 및 시민단체 교육대토론회 개최의 정례화, 제도화도 긍정적으로 검토해 볼 만하다. 또한 배우는 자가 무엇을 원하고 무엇에 불만을 갖고 있는지를 알아보기 위해 학습자 요구 조사를 주기적으로 실시해, 정책에 반영하는 시스템을 갖출 필요가 있다. 이러한 토론회와 요구조사를 바탕으로 '교육민심지도'를 제작하여 변화 추이에 따라 정책에 반영할 필요도 있다.

둘째, 교원인사 영역에서 학생과 학부모의 영향 요소를 반영해야 한다. 교원인사제도 혁신에 교원의 의견을 반영하는 것은 중요하다. 그러나 더 중요한 것은 국민들의 의견이다. 교원도 국민의 교원이기 때문이다. 교원인사제도에서 학생과 학부모의 영향력을 배제하는 것은 교육공동체를 구성하는 중요한 주체의 목소리를 소외시킨다는 문제를 낳고 있다. 교육행정의 구체적인 수준에서도 균형 있는 권력구조가 형성되어 견제와 균형 상태에서의 참여와 상호 협력을 유도해 낼 수 있어야 한다. 대표적인 영역이 교원인사 영역이다. 이 영역에서 학생과 학부모의 영향 요소가 반영되는 것이 중요하다.

셋째, 단위학교별 거버넌스 구축과 자율혁신역량 강화에 힘써야 한다. 단위학교 자율혁신역량을 강화하기 위해서는 단위학교의 자치가 실질적으로 가능한 환경을 만들어주어야 한다. 현재와 같은 행정제도 혹은 관료 중심 교육행정에서는 학교장이 상급 관청을 주로 쳐다보고 일을 하게 된다. 중앙으로부터의 지시에 따른 획일적 학교 경영보다도 지역사회와 학생, 학부모의 요구에 부응하는 학교 경영을 해야 한다. 이를 위해 학교운영을 적절히 지원할 수 있는 교육지배 구조가 필요하다. 현재 우리나라 학교운영위원회에 학생 대표를 학교운영위원회 위원으로 포함할 필요가 있다.

(2) 교육 거버넌스의 과제

복잡성을 특징으로 하는 사회에서 네트워크에 의한 사회적 조정을 위해서는 거버넌스가 적합하다. 교육 역시 복잡계이다. 교육 거버넌스는 교육 전반에서 점점 더 중요시될 것이다. 그러나 교육 거버넌스가 만병통치약은 아니다. 분명히 약점도 존재한다. 즉 교육 거버넌스를 구성하는 기관이나 주체들 간 경계가 모호하다 보니 책임소재 문제가 발생한다. 권리 행사는 모두가 누리지만, 그 누구도 책임을 지지 않으려는 모습이 나타난다. 이밖에 교육 거버넌스는 거버넌스의 특성상 교육철학이 끼어들 여지가 좁다는 점, 교육 거버넌스 자체의 권력화, 리더십 및 장기적인 안목 부재, 실시간 변화되는 특징에 대응하기에는 어렵다는 약점이 있다.

교육 거버넌스를 추동하고 교육자치를 강화하기 위하여 교육감 선거제도를 운영하고 있다. 그러나 교육감 선거제도는 신문기사의 제목만 보더라도 문제점을 짐작할 수 있다.

> 예산 82조 '교육 소통령'인데... 이름도 몰라요 공약도 몰라요(중앙일보, 2022.05.12.)
> '올해 선거해요?'... 교육감 직선 15년 됐지만 "관심없다" 56%(중앙일보, 2022.05.29.)
> '깜깜이' 교육감 선거 유권자 관심 절실하다(광주일보, 2022.05.17.)
> 깜깜이 교육감 선거, 무효표 90만표 쏟아졌디... 시·도지사의 2.6배(중앙일보, 2022.06.02.)

현행 우리나라 교육 거버넌스는 초보적인 수준이다. 교육 거버넌스 용어는 빈번하게 통용되고 교육 거버넌스의 양적 확대 모습을 보인다. 그러나 그에 따른 실질적인 거버넌스 구축과 운영에는 많은 어려움을 겪고 있다. 이에 발전적인 교육 거버넌스 구축과 운영에 관한 과제를 안고 있다. 먼저, 교육정책 상의 교육 거버넌스 개념 정의를 통하여 개념의 오용과 남용을 막아야 한다. 교육 거버넌스 개념을 단순화하여 기계적인 권한 배분과 그에 따른 업무 분업 정도로 인식하거나, 개념을 지나치게 확대하여 온갖 교육활동에 거버넌스 용어를 남발하는 것이다.

다음으로, 교육주체의 참여와 권한 행사가 실질적으로 보장되도록 권한위임을 해야 한다. 여전히 교육정책을 결정하는 권한은 정부에 있다. '관'과 '민'의 교육정보와 예산주도권의 비대칭은 현저하다. 이에 교육주체의 참여와 의견을 존중하지 않아도 문제가 제기되지 않는 교육체제와 문화에 대한 개선이 필요하다. 교육당국은 업무의 주체이자 동시에 거버넌스 작동을 지원하는 기관이라는 이중적 역할을 해야 한다.

마지막으로, 학생과 학부모, 지역주민을 성장시켜야 한다. 학생은 미래의 시민이자 현재의 시민으로 대우하며 학교 운영에 참여시킬 필요가 있다. 기존에 정책 대상이거나 단지 정책 수혜자에 머물렀던 학부모와 지역주민은 스스로 교육정책과 제도를 기획하고 운영하는 주체로 전환해야 한다. 이를 위하여 학부모와 지역주민을 교양시민이자 공중(publics)으로 성장하기 위한 시민교육을 활성화할 필요가 있다.

3. 교육민주화와 학교자치

한국의 교육제도가 점진적으로 민주화되고 있다. 한국은 공교육제도가 확고하게 자리 잡고 있어서, 학교의 설립과 운영, 교원의 양성과 자격부여와 임용, 학교 교육의 내용 등을 국가가 통제한다.[2] 세계의 모든 나라에서 공교육제도를 운영하고 있지만, 나라마다 교육에 관한 권한을 행사하는 주체들의 영향력은 각기 다르다. 예를 들어, 영국은 교사의 영향력이 큰 편이고, 미국은 지역주민의 영향력이 큰 편이다. 한국은 중앙정부의 영향력이 큰 편이다. 한국에서는 학교가 민주화되어 가면서 중앙정부의 영향력이 상대적으로 축소되는 반면, 지방정부와 학교의 영향력이 확대되고 있다.

과거 교육부는 '지방교육자치강화추진단'을 설치 · 운영하면서, 2017년부터 2019년까지 유 · 초 · 중등 분야의 권한을 시 · 도교육청으로 이양하기 위해, 권한 배분 우선 정비과제 131개를 선정했다(뉴시스, 2021.04.21.). 두발, 휴대폰 사용 등에 관한 학교 규칙을 제 · 개정할 때, 학교에서 이를 자율적으로 정하도록 「초 · 중등교육법 시행령」도 개정했다. 학교자치와 학교민주주의가 진행되면서, 학교 내에서는 교장의 영향력이 상대적으로 약화되고, 교사의 영향력이 커지고 있다. 학생과 학부모의 영향력도 점진적으로 커지고 있다.

학교가 민주화된다는 것은 학교의 주체가 누구인가에 대한 인식이 바뀐다는 뜻이다. 법의 형식을 빌리면, 학교를 설립 · 운영하는 주체가 국가, 시 · 교육청, 학교법인이라 할 수 있지만, 실질적으로 '우리 학교'라는 인식은 각 학교에 몸을 담고 있는 학생과 교직원과 학부모에게 있다. 이 때문에 학생, 교직원, 학부모가 학교의 3주체라는 인식이 확산되고 있다.

한국의 교육이 민주화되는 흐름에서 주목할 것은 학교민주주의와 학교자치를 추진한 것이다. 이것은 교육부와 시 · 도교육청들이 교육정책으로 추진해

2) 1991년에 「지방교육자치에 관한 법률」이 제정된 이후 시 · 도교육청이 국가 교육권의 상당 부분을 이관 받았지만, 여전히 국가의 교육권은 막강하다.

왔으며, 각급학교에서도 학교민주주의와 학교자치를 실현하려는 노력을 지속하고 있다.

1) 학교민주주의

학교민주주의는 학교의 모든 영역이 민주주의 원리에 의해 운영되도록 제도화되는 것을 의미한다. 학교의 영역들은 학교의 조직과 운영, 학교 교육의 내용과 방법, 학교 구성주체들 간의 상호작용 관계, 학교 시설과 공간의 활용, 학교의 문화와 가치지향 등을 포함한다. 학교민주주의가 실현되는 학교라면, 학교의 운영과 관련한 다양한 의사결정이 민주적으로 이루어지고, 교육의 내용과 방법이 민주적인 원리를 따르고, 학교의 일상적인 삶과 문화가 민주적이며, 학생들이 민주시민으로서 필요한 자질을 학교에서 자연스럽게 형성해 갈 것으로 기대된다. 이를 위해 학생, 학부모, 교직원 등 학교 구성 주체들이 민주적 소양을 기르고 민주주의를 생활화하려는 노력이 필요하다.

교육부는 학교민주주의 정책을 추진하기 위해 2018년에 민주시민교육과를 설치하고 민주시민교육 활성화를 위한 종합계획을 발표했다. 그 계획 속에는 학교 민주시민교육 강화, 교원의 민주시민교육 전문성 신장 및 교육활동 지원, 민주적 학교문화 조성, 학생자치 활성화, 민주시민교육 지원체제 구축을 위한 과제들이 담겼다. 이런 계획에 따라 교육부는 민주시민교육을 실행하기 위해 '민주학교'를 지정 · 운영했다. 민주학교는 교육과정 속에서 민주시민교육을 강화하고, 민주적인 학교문화를 조성하기 위해 학교 구성원들이 참여하고 협력하며 운영되는 학교다. 시 · 도교육청들도 민주시민교육을 강화하는 움직임에 동참했다. 2019년 5월 당시에 서울과 대구를 제외한 전국 15개 교육청에서 193개의 민주학교(초, 중, 고교)를 운영했다.

경기도교육청은 학교민주주의를 향상시키기 위해 2015년에 학교민주주의 지수를 개발하고, 매년 각급학교에서 학교민주주의 수준을 측정해왔다. 그러나 2022년에 교육감이 바뀌면서 학교민주주의 지수 조사는 '학교문화 및 교육과정 운영에 관한 학교구성원 인식조사'와 '학생자치활동지수'로 바뀌었다.

민주학교의 기본 이념과 목표는 개별 학교들이 결정할 사안이다. 민주학교의 특성도 개별 학교에 따라 다를 수 있다. 그렇지만 민주학교가 아직 성숙되지 못한 단계에 있기 때문에, 참고할 만한 사례를 활용할 필요가 있다. 예를 들어, 마이클 애플(M. Apple)과 제임스 빈(J. Beane)이 미국의 사례로 제시한 민주학교에는 두 가지 특성이 있다(강희룡 역, 2015). 민주학교는 학교에서 민주적인 생활방식이 실현될 수 있도록 민주적인 구조와 과정을 만들어 낸다. 또한 학생들에게 민주적인 경험을 제공할 수 있는 교육과정을 만들어 낸다. 한국의 민주학교들도 이와 유사한 특성을 가지고, 민주시민교육을 강화하는 노력을 기울이고 있다. 지역 특성을 반영하여 독자적인 민주학교 모델을 창출하려는 움직임도 있다. 중요한 것은 교육부와 교육청의 정책방향이 바뀌더라도, 학교가 그것에 의해 좌우되지 않고, 학교 나름대로 민주적인 학교문화를 형성하고 주체적으로 민주시민 교육과정을 운영하는 것이다.

학교민주주의와 학교자치를 만들어가는 과정에 부작용도 발생했다. 학교민주주의와 학교자치에 대한 기본 인식이 부족한 상태에서, 교육에 관한 권한을 더 많이 확보하기 위한 줄다리기가 일어났다. 교육부에 대해서는 교육청이, 교육청에 대해서는 학교가 더 많은 권한을 확보하기 원했다. 그러나 사회 · 정치적으로 민감하거나 민원 가능성이 높은 과제와 사업들은 서로 맡지 않으려고 미루기도 했다.

학교 내에서는 각 구성 집단 간에도 서로 더 많은 권한을 확보하기 위한 움직임이 일어났다. 특히 교장의 권한을 축소하고 교원의 권한을 확대하는 방향의 갈등이 컸다. 교원이 학교 운영과 교육을 책임지는 '전문적 통제(professional control)'의 가능성도 보이기 시작했다. 상대적으로 학생과 학부모의 권한 신장에 대한 교원들의 경계도 높아졌다. 학생의 인권과 학부모의 교육참여권에 대한 요구가 제기되면서, 교권을 강화해야 한다는 목소리도 같이 커졌다. 현재 상황은 교원의 권한이 확대되고 있지만, 상대적으로 학생과 학부모의 권한 확대는 미미한 수준에 머물고 있다.

학교를 민주적으로 운영하며 교육내용을 풍부화 하려는 노력이 다방면으로 이루어지고 있다. 대표적인 사례는 전국의 기초지자체와 교육청(교육지원청, 학교)이 협력하여 '마을교육공동체'('지역교육협력사업'이라고도 함)를 구축하여 운영하는 것이다. 마을교육공동체는 학생과 청소년들의 돌봄과 배움의 공간을 학교를 넘어 마을 전체로 확장한 것이다. 이것은 학생과 청소년들의 배움과 삶이 연계될 수 있도록, 마을과 인근지역의 인적, 물적 자원을 활용하여 생생한 배움의 경험을 제공하기 위한 것이다. 이를 위해 기초지자체 단위로 민 · 관 · 학 · 정이 협력 체제를 구축하여 다양한 프로그램을 운영한다. 전국 190여 기초지자체들이 추진하고 있는 '혁신교육지구사업'은 마을교육공동체를 구축 · 운영한 대표적인 사례다.

마을교육공동체는 미국과 캐나다 등지에서 시도한 '학교교육 제4의 길'과 유사하다. 학교교육 제4의 길은 앤디 하그리브스(Andy Hargreaves)와 데니스 셜리(Dennis Shirley)가 제시한 새로운 학교교육 체제다(이찬승 · 김은영 역, 2015). 제4의 길은 사회와 교육에 대한 비전을 중심으로 정부 정책과 교육계의 헌신과 시민사회의 참여를 통합하는 길이다. 민간, 교육계, 정부 간에 평등하고 상호소통이 활발한 파트너십을 구축하고, 교사의 전문성과 대중의 민주적 참여가 균형을 이루어, 소통과 학습과 성취가 이루어지게 하는 길이다. 학교교육 제4의 길은 기존 학교교육을 개혁하여 미래교육 체제를 만들어가려는 이들에게 좋은 시사를 주고 있다.

2) 학교자치

학교자치의 초기 아이디어는 1995년의 5 · 31교육개혁안에 담겨 있었다. 당시는 '학교자율운영' 또는 '단위학교 책임경영제(school-based management)'란 용어가 널리 사용되었다. 학교단위 책임경영제는 단위학교의 구성주체들이 학교를 자율적으로 운영하고 그 결과에 대하여 책임을 지게 하는 제도다. 이것은 자율과 책무를 조화시키는 학교경영 모형이다. 이런 학교경영 모형에 따라, 당시

정부는 교육과정 자율화, 교육정보 공개, 학교선택권 보장, 교장공모제 확대 등을 추진했다. 그러나 학교단위 책임경영제는 신자유주의 교육모델이라는 한계를 가지고 있었다. 그것은 '경쟁'을 학교 경영의 핵심 원리로 삼았다. 그에 따라 교육 개혁의 방향은 학교와 학교 간, 교사와 교사 간 경쟁을 유발하여 학교를 변화시키는 것에 맞추어졌다.

학교자치는 이와는 성격이 다르다. 학교자치는 학교의 교육 운영에 대한 권한을 학교가 갖는 것이다. 학교자치는 학교가 교육부와 교육청의 과도한 통제에서 벗어나, 학교 스스로 구성주체들의 의견을 모아 학교 운영과 교육활동을 전개하는 것이다. 학교의 구성주체인 학생, 교직원, 학부모의 3주체가 자발적으로 참여하여, 학교 운영과 교육에 관한 내용을 민주적으로 결정하고 실행하는 것이다. 여기에 지역과 시민사회가 함께 참여하여 공동체적인 협치를 이루는 것이다.

학교자치는 2017년에 경기도교육청과 서울특별시교육청에서 주요 교육정책으로 채택하면서 본격화되었다. 학교자치의 목적은 학교의 구성주체들을 성장시키고, 학교 교육의 효과성을 높이고, 학교를 민주적인 배움터로 만들려는 것이다. 경기도, 광주광역시 등 일부 지자체에서는 「학교자치조례」, 「학생인권조례」와 같은 조례를 제정하여, 학교자치를 추진하고 학생의 인권을 보호하려는 노력을 기울였다. 학교 규칙을 제 · 개정할 때는 학생도 참여하도록 보장했다. 또한 전국 14개 시 · 도에서 「학부모회 설치 · 운영에 대한 조례」를 제정하여 학부모의 학교참여를 뒷받침했다. 이 조례에 힘입어 학교에 대한 학부모의 영향력이 본격적으로 커지기 시작했다. 이 외에도 학부모 교육 관련 조례, 학부모 학교참여 지원 관련 조례들도 여러 지역에서 제정하여 시행하고 있다.

교육정책의 흐름으로 보면, 학교자치는 학교혁신 정책의 연장선에 있다. 학교자치 정책을 채택한 교육청에서는 학교 행정업무의 경감, 교원의 전문적 학습공동체 활성화, 토론이 있는 교직원회의, 학교에 민주적인 제도와 문화 정착 등을 추진했다. 그리고 학교 안에 집단별 자치기구로 학생회, 교직원회, 학부모회를 설치하여, 민주적 의사결정을 위한 기본 틀을 형성하였다. 이 소직들은,

1996년부터 모든 학교에 설치·운영되어 온 학교운영위원회와 함께, 학교자치를 실현하기 위한 토대 역할을 하고 있다.

4. 학교교육 제4의 길과 학부모 및 대중 참여의 중요성

우리나라에도 널리 알려진 하그리브스와 셜리(Andy Hargreaves and Dennis Shirley, 2009)의 『학교교육 제4의 길①』은 서양 여러 나라에서의 교육개혁의 역사적 경험을 3가지 길로 요약·비판한 다음, 대안으로 제4의 길을 제안한다. 학교교육 제4의 길은 학교운영에 학부모를 포함한 대중의 참여를 중시하고 있다.

『학교교육 제4의 길①』 The Fourth Way: The Inspiring Future for Educational Change(Andy Hargreaves and Dennis Shirley, 2009). 역자 이찬승, 김은영. 21세기교육연구소. 2015.04.02

- **제1의 길(First Way)**
  국가의 지원이 풍부하고 교사의 자율성이 넘치며 혁신이 일어나긴 하지만 교육의 내용, 방법, 질 등이 지역마다 들쭉날쭉 편차가 커서 균질성, 균등성이 부족했던 길이다.
- **제2의 길(Second Way)**
  시장주의 경쟁이 강하게 도입되고 교육의 표준화를 추구하면서 교사가 자율성을 상실하게 된 길이다.
- **제3의 길(Third Way)**
  시장주의의 장점과 국가의 풍부한 지원을 결합해 교사의 자율성과 책무성 사이에서 균형을 찾으려 했던 길이다.

☞ 학교교육이 나아갈 새로운 제4의 길을 제시하고 제4의 길로 나아가기 위한 원리와 전략을 소개한다.

'제1의 길'은 국가의 지원이 풍부하고 교사의 자율성이 넘치며 혁신이 일어나긴 했지만 교육의 내용, 방법, 질 등이 지역마다 편차가 커서 균질성, 통일성이 부족했던 길이라고 비판한다. 이 길에서는 일관성 있는 리더십이 부족했고, 개인 역량에 의존한 경향이 짙었다.

'제2의 길'은 시장주의 경쟁이 강하게 도입되고 국가가 교육 표준화를 추구하면서 교사가 자율성을 상실했던 길이다. 표준화된 성취기준은 제정하기도 쉽고 비용도 상대적으로 저렴했고, 양적 데이터는 조작되기 쉬웠으며, 부유층 학부모들에 유리했고, 자발성은 감소하였으며, 학교 중퇴율은 증가했고, 실패를 끊임없이 공개하고 실패 자체에 초점을 맞춰 징벌적 책무성을 부과했다는 문제점이 있다.

'제3의 길'은 시장주의의 장점과 국가의 풍부한 지원을 결합해 교사의 자율성과 책무성 사이에서 균형점을 찾으려 했던 길이다. '제3의 길'은 학교교육에 있어서도 정부 리더십의 장점과 시장주의의 혁신성을 연계하는 통합적 사고를 지향했다. 그러나 중앙집권적 통제(교사의 교육과정 편성과 운영 지침, 학생 시험에 많은 시간 부여, 위압적인 정부 개입), 데이터에 집착하는 기술주의(통계 데이터와 전문가적 판단 결합 필요), 비뚤어진 열정의 한계(시험성적의 단기 전략 집중, 교수학습법의 실질적인 변혁은 도외시, 피상적인 임기응변 처방, 전수조사를 통한 평가), 부지런하지만 즐거움과 다양성은 오히려 줄어드는 문제점을 보였다. 이처럼 실제 교육현장에서는 '제3의 길' 정책들은 원래의 이상과는 매우 다른 모습으로 나타났다고 비판받았다. 학생을 소외시키고, 교육자들을 교묘히 조종하고, 대중을 기만했다는 비판을 받았다.

각각의 길에서 학부모와 대중의 역할은 달랐다. '제1의 길' 시대는 부모가 존경하는 마음으로 교사를 대했고 교사는 전문인으로서 별다른 간섭 없이 제 업무를 자율적으로 행하던 '수동적 신뢰'의 시대이었다. '제2의 길' 시대는 부모와 교사 간에 '능동적 불신'이 일어났던 시대였다. '제3의 길' 시대에도 부모와 교사 간의 신뢰는 회복되지 못했다.

그럼 그들이 제시하는 새로운 길, 제4의 길(Fourth Way)은 무엇인가?

위와 같은 검토를 거친 하그리브스와 셜리가 대안으로 제시하는 '제4의 길'은 ① 열정 있는 교육자들, ② 참여하는 대중, ③ 안내는 하지만 통제는 하지 않는 정부라는 삼자가 교육이라는 공공선을 함께 추구하고 개선시켜 나가기 위해 파트너십을 맺고 활발하게 상호작용하는 길이다. 제4의 길에서는 정부는 교육제도의 방향을 설정하되, 근시안적 관리나 세부적 개입은 자제해야 한다.

*제4의 길에서 변화의 동력은 관료주의와 시장이 아니라 민주주의와 전문성이다.
*정부(국가적 비전과 방향을 제시하고 지원) + 대중의 참여 + 교사 전문성과 참여

제4의 길은 교육개선을 향한 민주적이고 전문적인 길이다. 아래로부터 개선의 기반을 쌓고, 위에서는 큰 방향을 제시해 주며, 측면에서는 지지와 압력을 제공한다. 제4의 길은 헌신적이고 깊고 넓게 교수학습을 이끌고 나갈 역량을 갖춘 우수한 교사들을 통해 점점 더 (자기 본위보다는) 자기 조절이 필요한 교직에서 강력하고 책임 있는 학습공동체 구축을 위해 노력한다.

이러한 학습공동체에서 교사들은 높은 수준의 교육성취 기준과 학습목표를 함께 설계하고 추구한다. 교사들은 자신의 전문성을 높이기 위한 목적으로 네트워크, 객관적 자료, 서로를 통해 배우기를 지속한다.

제4의 길은 교육의 표준화, 데이터 중심의 의사결정, 목표지상주의 등과 같은 신자유주의적 환상을 뛰어넘어 민간, 교육계, 정부 간에 평등하고 상호소통이 활발한 파트너십을 구축한다. 이 길을 통해 교육 리더는 개혁의 세세한 실무가 아닌 거시적 방향을 지휘하며, 꼭 필요한 경우에만 직접 나서게 된다. 제4의 길은 교사들을 통해 쉼 없이 개혁을 추진하거나, 교사들을 정부 시책의 말단 전달자로 삼거나, 교사의 동기를 소진시켜 가며 변화의 소용돌이에 휘말리게 하지 않는다.

제4의 길은 사회와 교육에 대한 비전을 중심으로 정부 정책과 교육계의 헌신과 시민사회의 참여를 통합한다. 교사들은 정부의 강력한 통제에서 어느 정도

자유로워진다. 그 대신 학부모, 지역사회, 대중으로부터의 자율성은 제한된다. 학부모들은 자녀들의 학교 일상에 더 참여하게 되고, 학교 내에서 지역사회 구성원들의 존재감과 목소리가 높아질 것이며, 일반 대중은 단순히 전달된 교육 서비스를 소비하기보다는 교육의 목표를 논의하는 의사결정에 함께 참여하게 된다.

린다 달링 해먼드(Linda Darling-Hammond)의 말을 빌리자면, 제4의 길에서 개혁의 동력은 관료주의와 시장이 아니라 민주주의와 전문성이다. 제4의 길에서 교사는 고도의 훈련을 거치며 적극적인 신뢰를 받는다. 이와 동시에 제4의 길하에서 정치적 관료주의의 위상은 축소되고 대중 민주주의가 활력을 얻는다. 전문가로서의 교사는 정부로부터는 자율성이 크게 회복되고 학부모와 지역사회를 향해서는 더욱 개방적으로 소통하게 된다. 따라서 제4의 길은 정부, 학부모, 교사 모두에게 중요한 변화를 의미한다(이찬승 · 김은영 역, 2015: 173-174).

추천도서

- 『학교교육 제4의 길②』The Global Fourth Way: The Quest for Educational Excellence(Andy Hargreaves and Dennis Shirley, 2012)

☞ 학교교육이 나아갈 새 길을 먼저 성공적으로 걸은 사례 7가지와 여기에서 공통적으로 발견되는 성공원리와 전략을 도출했다.

5. 미래교육을 위한 새로운 사회계약 -2021 유네스코 미래교육보고서-

1) 유네스코의 주요 교육보고서

유네스코는 창립한 이래 사회 전환의 중요한 시기마다 교육의 역할을 재검토하기 위한 위원회를 조직해 세계적 차원의 보고서를 발표해 왔다.

2021년 11월에 코로나19 팬데믹 상황에서 중첩된 위기상황에 대한 진단과 처방전을 제시한 보고서 『우리의 미래를 함께 다시 생각하기 - 교육을 위한 새로운 사회계약』(Reimagining our futures together: A new social contract for education) (이하 '21 새로운 사회계약보고서')은 많은 새로운 것을 담고 있다.[3)]

이 '21 새로운 사회계약보고서'는 현재 세계 각지에서 교육을 조직하고 있는 방식들이 정의롭고 평화로운 사회, 건강한 지구, 모두를 이롭게 하는 공동의 발전을 보장하기에는 크게 부족함을 지적한다. "실제로 우리가 겪는 문제의 일부는 교육 방식 때문에 일어나고 있다. 교육을 위한 새로운 사회계약은 학습에 대해, 또 학생, 교사, 지식, 세계 사이의 관계에 대해 우리가 지금까지와는 다르게 생각하도록 만들어야 한다."고 주장한다(유네스코한국위원회, 2022a: 4).

3) 한글판은 2022년에 발간됨. 이 글은 한글판을 참고하여 작성했고, 연도 표기도 2022년으로 했다. 유네스코한국위원회 홈피에 들어가면 무료로 자료를 다운로드받을 수 있다.

생각을 키우는 자료 1

유네스코의 교육개혁 노력: 주요 보고서 3권

75년 전에 설립된 이래 유네스코는 사회 전환의 결정적 순간마다 교육의 역할을 재검토하기 위한 위원회를 조직해 세계적 차원의 중요한 보고서를 발표해 왔다. 그 시작은 1972년 포르(Faure)위원회의 『존재하기 위한 학습: 교육 세계의 오늘과 내일』(Learning to Be: The World of Education Today and Tomorrow)이었고, 이 보고서를 통해 평생교육 개념이 탄생되고 보편화되었다.

약 25년 후인 1996년 들로르(Delors)위원회의 보고서 『학습: 내재된 보물』(Learning: The Treasure Within)을 발간했다. 그리고 약 20년 후인 2015년에는 『다시 생각하는 교육: 교육은 전지구적 공동재를 향해 가고 있는가』(Rethinking Education: Towards a Global Common Good)를 발간했다.

그리고 UNESCO는 불과 6년 후인 2021년 11월에 코로나19 팬데믹 상황에서 중첩된 위기상황에 대한 진단과 처방전을 제시한 보고서 『우리의 미래를 함께 다시 생각하기 –교육을 위한 새로운 사회계약』(Reimagining our futures together: A new social contract for education) (이하 '21 새로운 사회계약보고서')은 많은 점을 시사한다.

이 사회계약보고서는 "인류의 미래는 지구의 미래에 달려 있고 이 둘은 지금 위험에 처해 있으므로, 그 경로를 바꾸기 위해 시급한 행동이 필요하다"고 주장한다. 이를 위해 본 보고서는 교육을 위한 새로운 사회계약을 제안하며, 이를 통해 우리가 서로와, 지구와, 그리고 기술과의 관계를 다시 구축할 것을 요청한다.

2) 교육을 위한 새로운 사회계약

'21 새로운 사회계약보고서'는 교육을 위한 새로운 사회계약의 핵심을 '불평등의 그물망을 걷어내고 지속가능하고, 정의로우며, 포용적인 미래를 만드는 데 있다'고 진단한다. 이어 미래 교육의 성격을 '협력과 연대의 교육'으로 규정하며 교육을 위한 새로운 사회계약에서 '학교'의 역할을 중시하고 '교사'를 변혁의 주체로 설정하고 있다.

"새로운 사회계약은 우리가 과거의 정의롭지 못한 부분을 고쳐 미래를 바꿀 수 있는 기회다. 이 계약은 무엇보다도 평생 동안 양질의 교육을 받을 권리에 기반을 두고 있으며, 가르침과 배움을 공동의 사회적 노력(shared societal endeavours), 즉 공동재(common goods)로서 강조하고 있다."(유네스코한국위원회, 2022a: viii). 2050년을 바라보면서 교육에 대해 던져야 할 세 가지 핵심 질문은 다음과 같다(유네스코한국위원회, 2022a: 2).

- 우리가 계속해야 할 것은 무엇인가?
- 우리가 중단해야 할 것은 무엇인가?
- 창조적으로 새롭게 만들어 내야 할 것은 무엇인가?

이 보고서에 따르면, 교육은 사회계약, 즉 공동의 이익을 위해 협력하려는 사회 일원들의 암묵적 합의라는 측면에서 파악될 수 있다. 이 사회계약의 출발점은 교육의 공공 목적에 대한 공동의 비전이다. 사회계약은 교육제도와 이를 구축, 유지, 개선하기 위해 분배된 작업을 구조화하는 기초적이고 조직적인 원칙들로 구성된다(유네스코한국위원회, 2022a: 2).

3) 기본 원칙

새로운 사회계약은 인권, 즉 포용성과 형평성, 협력, 연대, 그리고 집단적 책임과 상호연결성을 뒷받침하는 광범위한 원칙들을 기반으로 하며, 다음 두 가지 기본 원칙을 따라야 한다.

- 평생 동안 양질의 교육을 받을 권리의 보장: 세계인권선언 제26조에 규정된 교육권은 여전히 교육을 위한 새로운 사회계약의 기초를 이뤄야 하며, 평생 동안 양질의 교육을 받을 권리를 포함하도록 확대되어야 한다. 또한 정보, 문화, 과학에 대한 권리와 대대로 축적되고 계속 변모하는 인류의 집단 지식자원인 공유지식(knowledge commons)에 접근하고 기여할 수 있는 권리도 포함되어야 한다.
- 공공의 노력(public endeavor)이자 공동재(a common good)로서 교육의 강화: 공동의 사회적 행위로서 교육은 공동의 목표를 세우고 개인과 공동체가 함께 발전할 수 있게 해준다. 교육을 위한 새로운 사회계약은 교육에 대한

공공재정 투입을 보장하는 것만으로 그쳐서는 안 되며, 교육에 관한 공적 토론에 모두가 함께할 수 있도록 사회 전체적 참여를 보장해야 한다. 이렇게 참여를 강조함으로써 교육은 공동재, 즉 함께 선택하고 성취하며 공유하는 웰빙의 한 방식으로 강화된다(유네스코한국위원회, 2022a: 2-3).

교육은 우리 사회의 혁신과 변혁의 근간이다. 교육은 우리가 지식을 동원해 불확실성 속에서 변하는 세상을 헤쳐 나가도록 돕는다. 교육의 힘은 우리를 세상과 타자와 연결하고, 우리가 이미 거주하는 공간을 넘어 움직이게 하며, 새로운 가능성과 마주치게 해주는 데 있다. 교육은 우리가 집단적 행위를 위해 단결하게 만들고, 공동의 도전과제 해결에 필요한 과학과 지식, 혁신을 우리에게 제공한다. 교육은 이해력을 높이고 역량을 구축하도록 지원함으로써 우리 미래를 좀 더 사회적으로 포용적이고, 경제적으로 정의로우며, 환경적으로 지속가능하도록 만들어 준다(유네스코한국위원회, 2022a: 11).

더 나아가 교육 시스템은 차별과 배제, 또는 지속 불가능한 생활방식 등 우리가 공유하는 미래를 위협하는 바로 그 요소들을 종종 재생산하고 지속시킴으로써 진정한 변혁을 이끌어 낼 수 있는 교육의 잠재력을 제한한다. 이러한 집단적 실패를 근거로 해서 교육에서 우리의 행동을 규정하고 안내해 줄 새롭게 공유하는 비전과 원칙과 책임에 대한 필요성이 생긴다(유네스코한국위원회, 2022a: 11).

교육받을 권리는 평생 동안 양질의 교육을 받을 권리까지 포괄하도록 확대되어야 한다. 오랫동안 아동과 청소년을 위한 학교 교육의 권리로 해석돼 온 교육받을 권리는 이제 한발 더 나아가 모든 연령에서, 그리고 삶의 모든 영역에서 교육을 보장해야 한다. 이렇게 확대된 관점의 교육받을 권리는 정보와 문화, 그리고 과학에 대한 권리와 밀접히 연결되며, 이를 위해서는 인간의 역량 구축에 대한 깊은 책임의식이 필요하다. 또한 확대된 교육받을 권리는 공유지식(knowledge commons), 즉 인류가 공유하는 광대한 정보와 지식, 지혜라는 자원에 접근하고 그것에 기여 할 권리와도 밀접하게 연결된다(유네스코한국위원회, 2022a: 13).

4) 공동재로서의 교육과 공공성

공동재로서의 교육에는 두 가지 본질적인 특징이 있다. 첫째, 교육은 인간을 타인과, 그리고 세상과 접촉하게 함으로써 공동으로 경험된다. 교육기관에서 교육자와 학습자가 함께 모여 나누는 공유된 활동은 개인적인 동시에 집단적인 활동이다. 교육을 통해 사람들은 지식이라는 인류 유산을 이용하고 여기에 새로운 것을 추가할 수 있다. 공동창조의 집단적 행동인 교육은 개인과 공동체의 존엄성과 역량을 확고히 해주고, 공유된 목적을 수립하게 하며, 집단적 행동의 역량을 발전시키고, 우리 공동의 인간성을 향상시킨다. 그러므로 교육기관은 최대한 다양한 학생들을 포용하여 학생들이 차이점을 넘어 서로에게서 배우도록 할 필요가 있다(유네스코한국위원회, 2022a: 14).

둘째, 교육은 공동으로 관리된다. 사회적 프로젝트로서 교육에는 그 거버넌스와 관리에 많은 다양한 행위자들이 참여한다. 정책과 의사결정 과정에서 다양한 목소리와 관점이 반영될 필요가 있다. 지금도 교육정책, 교육제공 및 모니터링에 다양한 비국가 행위자의 참여가 더욱 확대되는 추세다. 이 추세가 말해주는 것은 교육을 공적인 일로 여기며 다양한 목소리와 투명성, 책무성을 더 많이 요구한다는 것이다. 교사, 청소년운동, 지역사회 기반 그룹, 트러스트, 비정부기구, 기업, 전문가협회, 자선단체, 종교기관, 사회운동 등이 참여하면 교육의 형평성, 질, 관련성(relevance)이 향상될 수 있다. 차별금지, 기회의 형평성, 사회정의의 원칙이 수호될 때, 비국가 행위자들은 교육권 보장에 중요한 역할을 하게 된다(유네스코한국위원회, 2022a: 14-15).

교육의 공적인 성격은 공공기관이 교육을 제공하고 재정을 지원하고 관리하는 수준을 훨씬 넘어선다. 공교육은 ① 공공장소에서 이루어지고 ② 공익을 증진하며 ③ 모두에게 책임을 지는 교육이다. 누가 운영하든 학교는 인권을 발전시키고 다양성을 중시하며 차별에 맞서도록 교육해야 한다. 우리는 공교육이 사회구성원을 교육한다(public education educates publics)는 점을 잊어서는 안 된다. 공교육은 우리의 차이와 다양성을 중시하면서도, 같은 인류와 같은 행성에 속한 우리의 소속감을 강화한다(유네스코한국위원회, 2022a: 15).

'학교'는 공동재(a common good)로서 학생들이 다른 곳에서는 해볼 수 없는 도전과 가능성을 만나는 커뮤니티이자 협력과 돌봄, 인권의 보장, 지속가능성과 탄소중립의 본보기이자 모델이 되어야 한다. 학교와 지역사회가 상호 연결되고 소외와 차별을 넘어 호혜적 윤리를 기반으로 서로 연대하고 협력적 방식으로 배우고 실천하는 방식의 교육이 필요하다.

'교사'는 '협력적 직업'으로 학생을 지원하기 위해 동료 교사, 학교 내의 자원, 학교 밖의 전문가와 파트너십을 통해 지속적으로 전문성을 구축해 나갈 수 있어야 한다. 교사의 '변혁적 역할'을 위해 교육적 의사결정에서 교사의 공공 정책 수립 참여가 특히 중요하다.

토론해 봅시다

1) 유엔아동인권위원회 2019년 유엔 아동권리협약(CRC) 제 5-6차 보고서 최종 심의에서 한국 사회의 교육 문제에 대해 다음과 같이 권고했다.

- 사교육 의존도를 줄일 것
- 출신, 주거지, 사회경제적 지위 및 이주 지위 등에 관계없이 모든 아동의 의무교육에 대한 권리와 교육접근성 보장
- 장애아동 통합교육 보장
- 각 연령에 적합한 성교육 제공할 것

유엔아동인권위원회의 권고가 타당한지, 한국 정부가 이 권고에 대해 어떤 개선 노력을 하고 있는지 확인하고 토론해 보자.

2) 우리나라에서 학교교육 제4의 길이 구현될 수 있는 가능성과 조건에 대해 토론해 보자.

3) 쟁점 많은 교육감 선거제도의 개선 방안에 대해 토론해 보자.

참·고·문·헌

강남순(2021). **질문 빈곤 사회**. 경기: 행성B.

강대중(2002). **대안학교는 학교가 아니다**. 서울: 박영률출판사.

강대중 · 김기수 · 김봉제 · 김승보 · 김은정 · 김장중 · 김현정 · 오재길 · 윤혜순 · 이종각 · 황성희(2022). **대한민국 학부모**. 서울: 학이시습.

강선희(2010). 초등학교 담임교사의 역할에 대한 학생과 학부모, 교사의 기대 차이 연구. **초등교육학연구**, 17(2), 1-25.

강성빈(2009). 학습자, 학부모 및 교사가 기대하는 교사상 분석. **한국교원교육연구**, 26(3), 417-437.

강순원 역(1983). **교육과 사회구조: 교육사회학의 이론과 실제**. 서울: 한울. Karabel, J., & Halsey, A. H. (eds.) *Power and Ideology in Education*. New York: Oxford University Press.

강양원(1994). 한국인의 교육열: 교육기관 후견형 지위상승 모델의 형성과 전개, 1945-1985. **연세교육연구**, 7(1), 5-72.

강인수(2019). 학부모의 교육권. **학부모와 공교육**. 경기: 교육과학사.

강호수 · 김지혜 · 송승원 · 김한나(2016). 교사효능감에 영향을 미치는 교사학습공동체의 특성탐색연구. **학습자중심교과교육연구**, 16(4), 769-791.

강호수 · 김지혜 · 송승원 · 김한나(2018). 교사학습공동체와 교사만족도의 관계 탐색 연구: 중학교 교사들을 대상으로. **학습자중심교과교육연구**, 18(10), 471-496.

강휘원(2006). 한국 다문화 사회의 형성 요인과 통합 정책. **국가정책연구**, 20(2), 5-34.

경기도교육연구원(2015). 학교민주주의 지수개발.

경기도교육연구원(2019). 교육커먼즈: 교육공공성의 새로운 관점. 제25회 경기교육포럼 자료집(2019. 9. 26).

경기도교육청(2015). 2015년 학교 안 전문적 학습공동체 학점화 계획. 경기도교육청 학교정책과.

경찰청(2022). **2022 경찰백서**.

고병헌(2000). 한국 대안교육 운동의 성격과 관한 연구. 대안교육 그 현장을 찾아서. 한국언론재단 현장 탐방 연수 자료집, 43-74.

고예진(2019). 중등교사의 '교사 전문성' 인식과 성장. 부산광역시교육청 교육정책연구소 제35호.

고형일 · 이두휴 역(1990). **학교와 사회**. 서울: 풀빛. Feinberg, W., & Soltis, J. F. (1985). *School and Society*. New York: Teachers College Press.

교육과학기술부(2008). 2008-2012 이명박 정부 교육복지 대책. 국가기록원.

교육부(2017). 경제 · 사회 양극화에 대응한 교육복지 정책의 방향과 과제.

교육부(2018). 민주시민교육 활성화를 위한 종합계획.

교육부(2022). 2022년 1차 학교폭력 실태조사 결과 발표. 보도자료. 2022.9.6.

교육부(2022). 2022년 다문화교육 지원계획. 교육기회보장과.

교육부(2023). 2022년 학생 건강검사 및 청소년건강행태조사 결과 발표. https://www.moe.go.kr/boardCnts/viewRenew.do?boardID=294&boardSeq=94695&lev=0&searchType=null&statusYN=W&page=1&s=moe&m=020402&opType=N.

교육정책자문회의(1991). 교육발전의 기본구상. 제1차 종합보고서.

국가교육회의(2020). 「미래교육체제 탐색을 위한 조사」 결과 보고서. 국가교육회의.

국가교육회의(2021.6.22.). 2022 개정 교육과정을 위한 국민참여 설문. 교육부 공식 블로그. https://if-blog.tistory.com/12221.

국가평생교육진흥원(2018). 2018 학부모교육백서. PM2018-73.

국정기획자문회의(2017). 문재인정부 국정운영 5개년 계획.

권김현영(2020). **늘 그랬듯이 길을 찾아낼 것이다: 폭력의 시대를 넘는 페미니즘의 응답**. 서울: 휴머니스트.

권순형 · 도재우 · 민윤경 · 양희준 · 이강주 · 이쌍철 · 이정우 · 이희현(2022). 한국교육개발원 교육여론조사(KEDI POLL 2022). 한국교육개발원.

권순형 · 도재우 · 민윤경 · 양희준 · 이강주 · 이쌍철 · 이정우 · 이희현 · 김성열(2022). 한국교육개발원 교육여론조사(KEDI POLL 2022). RR2022-15. 한국교육개발원.

권일남 · 전명순(2021). **청소년 문화** 2판. 서울: 창지사.

김경근(2000). 가족 내 사회적 자본과 아동의 학업성취. **교육사회학연구**, **10**(1), 21-40.

김경근(2005). 한국사회 교육격차의 실태 및 결정요인. **교육사회학연구**, **15**(3), 1-27.

김경근(2008). 한국사회의 대안교육 수요 결정 요인. **한국교육학연구**, **14**(1), 45-69.

김경근(2021). 한국사회의 서열중시문화: 기원, 동인 및 교육적 유산. **교육사회학연구**, **31**(4), 33-69.

김경근 · 변수용(2007). 한국사회에서의 학업성취에 대한 문화자본의 영향. **교육사회학연구**, **17**(1), 23-51.

김경동(1978). **사회학**. 서울: 경문사.

김경동(1979). **발전의 사회학**. 서울: 문학과지성사.

김경식 · 이현철(2011). 수능성적에 대한 사교육 효과분석. **교육학논총**, 32(2), 35-49.

김경식 · 이현철(2011). 학업성취에 대한 학급풍토의 영향. **중등교육연구**, 59(1), 1-23.

김경애 외(2015). 학생 수 감소 시대의 미래지향적 교육체제 조성 방안. 한국교육개발원.

김기수 외(2018). 경기미래교육 비전과 전략 연구. 경기도교육연구원.

김기수 외(2019). 미래교육을 위한 학제 혁신 방안. 경기도교육연구원.

김기수(2019). 공교육의 미래 발전 방향과 학부모의 역할. 한국교육학회 특별학술대회 2019 대한민국 미래교육 한마당, 미래 교육과 학부모 역할. 한국교육학회.

김기수 · 곽상경 · 박재원 · 정유진 · 채희태(2021). 공교육 강화를 위한 학부모 역할 연구. 경기도교육연구원.

김기수 · 소미영 · 김병준 · 김용 · 김소현(2020). 지역교육 혁신을 위한 학교자치 방안 연구. 시흥교육지원청 · 경기도교육연구원.

김기수 · 오재길 · 변영임(2020). 1980년대생 초등학교 학부모의 특성. 경기도교육연구원.

김기태 · 조평호(2003). **미래지향적 교사론**. 경기: 교육과학사

김기현 · 문호영 · 황세영 · 유민상 · 김균희 · 이용해(2021). **2020 청소년종합실태조사**. 여성가족부.

김나영(2021). 다문화교육의 현황 및 실태. 2021년 12월 이슈통계(1). 한국교육개발원.

김대현(2020). 초중등학교 교사에 대한 학부모의 신뢰 형성. **교육혁신연구**, 30(2), 151-177.

김동춘(2022). **시험능력주의: 한국형 능력주의는 어떻게 불평등을 강화하는가**. 파주: 창비.

김두환(2008). 부모와 자녀의 사회적 관계와 대학진학 포부 및 학업성취. **교육사회학연구**, 18(4), 29-53.

김민영(2012). 청소년 문화자본이 역량형성에 미치는 영향 - 문화자본의 유형을 중심으로. **청소년학연구**, 19(1), 109-134.

김민희(2018). 정권교체에 따른 교육복지 정책 변동 분석. **교육정치학연구**, 25(3), 129-158.

김민희(2023). 교육복지정책의 현황과 과제. CIP 2023-01. 한국교육개발원 · 교육정책네트워크.

김병성(2011). **교육사회학 이론 신강**. 서울: 학지사.

김병찬(2003). 중학교 교사들의 교직문화에 대한 질적 사례 연구. **교육행정학연구**, 21(1), 1-27.

김부태(2011). 한국 학력학벌주의 인식체계 분석. **교육학연구**, 49(4), 25-54.

김성기(2020). 대안교육 위탁교육기관의 질 제고 방안. **블루노트_이슈&정책**, 119. 한국청소년정책연구원.

김성식(2007). 중학교 학생의 학업성취에 대한 학교풍토 변인의 영향 분석: 평균 성취 수준과 학생 간 격차와 관련하여. **한국교육**, 34(2), 27-49.

김성식(2023). 교육복지의 의미와 새로운 방향 모색. **서울교육**, 26(1), 19-26. https://webzine-serii.re.kr/

김성천 · 김요섭 · 김인엽 · 김진화 · 김혁동 · 오수정 · 이경아 · 이영희 · 임재일 · 홍섭근(2019). **학교자치2**. 서울: 테크빌교육.

김성천 · 김요섭 · 박세진 · 서지연 · 임재일 · 홍섭근 · 황현정(2018). **학교 자치를 둘러싼 다양한 시선 학교자치**. 즐거운학교.

김수진(2018). 한국 다문화 사회에 관한 고찰: 다문화정책, 사회적 자본, 부패 중심으로. **한국부패학회보**, 23(1), 95-120.

김양분 · 김현진 · 박호근(2001). 한국교육개발원 교육여론조사 : KEDI POLL 2001. 한국교육개발원.

김영화(2001). 교육에 대한 국가의 역할이 바뀌어야 한다- 공교육 이념과 기능의 재검토. 제23회 교육민회 시민포럼 자료집, 5-25.

김영화(2012). 문화자본의 개념화와 문화자본 연구의 주요 쟁점에 관한 비판적 검토. **교육사회학연구**, 22(2), 31-63.

김용 역(2013). **교육의 사사화와 공교육의 해체: 의무교육과 사학교육**. (이치가와 쇼우고 저). 파주: 교육과학사.

김위정(2021). 경기도민 교육여론조사. 경기도교육연구원.

김유리 · 김성식(2019). 신학력관과 2015 개정 교육과정에 기반한 국가수준 학업성취도평가의 대안 모색. **교육문화연구**, 25(2), 149-173.

김은순 · 민재원 · 정덕호 · 권인탁(2021). 참학력 기반 고등학교 운영사례를 통한 혁신교육과정 분석. **교육종합연구**, 19(3), 247-274.

김이선 · 최윤정 · 정연주 · 장희영 · 이명진 · 양계민(2022). 2021년 국민 다문화수용성 조사. 여성가족부.

김인희(2006). 교육복지의 개념에 관한 고찰 -교육소외 해소를 위한 교육복지의 이론적 기초 정립에 관하여-. **교육행정학연구**, 24(3), 289-314.

김재춘(2021). **세 가지 관점으로 본 교육과정 이야기**. 파주: 교육과학사.

김정원 · 김경애 · 김민 · 김영삼 · 김효진 · 박인심 · 양병찬 · 이경상 · 이정선 · 이지혜 · 이화정 · 허남순 · 홍봉선(2010). **교육복지의 이론과 실제**. 서울: 학이시습.

김정원 · 김성식 · 김원경 · 김홍원 · 김홍주 · 문무경 · 박효정 · 이병환 · 이선호 · 이재분 · 임연기 · 정영식 · 최상덕 · 최정윤 · 한만길(2008). 교육복지 마스터 플랜 연구. 수탁

연구. 한국교육개발원.

김주후 외(2007). 학부모센터 설립 및 운영방안 연구. 대통령자문 교육혁신위원회.

김진희(2014). 다문화주의를 둘러싼 국제 갈등 이슈와 다문화교육의 방향 성찰. **다문화교육연구**, 7(1), 101-129.

김찬호(2001). **사회를 보는 논리**. 서울: 문학과지성사.

김태선(2021). 팬데믹 시대의 목소리를 함께 듣는 일. **창작과 비평**, 192호, 34-52.

김태종(2007). 교육열의 경제적 가치에 관한 연구. 교육혁신위원회.

김학태(2015). 다문화 사회의 사회통합을 위한 법정책 연구: 한국과 EU의 사회통합 모델을 중심으로. **유럽헌법연구**, 18, 127-170.

김한종(2014). 역사교과서의 사회문화적 기능과 국가 이데올로기. **역사교육연구회**, 131, 103-129.

김혜숙 · 한대동 · 남현숙(2012). 중학생의 사교육 참여에 영향을 미치는 요인에 관한 질적 연구. **청소년학연구**, 19(1), 251-278.

김회용(2007). 좋은 교사의 자질. **교육철학연구**, 38, 27-46.

김효정 · 정가윤 · 이현주(2013). 과학교사들의 교사모임에의 참여 경험과 교사 정체성 형성에 대한 탐색-실천공동체 이론을 중심으로-. **한국과학교육학회지**, 33(2), 390-404.

김흥주 외(2016). 미래지향적 교육생태계 조성을 위한 교육체제 재구조화 연구. 한국교육개발원.

나병현(2014). **학교교육의 위기와 공교육 이념의 재검토**. 황원철 · 김성열 · 고창규 편. 공교육: 이념 · 제도 · 개혁. 서울: 도서출판 원미사.

나병현(2014a). **공교육의 의미**. 황원철 · 김성열 · 고창규 편. 공교육: 이념 · 제도 · 개혁. 서울: 도서출판 원미사.

나병현(2014b). 학교교육의 위기와 공교육 이념의 재검토. **아시아교육연구**, 2(2), 139-159.

나원희 · 김민희 · 류아현 · 고제이 · 이진이(2022). 중앙 및 지방정부의 교육복지지출 분석. 워킹페이퍼 2022-08. 한국보건사회연구원.

나종석(2013). 마을 공동체에 대한 철학적 성찰: '마을인문학'의 구체화를 향해. **사회와 철학**, 26, 1-32.

남길임 · 송현주 · 최준(2019). 2019년 신어 조사. 국립국어원 2019-01-47.

노종희(1998). 학교공동체 의식의 개념적 분석과 그 구축 전략. **교육행정학연구**, 16(2), 385-401.

노철현 · 김정안 · 이부영 · 류형선 · 이승철(2016). 신학력관에 기반한 서울형혁신학교 교육과정 연구: 초등학교를 중심으로. 서울특별시교육연구정보원 연구보고서 2016-52.

동그라미재단(2016). 밀레니얼 조사연구_매거진M.
라미경(2009). 거버넌스 연구의 현재적 쟁점. **한국거버넌스회보**, 16(3), 91-107.
류방란 · 김경애 · 임후남 · 이성회 · 양희준 · 황지원(2015). **학부모의 학교 참여 실태 및 정책 방안**. 서울: 교육개발원.
류방란 · 김성식(2017). 저소득층 학생의 학교적응, 수업태도, 학업성취에 대한 사회적 자본의 영향 분석. **한국교육**, 44(30), 95-122.
류방란 · 이혜영(2002). **초등학교 교사의 생활과 문화**. 한국교육개발원
목영애(2017). 교육 거버넌스의 교육철학적 논의. 2017 한국교육학회 교육정책포럼.
문지원(2000). 학교는 늙은 아버지 같다. **당대비평**, 10, 304-317.
민병곤 · 박현정 · 정혜승 · 정현선 · 김경자(2016). 청소년 언어문화 실태 연구. 국립국어원 2016-01-24.
박남기 외(2008). **초등학급경영의 이론과 실제**. 경기: 교육과학사
박남기(1994). 한국인의 교육열 이해를 위한 대안적 관점. **교육학연구**, 32(5), 67-85.
박병량(2003). **학급경영–성공적인 교실운영을 위한 지침서**. 서울: 학지사
박상완 · 박소영(2022). 90년대생 교사 특성 분석: 세대 특성과 개인 특성을 중심으로. **한국교원교육연구**, 39(1), 1-30.
박애리 · 김유나(2023). 아동기 학교폭력 피해경험이 초기 성인기 심리정서적 어려움 및 자살에 미치는 영향: 대학생을 중심으로. **청소년학연구**, 30(1), 231-254.
박영신(2015). **한국 청소년의 일탈행동과 학교폭력**. 파주: 교육과학사.
박지혜 · 라종민(2016). 교원능력개발평가 자유기술식 응답을 통한 동료교원, 학생, 학부모가 기대하는 교사의 역할 분석. **교육문제연구**, 29(1), 21-41.
박현진 · 김영화(2010). 가정의 문화자본과 사회자본이 영어학업성취에 미치는 영향에 대한 잠재성장모형 분석. **교육사회학연구**, 20(4), 55-82.
배상률 · 이재은(2014). 디지털 시대의 청소년 미디어교육 제도화 방안 연구. 연구보고 14-R11. 한국청소년정책연구원.
백병부 · 김경근(2007). 학업성취와 경제자본, 사회자본, 문화자본의 구조적 관계. **교육사회학연구**, 17(3), 101-129.
백영경(2017). 복지와 커먼즈: 돌봄의 위기와 공공성의 재구성. **창작과비평**, 45(3), 19-38.
법무부(2022). 2021 출입국 · 외국인정책 통계연보.
법제처 국가법령정보센터(2023). 경기도교육청 교육복지 운영 · 지원에 관한 조례.
벨 훅스(2010). **페미니즘: 주변에서 중심으로**. (윤은진 역). 서울: 모티브북.
변수용 · 김경근(2008). 한국 고등학생의 교육결과에 대한 문화자본의 영향. **교육사회학연구**, 18(2), 53-82.
변윤언 · 이광호(2007). 청소년문화의 '정체성'과 '지향성' 두 개념에 관한 이론적 고찰. **청**

소년복지연구, 9(2), 23-42.
서경혜(2015). 교사학습공동체: 집단전문성 개발을 위한 한 접근. 서울: 학지사.
서경혜 · 유신영(2004). 좋은 수업에 대한 교사와 학생 및 학부모의 관점. 교육학연구, 42(4), 285-315.
서공주 · 박찬호 · 정일환(2019). 덴마크, 스웨덴, 핀란드의 민주시민교육과 시사점. 비교교육연구, 29(1), 51-75.
서용선 · 김용련 · 임경수 · 홍섭근 · 최갑규 · 최탁(2015). 마을교육공동체 개념 정립과 정책 방향 수립 연구. 경기도교육연구원.
서울특별시교육청(2023). 2022년도 서울특별시 교육비특별회계 예산편성 기본지침.
석태종(1990). 새로운 教育社會學: 教育課程을 中心으로. 教育問題研究, 3, 51-68.
성기선(2005). 학력저하 관련 논의와 새로운 학력관에 대한 비판적 검토. 인간연구, 제9호, 32-55.
성열관(2014). 핵심역량 교육과정의 글로벌 규범과 로컬의 전유. 교육과정연구, 32(3), 21-44.
성태제(2020). 교육연구방법의 이해. 서울: 학지사.
손준종(2004). 교육논리로서 '능력주의' 재고. 한국교육학연구, 10(2), 135-153.
손준종(2010). 교사 전문성 담론의 성격 분석: 이명박 정부의 교원 정책을 중심으로. 교육정치학연구, 17(4), 91-119.
손준종(2017). 한국교육의 사회적 풍경-교육사회학의 주요 쟁점. 서울: 학지사.
송기창 외(2014). 중등 교직실무. 서울: 학지사
신봉철(2017). 보이텔스바흐 합의가 한국 교육계에 주는 시사점. 통일교육연구, 14(2), 1-14.
심성보(2018). 한국교육의 현실과 전망: 세계교육의 담론과 운동 그리고 민주시민교육. 서울: 살림터.
심성보 · 장경훈 · 김혜자 · 허진만 · 정원규 · 이하나(2021). 민주학교의 탄생: 민주시민을 향한 삶과 배움이 꽃피는 공간. 서울: 생각정원.
안관수(1997). 사회적 불평등의 재생산요인으로서 문화적 자본. 교육사회학연구, 7(1), 113-125.
안도 히로히코(2018). 지능이란 무엇인가: 두뇌의 우열은 어디서 결정되는가. 서울: 도서출판 전파과학사.
안우환(2003). 가정의 사회적 자본이 아동의 학업성취에 미치는 효과분석. 한국교육, 30(3), 161-184.
양병찬(2021). 주민과 함께 만들어가는 교육자치, 마을교육공동체. 공공정책, 192, 26-30.
양병찬(2022). 민 · 관 · 학이 함께하는 교육협력 거버넌스 구축. 행복한교육, 480, 36-38.

양정호(2012). 사교육의 대학진학 효과 분석. **교육재정경제연구**, 21(2), 27-52.

양희규(2008). **대안교육과 교육패러다임의 전환. 배움과 한국인의 삶**. 파주: 나남.

엄기호(2013). **교사도 학교가 두렵다**. 서울: 따비

여성가족부(2022). 2022년 다문화가족정책 시행계획.

오성철(2015). 한국 현대교육사의 시기 구분에 관한 시론. **교육사학연구**, 25(2), 157-184.

오승은(2006). 거버넌스론에 관한 제 접근. **연세행정논총**, 29, 51.

오재길(2019). 학부모의 교육주체성. **학부모와 공교육**. 경기: 교육과학사.

오재길 · 임선일 · 진숙경 · 이병곤 · 이은경 · 조경민 외(2016). 학부모 교육주체화 방안 연구. 경기도교육연구원.

오해섭 · 박지영 · 이지혜 · 임하린(2019). 2019년 미인가 대안교육시설 실태조사 연구. 교육부 · 한국청소년정책연구원 부설 학업중단예방 및 대안교육지원센터.

오희정 · 김갑성(2019). 부모의 사회경제적 지위가 자녀의 자아개념을 매개로 학업성취에 미치는 영향에 대한 종단적 분석. **학습자중심교과교육연구**, 19(16), 23-38.

우석훈(2011). **나와 너의 사회과학**. 파주: 김영사.

유네스코, 유네스코한국위원회(2020). **학습의 인본주의적 미래** - 유네스코 석좌와 유니트윈 시각에서 -

유네스코한국위원회(2022a). **우리의 미래를 함께 다시 생각하기 – 교육을 위한 새로운 사회계약**(UNESCO(2021) Reimagining our futures together: A new social contract for education).

유네스코한국위원회(2022b). **세계 교육 현황 보고서 요약본**(21/22). 비국가 행위자의 교육 참여 -누가 선택을 하는가? 누가 손해를 보는가?-.

윤정일(1999). 21세기사회의 교육복지정책. **교육이론**, 5(1), 121-146.

이건만(2007). 한국사회의 학벌주의와 계급갈등: 학벌자본의 이론화를 향해. 교육사회학연구, 17(4), 63-85.

이건만(2014). **교육사회학 탐구**. 파주: 양서원

이광현 · 권용재(2011). 사교육비와 사교육시간이 학업성취도에 미치는 효과 분석: 분위회귀분석을 이용한 접근. **교육재정경제연구**, 20(3), 99-133.

이근영 · 이혜정 · 임경선 · 하봉운(2014). 경기도 교육복지 정책 분석 및 발전 방안-경기도 교육청 12대 교육복지과제를 중심으로-. 기본연구 2014-09. 경기도교육연구원.

이기미(2017). 바람직한 교사상에 대한 재고. **교과교육연구**, 10(1), 23-38.

이대성 · 이병희 · 이지명 · 이진희 · 최종철 · 홍석노(2020). **민주학교란 무엇인가**. 서울: 교육과실천.

이덕난(2020). 「미인가 대안교육시설 등록제」, 『제21대 국회 주요 입법 · 정책 현안 Ⅲ』. 국회입법조사처, 2020, 22.

이돈희(1998). 공교육제도의 발달: 역사적 고찰. 서울대학교 교육연구소 편, 교육학대백과사전. 하우동설.

이돈희(1999). **교육정의론**. 서울: 교육과학사.

이돈희(2022). **민주주의와 생활양식–생활인의 자질과 교육적 과제–. 민주주의란 무엇인가**. 서울: 학지사.

이두휴(2007). 대학서열체제의 구조와 해소방안 연구. **교육사회학연구, 17**(3), 131-157.

이두휴 · 남경희 · 손준종 · 오경희(2007). 학부모 문화 연구: 자녀교육 지원활동을 중심으로. 한국교육개발원.

이민경(2020). 정시확대를 둘러싼 대학입시 담론에 대한 비판적 분석. **동향과전망, 108**, 9-45.

이병승(2008). 훌륭한 교사의 철학적 자질 탐색. **교육철학, 36**, 117-143.

이상철 · 주철안(2007). 중학교 교사의 동료교사에 대한 갈등관리 유형의 실증적 분류 및 활용 경향 연구. **한국교원교육연구, 24**(3), 25-50.

이소영(2011). 부르디외의 문화이론과 재생산으로서의 교육에 대한 철학적 고찰. **교육철학연구, 33**(1), 129-159.

이수민 · 김경식(2021). 어머니의 사교육 실천의 구조적 원인: 부르디외의 아비투스를 활용한 질적 메타분석. **교육사회학연구, 31**(4), 101-140.

이순자(2002). 초등학교 병설 유치원 교직문화의 특질. 중앙대학교 대학원 박사학위논문.

이승호(2015). 교사학습공동체의 속성에 관한 질적 메타 분석. **교육학연구, 53**(4), 77-101.

이승호 · 이지혜 · 허소윤 · 박세진 · 한송이 · 한은정(2015). 교사학습공동체의 속성에 관한 질적 메타 분석. **교육학연구, 53**(4), 77-101.

이영희 · 윤지현 · 백병부 · 이은비(2019). 교육 개혁의 방향에 관한 학생 · 학부모 · 교원 및 교육정책전문가들의 인식 조사 연구. **열린교육연구, 27**(4), 75-103.

이윤미(2012). **한국 공교육의 역사적 성격: 사적 자유와 공적 가치를 중심으로**. (심성보 외 역). **새로운 사회를 여는 교육혁명**. 서울: 살림터.

이은경 · 김민환 · 이유진 · 이응택(2017). 청소년의 학교적응 변화와 학교폭력 피해경험의 시간효과 연구. **한국청소년연구, 28**(1), 211-234.

이종각(2000). 21세기 학교와 교실, 어떻게 달라져야 하는가?. 한국교육과정평가원 창립2주년 기념세미나자료집, 21세기 학교교육 발전방향 모색.

이종각(2002). 교육열의 운동법칙과 결합법칙. **교육사회학연구, 12**(1), 173-192.

이종각(2003). **교육열 올바로 보기**. 서울: 원미사.

이종각(2009). 새로운 교육 거버넌스, 왜/어떻게 창출할 것인가?. **오늘을 위한 내일의 교육**. 대화문화아카데미.

이종각(2011). **교육열을 알아야 한국교육이 보인다**. 파주: 이담북스.

이종각(2013). 한국 학부모 교육열의 정책적 시사점과 새 연구 방향의 탐색. **한국교육 40**(4), 121-153.

이종각(2014). **부모 · 학부모 · 교육열에 대한 새로운 생각, 새로운 정책**. 서울: 원미사.

이종각(2015). 디카플링 해소와 국가총교육기능의 강화를 위한 미래지향적 공교육개념의 모색. **한국교육 42**(4), 57-85.

이종각(2016). 2차교육혁명기의 교사-학부모 관계구조 변혁의 과제. **학부모연구**, 3(2), 1-22.

이종각(2017). (Basic+) **교육사회학**. 서울: 태영출판사.

이종각(2017). 교육미래화를 위한 학부모정책과 공교육 개혁의 방향. **교육정책연구**, 1(1), 61-87.

이종각(2019). 미래교육과 교직단체의 발전적 역할 -학부모 관점에서 교직단체에 바란다-. 2019 대한민국 매래교육 한마당 미래교육과 교육주체의 새로운 역할. 미래교육과 교직단체의 역할(자료집), 3-33.

이종각 · 이수광(2002). 대안교육 활성화 조건과 연착륙화 전략. **교육행정학연구**, 20(2), 237-257.

이종수(2008). 공공성과 공동체: 한국사회의 '결핍'에 대한 진단과 '회복'을 위한 담론. 한국 살기좋은 지역공동체학회 학술대회 자료집, 52-74.

이종승(2004). **연구논문 작성법**. 서울: 교육과학사

이종승(2009). **교육 · 심리 · 사회 연구방법론**. 서울: 교육과학사.

이종재(2009). **한국교육발전의 탐구**. 서울: 교육과학사.

이종재(2010). **사교육: 현상과 대응**. 서울: 교육과학사.

이종태(2001). **대안교육과 대안학교**. 서울: 민들레.

이혁규(2022). **한국의 교사와 교사되기**. 서울: 교육공동체벗.

이현주 · 전하람(2022). 대학입시제도의 공정한 경쟁에 관한 체계적 문헌 고찰. **교육사회학연구**, 32(3), 209-239.

이혜영(2002). 교육복지정책. 한국교육개발원 편(2003). **한국교육평론 2002: 국민의 정부 교육정책의 평가**.

이혜영 · 박재윤 · 류방란 · 장명림 · 황준성 · 이봉주 · 나현주(2006). 교육복지에 관한 법제 연구. CR2006-19. 한국교육개발원.

이혜정 · 김동진 · 박진아 · 양지혜 · 이정연(2020). 학교의 젠더 질서와 페미니즘 교육의 방향: 학교교육의 성 정치학을 중심으로. 경기도교육연구원.

이희현 · 황준성 · 유경훈 · 정동철 · 이주하 · 김성기(2019). 교육복지정책 평가 및 개선과제. 연구보고 RR 2019-12. 한국교육개발원.

임소현 · 박병영 · 황준성 · 백승주 · 유경훈 · 허은정 · 김성열(2019). 한국교육개발원 교육

여론조사(KEDI POLL 2019). 한국교육개발원.

임소현 · 황준성 · 김은영 · 김혜진 · 백승주 · 김혜자 · 이정우(2021). 한국교육개발원 교육여론조사(KEDI POLL 2021). 한국교육개발원.

장덕호 · 김성기 · 유기웅 · 윤철수(2015). **교육복지론**. 서울: 박영사.

장은주(2015). 학교민주주의 지수 개발 연구(2)- 지표 체계와 평가도구 개발. 경기도교육연구원

장재천(2010). **교육사회학의 이론과 실천**. 서울: 교육과학사.

전영평(2008). 다문화시대의 소수자운동과 소수자 행정: 담론과 과제. **한국행정학보**, **42**(3), 9-27.

전태국(1998). **국가사회주의의 몰락**. 서울: 한울아카데미.

전하람 · 임혜정(2016). 어머니의 취업여부와 직업지위가 자녀의 학업성취에 미치는 영향: 교육적 관여 및 지원의 매개효과와 상호작용 효과 분석을 중심으로. **교육사회학연구**, **26**(3), 141-169.

정광식(2007). 한국사회 학벌의 형성과정과 교육적 영향. 한국교원대학교 대학원 박사학위논문.

정바울 · 김재원(2018). 밀레니얼 세대 초등교사 연구: 직업 동기, 직무 인식, 그리고 경력 전망을 중심으로. 2019 한국교육학회 연차학술대회.

정바울 · 이승호(2017). 한국의 전문적 학습공동체 실행에 관한 탐색적 연구: 효과적 실천의 저해 요인에 대한 교사들이 인식을 중심으로. **한국교원교육연구**, **34**(4), 183-212.

정범모(2000). **한국의 교육세력**. 파주: 나남출판.

정상준(1995). 문화적 다양성과 다문화주의. **외국문학**, 여름호, 79-95.

정선미 · 강충열(2013). 학생과의 상호작용에서 교사가 겪는 어려움의 양상 탐색. **초등교육학연구**, **20**(2), 64-84.

정수복 역(1992). **현대프랑스 사회학**. Pierre Ansart(1990). *Les Sociologies Comtempraines*. 서울: 문학과지성사.

정수현(2000). 교원평가와 학교현실에 대한 교사들의 인식. **교육행정학연구**, **18**(2), 249-274.

정용주(2018). **교육학의 가장자리**. 서울: 교육공동체벗.

정우현(1990). **교육사회학연구**. 서울: 교육과학사.

정재엽 · 이병희 · 김지영 · 임애련 · 최범규 · 최정하(2021). 미래형 수업 및 평가 방안. 경기도교육연구원.

정제영(2018). **디지털 시대와 4차 산업혁명에 대비한 교육의 시대**. 서울: 박영스토리.

정혜승(2018). 청소년 언어문화의 특성과 향상 방안. **한글**, **79**(1), 135-163.

정훈(2018). 공립학교에서의 소비주의 이데올로기 비판. **학습자중심교과교육연구**, 18(7), 285-205.

정희진(2017). **페미니즘의 도전: 한국 사회 일상의 성 정치학**. 서울: 교양인.

조동섭 외(2009). **초등 교직실무**. 서울: 학지사.

조상식(2019). '보이텔스바흐(Beutelsbach) 협약'과 그 쟁점에 대한 교육 이론적 검토. **교육철학연구**, 41(3), 149-174.

조석훈 · 김용(2007). **학교와 교육법**. 경기: 교육과학사

조용환(2009). 고등학생의 학업생활과 문화 연구. 한국교육개발원.

조윤정 · 정진화 · 남미자 · 이규대(2015). 협력적 거버넌스 형성에 관한 질적 사례 연구: A고등학교 사례를 중심으로. **교육행정학연구**, 33(4), 329-358.

조종인 역(1994). **교육사개설**. 교육과학사.

조혜정 · 김희옥 · 박복선 · 이수광(2011). 대안교육 종합발전 방안에 관한 연구. 교육과학기술부.

주삼환(1985). **교육행정연구**. 성원사.

지봉환(2009). 고등학교 학생들의 교사인식 분석. **교원교육**, 25(3), 130-146.

지은림(2004). 우리나라 대학입시 과열경쟁 현상에 대한 인식 조사. **교육평가연구**, 17(2), 147-164.

진동섭 · 정수현 · 박상완 · 김병찬(2017). **미국과 한국의 교직사회–교직과 교사의 삶**. 파주: 양서원

징검다리교육공동체(2023). http://www.jinggeomdari.org/g5/

초등성평등연구회(2018). **학교에 페미니즘을**. 서울: 마티.

최돈민(2009). 학력주의에서 능력주의로의 전환을 위한 방안 탐색. **교육종합연구**, 7(3), 97-118.

최문실 · 양희인 · 이용한 · 한유정(2022). 2022 인터넷이용실태조사. 과학기술부 · 한국지능정보사회진흥원.

최샛별(2003). 한국 사회에서의 영어실력에 대한 문화자본론적 고찰. **사회과학연구논총**, 11, 5-21.

최윤정 · 전기택 · 김이선 · 선보영 · 동제연 · 양계민 · 최영미 · 황정미(2022). 2021년 전국다문화가족실태조사. 여성가족부.

최윤진(2002). 사회변화와 청소년 문화 탐구. **청소년문화포럼**, 6, 15-30.

최은수 외(2010). **평생교육론**. 서울: 학지사.

최정웅 편역(1993). **교육의 사회학적 이해**. 서울: 교육과학사. Blackledge, D., & Hunt, B. (1985). *Sociological Interpretations of Education*. London: Croom Helm.

최종길 · 엄기형(2014). 학부모의 자녀교육권 헌법판례분석. **교육법학연구**, 26(1), 95-119.

통계청(2022). 2021년 국제인구이동통계. 보도자료. 2022. 7. 14.

통계청(2022). 2022년 사회조사.

통계청(2022). 아동 · 청소년 삶의 질 2022.

피터 라인보우. **마그나카르타 선언**. 정남영 역(2012). 갈무리.

한국교육개발원(2022). 2022년 간추린 교육통계. https://kess.kedi.re.kr/index

한국청소년정책연구원(2022). 2022 아동청소년인권실태조사.

한세리 · 김안나(2018). 사회자본의 학업성취도 향상: 가정과 학교의 상호작용 효과. **교육사회학연구, 18**(2), 157-182.

한준상 편저(1982). **새로운 교육학**. 서울: 한길사.

한진상(2009). 이주노동자 자녀들의 배움 연구. **배움학 연구, 1**(1), 45-57.

함인희(2019). 밀레니얼 세대와 소통하는 법. 한국사회복지행정학회 학술대회 자료집, 3-11.

허은주 · 유현정 · 이수진 · 안영화 · 배석영(2010). **현대 교육사회학**. 파주: 양서원.

허은철(2020). 한국 역사교과서 현대사 서술의 문제점과 대안. **역사와교육**, 제30집, 151-189.

현지영 · 김경근(2015). 부모의 사회경제적 지위, 가정 및 학교 내 사회자본, 학업성취 간 구조적 관계 분석: 가족구조에 따른 차이를 중심으로. **교육사회학연구, 25**(2), 125-154.

황봄이(2023). 아동학대처벌법과 위기의 학교. 학교교육 정상화를 위한 안전망 확보. 국회 토론회자료집.

황성희(2022). 교사에 대한 학부모 기대와 인식에 대한 고찰: 선행연구를 중심으로. **학부모연구, 9**(3), 77-98.

황원철 · 김성열 · 고창규 편(2004). **공교육: 이념 · 제도 · 개혁**. 서울: 도서출판 원미사.

EBS 다큐프라임 미래학교 제작진(2019). **미래학교**. ㈜그린하우스.

〈언론기사〉

김태근. (2018.08.03). 4국 대학생에게 고등학교에 물었더니... 한국은 81%가 "사활을 건 전장", 일본은 76%가 "함께하는 광장". 조선일보. https://www.chosun.com/site/data/html_dir/2018/08/03/2018080300167.html (2022년 07월 검색)

민동훈. (2019.10.29). OECD "한국 부모들, 자녀에게 과도한 개입". 머니투데이. https://news.mt.co.kr/mtview.php?no=2019102814130501684

신아영. (2023.05.10). '교사 87% 교편 내려놓을 고민한 적 있다'. 이데일리. https://www.edaily.co.kr/news/read?newsId=01889286635607608&mediaCodeN

o=257&OutLnkChk=Y
이명원. (2013.11.18). 교사를 살려라. 한겨레. https://www.hani.co.kr/arti/opinion/column/611645.html
전진영. (2023.05.09). "교감인데도 수업들어갑니다"... 日 교원부족에 '담임'없는 반 급증. 아시아경제. https://view.asiae.co.kr/article/2023050909582744424
정신영. (2023.05.16). 툭하면 "은폐하냐? 한패냐?...학폭 책임교사들 '눈물'. 국민일보. https://news.kmib.co.kr/article/view.asp?arcid=0018267654&code=61121211&cp=nv (2023.05.17. 인출)
지성배. (2016.06.10.). [기획] 학교와 가정, 교사와 학부모는 어떻게 협력해야 할까?. 에듀인뉴스. http://www.eduinnews.co.kr/news/articleView.html?idxno=5745
최원형. (2020.11.10.). 학생·학부모가 선호하는 선생님은? "학생과 소통하는 교사". 한겨레. https://www.hani.co.kr/arti/society/schooling/969315.html
한민선. (2022.07.07). 초중고 학생 4명 중 1명 "학업성적 우울감 때문에 자해·자살 생각". 머니투데이. https://news.mt.co.kr/mtview.php?no=2022070709560059278 (2022년 07월 검색)

〈블로그〉

http://blog.naver.com/PostView.nhn?blogId=namukorea82&logNo=220426911032
https://bitcons.blog.me/220496519762
https://brunch.co.kr/@oder/188
https://gracefreedom.tistory.com/33
https://gracefreedom.tistory.com/34
https://www.seoul.co.kr/news/newsView.php?id=20190722004002#csidxd04187eb88ec6929a66e6542e65593f

Apple, M. W., Beane, J. (2007). *Democratic Schools: Lessons in Powerful Education*. 강희룡 역(2015). **마이클 애플의 민주학교: 혁신 교육의 방향을 묻는다**. 서울: 살림터.
Bauman, Z. (2009). **액체근대**. (이일수 역). 서울: 강.
Blackledge, D., & Hunt, B. (1985). *Sociological Interpretations of Education*. London: Croom Helm.
Borland, M. V., Hawsen, R. M., & Trawick, M. W. (2005). An investigation of the effect of class size on student academic achievement. *Education Economics, 13*(1), 73-83.
Bourdieu, P. (1966). The School as a Conservative Force: Scholastic and Cultural

Inequalities" reprinted in J. Eggleston(ed.), *Contemporary Research in the Sociology of Education*. Methuen, London.

Brubaker, R., & Cooper, F. (2000). Beyond 'identity'. *Theory and Society, 29*, 1-47.

Collins, R. (1971). Functional and conflict theories of educational stratification. *American Sociological Review, 36*, 1002-1019.

Cooper, B., Fusarelli, L., & Vance Randall., E. (2004). *Better Polices, Better Schools: Theories and Applications*. PEARSON.

Creswell, J. W. (2007). *Qualitative inquiry & research design: Choosing among five approaches*. Thousand Oaks, CA: Sage Publications. 조흥식 · 정선욱 · 김진숙 · 권지성 역(2010). **질적 연구방법론: 다섯 가지 접근**. 서울: 학지사.

Dahrendorf, R. (1959). *Class and class conflict in industrial society*. Standford, CA: Stanford University Press.

Davies, B. (1976). *Social Control and Education*. Methuen, London.

Dreeben, R. (1968). *On what is learned in school*. Boston, MA: Addison-Wesley Publishing Company.

DuFour, F. (2004). What is "professional learning community?". *Educational Leadership, 61*(6), 6-11.

DuFour, F., & Eaker, R. (1998). *Professional learning communities at work ; Best practices for enhancing student achievement*. Reston, VA: ASCD.

Fullan, M., & Hargreaves, A. (2013). **학교를 개선하는 교사**. (최의창 역). 서울: 레인보우북스.

Hargreaves, A. (2000). Four ages of professionalism and professional learning. *Teachers and Teaching: History and Practice, 6*(2), 151-182

Hargreaves, A., & Shirley, D. (2009, 2012). *The Forth Way, the Global Fourth Way*. 이찬승, 김은영 역(2015). **학교교육 제4의 길**. 21세기교육연구소.

Hold, S. M. (2004). *Learning together, leading together*. Austin, TX: Southwest Educational Development Laboratory, Teachers College Press.

Huffman, J. B., & Hipp, K. K. (2003). Professional learning community organizer. In J. B. Huffman, & K. K. Hipp (Eds.), *Professional learning communities: Initiation to Implementation*. Lanham, MD: Scarecrow Press.

Hurn, C. J. (1978). *The limits and possibility of school: An introduction to the sociology of education*. Boston: Allen and Bacon.

Inkeles, A., & Smith, D. H. (1974). *Becoming modern: Individual change in six developing countries*. Cambridge, MA: Harvard University Press.

Jencks, C., & Mayer, S. E. (1989). Growing up in Poor Neighborhood: How Much Does

It Matter? *Science, 243*, 1441-1445.

Juster, T. (1975). *Education, Income and Human Behavior*. New York: McGraw-Hill.

Katz, R., Ogilvie, S., Shaw, J., & Woodhead, L. (2021). *Gen Z, Explained: The art of living in a digital age*. Chicago: University of Chicago Press. 송예슬 역(2023). GEN Z: 디지털 네이티브의 등장. 파주: 문학동네.

Kymlicka, W. (1996). *Multicultural citizenship*. Oxford University Press. 장동진 · 황민혁 · 송경호 · 변영환 역(2010). 다문화주의 시민권. 파주: 동명사.

Lortie, D. C. (1993). 교직사회: 교직과 교사의 삶. (진동섭 역). 파주: 양서원

Marx, K. (2002). 공산당선언. (이진우 역). 서울: 책세상. (원본출판: 1848년)

Mclaughlim, M. W., Talbert, J. E. (2006) *Building school-based teacher learning communities: Professional strategies to improve student achievement*. New York: Teachers College Press.

McMillan, D., & Chavis, D. (1986). Sense of Community: A Definition and Theory. *Journal of Community Psychology, 14*, 6-23.

Mcnamee. S. J., & Miller. Jr., R. K. (2015). *The meritocracy myth*. (김현정 역). 능력주의는 허구다. 서울: 사이.

Meltzer, B. N., Petras, J. W., & Reynolds, L. T. (1975). *Symbolic interactionism: Genesis, varieties, and criticism*. London: Routledge & Kegan Paul.

Moustakas, C. (1994). *Phenomenological research methods*. Thousand Oaks, CA: Sage Publications.

Nisbet, A. (1953). *The Quest for Community*. New York: Oxford University Press.

OECD(2002). Education at a Glance: OECD Indicators. OECD.

OECD(2009). Highlights from Education at a Glance 2009. OECD.

OECD(2018). PISA 2015 Results in focus. Paris. OECD.

Parsons, T. (1959). *The school class as a social system: Some of its functions in American society*. New York: The Free Press. 이인효 외 역(1991). 사회체제로서의 학급: 교육과 사회. 서울: 교육과학사.

Patton, M. Q. (1975). *Alternative evaluation research paradigms*. Grand Forkd, ND: University of North Dakota Press.

Pennebaker, J. W., & Watson, D. (1991). The psychology of somatic symptoms. In L. J. Kirmayer & J. M. Robbins (Eds.), *Current concepts of somatization: Research and clinical perspectives*. American Psychiatric Association.

Robinson, P. (1992). 교육사회학의 전망. (손직수 역). 서울: 양서원. (원본출판 1981년)

Schultz, T. W. (1977). 'Investment in Human Capital,' Karabel and Halsey(eds.), *Power and Ideology in Education*. New York: Oxford University Press.

Sergiovanni, T. J. (1994). *Building community in school*. San Francisco. Jossey-Bass Publisher.

Sergiovanni, T. J., & Starratt, R. J. (2007). *Supervision: A redefinition*(8th Ed). New York: McGraw Hill.

Smith, L. M., & Geoffrey, W. (1968). *The Complexities of the Urban Classroom*. New York: Holt, Rinehart & Winston.

Stone-Johnson, C. (2016). *Generational Identity, Educational Change, and School Leadership*. New York: Routledge.

Tőnnies, F. (1963). *Community and society*. New York: Harper & Row.

van Manen, M. (1990). *Researching lived experience: Human Science for an action sensitive pedagogy*. New York: The State University of New York Press.

Warner, W. L. (1949). *Social class in America: A manual of procedure for the measurement of social status*. Chicago: Science Research Associates.

Wegner, E. (2007). *Communities of Practice*. 지식창출의 사회생태학 '실천공동체'. (손민호 · 배을규 역). 서울: 학지사

Wenger, E. (1998). *Communities of practice: Learning, meaning, and identity*. Cambridge, UK: Cambridge University Press.

Wenger, E., & Snyder, W. M. (2000). Communities of practice: The organizational frontier. *Harvard Business Review, 78*(1), 139-145.

Wenger, E., McDermott, R., & Snyder, W. (2002). *Cultivating communities of practice*. Boston, MA: Harvard Business School Press.

Young, M. (1958). 교육과 평등론: 교육과 능력주의 사회의 발흥. 한준상 · 백은순 역 (1986). 서울: 전예원.

저자소개

■ 이종각(李鍾珏)

'인생과 학문을 구별하지 말아라'라는 C. W. 밀즈의 말을 좋아한다. 한국의 교육학은 한국인의 교육 인식과 행동의 실체를 진솔하게 그려 냄으로써 국민에게 봉사하는 담론이 되어야 한다고 생각한다.

- 외래지식 중심의 교육학이 토착화되어야 한다는 정신과 방법론을 담아 『한국 교육학의 논리와 운동』(1989)을 발표했다.
- 교육학이 비판정신을 담고 비판활동을 통해 성숙해 가야 한다면서 『교육학논쟁』(1994)을 출간했다.
- 국민의 교육열이 비하되고 낭비되는 것을 생산적으로 경영되기를 바라면서 『교육열 올바로보기』(2003), 『교육열을 알아야 한국교육이 보인다』(2011)를 썼다.
- 학부모의 질이 교사의 질 못지않게 중요한 현실을 생각하면서 『학부모와 공교육』(공저 2019), 『대한민국학부모』(공저 2022)를 공동 집필했다.
- 공교육 중심주의를 넘어 공교육의 새로운 개념을 구상하면서 국가총교육기능을 강화해야 한다는 논문 「교육미래화를 위한 학부모 정책과 공교육 개혁의 방향」(2017)을 썼다.
- 교육학지식이 모든 교육주체에게 귀기울여 교육학 지식의 민주성을 강화해야 한다고 주장했다. 「학부모가 본 교육학」, (한국교육학 70년 성과와 과제, 2023).

현재 강원대학교 명예교수이고, 교육사회학회 회장, 학부모학회 회장, 대통령자문 교육혁신위원회 선임위원을 역임했다. 서울대 사대 교육학과를 졸업하고 미국피츠버그대에서 박사학위를 받았다.

키워드로 본 주요 관심 사항은 교육학의 토착화와 민주성 확보, 자율적 지속가능 학교혁신체제, 교육민주화, 교육열 경영, 학부모의 교육시민적 역할이다. 이런 키워드들이 어떻게 결합되어 민주성과 혁신성을 갖춘 교육지식을 생산할 수 있는지를 고심하고 있다.

공교육 바로보기
교육사회학총론

초판 1쇄 인쇄 / 2024년 1월 5일
초판 1쇄 발행 / 2024년 1월 10일

•

저 자 / 이 종 각
발행인 / 이 중 수
발행처 / **동 문 사**

•

서울특별시 서대문구 홍제원 1길 12
(홍제동 137-8)
Tel: 02)736-3718(대), 736-3710, 3720
Fax: 02)736-3719
등록번호: 1974.04.27. 제9-17호
가격: 30,000원

•

ISBN: 979-11-6328-550-2 (93370)
E-mail: dong736@naver.com
www.dongmunsa.com